기업지배구조와 법

기업지배구조와 법

김건식 지음

小花

차례

기업지배구조와 함께 보낸 四半世紀: 머리말을 겸하여 • vi

제1편 일반론

01 우리 기업지배구조의 전환 • 3
02 기업지배구조에 관한 최근의 논의에서 무엇을 배울 것인가 • 28
03 기업지배구조의 개선과 경쟁 : 기업지배구조특별부의 신설을 제안하며 • 49
04 벤처투자와 법적 인프라 • 76
05 독일의 회사지배와 은행 : Mülbert 교수의 법률가대회보고서를 중심으로 • 102

제2편 경영자와 주주 사이의 이익상충

01 재벌과 소수주주 보호 • 139
02 재벌총수의 사익추구행위와 회사법 • 171

03 지배주주의 통제방안 : 행동, 구조, 시장 • 196

04 경영자 보수와 기업지배구조 • 217

05 이사의 배상책임보험 : 임원배상책임보험약관의 면책사유를 중심으로 • 241

제3편 경영감독체제

01 내부통제 메커니즘의 법리적 고찰 • 269

02 새로운 경영감독체제의 모색 : 감사, 사외이사, 감사위원회의 비교를 중심으로 • 310

03 감사위원회, 어떻게 도입할 것인가 • 335

04 법적 시각에서 본 감사위원회 • 359

05 법적 시각에서 본 내부통제 • 389

기업지배구조와 함께 보낸 四半世紀: 머리말을 겸하여

꿈같은 유학생활을 마치고 돌아와 모교의 교단에 선 지도 어느새 25년째로 접어들었다. 2007년 로스쿨 도입의 소용돌이 속에서 엉겁결에 버거운 보직을 떠맡으며 본격적인 연구로부터 자연히 멀어지게 되었다. 인생의 새로운 굽이를 맞아 지난 30년 학문활동의 궤적을 간추려 보면 좋겠다는 생각이 들었다. 제1탄 격인 이 책은 기업지배구조(corporate governance)에 관하여 그간 발표한 글을 엮은 것이다. 기업지배구조는 워낙 다양한 분야에 걸치는 복합적인 주제로 내 전공분야인 회사법과도 밀접하게 관련된다. 사실 어지간한 회사법 논점 중에서 기업지배구조와 무관한 것은 거의 없다고 해도 과언이 아니다. 때문에 그간 발표한 회사법 논문들 중에서 이 책에 담을 글을 추리는 것은 쉽지 않았다. 고심 끝에 이 책에는 기업지배구조에 관한 글들 중에서 법률가가 아닌 이들도 비교적 쉽게 읽을 수 있는 것만을 싣기로 했다. 보다 이론적인 글은 따로 모아 연구서 형태로 출간할 계획이다.

이 책에 포함된 글들은 지난 15년 사이에 발표한 것이 대부분이다. 그러나 내가 기업지배구조란 말을 처음 접한 것은 지금부터 약 30년 전의 일이다. 그때 장차 학자로서의 일생이 기업지배구조의 축을 크게 벗어나지 못할 줄은 전혀 상상하지 못했다. 내가 회사법을 전공하기로 처음 마음먹은 것은 1979년 가을 하버드 법대에서 클라크(Robert C. Clark) 교수의 회사법 강의를 수강하던 때였다. 나중에 학장까지 역임한 클라크의 강의는 150명을 넘게 수용하는 대형 강의실에서 문답식으로 진행되었는데 학생들의 말은 거의 알아들을 수가 없어 심히 고전했다.[1] 강의를 마친 어느 늦은 오후 한적한 랑델 홀의 서가에서 우연히 짙은 오렌지색 표지의 책을 발견하였다. 당시 시카고대학 교수였던 포즈너(Richard Posner)의 법경제학(Economic Analysis of Law)이었다. 별로 학생들의 손길이 닿지 않아서인지 아직 깨끗한 책장을 넘기며 마치 오랜 방황 끝에 나침판을 발견한 것과 같은 감동과 희열을 느꼈던 기억이 아직 생생하다. 그러나 클라크의 명강의나 포즈너의 선구적인 업적에서도 아직 기업지배구조에 대한 언급은 없었다.[2] 포즈너의 책에서 회사법에 관한 서술은 겨우 몇 장에 불과하여 후일 법경제학적인 접근방식이 기업지배구조에 관한 논의를 지배할 것 같은 조짐은 전혀 찾아볼 수 없었다. 현재 회사법과 법경제학 분야에서 가장 유력한 학자라고 할 수 있는 벱척(Lucian Bebchuk) 교수도 함께 대학원 과정에 있었지만 회사법에는 관심을 보이지 않았다.

당시 마침 경제계에서 이른바 특별소송위원회(special litigation committee)라는 것을 이용하여 주주대표소송을 봉쇄하려는 시도가 한창 확산되고 있는 중이었다. 논문주제를 의논하려고 찾아간 내게 클라크 교수는 그에 관한 판례속보를 보여 주었다. 마침 유학을 떠나기 전 대학원에서 쓴 석사논문주제가 집단소송이었기에 그 사촌격인 주주대표소송이 쓰기 수월할 것 같았

---

1 나중에 클라크 교수의 회사법책(Corporate Law (1986))이 나왔을 때 한편으로는 반가우면서도 다른 한편으로는 이 책을 읽고 강의를 들었더라면 얼마나 좋았을까 하는 아쉬운 생각이 들었다.

2 내가 아는 한 Corporate Governance란 말이 정면으로 등장한 최초의 문헌은 심포지엄자료집 성격의 다음 책이다. Commentaries on Corporate Structure and Corporate Governance, The ALI-ABA Symposiums 1977-1978 (D. Schwartz ed. 1979).

다. 그래서 덜컥 그에 대해서 논문을 쓰기로 마음먹었다.[3] 돌이켜보면 이것이 기업지배구조라는 미지의 신천지에 들여놓은 첫 발걸음이었던 것 같다. 그러나 논문을 준비하며 숱한 문헌들을 섭렵하였지만 주주대표소송을 기업지배구조라는 거시적 관점에서 바라본다는 생각은 한 번도 해보지 못했다. 우연히 구내 서점에서 버클리대학 교수인 아이젠버그(Melvin A. Eisenberg)의 『회사의 구조(The Structure of the Corporation)』(1976)라는 책을 구입하였다. 이 책에서 아이젠버그는 후일 기업지배구조 논의에 등장하는 여러 논점들을 다뤘지만 이들을 기업지배구조라는 틀로 체계화하지는 못한 상태였다. 그렇지만 국내에서 개념법학적 논리의 황량함에 질렸던 나는 기능적이면서도 치밀한 아이젠버그의 논리에 한껏 빠져들었다. 1981년 잠시 귀국하여 어느 로펌에서 일할 때 떨칠 수 없는 학문적인 갈증을 채우기 위해 은사인 송상현 선생과 함께 번역에 착수하여 마침내 1983년 『주식회사 법리의 새로운 경향』이란 제목으로 출간하였다.

1982년 가을 다시 미국으로 유학을 떠났다. 이번에는 시애틀의 워싱턴 주립대학에서 J.D.과정을 시작했다. 하버드 시절 클라크 교수에게 회사법을 제대로 연구하려면 계약법을 포함한 미국법 전반을 공부할 필요가 있지 않느냐고 물은 적이 있다. 그는 빙그레 웃으면서도 내 말에 수긍하지 않았다. 그럼에도 3년의 J.D.과정을 새로 시작한 것은 무슨 이유에서였을까? 아마도 젊은 시절의 치기와 야심을 억누를 만큼 성숙하지 못했던 탓일 것이다.[4] 후일 강단에 선 후에 종종 과거의 나를 연상시키는 학생들을 만나는 일이 있다. 나도 예전에 내 선생들이 했던 것처럼 그들의 치기어린 야심을 진정시키며 속으로 고소를 짓곤 한다.

---

3 이 석사학위논문은 나중에 미국에서 출판되었다. Kon Sik Kim, The Demand on Directors Requirement and the Business Judgment Rule in the Shareholders Derivative Suit, 6 Journal of Corporation Law 511-29 (1981).

4 하버드 시절 경제규제법을 강의했던 긴스버그(Douglas Ginsburg) 교수를 찾아가 법경제학을 하려면 경제학을 정식으로 공부해야 하는 것이 아니냐고 물은 적이 있다. 후일 연방항소법원 판사가 되고 대법원 판사 후보에까지 올랐던 긴스버그 교수는 단호하게 그렇지 않다고 대답하며 의기소침한 나를 격려해 주었다.

가장 힘들다는 1학년 가을학기를 겨우 마치고 잠시 버클리에 들른 길에 볼트 홀(Boalt Hall)의 미로 같은 복도를 누빈 끝에 아이젠버그 교수 연구실을 방문하였다. 어느 곳에선가 아이젠버그 교수가 회사법에 흥미를 잃어 앞으로는 계약법에 전념하기로 했다는 이야기를 읽은 적이 있어 그것이 사실이냐고 물어보았다. 처음부터 심각한 표정을 누그러뜨리지 않던 그가 갑자기 미소를 지으며 흰 표지의 작은 책 한 권을 내밀었다. 지금 회사법에 관한 프로젝트에 참여하고 있는데 그 일만 끝나면 계약법연구에 몰두할 것이라고 말했다.[5] 나중에 알고 보니 그 책자는 1982년 미국법률가협회(American Law Institute)가 추진한 기업지배구조 프로젝트의 첫 작품인 "Principles of Corporate Governance and Structure: Restatement and Recommendations (Tentative Draft No. 1, 1982)"였다. 그러나 당시 책 제목에 있던 Corporate Governance란 말은 그냥 무심코 넘겼다.

워싱턴주립대학은 일본법으로 유명했다. 1984년 일본법 전문가인 헨더슨(Dan Fenno Henderson) 교수(1921~2001)로부터 일본과 미국의 회사법을 비교하는 강의를 들었다. 두 나라의 법을 함께 공부하다 보니 법전 속의 회사법과 기업현실 사이의 괴리가 눈에 들어왔다.[6] 이사회, 감사, 주주대표소송 등 회사법상의 제도와 기업운영의 실무 사이의 엇박자는 사실 일본에서보다 우리나라에서 더 두드러졌다. 그러나 우리나라는 말할 것도 없이 일본에서도 회사법학자들은 이러한 법과 현실의 부조화를 잘 알면서도 현실문제보다는 법규정의 해석에 몰두하고 있었다. 이와는 대조적으로 1980년대 초 미국 회사법학계는 기업지배구조에 관한 논의로 한창 달아오른 상태였다. 아이젠버그 교수 등이 참여한 미국법률가협회의 기업지배구조 프로젝트는 학계는 물론 실무계에서도 비상한 관심을 끌었다.[7] 이때부터 미국에서는 기

5 그는 당초의 포부와는 달리 그 후에도 10여 년간을 기업지배구조에 관한 연구에 바쳤다. 20년이 지난 2001년 뉴욕에서 다시 만나 식사를 하며 20년 전 이런 말을 한 것을 기억하느냐고 물었더니 크게 웃으며 겸연쩍어했다.

6 당시 강의에서 발표한 리포트는 후일 보완하여 우리말로 발표하였다. 김건식, "회사의 정치헌금," 法曹 35권 2호(1986), 81면 이하.

7 이에 관한 문헌은 실로 무수하지만 가장 초기의 것으로 Scott, Corporation Law and the American

업지배구조에 관한 문헌이 그야말로 봇물이 터진 것처럼 쏟아져 나왔다.

기업지배구조의 담론에서는 초기부터 법경제학의 영향이 두드러졌다. 법경제학의 조류가 시작된 초기에는 회사법분야를 주목하지 않았지만 차츰 회사법은 법경제학의 주된 연구분야로 자리 잡게 되었다.[8] 그러나 당시 법경제학이란 새로운 학풍보다 내 관심을 더 끈 것은 담론의 현실성이었다. 이론의 첨단을 달리는 학자들의 논의도 법해석의 논리적 정합성보다는 현실문제의 합리적인 해결을 지향하는 모습에서 깊은 인상을 받았다. 우리 법률가들이 구체적인 법리 그 자체에 관심을 갖는 데 비하여 미국에서는 현실의 문제를 해결하는 수단으로서 개별 법리에 접근하고 있었다. 이제껏 기업의 현실에 대한 이해는 고사하고 관심도 별로 없이 이른바 '이론' 에만 매달려온 자신의 맹목이 한없이 부끄러웠다. 앞으로 회사법이 우리 기업이 직면한 문제를 얼마나 효율적으로 해결하고 있는가라는 기능적인 관점에서 공부해야겠다는 자못 야심찬 생각을 막연히나마 갖게 된 것도 그 무렵의 일이다. 1985년 헨더슨 교수와 헤일리(John O. Haley) 교수가 함께 가르친 비교법세미나에서 발표한 우리 기업지배구조에 관한 짧은 리포트는 바로 그러한 문제의식의 첫 번째 열매였다.[9] 그 글은 제멋에 겨워 한껏 고무된 상태에서 써나갔지만 공부가 부족하다 보니 이른바 오너가 지배하는 우리 기업경영에서 회사법상의 경영자 견제장치가 얼마나 무력한가를 지적하는 데 그쳤다. 후일 어느 원로교수가 그 글을 보고 "이거 영어로 썼을 뿐이지 다 아는 이야기 아니냐"고 혹평했다는 이야기를 전해 들었다. 내심 그런 정도의 글도 아직 없지 않았으냐고 대꾸하고 싶기도 했지만 사실 그 평가가 크게 틀린 것도 아니었다. 그 글에 대한 나의 불만을 조금이나마 해소하는 데는 생각보다 오랜 시간이 걸렸다.

---

law Institute Corporate Governance Project, 35 Stanford Law Review 927 (1983).

8 그 초기의 성과를 집적한 대표적인 저술로 Frank H. Easterbrook & Daniel R. Fischel, The Economic Structure of Corporate Law (1991).

9 이 글은 바로 미국에서 출판되었다. Kon Sik Kim, Corporate Governance in Korea, 8 Journal of Comparative Business and Capital Market Law 21 (1986).

1985년 J.D.과정을 마쳤지만 일자리도 없이 그냥 귀국할 수는 없었다. 혹시 현지 로펌에서라도 잠시 수습을 할 수 있나 알아보았으나 여의치 않았다. 하는 수 없이 1년을 더 머물기로 하고 헨더슨 교수에게 부탁하여 Ph.D. 과정에 들어갔다. 워싱턴 주립대학의 Ph.D.과정에서는 반드시 법대 이외의 다른 대학원에서도 학점을 취득하도록 요구했다. 세법과 회사법에 정통해서 내가 항상 부러워하면서 따르던 커머트(Richard Kummert) 교수의 권고도 있어서 나는 경영대학원에서 학점을 따기로 했다. 도대체 이것이 법학연구와 무슨 관련이 있는지 의아해하면서도 재무관리와 일본기업의 경영을 수강하느라 진땀을 흘렸던 기억이 떠오른다. 생활비가 부족해 어려움을 겪던 처지를 알게 된 헤일리 교수가 소개해서 잠시 경영대학원에서 연구조교 노릇을 한 일도 있다. 그때 무엇을 배웠는지는 다 잊었지만 후일 재무관리를 전공하는 학자들과 교류하는 데 거리감을 덜 느끼게 되었다는 점을 수확으로 꼽을 수 있겠다.

1986년 봄 학기에는 강의까지 맡게 되었다. 이번에도 헤일리 교수가 로스쿨에서 한국법 강의를 맡도록 힘을 써주었다. 따로 근사한 연구실까지 배정받고 신분상승에 기뻐한 것은 잠깐이고 난생 처음 강의를, 그것도 영어로 하자니 강의준비에 이만저만 시간이 드는 것이 아니었다. 학생인지 강사인지 모를 어정쩡한 생활을 하던 중에 모교인 서울대에서 취직이 결정되었다는 소식을 듣게 되었다. 8월에 귀국할 때까지 다행히 그럭저럭 박사과정의 이수학점은 취득할 수 있었지만 정작 논문에 대해서는 구체적인 계획이 없었다. 그저 재벌과 기업지배구조에 관해 써봐야겠다는 막연한 생각을 품은 채 정든 시애틀을 떠났다.

귀국 길에 잠시 동경에 들러 미국에서 알게 된 이와하라 신사쿠(岩原紳作) 동경대 교수를 만나보았다. 이와하라 교수는 나를 자신의 은사인 다케우치(竹內昭夫) 교수 연구실로 데려갔다. 서울대에서 석사학위 논문을 준비하던 시절 다케우치 교수가 영미법의 다나카(田中英夫) 교수와 함께 쓴 논문을 읽고 깊은 감명을 받았던 일이 있다. 오랜 병고로 수척하면서도 눈빛만은 형형했던 다케우치 교수에게 그 이야기를 하자 크게 기뻐하던 모습이 생생하다.[10] 이와하라 교수와 많은 이야기를 나눴지만 아직은 일본에서도 기업지배구조에 관한 논의는 움트지 않은 상태였다.[11]

1986년 2학기부터 모교에서 강의를 시작했다. 상법총론, 법학개론을 맡았는데 미국에서는 고사하고 학부시절에도 제대로 공부한 적이 없는 과목들이라 강의준비에 허덕이던 기억이 있다. 당시는 마침 민주화운동이 한창이던 시절이라 캠퍼스도 어수선해서 차분하게 학위논문에 손을 댈 수 있는 상황이 아니었다. 속절없이 시간만 흘러가는 것이 안타깝던 차에 큰 마음먹고 연구시간도 확보하고 시야도 넓힐 겸해서 대륙법의 본고장인 독일에서 연구년을 보내기로 했다. 이와하라 교수에게 의논했더니 선뜻 스위스 베른대학의 홉트(Klaus Hopt) 교수를 추천했다. 1990년 다행히 훔볼트재단 장학금을 받아 독일 뮌헨대학으로 옮겨간 홉트 교수를 찾아갔다. 연구테마를 적어내라고 하기에 comparative corporate governance라고 적어 넣으면서 속으로 이런 분야도 있을까 생각했던 기억이 있다.

당시 독일은 통일을 눈앞에 두고 있었지만 적어도 뮌헨에서는 오히려 아무런 변화를 느낄 수 없었다. 아직은 미국 학자들도 독일의 기업지배구조에 눈을 돌리기 전이었고 독일학계에서도 기업지배구조에 관한 논의는 본격적으로 개시되지 않은 상태였다. 그러나 오랜 도그마틱의 전통을 자랑하는 독일에서도 이미 홉트 교수를 비롯한 일부 회사법학자들 사이에서는 기능적인 법적 분석이 활발한 것이 인상적이었다. 내가 방문하기 2년 전인 1988년 독일 연방대법원(BGH)은 주식법에 아무런 근거가 없음에도 불구하고 지배주주의 충실의무를 정면으로 인정한 Linotype판결을 내놓았다.[12] 실용적인 사고의 소산인 이 판결에서도 변화의 조짐을 읽을 수 있었다.

---

10 다케우치 교수는 내 이야기가 정말 기뻤던지 후일 그 논문을 책으로 발간하면서 서문에서 그 일을 언급하였다. 田中英夫/竹內昭夫, 法の實現における私人の役割(東京大學出版會, 1987. 4). 비교법연구의 모범을 보여 주는 이 논문을 나는 늘 후학들에게 추천하고 있다.

11 예외적으로 실제 기업현실에 기초한 저작으로 西山忠範 교수의 支配構造論(1980)이 있으나 이 책은 적어도 주류적인 학술연구에는 별로 영향을 주지 못한 것 같다.

12 이 판결에 관해서는 김건식, "소수주주의 보호와 지배주주의 성실의무," 서울대학교 법학 제32권 3 · 4호(1991), 98면 이하.

1991년 독일 유학에서 돌아와 재벌에 관한 연구의 일부로서 발표한 것이 바로 이 책 제2편 첫머리를 장식한 "재벌과 소수주주 보호"라는 논문이다. 그 논문은 1992년 재벌문제에 관심을 가진 몇몇 경제학자들과 함께 수행한 연구프로젝트의 산물이었다. 이들과 몇 차례 내부 발표회를 갖고서 그곳에서 발표된 글을 모아 1994년 책으로 발간하였다. 내 논문에서는 재벌문제가 상당 부분 회사법의 문제이고 회사법이 개선되면 전부가 아니라도 상당 부분 해소될 수 있다는 다소 낙관적인 견해를 피력하였다. 어찌 보면 지극히 당연한 주장을 담은 이 논문은 발표된 지면 자체가 워낙 일반 법학자들의 눈이 미치지 않는 책이었던 탓도 있어서 법학계에서는 전혀 관심을 끌지 못했다. 그러나 경영학자나 심지어 관료 중에서도 그 글을 읽었다며 관심을 표명하는 이들이 있어 보람을 느끼기도 했다.

이 작업이 마무리된 직후 이번에는 몇몇 경영학자와 함께 기업지배구조에 관한 공동연구에 참여하였다. 그 결과물이 제3편 첫 번째 글인 "내부통제 메커니즘의 법리적 고찰"이다. 여기서 내부통제 메커니즘이란 시장 이외의 통제메커니즘을 모두 망라하는 넓은 의미로 사용하였으나 특히 사외이사[13]에 관한 미국의 논의에 초점을 맞추었다. 그때까지만 해도 나는 사외이사에 대해서 다소 부정적인 생각을 갖고 있었다. 투명성도 좋지만 회사의 최고의사결정과정에 외부인이 참여하는 것은 좀 과한 것으로 생각되었다. 당시에는 주주대표소송과 같은 소송에 의한 사후적인 구제가 더 효과적일 것 같았다. 그러나 아이로니컬하게도 외환위기를 맞은 직후인 1998년부터 한 대기업 이사회에 사외감사로 참여하여 우리 기업지배구조의 실상을 몸소 체험하면서 사외이사에 대한 생각이 자연히 긍정적인 방향으로 조금씩 바뀌게 되었다. 그리고 2004년에는 다시 두 대기업의 사외이사를 맡게 되었으니 사람의 앞날은 참 알 수 없는 것 같다.

독일에서 돌아오면서부터 박사학위논문을 마쳐야 한다는 정신적 부담이 더 커졌다. 이미 J.D.학위로 취직까지 한 마당에 구태여 Ph.D.까지 받을 필

13 논문에서는 외부이사라는 용어를 사용하였다.

요가 있는가 하는 생각도 간혹 들기는 했다. 그러나 다른 한편으로는 이른바 총수가 복잡한 소유구조의 정상에서 그룹 전체를 통제하는 우리 기업지배구조의 문제점을 전반적으로 정리하고 싶은 욕심이 사라지지 않았다. 당시 이른바 대리인문제(agency problem)에 관한 논의의 본고장인 미국에서도 지배주주를 대상으로 한 연구는 거의 찾아볼 수 없어 애를 먹었다. 강의와 다른 연구 그리고 보직수행 때문에 논문작업이 지지부진했지만 마침내 10년 만인 1995년 워싱턴주립대학에서 박사학위를 받게 되었다. '재벌과 한국의 기업지배구조'란 제목의 박사학위논문은 '재벌과 소수주주보호'를 비롯해서 지난 수년간 발표한 논문들을 보완하고 체계화한 것이었다.

박사학위 논문이 마무리될 무렵인 1995년 여름 오랫동안 꿈꿔 오던 일본 유학 길에 올랐다. 이와하라 교수의 도움으로 일본 동경대학에서 한 학기 연구할 수 있는 기회를 얻은 것이다. 마침 그곳 에가시라 겐지로(江頭憲治郎) 교수가 주주총회 전문가로 유명한 구보리 히데아키(久保利英明) 변호사와 기업지배구조에 관한 대학원 세미나를 개설한다기에 재미삼아 참여하게 되었다. 처음 자기 소개시간에 "지난 10년간 기업지배구조를 공부하다 보니 이젠 조금 지겹기도 하다"는 자못 건방진 발언을 했던 기억이 떠오른다. 당시에는 너무 이론적인 기업조직법에 다소 염증을 느껴 보다 실무적인 기업거래법으로 연구범위를 넓힐 요량으로 파생금융상품에 대한 자료를 찾아 헤매기도 했다.[14] 그러나 그런 무례한 발언을 한 지도 어느덧 15년이 되었으나 아직도 기업지배구조의 주변을 맴돌고 있는 것은 무슨 얄궂은 운명의 장난인지 모르겠다. 에가시라 교수의 세미나에서 인상 깊었던 것은 이미 일본의 선도적인 회사법학자들은 기업현실의 문제를 기능적인 관점에서 논의하고 있었다는 점이다. 당시에는 일본에서도 기업지배구조에 관한 논의가 시작된 상태였다. 1990년 10월 교토대학에서 열린 사법학회에서도 상법분야에서는 기업지배구조와 관련된 논문들이 많이 발표되었다. 지금도 이와

14 이 작업은 1997년 2월 "스왑거래에 관한 법적연구"라는 보고서 (한국금융연구원보고서 1997 No.1)로 발표한 바 있다.

하라 교수의 안내로 돌아봤던 고즈넉한 사찰의 모습과 아울러 강당에서 두 손을 공손히 모은 채 서서 원고 없이 깔끔한 발표를 하던 어느 회계학 교수의 모습이 교토에서의 아름다운 추억으로 남아 있다.

일본 방문에서 가장 큰 수확은 수많은 학자들을 알게 된 것이다. 그중 한 사람이 동경대학의 간다(神田秀樹) 교수이다. 1997년 간다 교수의 소개로 비공식적인 회사법연구 모임에 참가하게 되었다. 그 모임에는 로(Mark Roe), 길슨(Ronald Gilson), 로마노(Roberta Romano) 등 미국학자들은 물론이고 독일의 바움스(Theodor Baums), 스위스의 헬티히(Gerard Hertig)와 같은 쟁쟁한 유럽 학자들도 참여하였다. 이 모임에는 1997년 파리, 1999년 베니스 등 두 차례밖에 참석하지 않았지만 소규모의 비공식 모임에서 이루어지는 지적 교류에 큰 자극을 받았다. 이들이 기업지배구조의 연구에 회사법 외의 법분야는 물론이고 정치, 경제 등 환경적인 요소까지 반영하는 연구방법에는 공감이 갔다. 그러나 이들의 모임에서 가장 두드러진 것은 실증적인 자료를 바탕으로 한 논의였다. 솔직히 그러한 논의에 적극적으로 참여하는 것은 고사하고 무슨 내용인지를 이해하는 것도 버거웠다. 베니스 회의에서 로마노 교수와 이스터부룩(Frank Easterbrook) 판사가 하도 격렬하게 논쟁을 벌여서 이러다가는 싸움이 되는 것 아닌지 걱정할 정도였는데 쉬는 시간에는 언제 그랬느냐는 식으로 화기애애하게 환담을 나누는 것을 보고 놀란 기억이 있다.

이 무렵부터 기업지배구조를 좀 더 거시적 관점에서 바라보게 되었다. 제1편 다섯 번째 글인 "독일의 회사지배와 은행"은 이러한 방면의 작업에서 나온 성과이다. 그 글이 발표된 1997년까지만 해도 독일의 기업지배구조에서 은행이 수행하는 역할에 대해서 국내에서는 이렇다 할 연구가 없었다. 마침 독일 법률가대회에서 그 주제가 다루어진다는 소식을 듣고 뮌헨대학 방문시절 홉트 교수의 조교로 친하게 지냈던 뮐버트(Peter Mülbert) 교수가 발표한 보고서를 토대로 작성한 것이 그 글이다.

뭐니뭐니해도 내가 기업지배구조를 떠날 수 없게 만든 결정적인 계기는 1997년 찾아온 외환위기였다. 지금 보면 다소 설득력이 떨어지는 것처럼 보이지만 당시에는 외환위기의 원인 중 하나로 우리 기업지배구조의 후진성을 꼽는 이들이 많았다. 그 여파로 학계는 물론이고 관계, 정계, 언론계에 이르기까지 기업지배구조에 대한 관심은 가히 폭발적으로 증가하였다. 외환위기가 한창이던 1997년 겨울 한 달간 한국법을 강의하기 위해 오랜만에 하버드대학을 방문하였다. 법대에서는 따로 한국의 기업지배구조에 관한 워크숍에서 발표해 줄 것을 요청했다. 홀을 가득 메운 청중들 앞에서 교과서에서 벗어난 기업운영의 실태가 투자자의 신뢰를 잃었다는 취지의 발언을 마치자마자 토론자인 앰스덴(Alice Amsden) 교수가 번개같이 앞으로 나왔다. 거구인 그가 큰 소리로 "당신이 아는 것과는 다른 교과서도 있다"는 말로 반론을 시작하자 갑자기 폭소와 함께 홀 전체의 분위기가 한껏 달아올랐던 기억이 떠오른다. 우연히 들렀던 하버드 법대의 법경제학 세미나 시간에 벱척 교수가 주식소유가 집중된 회사에서 소유분산이 이루어지기 힘든 이유에 관해서 페이퍼를 발표하는 것을 들었다.[15] 평소 우리 기업의 소유구조가 바뀌기 어려운 이유로 막연히 생각해 오던 것과 비슷하다는 점도 흥미로웠지만 미국의 일류학자들이 주식소유가 집중된 회사, 즉 지배주주가 존재하는 회사에 대해서도 관심을 보였다는 사실 자체가 반가왔다. 강한 엑센트가 섞인 영어를 구사하면서도 명쾌한 논리로 좌중을 압도하는 벱척 교수의 발표도 퍽 인상적이었다.

외환위기를 맞은 우리 정부는 자의 반, 타의 반으로 회사법을 포함해서 기업지배구조에 관련된 법규를 대대적으로 정비하는 작업에 착수하였다. 당시 법률가 중에서 기업지배구조에 관심을 가진 이가 워낙 희소하였기에 하루아침에 나는 이곳저곳에 불려 다니는 바쁜 몸이 되어버렸다. 특히 기억에 남는 것은 몇 차례의 회사법 개정과 기업지배구조모범규준의 제정 작업에 참여한 일이다. 앞서 말한 바와 같이 어느 재벌기업의 사외감사로서 평생 잊을 수 없는 진기한 체험을 한 것도 바로 이 무렵의 일이다. 이러한 활

15 이 페이퍼는 나중에 발표되었다. Lucian A. Bebchuk & Mark J. Roe, "A Theory of Path Dependence in Corporate Ownership and Governance," 52 *Stanford Law Review* 127 (1999).

동과정에서 처음 발표한 것이 바로 제3편 두 번째 논문인 "새로운 경영감독 체제의 모색"이다. 당시 우리 정부는 IMF와 같은 국제금융기관으로부터 사외이사에 이어서 감사위원회를 도입해야 한다는 압력을 받고 있었다. 중앙대 윤영신 교수와 공동집필한 이 글에서는 감사위원회의 도입 필요성을 역설하였다. 실제로 자신이 감사를 맡고 있으면서 감사위원회가 감사보다 우월하다는 견해를 취하게 된 데에는 앞서 말한 이사회 체험의 영향이 컸다. 제3편 세 번째 논문인 "감사위원회, 어떻게 도입할 것인가"는 이미 정부가 감사위원회를 도입하기로 하였지만 아직 입법화를 하지 않은 1999년의 시점에서 우리가 취할 수 있는 입법상의 선택지를 검토한 글이다.[16] 마침 이 논문을 쓰는 도중에 나는 상법에 도입할 감사위원회 관련 규정을 마련하는 실무 작업의 책임을 맡았다. 다만 실제 입법으로 채택된 감사위원회 규정은 우리가 제시한 견해와는 다소 차이가 있다.

1995년 "재벌과 소수주주 보호" 논문을 쓸 때 고심한 것은 지배주주인 총수의 권한남용을 어떻게 통제할 것인가 하는 문제였다. 나는 이 주제를 당시 박사과정에 있던 정승욱 군에게 학위논문 제목으로 권하였다. 정 군은 외환위기가 한창 진행 중인 1998년 2월 "주식회사 지배주주의 법적 책임에 관한 연구"라는 논문으로 박사학위를 받았다. 그런데 공교롭게도 외환위기를 계기로 이 문제에 대한 관심이 급속히 높아졌다. 마침내 1998년 12월 상법 개정 시에 이른바 업무집행지시자라는 새로운 개념이 도입되었다. 제2편 세 번째 논문인 "지배주주의 통제방안 : 행동, 구조, 시장"은 새로 도입된 업무집행지시자 규정의 한계에 관한 것으로 정 박사와 같이 집필하였다.

1990년대 말 외환위기의 극복과정에서 갑자기 등장한 것은 이른바 벤처붐이었다. 당시 벤처붐은 미국을 비롯해 전 세계적으로 일어난 현상이었지만 특히 우리 기업지배구조 개선에 도움이 될 수 있다는 점에서 관심이 생겼다. 벤처붐을 현지에서 경험하고 싶다는 핑계로 2000년 7월 한 달 동안 스탠퍼드 대학을 방문하였다. 대학 캠퍼스로서는 믿을 수 없을 정도로 아름답

16 실제로 논문이 출판된 것은 상법이 감사위원회를 도입한 후인 2000년이었다.

고 화려한 스탠퍼드 대학에 진을 치고 한국 기업과 벤처캐피털 등에서 일하는 사람들을 만나며 실리콘밸리를 누비는 나날을 보냈다. 그때는 몰랐지만 그 시점은 바로 벤처붐의 끝물이었다. 그때의 작업을 정리한 것이 제1편 네 번째 논문인 "벤처투자와 법적 인프라"이다.

1990년대 후반에 접어들며 기업지배구조에 관한 논의는 전 세계적으로 확산되는 한편으로 경제적 관점은 물론 정치, 사회, 문화 등 다양한 관점에서 전개되었다. 가히 백화제방(百花齊放)의 시기가 도래했다고 해도 과언이 아니었다. 그러나 이러한 각양각색의 논의를 어떻게 정리하고 무엇을 배울 것인가는 항상 정신적 부담을 주는 과제였다. 2001년 가을에는 다시 연구학기를 맞아 미국 컬럼비아 대학을 방문하였다. 9.11사태를 맨해튼에서 겪으며 미국 사회의 다른 측면을 발견하고 놀랐다. 낮에는 아이젠버그 교수의 회사법강의와 피스토어(Katharina Pistor) 교수의 EU 기업법 강의를 듣든가 연구실에서 논문을 뒤적이고, 밤이면 숙소 옆의 링컨센터로 향하는 꿈같은 생활을 하고 있던 중 가까운 제자인 김주영 변호사로부터 연락을 받았다. 자신이 주도하는 좋은기업지배구조연구센터에서 저널을 창간하는데 창간호에 실을 원고를 써달라는 것이었다. 여러 가지로 거절할 수 없는 그의 요청에 응하기 위하여 쓴 글이 제1편 두 번째 논문인 "기업지배구조에 관한 최근의 논의에서 무엇을 배울 것인가"이다.

외환위기를 거치면서 이사의 지위와 역할이 크게 부각되었다. 동시에 이들의 법적 책임문제가 현실문제로 대두되었다. 1997년 제일은행 주주대표소송에서 이사들의 책임이 인정된 것을 계기로 특히 도산한 회사의 임원들에게 책임을 묻는 소송이 폭주하였다. 이처럼 이사의 책임이 현실로 다가오자 이사의 책임을 적정한 범위로 제한할 필요도 커졌다. 해결책으로 등장한 것이 바로 이사의 배상책임보험이다. 배상책임보험은 경제계의 수요에 따라 급속히 증가하였으나 아직 전반적인 이해부족으로 구체적으로는 미흡한 구석이 많았다. 당시 박사과정에서 이사의 책임제한을 주제로 논문을 쓰고 있던 강원대 최문희 교수와 함께 쓴 논문이 바로 제2편 마지막에 실린 "이사의 배상책임보험"이다.

우리 기업지배구조는 외환위기 후 다방면의 개혁 작업을 통해서 크게 개선된 것이 사실이다. 그러나 2000년에 접어들면서는 아직 미흡한 부분을 많이 남기고 있는 상태임에도 불구하고 정부의 개혁의지는 급속히 약화되었고 반면에 기득권층의 반발은 더욱 거세졌다. 정치적으로 이제 더 이상 정부가 개혁을 주도하는 하향식 개혁을 기대하기는 어려운 상황이었다. 그러한 상황에서 개혁의 대안으로 어떠한 방법이 있을까 고민하던 끝에 쓰게 된 글이 제1편 세 번째 논문인 "기업지배구조의 개선과 경쟁"이다. 뉴욕 대학의 스티브 최(Stephen Choi) 교수와 공동으로 작성한 이 논문은 아마도 인터넷이 없었다면 나올 수 없었을 것이다. 이메일로 원고를 주고받으며 작업을 진행하였는데 서로 태평양을 사이에 두고 떨어져 있다는 사실은 전혀 문제가 되지 않았다. 최 교수는 특히 지배구조에 관한 실증연구에 밝아서 큰 도움을 받았다. 원고를 마무리하는 단계에서 브라질에서 비슷한 구상이 실제로 채택된 바 있다는 사실을 알게 되었다. 이 논문은 거래소가 주최한 심포지엄에서 발표하여 참석자들의 공감을 얻기도 했지만 실현에 이르지는 못했다.[17]

2000년 스탠퍼드 대학 방문을 계획하던 시점에 당시 스탠퍼드에서 가르치던 장승화 교수를 통해서 헬러(Thomas Heller) 교수를 알게 되었다. 기업지배구조를 둘러싼 환경적 요인에 대한 관심이 많은 헬러 교수는 자신이 기획하는 비교법적 연구에 참여할 한국 학자를 찾고 있었다. 헬러 교수가 스탠퍼드와 홍콩에서 개최한 두 차례 회의에 참석하였지만 헬러 교수가 너무 바빴던 탓에 결국 이 프로젝트는 무산되고 말았다. 영문으로 준비하던 원고를 국문으로 번역하여 발표한 것이 제1편 첫 번째 논문인 "우리 기업지배구조의 전환"이다.[18]

---

17 최근 미국의 일부 학자들이 우리와 비슷한 견해를 주장하는 것을 발견하고 고무되었다. Ronald J. Gilson, Henry Hansmann and Mariana Pargendler, Regulatory Dualism as a Development Strategy : Corporate Reform in Brazil, the U.S., and the EU (working paper 2010).

18 이 논문은 2006년 일본에서도 발표되었다. 金建植, 韓國における企業統治の轉換, ソフトロー研究 제7호(일본 동경대 발행), 91-110면.

우리나라의 외환위기가 수그러든 2000년대에 들어서 미국에서는 IT버블이 터지고 엔론, 월드컴 같은 회사를 둘러싼 스캔들이 발생하였다. 이러한 상황에서 전 세계적으로 내부통제와 컴플라이언스에 관한 관심이 높아졌고 관련 제도들이 급속히 도입되었다. 그러나 새로운 제도를 기존의 틀에 어떻게 접목시킬 것인지에 대해서 실무상 혼란이 많았다. 이러한 혼선을 다소나마 정리하기 위하여 한국외대의 안수현 교수와 공동으로 집필한 논문이 제3편 다섯 번째 논문인 "법적 시각에서 본 내부통제"이다.

내부통제의 한 기둥을 이루는 것이 바로 감사위원회이다. 2000년 초반 숱한 반대를 무릅쓰고 도입된 감사위원회 제도는 해석상 여러 문제를 야기하고 있었다. 감사위원회의 실무상의 문제를 다룬 논문이 바로 제3편 네 번째 논문인 "법적 시각에서 본 감사위원회"이다.

외환위기 이후 기업지배구조 개선을 위한 노력의 결과 상당한 변화가 있었지만 기업총수를 둘러싼 스캔들은 끊이지 않았다. 특히 기업총수의 사익추구행위에 대한 형사책임을 묻는 사례가 늘어났다. 이처럼 경영권 남용에 대한 형사소추가 빈발하는 것은 회사법의 기능부전을 시사하는 증거이기도 했다. 그리하여 "재벌과 소수주주 보호"를 쓴 지 10여 년 만에 다시 비슷한 문제를 다룬 글이 제2편 두 번째 논문인 "재벌총수의 사익추구행위와 회사법"이다. 이 글을 쓰면서 실감한 것은 이제 회사법을 더 이상 개선하는 것은 정치적으로는 물론이고 기술적으로도 쉽지 않은 단계에 이른 것 같다는 사실이었다. 특히 기존 회사법 규정을 보다 유연하게 해석하여 다양한 유형의 경영권 남용에 대처하는 법원의 역할이 새삼 절실한 것으로 다가왔다. 당시 법원의 판결을 보고 느낀 아쉬움은 따로 영문으로 발표하기도 하였다.[19] 자본시장을 육성한다는 차원에서는 단순히 경영자의 부정을 방지하는 것도 중요하지만 그보다는 경영자(내지 지배주주)와 주주의 인센티브를 일치시키는 것이 더 중요하다. 이와 관련해서 많이 논의되는 것이 바로 경영

19 Kon Sik Kim, The Role of Judges in Corporate Governance: the Korean Experience, in Transforming Corporate Governance in Korea (Hideki Kanda, Kon Sik Kim and Curtis J. Milhaupt eds. 2008).

자 보수의 문제이다. 최근 국제적으로 경영자 보수는 학계에서는 물론이고 사회적으로도 많은 관심을 끌었다. 그에 비하여 우리나라에서는 거의 논의가 없다고 해도 과언이 아니다. 2004년 대기업 두 곳의 이사회에 참여하면서 우리 기업의 경영자 보수가 영미기업에 비하여 너무 적다는 점을 확인하게 되었다. 마침 그때 국제콘퍼런스에서 알게 된 이스라엘 학자인 리히트(Amir Licht) 교수로부터 연락이 왔다. 버클리 법대 주최로 기업지배구조와 문화에 관한 콘퍼런스를 개최하는데 관련 주제에 대해서 발표를 해달라는 것이었다. 기업지배구조의 환경적 요인에 대해서 별로 연구해 본 일이 없는 나에게 그나마 떠오른 것이 바로 경영자 보수였다. 그 콘퍼런스를 위해서 작성한 것이 제2편 네 번째 논문인 "경영자 보수와 기업지배구조"이다. 이런 논문은 성격상 제대로 쓰려면 우리 경영자 보수에 관한 충분한 정보가 필요하다. 그러나 경영자 보수는 워낙 민감한 정보이다 보니 구하는 데 한계가 있었다. 미흡하기는 하지만 앞으로의 논의에 다소라도 도움이 될 수 있다면 하는 생각으로 감히 세상에 내놓았다. 2006년 이 논문을 버클리에서 발표했을 때 과도한 경영자 보수에 관한 대표적 비판론자인 프리드(Jesse Fried) 교수가 웃으며 미국은 보수가 너무 많은 것이 문제인데 한국은 그 반대인 것 같다고 하던 말이 떠오른다.[20]

이렇게 쓰고 보니 이제까지의 내 삶은 여러 가지로 기업지배구조와 맞물려온 것 같다. 처음부터 그렇게 계획했던 것은 아니었지만 지난 4반세기 동안 기업지배구조에 관한 크고 작은 테마들을 공부하고 때로는 그 실천에도 관여하며 지내왔다. 워낙 여러 법분야가 관련되고 정치, 사회, 경제와 같은 환경적 요인이 작용하는 주제이다 보니 능력의 한계를 절감하기도 했다. 그러나 후회는 없다. 기업지배구조를 만나지 못했다면 내 사고와 삶이 훨씬 편협하고 메말랐을 것이기 때문이다. 요즘 다소 김이 빠진 감이 없지 않지만 연구 면에서나 실천 면에서나 기업지배구조는 여전히 과제를 많이 남기고 있다. 어느덧 연구에 바칠 수 있는 세월이 얼마나 남았는지 장담할 수 없

20 프리드 교수는 2004년 벱척 교수와 Pay Without Performance라는 책을 출판한 바 있다.

는 나이가 되었지만 당분간은 기업지배구조의 주변을 더 맴돌 것 같은 느낌이다.

이 책에 담은 글들은 그런대로 기업지배구조의 전반을 커버하는 것 같아 '기업지배구조와 법'이란 자못 거창한 제목을 붙여 보았다. 다시 훑어 보다 보니 여러 면에서 아쉽기 짝이 없지만 특히 안타까운 것은 M&A에 관한 글이 없다는 점이다. M&A에 관해서는 그간 연구가 상대적으로 소홀했던 것이 사실이다. 앞으로 그 점을 보완할 기회가 있을지 모르겠다.

이 책을 내면서 특히 강원대 최문희 교수에게 많은 신세를 졌다. 최 교수는 내 글이 아직도 유용하다며 자신감을 북돋워 준 것은 물론이고 번거로운 교정까지 맡아 주었다. 어느새 이렇게 제자의 도움에 기대는 처지가 되었는지 한편으로는 미안하면서도 교사의 보람을 실감하기도 한다. 이 자리를 빌려 감사의 뜻을 표시한다. 아무쪼록 이 책이 기업지배구조의 이해에 조금이라도 도움이 되기를 바랄 뿐이다.

제1편

일반론

01 우리 기업지배구조의 전환

I. 서설

지난 20세기는 인류역사상 유례없는 격변의 시기였다. 우리 민족도 거센 변화의 소용돌이를 벗어날 수는 없었다. 지난 세기 동안 우리 사회는 거의 모든 영역에서 엄청난 변동을 겪었다. 변화 중에는 긍정적인 것도 적지 않았다. 특히 1960년대 이후의 급속한 경제성장은 세계적으로 부러움의 대상이 되기도 했다. 지난 40년간 우리 기업지배구조도 꾸준히 변화하였다. 특히 1997년 경제위기를 계기로 우리 기업지배구조는 국내외적으로 획기적인 전환의 압력을 받게 되었다.[1] 이 글의 목적은 지난 40년에 걸친 우리 기업지배구조의 변천을 생태학적인 시각에서 살펴보는 것이다.

1 그러한 압력은 우리의 경제위기가 기업지배구조의 실패에도 원인이 있다는 인식에서 비롯된 것이다. 그러한 견해의 예로서 Simon Johnson et. al., Corporate Governance in the Asian Financial Crisis, 58 Journal of Financial Economics 141 (2000).

기업지배구조는 corporate governance[2]를 번역한 것으로 논자에 따라 다양한 의미로 사용되고 있으나 크게 두 가지로 나누어 볼 수 있다. 먼저 넓은 의미로는 전통적으로 기업의 소유자로 인식된 주주뿐 아니라 채권자, 근로자, 소비자 등 기업의 각종 이해관계자(stakeholder)의 권한, 책임 등 상호관계에 관한 논의가 이에 포함된다. 한편 좁은 의미의 기업지배구조는 기업의 소유와 경영의 분리로 인하여 발생하는 경영자와 주주 사이의 이익상충, 즉 경제학에서 말하는 대리문제(agency problems)를 해결하는 문제에 관한 것이다. 기업지배구조는 자본시장의 발달이나 나아가 국가경제의 발전에 영향을 준다는 연구들이 발표됨에 따라 세계적으로 지속적인 논의의 대상이 되고 있다.[3]

기업지배구조를 좁게 파악하는 경우에도 그것은 상법이나 증권거래법 같은 법률은 물론이고 정부와 기업 간의 관계, 금융시장, 사법제도와 같은 다양한 환경적 요소와 관련을 갖는다.[4] 기업지배구조의 구체적 모습은 이러한 환경적 요소의 영향을 강하게 반영한다. 이처럼 기업지배구조를 둘러싼 환경적 요소를 기업지배구조의 생태계로 파악할 수 있을지 모른다.[5] 법제도의 변경이 없더라도 생태계의 환경변화에 따라 실제의 기업지배구조는 다른 모습으로 바뀔 수 있다. 미국의 예를 보더라도 지난 30년간 기업지배구조에 관한 법은 그다지 변화가 없었지만 실제의 기업지배구조는 크게 달라졌다. 그러한 변화는 기관투자자의 성장과 적대적 기업인수를 뒷받침하는 금융수단의 개발과 같은 환경적 요인이 작용한 결과라고 할 것이다.[6] 요컨대 기업

2 일본에서는 영어를 그대로 사용하거나 '기업통치'라는 용어를 사용하는 경우가 많다.

3 이러한 논의는 흔히 LLSV라고 약칭되는 4인의 경제학자의 일련의 논문에서 촉발된 것이다. La Porta et. al., Law and Finance, 106 Journal of Political Economy 1113 (1998) ; Corporate Ownership Around the World, 54 Journal of Finance 471 (1999) ; Investor Protection and Corporate Governance, 58 Journal of Financial Economics 3 (2000). 이에 관한 간단한 소개로는 김건식, "기업지배구조에 관한 최근의 논의에서 무엇을 배울 것인가?," 기업지배구조연구 제1호(2001), 8-19면.

4 넓은 의미의 기업지배구조가 이러한 환경적 요소와 밀접한 관련을 갖는다는 점은 두말할 필요가 없을 것이다.

5 기업지배구조의 생태(ecology)라는 개념은 스탠퍼드 법대 헬러(Thomas Heller) 교수의 아이디어에서 비롯되었다.

6 이 점은 스탠퍼드 법대 길슨(Ronald Gilson) 교수의 발표에서 시사를 받았다.

지배구조는 이러한 환경적 요인의 종속변수라고 할 수 있다.[7] 따라서 기업지배구조의 변천을 제대로 이해하기 위해서는 그 생태계를 구성하는 다양한 요소의 움직임에 주목하지 않을 수 없다. 뒤에 언급하는 바와 같이 우리나라에서도 기업지배구조의 생태계는 끊임없이 변동하고 있다. 어떤 부분은 급속한 변화를 겪고 있는가 하면 다른 부분은 그대로 현상을 유지하고 있기도 하다. 이 글에서는 이러한 기업지배구조의 생태계와 실제의 기업지배구조와의 관련, 특히 어떠한 요소가 기업지배구조의 변화를 촉발하고 어떠한 요소가 그 변화를 저해하고 있는지 구체적으로 검토하고자 한다.[8]

앞서 지적한 바와 같이 기업지배구조와 그 생태계의 변화는 지속적으로 진행되고 있다. 그러나 논의의 편의를 위하여 이 글에서는 1997년의 경제위기를 전후하여 시점 1과 시점 2를 구분하고자 한다. 이 글은 다음과 같은 순서로 진행한다. 먼저 II에서는 시점 1의 기업지배구조를 형성하는 데 결정적 영향을 미쳤다고 판단되는 개발국가(developmental state)[9] 모델에 대해 간단히 설명한다. III에서는 그러한 모델을 추구한 결과 형성된 시점 1의 기업지배구조의 주요 특징에 대해서 살펴본다. IV에서는 기업지배구조의 변화를 초래하는 동인과 그러한 변화를 둘러싼 각 이익집단의 반응에 대해서 살펴보기로 한다.

II. 개발국가와 관료의 지배

1. 개발국가모델 : 기업지배구조의 환경요소

앞서 지적한 바와 같이 기업지배구조는 다양한 환경적 요인에 의하여 영

7 거꾸로 기업지배구조가 산업조직 같은 환경적 요인에 영향을 주는 측면도 있을 것이다.

8 이러한 문제의식은 제도의 변화와 경제성장에 관한 노스(North)의 저작〔Douglas C. North, Institutions, Institutional Change and Economic Performance (1990)〕에서도 공유되고 있다.

9 때로는 '발전국가'라고 번역되기도 한다.

향을 받는 종속변수이다. 그러나 종래 우리 기업지배구조의 형성에 영향을 미친 여러 환경적 요인 중 가장 중요한 것은 당시 우리나라의 개발국가적 성격이라고 할 것이다.[10] 특히 1960년대와 1970년대의 우리나라는 정부 주도로 경제개발을 추구한 이른바 개발국가로 규정할 수 있을 것이다.[11] 1961년 쿠데타에 의하여 집권한 군사정권은 취약한 정통성을 강화하기 위한 수단으로 경제개발을 강조하였다. 이처럼 경제개발이 위로부터 부과된 국가목표이기는 했지만 빈곤에 시달리던 국민들의 폭넓은 지지를 받았다.

2. 개발국가와 관료의 지배

1960년대 경제개발은 국가의 지상목표로 부각되었으나 그것을 뒷받침할 만한 제도적 인프라는 미처 갖추지 못한 상태였다. 법과 제도는 미비하고 법치주의와 시장경제의 경험이 있는 인력은 거의 없었다. 이러한 상황에서 당시 정부는 결국 관료집단에 의존할 수밖에 없었다. 이러한 관료 주도의 경제운용은 우리 경제시스템의 가장 결정적인 특징으로 볼 수 있을 것이다.

관료의 역할이 두드러졌지만 그렇다고 해서 민간 기업이 아무런 역할도 수행하지 않았던 것은 아니다. 정부가 주도적으로 개입하면서도 민간의 인센티브를 적극 활용했다는 점에서 사회주의시스템과는 차이가 있었다. 관료의 역할은 주로 국가적으로 지원할 전략산업을 정하고 그에 대한 투자를 유도하기 위하여 각종 지원을 제공하는 데 집중되었다. 1960년대에는 주로 수입대체품이나 수출품을 생산하는 경공업에 집중된 지원이 1970년대 후반부터는 중화학공업으로 옮겨 갔다. 지원은 여러 형태로 이루어졌으나 가장 중요한 것은 역시 값싼 자금을 제공하는 것이었다(이른바 정책금융). 이 기간 중

---

10 정부 주도의 경제개발을 추구한 개발국가에 대해서 상세한 것은 Meredith Woo-Cummings ed., Developmental State (1999).

11 물론 1960년대 전에도 그것이 목표가 아니었다고 할 수는 없다. 그러나 해방 후 6·25를 거쳐서 1950년대까지는 독립과 생존이 주된 과제였고 장기적인 계획을 세울 만한 안정을 얻지 못했다. 1960년에 들어서 비로소 경제개발이 주된 과제로 등장하였다.

정부는 금융자원의 배분에 깊숙이 관여하였다. 이처럼 정부가 경제운용에 간섭하다 보니 기업이 부실에 빠지더라도 그대로 방관할 수는 없었다. 정부는 금융기관에 압력을 넣어 구제금융에 나서게 하거나 다른 기업에 각종 특혜를 얹어서 인수시키는 방식을 취하였다.[12] 심지어 1972년에는 기업의 사채부담을 덜어 주기 위하여 만기를 연장하고 이자를 인하하는 강제조치를 취하기도 했다(이른바 8 · 3조치).

이처럼 경제운영과정에서 관료가 앞장서다 보니 상대적으로 입법부와 사법부는 뒤로 처질 수밖에 없었다. 보좌하는 전문인력이 없는 국회의원들로서는 설사 입법에 관심이 있었다 해도 적극적으로 나서기 어려웠다. 그리하여 실제로 입법도 관료의 손에 넘어갔다. 관료가 만든 법의 내용이 관료의 편의에 치우칠 것은 당연한 일이다. 특히 경제분야 입법에서는 실체적인 내용을 대통령령이나 부령에 미루는 위임입법이 광범위하게 이루어졌다. 또한 행정부의 조치에 대해서는 소송으로 다툴 수 있는 여지가 제한되었을 뿐 아니라 실제로 소송으로 가는 예도 극히 드물었다. 따라서 사법부가 영향을 미칠 수 있는 여지도 거의 없었다.

3. 관료의 지배에 대한 평가

관료가 주축이 된 개발국가의 역사적 공과에 대해서는 아직도 평가가 엇갈리고 있다.[13] 그러나 적어도 본래 의도했던 경제성장이란 면에서 성공적이었다는 점을 부인할 수는 없을 것이다. 이러한 관료중심 개발국가 모델이 우리나라에서 성공한 이유로는 여러 가지를 들 수 있을 것이다.[14]

첫째, 적어도 엘리트 관료는 사회의 다른 부문, 특히 민간기업의 인재들에

---

12 1979~1983년 사이에 행해진 중화학공업 구조조정은 그 대표적인 예에 불과하다.

13 외국학자들 간에는 긍정적인 측면이 많이 부각되고 있다. 예컨대 Alice Amsden, Asia's Next Giant : South Korea and Late Industrialization (1989).

14 가장 논란이 되는 것은 지도자로서의 박정희 대통령에 대한 평가이겠으나 이에 대해서는 언급하지 않기로 한다.

비하여 유능했고 비교적 청렴했다는 점이다. 둘째, 당시 우리 경제가 나갈 방향이 비교적 명확했던 것도 관료지배의 성공을 가져온 요인이 될 수 있다. 자원과 기술은 없고 노동력만 풍부했던 당시에는 일본처럼 수출지향정책을 선택하는 것 말고 달리 대안을 생각하기 어려웠다. 그리하여 해외에서 자본과 기술을 도입하여 국내의 노동력으로 생산한 저가의 제품을 해외시장에 수출하는 비교적 단순한 방안을 취하였다. 셋째, 관료의 지배가 집권층을 비롯한 주요 이익집단의 이해에 부합했다는 점도 중요하다. 사전에 결정한 게임의 규칙을 중립적으로 적용하는 법치주의는 군대식의 상명하복문화에 젖어 있던 대통령과 정치인에게 극히 불편하고도 낯선 제도였다. 관료들로서도 재량의 여지가 최대한 확보된 국가운영시스템이 운신에도 편했을 뿐 아니라 자신들의 집단이익에도 부합하였다.[15] 이처럼 집권층의 재량에 따라 '되는 일도 없고 안 되는 일도 없는' 시스템이었지만, 그러한 시스템이 기업에 반드시 불리한 것만은 아니었다. 결정권이 있는 관료들을 움직일 수 있는 '줄'만 확보할 수 있다면 그러한 시스템이 한결 융통성 있고 편리했기 때문이다.[16] 넷째, 지난 수백 년 동안 양반관리의 지배와 식민통치에 길들여진 국민으로서는 관료의 지배가 오히려 더 익숙한 것이었다. 법치주의를 부르짖는 일부 지식층의 목소리가 그다지 힘을 얻지 못했던 것은 그러한 문화적 영향 때문도 있을 것이다.

III. 기존의 기업지배구조에 대한 영향

앞서 지적한 바와 같이 관료주도의 개발국가 모델은 경제적으로 엄청난 성공을 거두었다. 그러나 동시에 시점 1의 기업지배구조와 정치·경제시스

15 공직 퇴직 후 공기업이나 일반 기업에 취직하여 자신들의 가치를 활용하기에도 그러한 시스템이 가장 유리했다.

16 오늘날 경영자들 사이에 널리 퍼져 있는 이른바 박정희 시대에 대한 향수는 바로 그러한 장점에서 비롯된다.

템에 부정적 영향을 미친 측면도 적지 않았다. 개발국가 모델은 기업의 차입경영을 유도하였고 차입경영은 다시 주식소유의 집중으로 이어졌으며, 주식소유의 집중은 결국 기업지배구조의 왜곡을 초래하였다. 다음에서는 이러한 영향의 고리를 차례로 살펴본 후에 크게 정치 · 경제시스템에 대한 영향을 검토하기로 한다.

1. 기업재무 : 차입경영

개발국가 모델에서 중요한 것은 자원, 특히 자금의 배분이다. 관료는 부족한 자금의 배분을 시장기능에 맡기지 않고 적극 간섭하였다. 자금의 배분은 정부지배하의 은행을 통해 이루어졌다.[17] 그 결과 기업의 자금조달은 차입의 형태를 취하였다. 이러한 차입경영은 직접적으로 두 가지 재무적 특성, 즉 높은 부채비율과 주식소유의 집중을 가져왔다.

(1) 높은 부채비율

우리 기업의 부채비율은 선진국 기업에 비하여 상대적으로 높았다. 1997년 경제위기 시에 도산한 일부 기업은 부채비율이 수천 퍼센트에 달하는 경우도 있었다. 높은 부채비율은 기본적으로 오랜 차입경영의 유산이라고 할 수 있다. 우리 기업이 차입경영에 의존하게 된 이유로는 여러 가지를 들 수 있다.

첫째, 정부가 기업지원을 위해서 인위적 저금리정책을 취한 결과 차입비용이 낮았다.[18] 특히 수출지원과 같이 특별한 정책목표를 위해서 저금리로 제공되는 이른바 정책금융의 경우에는 대출을 받는 것이 곧 특혜로 인식될 정도로 기업에 유리했다. 둘째, 부채비율이 높아져도 도산위험은 그렇게 높

17 5 · 16쿠데타 후 민간은행이 국유화된 것은 바로 그것을 위한 것이었다.

18 Sung Wook Joh, The Korean Corporate Sector : Crisis and Reform (KDI Working Paper No.9912, 1999) 2-3.

지 않았다는 점도 기업이 높은 부채비율을 마다하지 않은 이유가 될 수 있을 것이다. 당시 우리 기업의 비즈니스 모델은 비교적 위험도가 낮은 것이었기 때문에 유능한 경영자가 성실하게 경영한다면 도산위험은 그리 높지 않았다. 셋째, 주식시장이 발달하지 않았기 때문에 설사 기업이 주식발행을 통한 자금조달을 원하였더라도 그것을 실천할 수 없었다. 넷째, 세법상 이자는 손금처리가 가능하다는 점도 기업의 차입경영을 촉진한 면이 있을 것이다. 다섯째, 은행의 대출심사기능이 엄격하지 않았기 때문에 부채비율과 관계없이 계속 대출을 받는 것이 가능했다. 기업은 정치권이나 관료에 대한 로비를 이용해서 금융기관에 대해서 대출압력을 넣기도 했다. 제2금융권의 금융기관은 기업 소유하에 있는 경우도 많아서 제2금융권을 통한 자금조달이 활발하게 이루어졌다.[19]

(2) 주식소유의 집중

만약 기업이 투자에 필요한 자금을 신주발행으로 조달해야 한다면 지배주주의 지분은 결국 분산될 가능성이 크다. 아무리 돈이 많은 지배주주라고 해도 거듭되는 증자에 계속 응할 수 있을 정도로 풍부한 자금을 보유하는 경우는 많지 않기 때문이다. 기업이 성장하는 어느 시점에서 지배주주는 자신의 절대적 지배권과 기업의 확장 중에서 어느 것을 포기할 것인가를 선택할 기로에 서게 마련이다. 실제로 주식소유의 분산은 대규모 증자를 거듭하는 과정에서 자연스레 이루어진 경우가 많다. 그러나 이제껏 우리나라에서는 지배주주가 그러한 선택을 뒤로 미루는 것이 가능했다. 그것이 가능했던 주된 원인은 금융기관을 통한 차입이 상대적으로 용이했기 때문이다.[20]

주식소유가 집중될수록 지배주주가 부담하는 투자위험도 커진다. 따라서

19 한 연구에 의하면 제2금융권을 가진 재벌그룹의 부채비율이 높은 것으로 나타나고 있다. Joon Kyung Kim, Cahebol's Ownership of NBFIs and Related Problems, KDI Economic Outlook (1999)(Joh, 주 18, 13면에서 재인용).

20 계열사 사이의 주식상호보유가 광범위하게 이루어질 수 있었다는 점도 중요한 원인이라고 할 수 있다.

외국에서는 지배주주가 자신의 투자위험을 분산하기 위하여 스스로 보유주식을 처분하는 경우가 많다. 그러나 우리나라에서는 여러 이유로 주식소유의 분산이 상당히 지체되었다. 첫째, 사업위험이 크지 않았기 때문에 창업자가 성장의 과실을 독점하기 위해서 구태여 주식을 분산하려 하지 않았다. 둘째, 창업자는 자신의 기업을 자기의 분신처럼 여겨 경영권에 대한 위협은 물론이고 주주들의 간섭을 극도로 경계하였다. 셋째, 설사 창업자가 주식을 분산할 의사가 있다 해도 주식시장이 발달하지 못했기 때문에 제값을 받고 처분하기 어려웠다. 1980년대 주식시장이 활성화되면서부터는 지배권을 위협받지 않는 범위에서 비교적 활발하게 분산이 이루어졌다.

2. 우리 기업지배구조의 특색 : 지배주주의 독재

종래 우리 기업의 지배구조에 대해서는 이미 여러 문헌에서 다룬 바 있으므로 이곳에서는 간단히 언급하고 넘어가기로 한다.[21] 우리나라에서는 대규모 상장기업에서도 흔히 오너라고 불리는 지배주주가 존재하였으며, 이들 지배주주는 아무런 견제도 받지 않고 자신의 그룹을 완전히 지배하였다. 지배주주로부터 일반주주의 이익을 보호하는 장치는 다음에 설명하는 바와 같이 거의 실효성이 없었다.

첫째, 회사법상의 기관구조는 경영자를 거의 견제하지 못했다. 지배주주가 주식을 과반수 보유하는 상태에서 주주총회는 형식적인 절차에 지나지 않았다. 지배주주의 심복들로 구성된 이사회가 지배주주의 행동에 반기를 드는 것은 더욱 기대할 수 없었다. 감사 또한 거의 명목상으로 존재하는 데 지나지 않았다. 둘째, 경영진의 불성실로 인하여 손해를 본 주주들이 소를 제기하는 길도 거의 봉쇄되어 있었다. 당시 집단소송은 존재하지 않았고 주

21 주로 회사법적 관점에서 종래의 기업지배구조를 분석한 글로는 기업구조연구회(편)/김건식(집필), "재벌과 소수주주보호," 한국의 대기업, 누가 소유하며 어떻게 지배되는가, 포스코경영연구소, 1995, 201면 이하 참조.

주대표소송은 무엇보다도 5%라는 주식보유요건 때문에 그림의 떡에 지나지 않았다.[22] 그나마 지배주주가 이사직을 맡지 않고 배후에 머무르는 경우에는 아예 소송의 대상조차 되지 않았다. 셋째, 지배주주가 절대적인 지분을 확보하고 있는 상황에서 미국에서와 같은 경영권시장이 작동할 여지도 없었다. 넷째, 그렇다고 해서 사회규범이 지배주주의 전횡을 견제할 수 있을 정도로 강력하지도 못했다. 기업주가 회사재산을 개인적 사치에 낭비하는 것은 몰라도 어려운 계열사를 지원하는 행위는 여론이 그다지 문제시하지 않았다.

3. 정치 · 경제시스템에 대한 영향

개발국가 모델은 우리 정치 · 경제시스템에도 심대한 영향을 주었다. 여기에서는 기업지배구조와 관련 있는 일부 측면만을 살펴보기로 한다.

(1) 자본시장의 미발달

앞서 살펴본 바와 같이 정부와 기업이 모두 자금배분과 조달을 은행에 의존하는 상황에서 주식시장은 뒷전으로 밀릴 수밖에 없었다. 정부가 자금배분에 관여하기에는 자본시장보다는 은행에 의한 신용제공이 더 편리했다. 기업의 입장에서도 앞서 살펴본 바와 같이 차입경영이 보다 유리했다. 또한 투자자로서도 주식과 같이 권리보호가 어려운 상품보다는 은행예금과 같이 내용이 확실한 상품에 관심이 쏠리게 되었다. 그 결과 1980년대에 들어서서도 주식시장은 그다지 발전하지 못했다. 간혹 붐이 있기는 했지만 그것은 결국 일시적인 투기바람의 결과에 지나지 않았다.

정부가 자본시장의 발전에 전혀 관심이 없었던 것은 아니다. 1968년의 「자본시장육성에 관한 법률」이나 1972년의 「기업공개촉진법」은 모두 자본시장에 대한 정부의 관심을 보여 주는 증거이다. 정부는 공개법인에 대한 세

22 증거를 확보하는 수단이 미비했다는 점은 구태여 언급할 필요도 없을 것이다.

제혜택과 같은 당근과 공개거부법인에 대한 금융제재와 같은 채찍을 동시에 내세웠음에도 창업자들은 기업공개에 끝내 소극적이었다. 1970년대에도 기업공개가 없었던 것은 아니지만 실제로는 공개법인에 주어지는 혜택만을 노린 위장공개[23]인 경우가 많았다.[24]

이렇듯 기업이 은행차입에 의존하게 되면 필연적으로 은행의 위험이 증가할 수밖에 없다. 과거와 달리 사업에 수반되는 불확실성이 높은 상황에서는 은행차입에 과도하게 의존하면 전체 금융시스템이 위험에 처할 수 있다. 자기책임으로 기업에 투자하는 투자자는 이러한 은행의 위험을 감소시키는 기능을 한다. 따라서 고도성장이 끝나고 경제가 성숙단계에 접어들면 자본시장의 역할이 특히 중요해진다. 그리고 자본시장을 활성화하기 위해서는 투자자를 보호하는 장치를 갖출 필요가 있다.

(2) 재벌의 대두

개발국가를 이끌고 나간 한 날개가 관료라면 다른 한 날개는 재벌이라고 할 수 있다. 서로 무관한 업종의 수십 개 계열회사를 동일한 지배주주가 조직적으로 통제하는 기업집단인 재벌은 개발국가 모델의 부산물이라고 할 수 있다. 경제성장의 초기단계에서 기업의 성공은 상대적으로 기술보다 관리에 의존하는 바가 크다. 그러므로 한 업종에서 경쟁력이 있는 기업은 그와 전혀 다른 업종에서도 경쟁력을 가질 수 있는 경우가 많았다. 또한 특정 분야에서 자리를 잡은 대기업은 인력충원이나 자금조달 면에서 모두 신생기업보다 유리했다. 이들이 로비력에서도 앞선 것이 사실이었을 뿐 아니라 정부나 금융기관으로서도 이미 실적이 있는 대기업을 선호하는 것이 당연했다. 그리하여 한 업종에서 성공한 창업자들은 앞 다투어 새로운 업종에 진출

---

23 친지나 심복들에게 명목상으로만 주식을 취득시키고 실제로는 창업자 자신이 지배하는 것이 전형적인 형태였다.

24 1980년 후반에 들면서 기업들이 자본시장이 제공하는 여러 이익에 점차 눈을 뜨게 됨에 따라 자발적인 기업공개가 증가했다.

하고자 하였다. 투자의 수익성에 관한 엄밀한 검토는 제대로 이루어지지 않는 경우가 많았다. 규모가 클수록 인력이나 자금을 확보하기가 용이하고 로비력도 커지는 마당이라 경영자들은 모두 기업영토의 확장에 매달렸다. 그리하여 영토확장에 성공한 정도에 따라 자연스레 순위가 매겨지고 상위의 기업들이 재벌이라는 이름으로 불리게 되었다. 이들 재벌은 생산, 고용 등 우리 경제의 여러 면에서 절대적 비중을 차지하게 되었다. 엄청난 재력을 무기로 이제 재벌은 경제분야만이 아니라 정치, 사회, 문화 등 모든 방면에 손을 뻗치고 있다.

(3) 부정부패

개발국가 모델에서는 정치지도자와 그 보조자인 관료들이 자원을 재량에 따라 배분하게 된다. 관료의 결정에 이해관계를 갖는 기업들로서는 관료의 재량을 자신에게 유리한 방향으로 유도하려 할 것이다. 이처럼 특혜를 추구하는 활동을 지대추구(rent seeking)라고 한다. 정부가 배분하는 자원의 규모가 크면 클수록 기업들은 지대추구에 열중한다.[25] 지대추구는 음성적으로 행해지고 뇌물을 수반하는 것이 보통이다. 뇌물에 들어가는 돈은 결국 사업 중에 부정한 방법으로 조달할 수밖에 없다. 이러한 비자금은 회계상 제대로 표시할 수도 없으니 결국 회계분식이 불가피해진다. 따라서 이처럼 비자금을 조달해야 하는 상황이 지속되면 투명한 경영은 영영 먼 나라의 이야기가 될 수밖에 없다.[26]

---

25 우리 기업의 지대추구행위에 관해서는 기업구조연구회(편)/소병희(집필), "한국기업의 소유집중과 경제 효율성," 한국의 대기업 : 누가 소유하며 어떻게 지배되는가, 포스코경영연구소, 1995, 57면 이하 참조.

26 또한 일단 기업과 관료(또는 관료에 영향력을 행사할 수 있는 정치인) 사이에 은밀한 유착관계가 형성되면 그것을 흔드는 것은 쉽지 않다. 이러한 부정부패는 사회갈등을 야기할 뿐 아니라 민주적 정권교체를 가로막는 저해요소로 작용한다.

4. 기업지배구조에 대한 평가

엄청난 경제성장을 낳은 개발국가 모델을 추구하는 과정에서 시점 1의 기업지배구조와 정치 · 경제시스템이 형성되었다. 그 체제는 정치인, 관료, 기업인을 비롯한 기득권층 전반의 이해와 부합되는 것이었다는 점에서 상당히 안정적이었다. 그러나 1980년대에 접어들면서 우리 사회가 급속히 변화함에 따라 그러한 체제를 유지하는 부담은 점차 커져 갔다.

Ⅳ. 기업지배구조의 전환 : 동인과 장애

1. 생태의 변화

현실적인 기업지배구조는 결국 기업을 에워싼 환경의 산물이다. 오늘날 지배주주 중심의 기업지배구조는 우리가 지난 수십 년간 개발국가 모델을 추구한 결과라고 할 수 있다. 물론 기업지배구조의 환경이 늘 고정된 것은 아니었다. 관치경제와 총수체제의 정당성에 대해서는 비판과 반대가 끊이지 않았다. 그러나 체제의 성적표라고 할 수 있는 경제실적이 워낙 좋았기 때문에 그러한 갈등은 항상 일정 선 아래로 억누를 수 있었다. 1980년대에 접어들면서는 종전과 같이 개발국가 모델을 그대로 고집하기 어려워졌다. 그렇다고 해서 바로 대안적인 모델이 부각된 것도 아니었다. 1997년의 경제위기는 이도 저도 아닌 어정쩡한 상태의 경제운용이 지속된 결과라고 볼 수도 있을 것이다. 경제위기 전에도 기업지배구조의 생태는 계속 변화하고 있었다. 그러나 기업지배구조의 변화를 요구하는 목소리는 아직 미약했다. 경제위기는 우리 사회 모든 구성원이 이제 더 이상 종전의 기업지배구조를 유지할 수는 없다는 사실을 인식하게 된 계기였다.

최근의 기업지배구조의 전환을 가져온 동인에 대해서는 다양한 견해가 있을 수 있으나, 여기에서는 경제성장 · 민주화 · 세계화 · 경제위기의 네 가지에 주목하고 싶다. 이들 동인은 지금도 서로 상호작용을 하면서 기업지배구조의 변화를 추진하고 있다. 이처럼 기업지배구조의 변화는 그저 법이나 경제적 요소만으로 설명할 수 있을 만큼 간단한 현상이 아니다. 이러한 복합적인 현상의 해명에서 인적 요소에 대한 언급이 빠질 수 없다. 무릇 모든 사회 현상의 변화 내지 개혁에는 그것을 추진하는 세력과 반대하는 세력이 존재하게 마련이다. 기업지배구조의 전환과 관련해서도 여러 집단 간의 알력, 갈등, 타협은 아직도 계속되고 있다. 앞으로 우리 기업지배구조가 어떠한 방향으로 전개될 것인가는 이 세력들의 상호작용에 달려 있다고 해도 좋을 것이다.

2. 변화의 동인

(1) 경제발전

개발국가 모델의 타당성을 약화시킨 가장 중요한 요인은 아이러니컬하지만 성공의 결과인 경제발전이라고 할 것이다. 앞서 지적한 바와 같이 경제성장의 초기 단계에서는 엘리트 관료의 간섭이 보다 효율적일 수 있다. 그러나 점차 경제가 성숙단계에 접어들어 기업이 직면하는 불확실성이 커져 가는 상황에서는 관료의 간섭을 더 이상 정당화하기 어렵다. 비료나 시멘트를 생산하는 사업과 반도체나 자동차를 제조하는 사업이 수반하는 리스크는 그야말로 천양지차이다. 정부 간섭의 한계가 가장 극명하게 드러난 예는 1970년대 후반에 불거진 중화학공업정책의 실패였다. 실패한 민간기업을 정부가 나서서 구해 주는 것이 더 이상 불가능하다면 정부가 민간기업에 간섭할 명분도 없었다. 사실 국제경쟁의 일선에서 잔뼈가 굵은 전문경영인들이 늘어 감에 따라 이제 엘리트 관료의 역량이 이들보다 앞선다고 장담할 수도 없었다.

그리하여 1980년대에 들어와서는 민간의 투자결정에 대한 정부의 간섭이 크게 완화되기 시작했다.[27] 그러한 조짐은 1981~1983년에 걸쳐 진행된 은행

27 이것은 정통성이 결여된 제5공화국 정권이 국민의 지지를 얻기 위한 조치였을 수도 있다.

민영화에서도 드러났다. 인위적 저금리정책이 포기되고 정책금융과 일반금융 사이의 이자격차가 대폭 축소되기 시작한 것도 바로 같은 시기의 일이다. 물론 후에 발생한 한보사태, 대우사태 등에서 보는 바와 같이 은행에 대한 정부의 간섭이 완전히 사라진 것은 아니었다. 그렇지만 이제 자금제공결정에 대한 일차적인 책임은 민간에 넘어간 것이다.

(2) 민주화와 법치주의의 확산

개발국가 모델의 후퇴를 가져온 또 하나의 요인은 1987년 이후 급속히 진행된 민주화와 그에 따른 법치주의의 확산이라고 할 수 있다. 과거 독재체제 하에서는 기업에 대한 금융지원이나 부실기업의 처리 등 중요한 경제조치는 집권층의 뜻에 따라 밀실에서 이루어지곤 했다. 따라서 그러한 조치가 내려질 때마다 보다 유리한 처우를 노린 필사적인 로비가 수반되었다. 그에 따른 특혜시비는 결국 힘으로 억누를 수밖에 없었다. 그러나 민주화와 법치주의가 확산됨에 따라 더 이상 힘으로 불만을 틀어막기 어려워졌다. 정부로서도 결국 객관적인 원칙과 기준을 세우고 그것을 투명하게 적용하는 법치주의체제를 지향하지 않을 수 없었다.

(3) 세계화

관료 주도의 개발국가 모델을 퇴조시킨 또 하나의 동인은 우리 경제의 세계화라고 할 수 있다. 1980년대부터 개방압력을 받기 시작한 우리 경제는 1990년대에 이르러 급속한 개방을 수용할 수밖에 없었다. 그 결과 외국기업의 직접투자뿐 아니라 특히 외국의 금융기관과 투자자들이 대거 국내로 진입하게 되었다. 이들은 관료의 재량에 따른 불투명한 처리나 국제관행에 벗어나는 조치에 항의하기를 주저하지 않았다. 국내경제에서 이들의 비중이 점차 커짐에 따라 정부로서도 그 발언권을 무시할 수 없게 되었다. 그렇다고 해서 이들에게만 국내기업과 달리 특별대우를 해줄 수도 없었다. 결국 정부는 우리 경제시스템을 이른바 글로벌 스탠더드에 맞춰 개편해 나갈 수밖에 없었다. 이러한 이른바 외세의 압력은 1997년의 경제위기 직후에는 거의 불가항력이 되었다.

(4) 경제위기

1997년 경제위기의 원인에 대해서는 아직 완전히 해명된 것 같지는 않다.[28] 해외투기자본의 공격과 같은 대외적 요인을 강조하는 견해가 있는가 하면, 우리 기업의 과잉투자와 그로 인한 금융기관의 부실과 같은 대내적 요인을 강조하는 견해도 널리 지지를 받고 있다. 그러나 여기서 중요한 것은—그 진위는 차치하더라도—경제위기 초기부터 위기의 원인이 상당 부분 기존의 기업지배구조에 문제가 있었기 때문이라는 인식이 널리 퍼져 있었다는 사실이다. 그리하여 IMF가 자금지원의 조건으로 기업지배구조의 개선을 요구하는 데 대해서 대체로 당연한 것으로 받아들이는 분위기였다.[29] 한편 기업지배구조의 개혁에 대해서 최대의 저항세력이라고 할 수 있는 재벌 쪽에서는 경제위기의 주범으로 수세에 몰리다 보니 적어도 초기의 개혁조치에 대해서는 적극적으로 반대의 목소리를 내지 못했다.

(5) 변화의 방향

이러한 네 가지 동인은 이제 우리가 더 이상 개발국가 모델에 매달릴 수 없도록 작용하고 있다. 또한 이들 동인은 지배주주의 장악하에 있는 기업지배구조의 변화도 촉진할 것이다. 그러나 기업지배구조의 변화가 과연 얼마만큼 빨리 그리고 얼마만큼 폭넓게 진행될 것인지는 예측하기 어렵다. 이는

---

28 이에 대한 논의는 상당히 활발하다. 최근의 논의로는 2002년 10월 4~5일 서울대 국제금융연구센터에서 주최한 컨퍼런스(Beyond the Crisis)에서 발표된 논문 참조.

29 이것이 순전히 IMF와 같은 국제금융기구의 주도에 의한 것이었는지 아니면 이 기회를 정부 측에서 역이용한 것이었는지 분명치 않다.

기업지배구조의 전환에 이해관계를 갖는 이익집단들이 어떻게 반응할 것인가에 달려 있는 문제라고 할 것이다.

3. 기업지배구조의 전환과 이익집단

(1) 이익집단의 대립

어떠한 사회현상의 변화에도 그것을 지지하는 세력과 반대하는 세력이 있게 마련이다. 기업지배구조와 같이 거창한 시스템이 전환되는 국면에 그러한 대립이 없을 리 만무하다. 우리 사회에서도 그러한 갈등은 존재한다. 그러나 기업지배구조의 개혁을 둘러싼 대립은 복잡다단하여 찬반 세력을 일도양단 식으로 가르기는 어렵다. 우선 기존 기업지배구조의 가장 큰 수혜자가 재벌총수를 비롯한 지배주주라는 점은 분명하다. 반면에 기업지배구조의 개선으로 이익을 얻는 집단은 특정하기 어렵다. 구태여 지적하자면 잠재적인 투자자이자 자본시장의 발전에 따른 경제발전으로 혜택을 입는 일반 국민이라고 할 수 있다. 다음에서는 이 두 집단을 비롯해서 기업지배구조의 개혁에 대한 여러 이익집단의 거취에 대해서 차례로 살펴보기로 한다.

(2) 경제계

기존의 기업지배구조는 나름대로 안정적이었다. 동서고금을 막론하고 이러한 안정적 체제를 변화시키는 것은 쉽지 않다. 어떤 체제라도 일단 정착되면 그 체제로부터 이익을 얻는 기득권세력이 형성되기 때문이다. 시점 1의 기업지배구조에서 가장 덕을 보는 것은 재벌총수를 비롯한 지배주주들이라고 할 것이다. 이들은 기업운영 시 전체 주주의 이익 대신 개인의 이익을 앞세움으로써 이른바 경영권의 사적 이익(private benefit of control)을 누릴 수 있다.

늘 문제되는 부당한 내부거래나 특혜성 BW(신주인수권부 사채)인수 같은 것은 그러한 사적 이익의 대표적인 예이다. 사적 이익은 기업에 따라 다소의 차이가 있겠지만 때로는 천문학적인 규모에 달할 수도 있다. 경영권으로부터 나오는 사적 이익이 그토록 크다면 경영권에 집착하는 것은 당연하다. 거의 모든 재벌이 예외 없이 온갖 수단을 동원해서 자식에게 경영권을 승계시키려고 시도하는 것은 거꾸로 경영권의 사적 이익이 아직 엄청나다는 것을 뒷받침하는 것으로 볼 수 있다.

우리나라에서 기업지배구조를 개선하자는 것은 결국 이러한 경영권의 사적 이익을 최소화하자는 말이다. 따라서 재벌총수들이 그에 대해서 저항하지 않는다면 오히려 이상한 일이다. 지배주주들은 비록 수는 적지만 엄청난 부를 바탕으로 막강한 지지세력을 구축하고 있다. 지지세력의 선봉은 총수의 심복인 고위경영자들이다. 그러나 이들이 반드시 내심으로도 전문경영인 체제로의 전환을 반대할지는 의문이다. 물론 총수의 덕으로 현재의 지위에 오른 것에 감읍하는 사람도 적지 않을 것이다. 그러나 자신이 전문경영인으로서의 실력을 갖추었다고 자부하는 사람이라면 오히려 은근히 전문경영인 체제를 바랄 수도 있을 것이다. 언제까지나 머슴으로서의 지위를 면치 못하는 세상보다 최고경영자로서 당당하게 자신의 실력을 발휘하고 정당하게 보상받을 수 있는 세상이 좋을 것이기 때문이다. 그러나 어느 쪽이든 적어도 표면적으로는 재벌개혁에 대해서 당연히 극히 비판적 자세를 견지하고 있다.[30] 실제로 지배주주에 불리할 수도 있는 조치에 가장 소리 높여 비판하는 것은 전경련을 비롯한 경제단체들이다. 이 경제단체들은 개혁조치가 나올 때마다 자체의 연구소의 이론적 지원을 받아 체계적인 저지활동에 나서고 있다.

다행스럽게도 이제는 경제계가 재벌기업 일색은 아니다. 최근에는 대기업 중에서도 비록 소수이지만 오너 없이 전문경영인이 지배하는 기업이 늘고 있다. 과거 공기업이었다가 민영화된 KT, POSCO, 국민은행을 비롯한 일부 은행 등이 대표적인 예이다. 이들은 재벌기업과는 반대로 기업지배구조

30 일반 직원은 경영자들보다는 덜 비판적인 것으로 보인다.

의 개선에 상당히 적극적이다. 이들 기업의 전문경영인이라고 해서 투명경영이 항상 달가운 것만은 아닐 것이다. 그러나 투자자들의 지지 없이는 자리를 보전할 수 없는 이들로서는 기업지배구조의 개선을 외면할 수는 없다. 이들 전문경영인의 성패야말로 앞으로 총수지배체제의 변화 여부에 결정적인 요소가 될 수 있을 것이다.

그 밖에 주목할 것은 기관투자자의 동향이다. 이제껏 기관투자자들은 기업지배구조의 개선에 그다지 역할을 못했던 것이 사실이다. 기관투자자들 자신이 재벌의 계열사이거나 그렇지 않더라도 재벌의 자금을 운용하는 등 재벌에 의존하는 경우가 많았기 때문이다. 그러나 최근에는 외국계 금융기관은 물론 국내 기관투자자들도 보다 적극적인 태도를 보이고 있다.

(3) 일반국민

기업지배구조의 개혁으로 이익을 볼 집단은 구체적으로 특정하기 어렵다. 이론적으로는 일반투자자 나아가서는 잠재적인 투자자인 일반 국민이 모두 다소간에 혜택을 입을 것이다. 시각에 따라서는 이미 불량한 기업지배구조가 반영된 낮은 주가로 주식을 취득한 투자자를 구태여 보호할 필요가 있는가 하는 의문을 제기할 수도 있다.[31] 그러나 불량한 기업지배구조를 그대로 방치하고서는 주식시장을 발전시키기 어렵다. 그리고 주식시장의 발전은 기존의 투자자는 물론이고 잠재적인 투자자인 일반 국민 모두에 이로운 것이다. 문제는 이처럼 기업지배구조에 이해관계를 갖는 일반 국민의 수가 너무 많고 그들의 이해관계가 그렇게 크지 않다는 점이다. 이러한 상황이야말로 바로 경제학에서 말하는 집단적 행동(collective action)의 문제가 발생하는 전형적인 경우라고 할 수 있다. 이처럼 수는 적지만 이해관계가 큰 집단(지배주주)과 수는 많지만 이해관계가 그렇게 절실하지 않은 집단(일반 국민)이 대립하는 상황에서는, 전자가 유리하다는 사실은 공공선택이론의 기초에

31 외국, 특히 미국 학자들과의 학술교류에서 간혹 비슷한 질문을 받곤 한다.

속한다.

아직도 일반 국민 사이에는 현재의 재벌체제에 대해서 상당한 반감이 존재한다. 특히 왕조에서와 같이 재벌총수의 지위가 자식에게 자동적으로 승계되는 현실에 대해서는 거부감이 강하다. 그러나 국민의 정서란 꽤나 유동적인 것이어서 그것만을 바탕으로 개혁이 성공하기는 어렵다. 어차피 기업지배구조의 개선은 경제성장이나 물가안정과 같이 우선순위가 높은 목표가 아니다. 그러다 보니 언제라도 경제상황이 어려워지면 기업지배구조 개혁은 급속히 추진력을 잃게 되는 것이다.

(4) 정치권

민주화가 정착된 오늘날 우리 사회의 중요사항은 정치권에서 결정된다. 그러므로 기업지배구조 분야에서도 널리 청와대를 포함한 정치권의 움직임이 결정적으로 중요하다. 으레 자금이 쪼들릴 수밖에 없는 정치인들로서는 재벌의 로비에 약하게 마련이다. 다만 선거를 치러야 하는 정치인들로서는 여론을 무시할 수는 없다. 국민여론이 개혁을 요구하는 시기에 노골적으로 재벌의 손을 들어 주기는 어려울 것이다. 그러나 국민의 관심이 수그러들면 슬그머니 재계의 논리에 동조하는 일이 적지 않다. 지난 정권에서 경제위기의 태풍이 잦아들고 정권의 힘이 떨어진 시기에 공정거래법상의 출자총액제한이 완화되고 증권집단소송에 관한 입법이 표류하는 등 개혁이 후퇴한 것은 한 예에 지나지 않는다.

(5) 언론

국민의 여론을 가장 크게 좌우하는 것은 역시 언론이다. 그러나 아무리 언론이라도 일반 여론의 향배를 정면으로 거스르기는 어렵다. 그리하여 경제지를 제외하고는 이른바 보수일간지들은 적어도 원론적으로는 총수체제의 폐해를 지적하며 기업지배구조의 개혁을 지지하는 태도를 취한다. 그러나 예컨대 사외이사나 소수주주권과 같은 각론에 이르면 부정적 측면을 부각시키는 기사를 싣기도 한다. 또한 분식회계나 부당증여가 문제되는 상황에서도 여간해서는 비판의 강도가 높아지지 않는 경향이 있다. 경제위기 이후 신문의 수입에서 재벌그룹의 광고가 차지하는 비중이 한층 높아진 점도 언론의 소극성에 관련이 있는 것이 아니냐는 지적도 없지 않다.[32]

(6) 정부

기업지배구조에 관한 우리 정부의 입장도 단순하지 않은 것 같다. 이번 참여정부에서도 원론적으로는 기업지배구조의 개선이 중요한 정책목표로 제시되고 있다. 그러나 그에 대한 열의는 부처에 따라 상당한 차이가 있는 것 같다. 재정경제부, 공정거래위원회, 금융감독위원회는 기업지배구조의 개선에 적극적이다. 반면 산업자원부와 같이 업계의 사정에 민감한 부처는 소극적이라는 인상을 주고 있다. 한편 상법 등 법률을 관장하는 법무부는 유감스럽지만 관심이 별로 없는 것으로 보인다.

사실 기업지배구조의 변화는 관료들의 이해와는 반드시 부합하지 않는 측면이 있는 것도 사실이다. 투명성이 높아지고 주주가치가 중시될수록 경영자들이 관료의 말을 듣지 않을 가능성이 높다. 실제로 예컨대 하이닉스의 처리 등과 관련해서 일부 은행이 주주이익을 앞세워 지원을 거부하는 바람에 정부가 곤혹스럽게 된 예가 있다. 그럼에도 불구하고 이만큼이나마 개혁이 이루어진 것에 대해서는 입법작업을 추진한 관료들의 결단을 높이 평가해야 할 것이다. 특히 증권집단소송과 같이 관료의 이익에 어쩌면 반대된다고도 볼 수 있는 제도의 도입에 관료들이 법률가들보다 오히려 적극적이었던 것에는 경의를 표하지 않을 수 없다. 그러나 관료에 의한 개혁에도 한계는 있다. 민주사회라면 당연한 일이지만 관료들은 정치권의 압력에 약할 수 밖에 없다. 따라서 기본적으로 정치권이 소극적인 경우에는 관료에 의한 개

32 이들 주요 신문사의 지배구조가 재벌과 별로 다를 바 없다는 점도 무시할 수 없을 것이다.

혁은 지지부진할 수밖에 없다.[33]

(7) 학계

우리나라에서는 학자들이 여론에 중요한 영향을 미치고 있다. 기업지배구조의 개혁에 관한 학자들의 견해를 한마디로 요약할 수는 없지만 대체로 호의적으로 보고 있는 것 같다. 특히 재무관리나 경제학을 전공하는 학자들은 개혁을 뒷받침하는 학술적인 연구를 많이 발표하고 그 실천에도 앞장서고 있다. 반면에 상법학자들은 오히려 사외이사, 감사위원회 등 기존의 틀을 크게 흔드는 개혁에 대해 주저하는 태도를 보이고 있다.

(8) 시민단체

학자들이 자신의 견해를 주장하는 방법은 여러 가지가 있지만 언론에 대한 기고와 시민단체를 통한 활동이 대종을 이룬다. 최근에는 특히 후자가 중요해지고 있다. 시민단체에는 학자들만이 아니라 변호사, 공인회계사와 같은 전문직 종사자들도 많이 관여하여 전문성을 높이고 있다. 기업지배구조 분야에서는 특히 참여연대의 역할을 높이 평가하지 않을 수 없다.

시민단체의 역할에도 한계는 있다. 시민단체의 활동이 영향력을 갖기 위해서는 언론매체를 통해서 일반에 알려질 필요가 있다. 따라서 시민단체의 영향력은 언론의 결정에 크게 좌우된다. 참여연대가 그만큼의 영향력을 유지할 수 있었던 데에는 단순히 성명을 내거나 시위를 하는 데 그치지 않고 고발이나 제소를 활용하는 새로운 접근방식에 힘입은 바 크다.

---

33 증권집단소송에 관한 입법이 지지부진했던 것은 그 좋은 예라고 할 것이다.

(9) 노동계

기업지배구조의 개혁에 관한 노동계의 입장도 간단히 정리하기는 어렵다. 일단 재벌체제에 대해서 반대하는 것은 분명하다. 그러나 주주지위를 우선시하는 이른바 신자유주의적 개혁에 대해서는 반대의 강도가 더 강한 것 같다. 주주가치를 추구하는 체제는 구조개혁을 수반할 가능성이 높고 그것은 고용불안으로 이어지기 때문이다. 고용안정과 임금상승을 노리는 근로자로서는 오히려 다소 약점이 있는 지배주주체제가 더 편한 측면이 있다.

4. 우리 기업지배구조의 현상

현재 우리 기업지배구조의 현상은 이상에서 살펴본 여러 힘들이 밀고 당기는 과정에서 형성된 것이다. 과거의 구조에서 탈피를 시작한 것은 분명하나 그렇다고 해서 새로운 구조가 정착된 것으로 보기도 어렵다. 우리 기업지배구조는 현재 일종의 전환기에 있는 것으로 볼 수 있다. 일반론으로는 대체로 다음과 같은 언급이 가능할 것이다.

— 자금조달과 관련해서는 은행중심에서 차츰 자본시장중심으로 이동 중이다.

— 아직 지배주주가 절대적 지위를 유지하고 있지만 점차 전문경영인의 역할이 증대하고 있다. 그에 따라 경영권의 사적 이익이 쇠퇴하고 주주가치의 중요성이 서서히 강조되고 있다.

— 일부 공개기업에서는 이사회에서 사외이사의 역할이 두드러지고 있다.

— 그룹 전체의 관점이 아직 지배적이지만 개별기업의 독립성이 점차 강조되고 있다.[34]

— 경제분야에서도 관료의 지배에서 법의 지배로 전환이 진행 중이다.

---

34 최근 SK글로벌 사태에서 계열사들의 지원이 어렵게 이루어지고 있는 것은 좋은 예라고 할 것이다.

V. 결론

한 나라의 기업지배구조는 결국 다양한 환경적 요소에 따라 결정되는 종속변수라고 할 수 있다. 이러한 환경을 떠난 추상적인 차원에서 기업지배구조의 우열을 가릴 수는 없다. 개발시대에는 차입경영과 소유집중이라는 특색을 지닌 기업지배구조가 적합하거나 불가피한 측면이 있었다. 그러나 경제가 어느 정도 성숙된 단계에 접어들게 되면 기존의 기업지배구조를 그대로 유지하는 것은 부담이 커진다. 위험과 불확실성이 큰 투자를 과거와 같이 계속 은행에 의존할 수는 없고 결국 위험을 감수하는 투자를 유치해야 한다. 위험자본의 거래를 위한 증권시장의 육성이 필요한 것은 그 때문이다. 은행과 달리 증권시장이 제대로 작동하는 데에는 다양한 인프라가 필요하다. 그러한 인프라의 구성요소 중 하나가 바로 투자자를 보호하는 장치이다. 기존의 기업지배구조는 투자자보호라는 점에서는 너무 미흡한 것이었다. 우리의 과제는 단순히 지배주주의 사적 이익을 최소화하는 것만이 아니라 나아가 회사경영이 주주이익을 목표로 이루어지도록 체제를 정비하는 것이다.

비록 많은 비판과 저항이 있기는 하지만 그러한 체제의 모델로는 영미식 기업지배구조가 유력한 대안으로 제시되고 있다. 사실 영미식 기업지배구조와 지배주주는 서로 조화되기 어려운 면이 있다. 문제는 지배주주체제에서 전문경영인체제로 순조롭게 이동하는 것이 과연 가능할 것인가이다. 다툼이 전혀 없는 것은 아니지만, 이제 인위적으로 급격하게 그러한 체제전환을 강요해서는 안 된다는 인식이 지배적인 것 같다. 그러나 체제전환이 이루어질 수 있는 환경을 조성하는 일은 정부가 앞장서야 할 것이다. 그러한 체제전환을 돕는 전제조건으로 중요한 것은 경영권의 사적 이익이 생길 여지를 감소시키는 것이다. 경영권의 사적 이익이 감소되면 지배주주는 구태여 경영권을 확보할 인센티브가 없어질 뿐 아니라 전문경영인에게 경영을 맡기고 소극적인 투자자의 지위로 물러서기도 쉬워질 것이다.

전문경영인체제가 반드시 총수지배체제에 비하여 효율적이라는 보장은 없다. 더구나 전문경영인체제는 우리에게 훨씬 생소할 뿐 아니라 상대적으로 불안정한 제도이다. 왕조적인 경영권세습은 국민의 반재벌정서를 부추기고 있지만 그래도 전문경영인의 교체보다 자주 있는 일이 아니다. 또한 전문경영진의 교체보다는 예측이 용이하다는 점에서 불확실성도 적다. 우리나라에서 전문경영인의 교체가 정부나 대주주의 개입 없이 이루어진 사례는 극히 드물다. 새로운 기업지배구조의 성패는 과연 유능하고 성실한 전문경영인의 영입과 교체가 얼마나 부작용 없이 이루어질 수 있는가에 달려 있다고 해도 과언이 아닐 것이다.

『강원법학』 제16권(영산 김정후 교수 정년기념 논문집, 2003. 8), 49-69면.

* 추기 : 이 글을 발표한 후인 2004년 마침내 증권관련집단소송법이 제정되었다. 2010년에는 집단소송에 대한 허가가 최초로 이루어진 바 있다. 그러나 이 글이 발표될 당시에 비하여 2010년 현재 기업지배구조의 저울추는 다시 크게 과거로 회귀한 것 같다. 가장 현저한 변화는 전문경영인이 지배하는 기업을 찾아볼 수 없게 되었다는 것이다. 정치와 마찬가지로 기업지배구조도 항상 변화하는 생물 같은 것이라는 점에서 변화는 당연한 현상이라 하겠으나 어떠한 환경적 요인이 작용하였는지는 앞으로 연구할 과제라고 할 것이다.

02 기업지배구조에 관한 최근의 논의에서 무엇을 배울 것인가

I. 서론

지난 세기말 본격적으로 점화된 기업지배구조에 관한 논의는 새로운 세기에 접어들어서도 식을 줄을 모르고 전개되고 있다.[1]

논의의 접근방식도 한층 다양해져 경영학적 · 경제학적 · 법학적 접근은 물론이고 정치, 사회, 문화 등 환경적 요인의 영향을 반영한 연구도 등장하고 있다.[2] 논의는 여전히 주로 영미(그리고 소수의 유럽) 학자들이 주도하고 있으나 한국, 일본, 중국 등 아시아와 아프리카의 개발도상국에까지 확산되

1 최근의 역동적인 국제학계의 동향을 소개한 국내문헌으로 김화진, "국제기업지배구조론," 주식(2001. 11) 참조.

2 인류학적 시각이 반영된 연구의 예로 Timothy L. Fort & James J. Noone, Challenges to Corporate Governance : Banded Contracts, Mediating Institutions, and Corporate Governance : A Naturalist Analysis of Contractual Theories of the Firm, 62 Law and Contemporary Problems 163 (1999).

고 있다. 또한 IBRD, IMF, ADB, OECD 등 국제기구도 기업지배구조를 중요한 과제로 삼고 지대한 관심을 표명하고 있다. 과거에는 영미 · 유럽 · 일본 등 일부 선진국의 기업지배구조만 연구대상으로 삼았으나, 최근에는 관심대상이 우리나라를 포함한 아시아와 러시아를 비롯한 구공산권국가 등으로 차츰 넓어지고 있다. 가히 '기업지배구조의 전성시대'가 도래한 느낌이다. 자본주의와 대립하는 이념으로서의 사회주의가 영향력을 급속히 상실한 오늘날 자본주의의 핵이라고 할 수 있는 기업의 조직 내지 행동방식에 대해서 관심을 갖는 것은 어찌 보면 당연한 일이다. 그러나 왜 이렇게 모두가 갑자기 폭발적으로 관심을 갖게 되었을까? 여러 원인을 찾을 수 있겠지만 기업지배구조가 국가경쟁력 내지 경제발전과 관계가 있지 않겠는가 하는 사고가 가장 큰 동인이었을 것으로 생각된다. 특히 1997년 동남아시아와 우리나라를 휩쓴 경제위기가 성숙되지 못한 기업지배구조에도 원인이 있다는 주장[3]이 힘을 얻으면서 기업지배구조에 대한 관심은 더욱 확산되었다. 경제위기를 겪은 우리나라에서 기업지배구조는 이제 단순히 학계의 연구테마에 그치는 것이 아니라 정책당국, 경제계, 시민단체 모두의 관심사항으로 부상하였다. 그러나 논의의 합리적 진행을 위해서는 관객이 증가한 것이 반드시 좋은 소식만은 아니다. 기업지배구조의 향방에 이해관계를 갖는 집단은 어떻게든 논의를 자기들에 유리한 방향으로 유도하거나 해석하려 할 가능성이 크기 때문이다. 이 글은 바로 이러한 우려를 염두에 두고 최근 기업지배구조에 관한 국제적인 논의가 우리에게 시사하는 바를 음미하는 것이다.

기업지배구조에 관한 논의는 그것이 다루는 주제나 접근하는 관점이 극히 다양하지만 최근에는 크게 두 가지 거창한 담론이 학계의 논의를 지배하고 있다. 하나는 이른바 은행중심모델과 자본시장중심모델 사이에 수렴이 일어날 것인지의 수렴론이고, 다른 하나는 기업지배구조에서 법제도, 특히 투자자의 지위를 보호하는 법적 장치의 역할이 과연 어떠한 위치를 점하는

3 예컨대 Simon Johnson et. al., Corporate Governance in the Asian Financial Crisis, 58 Journal of Financial Economics 141 (2000).

지에 관한 법역할론이다.[4] 이 글의 목적은 이러한 거대담론을 우리 기업지배구조의 현실과 관련하여 어떻게 받아들이고 어떻게 평가할 것인가를 따져보는 것이다. 먼저 논의의 전개에 필요한 한도 내에서 수렴론과 법역할론을 차례로 간단히 소개하고, 이어서 한국의 연구자의 관점에서 이러한 논의가 우리에게 주는 시사점을 살펴보기로 한다.

II. 두 가지 거대담론

1. 거대담론의 탄생

기업지배구조는 용어에서부터 혼선을 낳고 있다. 기업지배구조는 'Corporate Governance'라는 영어용어를 번역한 것이다. 때로는 기업지배구조 대신 기업통치, 기업통할 등의 용어가 사용되는 경우도 있고, 그것으로 만족스럽지 않은 경우에는 일본에서처럼 그냥 원어를 그대로 사용하기도 한다. 용어 못지않게 혼란스런 것은 그 의미이다. 기업지배구조는 여러 문맥에서 사용되고 있지만, 그 용어례는 크게 두 가지로 나눌 수 있다. 먼저 넓은 의미로는 전통적으로 기업의 소유자로 인식된 주주뿐 아니라 채권자, 근로자, 소비자 등 기업의 각종 이해관계자(stakeholder)들의 권한, 책임 등 상호관계에 관한 논의가 이에 포함된다. 한편 좁은 의미의 기업지배구조는 기업의 소유와 경영의 분리로 인하여 발생하는 경영자와 주주 사이의 이익상충, 즉 경제학에서 말하는 대리문제의 해결에 관한 것이다.

기업지배구조의 이러한 두 가지 측면은 이미 1930년대부터 모습을 드러낸 바 있다. 소유자인 주주와 경영자 사이의 이익충돌은 Berle와 Means가 1932년 출간한 명저 『현대회사와 사유재산』의 주된 테마였다.[5] 이사의 의무

4 실제로는 수렴론과 법역할론이 반드시 서로 독립적으로 행해지는 것 같지는 않지만 개념상으로는 일단 구별할 수 있다.

5 Adolf Berle & Gardiner Means, The Modern Corporation and Private Property (1932).

는 누구를 위한 것인가 하는 거창한 논의도 이미 비슷한 시기에 나타났다.[6] 그러나 이해관계자에 관한 논의는 그후 적어도 회사법 논의의 표면에서는 별로 등장하지 않았다. 1980년대 후반에 이르기까지 회사법에서의 논의는 주로 좁은 의미의 기업지배구조에 포함되는 요소인 이사회, 사외이사, 충실의무, 주주대표소송 등에 집중되었다. 넓은 의미의 기업지배구조에 대한 관심이 다시 싹트기 시작한 것은 1990년대를 전후해서였다. 제2차 세계대전 후 월남전에 이르기까지 전성기를 구가하던 미국경제는 1980년대 후반에 이르러 재정적자와 무역적자의 누적으로 침체의 늪에 빠졌다. 그런 상황에서 고도성장을 구가하는 일본과 독일의 경제에 미국인들의 관심이 쏠린 것은 자연스런 일이다. 이들 양국은 기본적으로 자본주의 체제에 속하는 경제 선진국이면서도 경제구조, 특히 기업지배구조가 판이하게 다른 점이 주목을 끌었다. 당시까지는 기업의 지배구조가 경제발전단계에 따라 단선적으로 발전하는 것으로 생각했다. 즉 경제발전의 초기단계에는 주식 소유가 집중되지만 시간이 흐름에 따라 주식 소유가 분산되고 자본시장이 발달하는 것으로 생각했다.[7] 이러한 사고에 의하면 주식 소유가 집중되고 자금조달을 주식시장 대신 은행에 의존하는 현상은 아직 경제발전의 도상에 있는 나라에서나 나타날 것이었다. 그러나 일본과 독일은 미국에 버금가는 경제발전을 누리고 있으면서도 미국과는 전혀 다른 기업지배구조를 보여 주는 것이 관심을 끌었다. 두 나라에서는 주식 소유가 은행에 상당히 집중되어 있으며 자본시장보다는 은행이 훨씬 더 중요한 역할을 수행하였다(은행중심모델[8]). 그렇

6 Berle와 Dodd 사이에 벌어진 논쟁이 그것이다. Adolf Berle, Corporate Powers as Powers in Trust, 44 Harvard Law Review 1049 (1931) ; E. Merrick Dodd, For Whom Are Corporate Managers Trustees?, 45 Harvard Law Review 1145 (1932) ; Adolf Berle, For Whom Corporate Managers Are Trustees : A Note, 45 Harvard Law Review 1365 (1932).

7 앞서 언급한 Berle와 Means의 『현대회사와 사유재산』은 물론이고 Clark 학장이 1981년 발표한 자본주의 발전 4단계론도 이러한 전통에 입각한 것이었다. Robert C. Clark, The Four Stages of Capitalism : Reflections on Investment Management Treatises, 94 Harvard Law Review 561 (1981).

8 요즘에는 은행중심모델이란 표현보다는 주식집중모델이라는 표현이 더 많이 사용되고 있지만, 이곳에서는 같이 사용하기로 한다.

다면 자본주의가 발전하는 경로는 이제까지의 통념과는 달리 한 가지가 아니라 다른 대안이 있을 수 있다는 점을 깨닫게 되었다.[9]

나아가 일본이나 독일의 은행중심모델이 오히려 경영자들을 단기이익에 집착하게 만드는 미국식 자본시장중심모델[10]보다 나을 수도 있는 것이 아닌가 하는 견해마저 등장하였다. 그러나 1990년대 초반부터 미국경제의 호황이 시작되고 반면에 독일과 일본, 특히 일본이 경제적으로 어려움을 겪게 되면서 이제는 거꾸로 미국식 지배구조에 대한 확신이 되살아나게 되었다. 이러한 자본시장중심모델에 대한 믿음은 1997년 아시아 경제위기를 계기로 더욱 확고해졌다.

2. 수렴론—거대담론(1)

은행중심모델에 대한 일시적인 동경이 사라지고 나자 이제 관심은 이러한 상이한 모델이 장차 하나로 수렴하게 될 것인가 하는 문제로 쏠리게 되었다. 수렴이라고 하지만 우위를 차지하게 된 자본시장중심모델이 새삼 은행중심모델로 옮겨 갈 리는 없고 과연 은행중심모델이 자본시장중심모델로 수렴할 것인지 여부가 논의의 초점이 되었다. 과거의 단계발전론과는 달리 최근의 논의에서는 세계화, 특히 자본시장의 세계화가 수렴으로 이끄는 동인으로 부상하고 있다.

일반적인 기업지배구조에 관한 논의와 마찬가지로 수렴론도 다양한 모습으로 전개되고 있다. 미묘한 차이를 무시하고 정리하자면 대체로 긍정론과 부정론, 그리고 절충론의 세 가지로 분류할 수 있을 것이다.[11] 먼저 일반인 사이에서는 그럴듯한 것으로 받아들여지고 있는 수렴긍정론은 학자들 사이

9 학계에 커다란 반향을 일으킨 Roe의 저서 『강한 경영자, 약한 소유자』는 바로 각국이 이런 상이한 모델로 나아간 것은 경제적 요인 때문이 아니라 금융기관에 대한 불신과 같은 정치적 요인 때문이라는 점을 논증한 것이다. Mark Roe, The Strong Managers, Weak Owners (1994).

10 요즘에는 주식분산모델이라는 용어가 더 많이 사용되고 있지만 이곳에서는 양자를 같이 사용하기로 한다.

11 보다 상세한 소개는 김화진, "국제기업지배구조론," 주식(2001. 11) 참조.

에서는 그다지 추종자가 많지 않은 것 같다.[12] 일부 학자들은 이미 기업지배구조가 영미식의 주주중심모델로 수렴이 되고 있다고 결론짓고 있다. 이들은 회사법 분야에서는 '역사의 종말'에 도달했다고 공언하고 있다.[13] 그러나 적어도 학계의 최근 논의만 보면 기업지배구조의 수렴에 대해 회의적 시각이 우세한 것 같다. 부정적 견해의 근거로는 경제학에서 말하는 경로의존성(path dependency)을 드는 것이 보통이다.[14] 일단 우연히 한 가지 형태의 기업지배구조가 정착하게 되면 그것을 뒷받침하는 주변적인 요소들이 생성되는데, 이들이 기업지배구조의 변화를 막는 요인으로 작용한다는 것이다. 하버드 법대 교수인 Bebchuk과 Roe는 설사 주식 소유가 분산된 구조가 보다 효율적이라고 하더라도 주식 소유가 집중된 구조에서 분산된 구조로 이행하는 것이 경로의존성 때문에 어렵다는 점을 다음과 같이 설파하고 있다. 주식 소유가 집중된 구조에서 지배주주는 일반주주들과는 달리 여러 가지로 특별한 이익을 누린다. 회사와의 거래를 통해서 회사재산을 빼돌리는 행위[15]는 대표적인 예이다.

이처럼 지배주주가 누리는 특별한 이익을 보통 경영권의 사적 이익(private benefit of control)이라고 부른다. 경영권의 사적 이익이 전혀 없는 나라는 없을 것이다. 다만 경영권의 사적 이익을 견제하는 장치의 발달 정도에 따라 그 크기가 다를 뿐이다. 그러한 사적 이익이 큰 나라에서는 지배주주가 자기가 지배하던 기업을 양도할 때에는 경영권프리미엄에 대한 보상을 받

---

12 Frank Easterbrook & Daniel Fischel, The Economic Structure of Corporate Law 4-15 (1991)에서 이미 이러한 견해의 일단을 살펴볼 수 있다.

13 Henry Hansmann & Renier Kraakman, The End of History for Corporate Law, 89 Georgetown Law Journal 439 (2001). 주의할 것은 이들이 수렴이 이루어졌다고 주장하는 것은, 엄밀히 말하면 자본시장중심의 지배구조가 아니라 이해관계자이익보다 주주이익을 우선하는 회사의 운영목표이다.

14 Lucian Bebchuk & Mark Roe, A Theory of Path Dependence in Corporate Governance and Ownership, 52 Stanford Law Review 127 (1999). 비슷한 주장으로 Amir Licht, The Mother of All Path Dependencies : Toward a Cross-Cultural Theory of Corporate Governance Systems (Working Paper 2000).

15 최근의 논의에서는 이를 tunnelling이라고 부른다. Simon Johnson et. al., Tunnelling (Working Paper 2000).

고자 할 것이다.

그러나 주식을 분산처분하는 경우에는 그러한 프리미엄을 회수할 수 없기 때문에 처분을 꺼리게 된다.[16] 또한 지배주주는 자신이 누리는 경영권의 사적 이익을 감소시킬 우려가 있는 개혁조치가 달가울 리가 없다. 여론형성에 여러 가지로 영향력을 미칠 수 있는 지배주주들이 반대하는 개혁이 제대로 이루어지기는 쉽지 않다.[17] 한편 Roe는 다른 논문에서 사회민주주의적 국가에서는 주식분산이 어렵다는 야심적인 견해를 발표한 바 있다.[18] 그러나 이 견해에 대해서는 대표적 주식분산형 국가인 영국의 경험과 배치된다는 비판[19]과 아울러 현실적으로 유럽 등지에서 주식 소유의 분산이 진전되고 주식시장이 성장하고 있는 점을 설명하지 못한다는 비판[20]을 받고 있다.

이러한 정면으로 상반되는 두 견해와는 달리 절충적인 견해를 취하는 학자들도 존재한다. 예컨대 Gilson은 경로의존성 때문에 기업지배구조가 형태적으로 수렴(formal convergence)하기는 어렵겠지만, 기능면에서는 수렴(functional convergence)이 일어날 수 있다고 주장한다.[21] 기능적 수렴이란 예컨대 경영실적이 부진한 회사의 경영진은 일본에서도 미국에서와 마찬가지로 교체되는 것처럼 기업지배구조의 형태는 다르더라도 기능면에서 동일한 결과를 얻게 되는 현상을 가리킨다.[22]

---

16 일반투자자가 경영권에 대한 프리미엄을 지급하려 할 이유는 없다.

17 이러한 논리는 Bebchuk이 1999년 발표한 논문에서도 등장한 바 있다. Lucian Bebchuk, A Rent-Protection Theory of Corporate Ownership and Control (Working Paper 1999).

18 Mark Roe, Political Preconditions to Separating Ownership from Corporate Control (Working Paper 2000).

19 Brian Cheffins, Putting Britain on the Roe Map : The Emergence of the Berle-Means Corporations in the United Kingdom (Working Paper 2000).

20 John C. Coffee, Convergence and Its Critics : What Are the Preconditions to the Separation of Ownership and Control? 12-19 (Working Paper 2000).

21 Ronald Gilson, Globalizing Corporate Governance : Convergence of Form or Function (Working Paper 2000)(이 논문은 서울법대에서 주최한 심포지엄에서 사전에 발표되고 법학지에 게재된 바 있다).

22 예컨대 Coffee는 이처럼 기능적 수렴을 이루는 방안으로 외국거래소에 상장하는 대안을 제시하고 있다. John C. Coffee, The Future as History : The Prospects for Global Convergence in Corporate Governance and Its Significance, 93 Northwestern University Law Review 641

3. 법역할론—거대담론(2)

수렴론과는 별도로 기업지배구조에 법이 얼마나 영향을 주는 것인지에 대해서도 거대담론이 진행되고 있다. 재미있는 것은 법제도의 중요성을 강조하는 대표적인 학자가 법학자가 아니라 오히려 경제학자라는 사실이다.[23] 흔히 LLSV로 약칭되는 이들은 하버드의 Shleifer를 포함한 4명의 경제학자이다.[24] 이들이 법에 관심을 갖게 된 계기는 러시아 및 동구권의 민영화를 포함한 경제개혁에 참여한 경험에서 비롯된 것으로 보인다. 이들의 야심적인 민영화 프로젝트는 참담한 실패로 끝났다. 실패의 원인을 분석한 결과 이 나라들에서는 자신들이 별로 염두에 두지 않았던 법적 인프라가 결여되어 있음을 발견하였다. 그후 이들은 법을 독립변수로 하여 일련의 실증적 연구를 발표하여 이 방면의 논의를 선도하고 있다. 이들은 회사법의 주된 테마였던 소수주주 이익보호를 기업지배구조의 중요한 변수로 삼고, 그것이 제대로 이루어지지 않으면 주식 소유의 분산과 자본시장의 발전이 어렵다고 주장하고 있다.[25] 또한 이들은 소수주주이익의 보호는 대륙법계보다는 영미법계에서 잘 이루어지고 있으며 같은 대륙법계 중에서는 독일계가 프랑스계보다 잘 이루어지고 있다는 결론을 내리고 있다. 영미법계가 대륙법계에 비하여 소수주주보호에서 앞선 이유로는 법의 내용보다는 법원에 의한 집행이 보다 원활하게 이루어지고 있다는 점을 강조하고 있다. 이러한 법집행의 중요성은 이들만이 아니라 법학자들도 널리 인정하고 있는 바이다. LLSV가 법의

(1999). 이처럼 외국거래소에 상장하는 방안의 한계에 대해서는 Bernard S. Black, The Legal and Institutional Preconditions for Strong Securities Markets, 48 UCLA Law Review 1, 2001, 36 이하.

23 물론 법학자 중에서도 법의 중요성을 강조하는 이가 없는 것은 아니다. Black도 다른 제도와 아울러 법제도의 중요성을 강조하고 있다. Bernard S. Black, 앞의 논문.

24 이들의 이름은 Raphael La Porta, Florencio Lopez-de-Silanes, Andrei Shleifer, Robert Vishny 이다.

25 La Porta et. al., Law and Finance, 106 Journal of Political Economy 1113 (1998) ; Corporate Ownership Around the World, 54 Journal of Finance 471 (1999) ; Investor Protection and Corporate Governance, 58 Journal of Financial Economics 3 (2000).

위상을 강조하고 있음에도 불구하고 이들을 바라보는 법학자의 시선은 반드시 우호적인 것만은 아니다. 이들이 소수주주를 보호하는 대표적 장치로 들고 있는 서면에 의한 의결권행사 등에 대해서 과연 이것이 소수주주보호에 결정적으로 중요한 것인가 내지는 이것들만으로 보호의 정도를 가늠할 수 있는가 등 의문을 제기하고 있다. 또한 과연 오늘날 영미법과 대륙법의 구분이 과연 그렇게 중요한 것인지, 또 독일법계와 프랑스법계의 차이는 오히려 프랑스법계에 경제발전이 뒤진 나라들이 다수 포함되어서 그런 것은 아닌지 등 문제점을 지적하는 견해가 많다. 그러나 구체적인 점에서는 여러 가지로 비판할 수 있지만 기업지배구조에서 법이 차지하는 비중이 높다는, 어떻게 보면 당연하고도 중요한 명제가 관심을 끌게 된 것은 바로 LLSV의 공적이라고 할 것이다.

LLSV와는 대조적으로 기업지배구조의 논의를 주도하는 법학자들은 법제도의 중요성에 회의적인 시각을 갖고 있다. 가장 회의적인 것은 시장이 압력을 대신하기 때문에 법 자체는 그리 중요하지 않다는 법경제학자들의 견해이다. 예컨대 Fischel과 Bradley 같은 학자들은 회사법의 핵심을 이루는 충실의무와 대표소송도 주주이익보호에는 거의 기여하는 바가 없다고 주장할 정도이다.[26] 시카고식 법경제학을 신봉하지 않는 법학자들도 회사법의 한계를 지적하는 자들은 많다. 집행의 중요성은 모두의 공감을 얻고 있다. 이들이 대표적인 예로 드는 것이 러시아이다. 러시아는 미국의 전문가들의 조언을 받아 훌륭한 회사법을 제정하였으나, 법원의 부패 등 집행이 따라 주지 않아 민영화가 실패로 끝났다는 주장이 널리 지지를 받고 있다. 법집행은 그래도 넓은 의미의 법제도에 포함되는 요소라고 할 수 있다. 그러나 최근에는 법보다 일반적인 사회규범을 더 강조하는 견해가 힘을 얻고 있다.[27] 가장 선

26 시카고식 법경제학과는 다소 거리가 있는 Roe 같은 학자도 최근 회사법의 한계를 지적하는 논문을 발표하고 있다. Mark Roe, The Quality of Corporate Law Argument and Its Limits : History's Gaps (Working Paper 2001) ; Corporate Law's Limits (Working Paper 2001).

27 최근의 University of Pennsylvania Law Review (Volume 144, 2001)는 이에 관한 특집을 싣고 있다.

봉에 있는 학자는 전통적인 회사법학의 제1인자라고 할 수 있는 Eisenberg 이다. 그는 경영진의 행동통제에는 법규범보다 또는 그에 못지 않게 사회규범이 중요하다는 것을 강조하고 있다.[28]

Ⅲ. 우리 기업지배구조 개선에 주는 시사

1. 서설

이러한 거대담론이 우리에게 주는 시사는 무엇인가? 이러한 거대담론은 너무도 다양한 내용으로 전개되고 있기 때문에 기업지배구조에 대해서 상반된 입장을 취하는 이들도 각자 자기 목적에 부합하는 쪽으로 이용하려 할 수 있다. 기업지배구조의 개혁을 요구하는 이들은 수렴긍정론과 아울러 LLSV의 주장을 원용하려 할 것이다. 반면에 현상유지를 원하는 기득권층에서는 법이 중요하지 않다는 법학자들의 주장을 방패로 이용하려 할 것이다. 그러나 이처럼 자기 집단에 유리한 측면의 논의만을 선별적으로 내세우는 것으로는 생산적인 논의가 어렵다. 이하에서는 회사법학자의 관점에서 몇 가지 소감을 피력하기로 한다.

2. 실증적 논의와 규범적 논의

기업지배구조에 관한 논의는 실증적 논의와 규범적 논의의 두 갈래로 나눌 수 있다. 우리나라에서는 기업지배구조에 대한 관심이 현재의 상황을 만족스럽게 보고 있지 않은 데서 비롯된 경우가 많기 때문인지 기업지배구조의 개선방향을 모색하기 위한 연구가 많다. 정책당국이나 언론에서뿐 아니

28 Melvin A. Eisenberg, Corporate Law and Social Norms, 99 Columbia Law Review 1253 (1999) ; Robert Cooter & Melvin A. Eisenberg, Good Agent Character, Fairness, and Efficiency in Firms, 144 University of Pennsylvania Law Review 1717 (2001).

라 학계에서도 규범적 논의를 선호하는 것 같다. 그러나 너무나 당연한 말이지만 규범적 논의는 현상이 어떠한가에 대한 실증적 연구를 전제로 한다. 물론 실증적 연구라고 해도 규범적 선호와 완전히 무관하게 이루어지지 않는 경우가 많다. 그러나 특히 미국에서는 심지어 법학계에서조차 실증적 연구가 성행하고 있다. 앞서 언급한 거대담론도 주로 실증적 차원에서 진행되고 있다. 반면에 우리 학계에서는 아직 실증적 연구가 충분히 축적되어 있지 않다 보니[29] 기업지배구조에 관한 논의에서 미국의 실증연구 결과에 의존하는 경우가 많다. 그러나 외국의 연구결과를 맥락을 무시하고 그대로 우리나라에 적용하는 것은 위험할 수가 있다. 예컨대 Black은 사외이사의 비율과 기업의 실적은 반드시 연관이 있는 것이 아니라는 연구결과를 내놓고 있다.[30] 이러한 결과는 자칫하면 현상유지를 선호하는 그룹에 의하여 사외이사제도의 무용성을 뒷받침하는 자료로 인용될 가능성이 있다. 그러나 그러한 해석이 과연 온당한 것인가? 앞서도 언급한 바와 같이 미국의 대기업에서 경영진의 행동을 통제하는 기능은 사외이사나 충실의무보다는 시장, 특히 자본시장의 압력이 맡고 있다. 이러한 상황에서 사외이사의 효과가 두드러지지 않는 것은 어쩌면 당연한 것일 수도 있다.[31] 그러나 그렇다고 해서 우리나라와 같이 자본시장의 압력이 크지 않은 상황에서 사외이사가 무익한 것이라고 단정할 수는 없다.

미국의 실증연구가 원용되는 또 하나의 예로 대표소송이나 집단소송 같은 주주소송을 들 수 있다.[32] 미국에서는 주주소송이 실제로 주주이익을 도모하기보다는 원고 측 변호사의 이익에만 봉사한다는 비판론이 실무계에서는 물론이고 학계에서도 강하다.[33] 1995년 집단소송의 남용을 억제하기 위

---

29 특히 법학계에서는 실증적 연구결과에 대한 관심이 너무도 미약하다.

30 Sanjai Bhagat & Bernard S. Black, The Uncertain Relationship Between Board Composition and Firm Performance, 54 Business Lawyer 921 (1999).

31 오히려 사외이사의 수는 회사가 자본시장의 압력을 받고 있는 정도를 나타내는 종속변수일 가능성이 큰 것이 아닐까?

32 집단소송은 물론 주주에 의하지 않은 소송도 많지만 이곳에서는 주주에 의한 소송만을 전제하기로 한다.

33 대표적인 연구로는 Roberta Romano, The Shareholder Suit : Litigation Without Foundation?,

하여 증권소송개혁법(Private Securities Litigation Reform Act)이 제정된 것은 바로 그러한 비판에 근거한 것이다.[34] 주주소송에 관한 이러한 미국에서의 논의도 현상유지를 원하는 집단에 의하여 흔히 활용되고 있다. 이러한 논의는 우리나라에서 집단소송을 도입할 때 여러 가지로 참고할 점을 제공하는 것이 사실이다. 그러나 전후 사정을 무시하고 그대로 적용하는 것은 오히려 위험하다. 미국에서 주주소송이 과연 해가 더 큰 제도인지 아니면 득이 더 큰 제도인지는 이곳에서는 접어 두기로 하자. 비판론자들이 말하는 대로 주주소송이 남용될 가능성이 큰 것은 사실이다. 그러나 주주소송의 남용 가능성은 여러 가지 요소에 달려 있다. 미국에서 남용되는 사례가 많은 이유는—많고 적음 여부를 어떤 기준으로 따질 것인지도 문제이지만—우리나라에는 없는 여러 사정이 존재하기 때문이다. 변호사의 수가 많고 증거개시제도가 발달되어 있으며 손해배상액이 배심원에 의하여 자유롭게 결정되기 때문에 예측하기 어렵다. 더욱 중요한 것은 원고 측 변호사가 승소한 경우에는 물론이고 화해가 이루어지는 경우에도 법원이 우리나라에서는 상상할 수 없는 높은 보수를 변호사에게 지급하는 것을 승인하고 있다는 점이다. 우리나라에서는 이처럼 주주소송에 우호적인 환경이 아직 조성되어 있지 않다. 현재 나와 있는 증권집단소송법안을 보더라도 과연 어떠한 변호사가 이러한 소송을 제기할 '경제적인' 인센티브를 가질 수 있을지 의문이 없지 않다. 이러한 차이는 무시하고 주주소송의 남용 가능성만을 강조하는 것은 논의가 생산적으로 진행되는 것을 막을 뿐이다.

7 Journal of Law, Economics and Organization 55 (1991) ; Daniel R. Fischel & Michael Bradley, The Role of Liability Rules and the Derivative Suit in Corporate Law : A Theoretical and Empirical Analysis, 71 Cornell Law Review 261 (1986) 참조.

34 이 법의 개요에 대해서는 김건식/송옥렬, 미국의 증권규제, 홍문사, 2001, 409-419면 참조.

3. 수렴론

앞서 살펴본 수렴론에 비추어 최근 한국의 지배구조의 변화는 흥미로운 사례를 제공해 주고 있다. 또한 수렴론은 이러한 지배구조변화의 과정을 이해하는 데 도움을 주기도 한다. 한국의 기업지배구조는 지난 1997년의 경제위기를 계기로 상당한 변화를 겪었다. 가장 두드러진 것은 기업지배구조에 관한 법규정의 정비이다. 사외이사와 감사위원회제도의 도입, 소수주주권 강화, 회계 및 외부감사규정의 정비 등 일일이 열거할 수 없을 정도로 수많은 규정이 도입되거나 개정되었다. 소유구조면에서는 주주이익을 중시하는 외국투자자의 비중이 현저하게 증가하고 있으며 기관투자자의 비중도 높아지고 있다. 재무상으로도 기업의 부채비율이 줄어드는 동시에 자본시장에 의존하는 정도가 높아지고 있다. 외형상으로 보면 이러한 기업지배구조의 변화는 분명히 영미식의 자본시장중심모델에 접근하는 것으로 평가할 수 있다. 그러나 우리의 지배구조는 형태면에서는 상당히 영미식 모델에 접근하고 있는 것이 사실이지만, 오히려 기능면에서는 아직 그것과 상당히 거리가 있는 것이 아닌가 생각된다. 외국투자자와 기관투자자의 지분이 늘어났음에도 불구하고 아직도 재벌총수들은 피라미드식 소유구조를 통해서 그룹 전체에 대한 경영권을 확고하게 장악하고 있다. 총수일가의 이익을 위해서 일반주주의 이익이 희생되는 스캔들이 기업의 규모와 관계없이 끊이지 않고 있는 것도 여전하다. 실제로 한국기업의 지배구조에 대한 시장의 평가는 아직도 차가운 것으로 나타나고 있다. 우리 기업들의 주가는 여전히 수익력이나 자산가치에 비하여 상당히 저평가되고 있다. 메릴린치가 2001년 8월 발표한 자료에 의하면 세계투자대상기업의 평균 PER은 25.7이나 되는 것에 비하여 우리 기업의 평균은 10에 불과하다.[35] 이는 개도국 평균 13에도 미달하는 수치이다. 이러한 이른바 Korea Discount는 PER에서뿐 아니라 다

---

35 이러한 통계는 장하성 교수의 「기업지배구조와 경쟁력」(2001)이라는 발표자료에서 인용한 것이다.

른 지표(PBR, P/Cashflow 등)에서도 마찬가지로 나타나고 있다. 다른 기관의 평가도 이와 크게 다르지 않다. 물론 이러한 Korea Discount의 원인이 반드시 기업지배구조 때문이냐는 쉽게 단언하기 어려운 것이 사실이다. 그러나 그것이 하나의 요소가 되고 있다는 것을 부정하기도 어렵다.

우리 기업지배구조의 변화는 앞서 소개한 수렴론에서 등장한 견해와는 다소 다른 모습을 보여 준다. 한국의 기업지배구조는 적어도 형태적인 면에서는 영미식 모델에 상당히 접근하고 있다.[36] 일반적으로 형태상의 수렴은 어려운 것으로 인식되고 있는데 우리 기업지배구조의 변화가 형태적인 차원에서 진행되고 있는 것은 어떻게 설명할 수 있을까? 형태상의 수렴이 어려운 것은 일단 특정의 기업지배구조가 정착하면 그러한 환경에 맞추어 생성된 여러 주변 요소들이 변화를 막는 세력으로 등장하기 때문이다. 한국에도 그러한 현상유지세력이 존재한다. 존재하는 정도가 아니라 막강한 힘을 가지고 있다. 기업지배구조의 개선노력에 대해서 다방면으로 집요하게 저항하고 있는 전경련이 대표적인 존재라고 할 수 있다.[37] 그렇다면 이제까지의 변화는 어떻게 가능했던 것일까? 그에 대해서는 두 가지 설명이 가능할 것이다. 하나는 재벌총수를 비롯한 기득권층의 힘보다 IMF를 비롯한 외국금융기관의 영향력이 더 강했기 때문에 가능했다는 설명이다.[38] 1997년의 경제위기하에서는 기존의 지배구조를 옹호하고 나서기가 쉽지 않았다. 그것

---

36 Hwa-Jin Kim, Toward the "Best Practice" Model in a Globalizing Market : Recent Developments in Korean Corporate Governance (Working Paper 2001).

37 이러한 현상은 비단 우리나라에 국한되는 것이 아니다. 일본에서도 과거 상법개정을 둘러싸고 비슷한 현상이 나타난 바 있다. Mark West, The Puzzling Divergence of Corporate Law : Evidence and Explanations from Japan and the United States (Working Paper 2000).

38 이러한 견해에 의하면 왜 상대적으로 일본의 제도개선이 덜 이루어졌는지는 설명하기 쉬워진다. 즉 일본은 기업, 특히 제조업의 경쟁력이 강했던 것에 비하여 외국금융기관을 비롯한 외부의 압력이 상대적으로 약했기 때문에 오랜 경제침체에도 불구하고 획기적 개선이 이루어지기 어려웠다. 최근 개정논의에서 거론되는 사항은 사외이사, 감사위원회 등 미국식 제도들이 많다. 그러나 1990년대에 이르기까지 개정은 오히려 1950년에 채택한 미국식모델에서 멀어지는 방향으로 이루어져 왔다. 이에 관한 상세한 연구로는 Mark D. West, The Puzzling Divergence of Corporate Law : Evidence and Explanations from Japan and the United States (Working Paper 2000).

이 옳건 그르건 간에 기업지배구조의 취약성이 경제위기의 원인이 되었다는 인식이 워낙 널리 퍼졌기 때문에 여론도 압도적으로 개혁을 지지하였다. 2000년에 접어들어 IMF를 비롯한 외국금융기관의 입김이 약해지면서부터 개혁의 모멘텀이 급속히 사라지고 있는 것도 이러한 설명을 뒷받침하는 것일 수도 있다. 이와는 달리 보다 냉소적인 설명도 가능하다. 이러한 변화가 가능했던 것은 그것이 개혁조치의 모습을 하고 있지만 지배주주의 이익을 결정적으로 위협하는 것은 아니었기 때문이라는 설명이 그것이다. 앞에서 언급한 엄청난 Korea Discount는 바로 재벌총수가 누리고 있는 파워가 여전하다는 사실을 반영하고 있는 것일지도 모른다. 이러한 두 가지 설명은 반드시 서로 배타적인 것은 아닌 것으로 보인다. 아마도 양쪽에 어느 정도는 일리가 있는 것이 아닌가 생각된다.[39]

앞서 소개한 수렴론은 주로 실증적 차원의 논의이다. 각국의 기업지배구조가 어떻게 변화하고 있는지, 변화하거나 변화하지 않는 이유는 무엇인지, 앞으로 어떻게 변화할 것인지 등을 분석하는 그러한 논의가 주종을 이루고 있다. 학문적으로 이러한 논의가 사소한 것이거나 흥미를 끌지 않는 것은 물론 아니다. 그러나 여전히 기업이 망하기 전에는 지배주주의 경영권이 탄탄하게 보장되는 그러한 체제에 머물고 있는 우리나라에서 보다 관심을 끄는 것은 앞으로 어떠한 방향으로 나아가야 하고 그것을 위해서는 어떠한 노력을 기울여야 할 것인가 하는 '규범적인' 논의일 것이다. 자본시장의 발전과 경제발전 사이의 상관관계를 보여 주는 실증연구는 많다.[40] 그렇지만 자본시장이 경제발전의 어느 단계에서나 필요조건이라고 하기는 어려울 것이다.[41] 법률가에 불과한 처지에 이 어려운 문제를 더 이상 파고들 생각은 없

39 이처럼 형태적인 수렴이 진행된 다른 예로는 구공산권국가에 의한 영미식 회사법의 제정을 들 수 있다. 이에 대해서는 Katharina Pistor, Patterns of Legal Change : Shareholder and Creditor Rights in Transition Economies (Working Paper 2000). 이러한 대규모 법개혁은 그것을 막는 기득권층이 아직 형성되기 전이라 가능했을 것이다. 그러나 결국 주주이익을 보호하는 데는 실패하였다.

40 Beranrd S. Black, 앞의 논문, 56면 참조.

41 독일이나 일본은 자본시장에 크게 의존하지 않고 굴지의 선진경제국가가 될 수 있었다.

다. 여하튼 외국에서는 물론이고 우리나라에서도 이제 자본시장을 발전시켜야 한다는 점에 대해서 폭넓은 합의가 존재하는 것으로 보인다.[42] 문제는 현재와 같은 총수중심의 기업지배구조를 유지하면서도 계속 자본시장이 발전해 나갈 수 있느냐 하는 점이다. 그렇다고 해서 지배주주의 존재 자체를 부정적으로 평가하거나 인위적으로 소유분산을 해야 한다는 말은 아니다. 재벌 비판에 대한 반론으로 흔히 전문경영자가 지배한다고 해서 반드시 문제가 없는 것은 아니라는 주장이 제기되곤 한다. 이러한 주장에 대해서는 전적으로 찬성한다. 실제로 상당한 규모의 주식을 보유하는 대주주(이른바 blockholder)의 존재는 이른바 집단행동(collective action)의 문제를 해소하기 때문에 기업의 실적에 도움을 준다는 연구결과가 많다. 대주주의 인센티브가 일반주주의 인센티브와 일치하는 한 대주주가 있으면 일반주주는 오히려 마음을 놓을 수가 있다. 우리 재벌총수들의 문제는 그 인센티브가 일반주주의 인센티브와 너무 다르다는 점이다. 다른 말로 하자면 재벌총수들이 경영권을 가짐으로써 누리는 이익, 즉 이른바 경영권의 사적 이익(private benefit of control)이 너무 크다는 것이다. 그간 우리 재벌총수들은 주로 기업규모의 확대에 신경을 써왔다. 이익을 올리는 것은 그래도 중시하였으나 주가나 배당은 주된 관심사가 아니었다. 특히 문제가 심각한 것은 이들의 경영권이 너무 확고해서 기업이 완전히 망하기 전에는 경영권을 빼앗기는 일이 없다는 점이다.[43] 어쩌면 경영권을 빼앗길 염려가 전혀 없기 때문에 마음놓고 사적 이익을 추구할 수 있을지도 모른다. 만약 이러한 사적 이익이 대폭 줄어든다면 경영권을 갖는 매력은 크게 줄어들 것이다.[44] 특별히 더 잘 경영할 자신이 없는 한 구태여 지배주주가 되려고 할 이유도 없을 것이다. 그러한 상황이라면 특정기업의 소유가 분산되든 집중되든 그것에 대해서 누구도 간섭할 이유

42 자본시장을 통한 자금조달의 장점에 대해서는 Beranrd S. Black, 앞의 논문, 53-55면 참조.

43 만약 대기업의 도산이 투자자, 채권자, 종업원만의 문제이고 외부에 미치는 경제효과가 전혀 없는 것이라면 이러한 상황도 그냥 지켜볼 수 있을지도 모른다. 그러나 우리 경제와 같이 소수의 대기업의 비중이 큰 나라에서 이들의 도산은 국민의 세금을 투입시키는 결과를 낳는다는 점은 이미 수차례 경험한 바 있다.

44 오히려 보유주식의 집중으로 인한 투자위험이 부담스러울 것이다.

는 없다. 그렇다면 경영권의 사적 이익은 어떻게 줄여 나갈 수 있을 것인가? 이는 간단한 문제가 아니다. 이미 경영권의 사적 이익을 누리고 있는 지배주주로부터 그 이익을 빼앗는 것이기 때문에 그것을 실현하는 것은 정치적으로 쉬운 일이 아니다. 일단 정치적 측면은 접어 두더라도 구체적 방안을 마련하는 것이 간단한 일은 아니다. 이 문제는 결국 자본시장을 뒷받침하는 인프라를 어떻게 구축할 것인가 하는 문제와 크게 다르지 않다. 그러한 인프라에서 법은 과연 어떠한 위치를 차지하는가 하는 문제를 통해서 자연스럽게 법역할론과 관련을 맺게 된다.

4. 법역할론

소수주주를 보호하는 법적 장치가 기업지배구조에서 중요한 요소라는 점은 법학자에게는 너무도 당연한 명제이다.[45] LLSV 같은 저명한 경제학자들이 새삼 법이 중요하다는 점을 들고 나오는 것은 법률을 공부하는 사람으로서는 우선 환영할 만한 일이다. 사실 소수주주를 보호하는 법적 장치와 주식소유분산이 통계적으로 상관관계가 있다는 것은 비교적 분명하지만, 양자간에 인과관계가 어느 쪽으로 작용하는 것인지는 분명치 않다.[46] 즉 소수주주보호장치가 먼저 마련되지 않는 한 주식 소유의 분산이 전혀 이루어질 수 없는 것인지는 분명치 않다. Cheffins는 영국의 경우에는 회사법상 주주보호장치는 상당히 미흡했음에도 불구하고 주식 소유의 분산이 진행되고 자본시장이 발달하게 되었음을 주장하고 있다.[47] 그는 회사법 대신 런던증권거

---

45 바로 그 점을 역설한 논문으로, 기업구조연구회(편)/김건식(집필), 앞의 논문, 201면 이하 참조.

46 Roe는 소수주주보호가 이루어지더라도 주식 소유의 분산은 이루어지지 않을 것이라고 하고 있는데 비하여, Coffee는 전에는 법을 강조하다가 최근 논문에서는 법이 먼저 마련되고 나서 주식 소유가 분산되기보다는 오히려 주식 소유가 분산되면 법이 발달할 것으로 보고 있다. John C. Coffee, Do Norms Matter? : A Cross-Country Examination of the Private Benefits of Control (Working Paper 2001).

47 Brian Cheffins, Does Law Matter? The Separation of Ownership and Control in the United Kingdom, 30 Journal of Legal Studies 459 (2001).

래소의 자율규제와 금융기관이 투자자를 보호하는 기능을 수행하였다고 주장한다.[48] 증권거래소의 자율규제나 금융기관이 투자자보호의 기능을 수행할 수 있는 것은 부정하지 않는다. 그러나 법적 보호장치가 반드시 전제조건이 아니라고 해서 그러한 장치를 개선할 필요가 없는 것은 아니다.

앞서 언급한 바와 같이 법경제학을 신봉하는 일부 학자들은 회사법의 한계를 강조하고 있다. 결국 회사법보다는 자본시장이나 경영권시장과 같은 시장의 압력이 훨씬 더 중요하다는 것이다. 일단 시장이 제대로 작동하는 단계에 접어들면 경영자들이 회사법보다는 자본시장의 구속을 더 느끼게 된다는 점은 부정하지 않는다. 그러나 그것은 시장이 부재하거나 미약하여 그것을 강화하고자 하는 나라에는 그다지 도움이 되지 않는 논의라고 할 것이다. 그렇다면 자본시장은 어떻게 구축해 나갈 것인가? 자본시장을 구축하는데 법, 특히 회사법의 뒷받침은 가장 중요한 요소는 아닐지라도 적어도 상당히 중요한 요소가 아닐까? 제대로 기능하는 자본시장을 갖지 못한 상태에서 만연히 미국식의 회사법무용론을 전후맥락의 고려 없이 내세우며 법개정 노력에 찬물을 끼얹는 것은 바람직하지 않다.

실질적인 기업지배구조와 관련해서는 회사법이나 증권거래법규정 자체에 못지않게 그 집행이 중요하다는 명제는 다툴 수 없을 것이다. 법집행의 효율성을 높이는 것은 실체법을 고치는 것보다 훨씬 어려운 일이라는 점에 대해서도 이견은 없다. 그렇다고 해서 실체법을 개선하는 노력이 무용한 것은 아닐 것이다. 실체법적인 규정이 없으면 집행도 있을 수 없기 때문이다.[49] 기업지배구조에서 사회규범(social norm)[50]이 중요하다는 점도 당연히 부정하기 어렵다. 경영자가 주주이익을 무시하고 사익을 취하는 것이 '관행'으로

---

48 자율규제기관의 규제가 법을 대체하는 기능을 수행할 수 있다는 점은 Coffee도 지적하고 있다. John C. Coffee, Convergence and Its Critics : What Are the Preconditions to the Separation of Ownership and Control?, p.5 (Working Paper 2000).

49 집행의 개선은 소송제도와 밀접한 관련이 있기 때문에 법원을 설득하는 작업이 필요하다. 성격상 보수적이고 또한 이미 과중한 업무부담으로 시달리고 있는 법원에 새로운 역할을 떠맡기는 것은 쉬운 일이 아니다. 그러나 그렇다고 해서 포기할 일도 아닐 것이다.

50 법규범과 대치되는 의미로 사용된다.

인정받는 풍토에서는 법만으로 이들의 행동을 견제하는 것이 쉽지 않을 것이다. 그렇다고 해서 단기간에 사회규범을 바꾸는 것은 거의 불가능한 일이다. 그렇다면 우리나라와 같이 기업지배구조를 뒷받침하는 법적 장치가 미흡하고 사회규범도 미약한 나라에서는 어떻게 해야 할까? 지난 수년간 열심히 추진한 법개정 작업은 결국 별로 의미가 없는 일이었단 말인가? 최근 미국의 회사법학계에서 부각되고 있는 법, 특히 회사법의 역할에 대한 회의론에도 불구하고 이러한 법개정의 노력은 나름대로 의미가 있는 것으로 평가한다. 이러한 경영의 투명성과 경영자의 책임을 강조하는 법의 변화는 재벌총수의 사익추구행위가 더 이상 관행으로 용납될 수 없는 비리임을 일반국민에 분명히 하였다는 의미가 있다. 즉 그러한 사익추구행위의 해악을 기업인은 물론 일반에 알림으로써 사익추구행위를 저지르는 것은 물론이고, 그것을 방조하는 행위가 옳은 것이 아니라는 사회규범이 형성되는 데 다소나마 기여한 것으로 보인다. 이러한 사회규범은 아직 미약하지만 차츰 정착될수록 법에 못지 않게 경영자들의 행동을 통제하는 역할을 수행할 것으로 보인다.

5. 법의 한계—인센티브의 제공

법의 역할에 대한 회의론이 힘을 얻고 있음에도 불구하고 우리나라에서는 아직 법, 특히 회사법과 증권법을 계속 개선해 나가는 노력을 게을리 해서는 아니될 것이다. 그렇지만 이러한 법적 접근방식에는 한계가 있음을 주의할 필요가 있다. 소수주주를 보호하는 법적 장치가 마련되었다고 해서 바로 자본시장이 활성화된다는 보장은 없다. 영미식의 자본시장중심모델은 경영자가 주주이익을 소극적으로 침해하지 않는 데 그치는 것이 아니라 주주이익을 적극적으로 추구할 때 비로소 뿌리를 내릴 수 있다. 법적 장치가 경영자가 주주이익을 적극적으로 추구하는 동기를 부여하지 않는다. 이를 위해서는 경영자가 주주이익을 추구할 인센티브를 갖는 것이 중요하다. 다른 말로 하면 경영자가 자본시장의 압력, 특히 주가를 상승시켜야 한다는 압력을 받도록 하는 것이 중요하다. 한국의 지배주주와 미국의 최고경영자의 가장 큰 차이는 아마도 주가에 대한 관심에 있는 것이 아닌가 생각된다. 한국의 지배주주가 주가에 별 관심을 갖지 않는 것은 지배주주의 이익이 주로 주가와는 무관한 경영권의 사적 이익에서 발생하기 때문일 것이다. 소수주주를 보호하는 법적 장치는 바로 그러한 경영권의 사적 이익을 감소시키는 기능을 한다. 경영권의 사적 이익이 줄어들면 필사적으로 경영권에 집착할 이유도 그만큼 줄게 될 것이다. 그렇게 되면 자연스레 주식의 분산이 진전되고 자본시장이 활성화될 것이다. 일단 경영자가 자본시장의 압력을 받아 스스로 주가를 높이기 위해서 애쓰는 사례가 확산되면 실제로 법적인 보호장치는 그 의의가 크게 사라질 것이다. 그런 의미에서 법적 보호장치란 어쩌면 그러한 자본시장중심모델의 정착을 돕는 하나의 버팀목으로 볼 수 있을 것이다.

Ⅳ. 학문적 논의와 실천—결론에 갈음하여

우리나라에서도 이제 기업지배구조에 대한 연구는 상당히 축적되고 있다. 그러나 외국의 논의를 소개하는 데서 더 나아가 우리 기업현실의 문제를 나름대로 분석한 연구는 아직 그렇게 많은 것이 아니다. 특히 어떤 정치적·경제적 이해관계와 무관하게 객관적이고 중립적으로 수행된 연구는 더욱 귀하다. 기업지배구조에는 사회의 다양한 요소들이 작용하고 있으므로 유용한 연구결과를 얻어내는 것은 용이하지 않다. 아직 우리는 모르는 것이 너무 많다. 따라서 기업지배구조의 연구자로서는 기존의 연구성과를 맹목적으로 따를 것이 아니라 항상 여러 가능성과 여러 시각을 받아들이는 개방적인 자세를 취할 필요가 있다. 그러나 이처럼 연구에서 신중하고 열린 마음을 가져야 한다는 것이 반드시 어떠한 조치도 그 효용이 증명되기 전까지는 시행할 수 없다는 식의 시기상조론으로 이어지는 것은 곤란하다. 실천적인 관점에서는 완전이란 있을 수 없다. 우리가 척도로 삼을 것은 어떠한 제도가 완전한 것이냐(내지는 부작용이 없는 것이냐)가 아니라 비용보다 효용이 더 큰 것이냐(내지는 현재의 제도보다 나은 것이냐)가 되어야 할 것이다. 아무런 대책도 강구하지 않으면서 신중을 기하자는 말은 결국 현상을 유지하자는 의도를 감추기 위한 말인 경우가 많다.

「기업지배구조 연구」 제1호(2001. 12), 좋은기업지배구조연구소, 8-19면.

* 추기 : 이 글을 발표한 후인 2004년 마침내 증권관련집단소송법이 제정되었다. 2010년에는 집단소송에 대한 허가가 최초로 이루어진 바 있다. 한편 증권거래법도 2007년 자본시장과 금융투자업에 관한 법률로 흡수통합되었다.

03 기업지배구조의 개선과 경쟁 : 기업지배구조특별부의 신설을 제안하며*

I. 서론

지난 20~30년간 우리 정부는 자본시장의 발전을 위하여 여러 방면으로 노력해 왔다. 그 노력의 결과 우리 증권시장은 양적으로 괄목할 성장을 이루었다. 그러나 지난 10여 년간 전체 시장을 대표하는 KOSPI지수는 사실상 답보상태를 면치 못하고 있다. 아직도 개인투자자들은 여유자금을 주식에 투자하는 대신 예금이나 부동산에 투자하고 있다.[1] 이처럼 개인투자자가 주식투자를 기피하는 것은 반드시 비합리적인 결정이라고 몰아세울 수는 없다. 우리나라에서 개인투자자가 투자하기에 적합한 대형우량법인은 대부분 재벌그룹에 속한다. 흔히 총수라고 불리는 이 재벌그룹들의 지배주주는 실제

* 이 글은 버클리대학교 법대 교수 스티븐 최와 공동집필한 것임.

1 2000년 현재 개인의 금융자산에서 주식이 차지하는 비중은 7%에도 미치지 못한 반면에 예금은 50%를 넘었다. (http://www.bok.or.kr/bokis/bokis/m_matrix_disp)(2002년 3월 6일 방문)

보유하는 지분의 규모(경제적 지분)는 미미하지만 계열사 지분을 이용해서 계열사 전부를 확고하게 지배하고 있다. 이처럼 지배주주의 경제적 지분과 의결권 지분 사이에 격차가 커지면 지배주주가 회사의 재산을 자신의 이익을 위하여 빼돌릴 가능성도 커지게 마련이다. 지배주주가 누리는 이러한 부당한 이익을 최근 학계에서는 '경영권의 사적 이익(private benefits of control)'이라고 부르고 있다. 경영권의 사적 이익을 정확하게 측정하기는 어렵지만, 우리 기업에서 그것이 만만치 않은 규모라는 점에 대해서는 별로 다툼이 없다. 우리 기업의 주식이 외국의 기업에 비하여 상대적으로 낮게 평가되고 있는 것, 즉 이른바 Korea Discount라는 것이 존재하는 것은 상당부분 경영권의 사적 이익 때문으로 판단된다. 사실 지배주주가 사적 이익을 어느 만큼 추구할 것인가는 지배주주가 마음먹기에 달려 있다. 주식의 가치가 이처럼 불확실한 요소에 따라 좌우되는 상황에서 투자자가 장기적인 투자에 나서는 것을 기대할 수는 없을 것이다. 따라서 우리 주식시장을 제대로 육성하기 위해서는 경영권의 사적 이익을 최소한도로 억제할 필요가 있을 것이다.

경영자의 사적 이익을 억제한다는 것은 법률가의 관점에서 달리 표현하면 소수주주를 보호하는 것이라고 할 수 있다. 주주이익의 보호란 전통적으로 법제도가 맡아온 과제이다. 최근 경제학계에서는 소수주주에 대한 법적 보호장치가 잘 마련되어 있을수록 자본시장이 발전한다는 연구들이 주목을 받고 있다. 그러한 연구의 효시는 La Porta, Lopez-de-Silanes, Shleifer, Vishny (이하 'LLSV')라는 4인의 교수가 발표한 일련의 연구이다. 그에 의하면 소수주주와 채권자에 대한 법적 보호장치가 강력하고 집행의 실효성이 높은 나라일수록 자본시장의 규모가 크고,[2] 기업가치가 높은 것으로 나타나고 있다.[3] Mark Roe를 비롯해서 법학자들 중에는 법의 가치를 평가절하하는 자가 적지 않지만 적어도 금융시장의 발전을 위해서는 법의 중요성("law matters")

---

2 Rafael La Porta/Florencio Lopez-de-Silanes/Andrei Shleifer, Legal Determinants of External Finance, 52 J. Fin. 1131 (1997) 참조.

3 Rafael La Porta/Florencio Lopez-de-Silanes/Andrei Shleifer/Robert Vishny, Investor Protection and Corporate Valuation (working paper 2000)(http://papers.ssrn.com/sol3/papers.cfm?abstract_id=227583) 참조.

을 부정할 수 없을 것이다.[4]

1997년 경제위기 후에 단행된 소수주주보호를 위한 각종 법개정조치는 이러한 의미에서 긍정적으로 평가할 수 있을 것이다. 그러한 개혁조치의 결과로 기업지배구조에 관한 우리 법제는 상당한 진전을 이루었다. 기업지배구조의 개혁은 널리 여론의 지지를 받았지만 개혁의 추진력은 일반 여론보다는 오히려 IMF나 IBRD와 같은 국제금융기관이 제공하였던 점을 부정하기 어렵다. 이제 우리 경제가 당장의 위기를 벗어남에 따라 이들 외부의 영향력은 거의 사라지고 말았다. 반면에 경제위기 초기에는 잔뜩 위축되었던 재계가 점차 개혁에 반대하는 목소리를 높이고 있다. 그리하여 이제 정부는 기업지배구조와 관련하여 더 이상 개혁을 추진할 힘을 상실한 것으로 보인다. 지난 2년간 우리가 기업지배구조분야에서 이렇다 할 업적을 내놓지 못한 것도 결국 그 때문이라고 할 것이다.

이처럼 한편으로 엄청난 Korea Discount와 주식시장의 침체에 시달리고 있음에도 불구하고 다른 한편으로 주주가치를 중시하는 새로운 기업지배구조를 향한 작업은 막다른 골목에 들어서 있는 느낌이다. 이러한 딜레마를 어떻게 벗어날 것인가? 이 글의 목적은 바로 우리가 처한 이러한 딜레마를 극복하기 위한 대안을 제시하는 것이다. 이 글에서는 현재와 같이 모든 기업에 동일한 모델을 강요하는 전통적인 하향식 접근방식 대신 기업에게 지배구조의 선택을 허용하는 경쟁적 접근방식을 취할 것을 제안하고자 한다. 그렇다고 해서 기업에게 전면적인 선택의 자유를 인정하자는 비현실적 주장을 펴는 것은 아니다. 우리가 주장하는 것은 그보다 훨씬 소폭의 개혁이다. 우리는 높은 수준의 기업지배구조를 지향하는 기업들이 다른 기업으로부터 자기 회사를 차별화할 수 있도록 증권거래소(또는 코스닥시장)에 특별부를 신설하는 방안을 주장한다. 지배주주가 존재하고 나머지 주식이 분산되어 있는 재벌그룹 계열사들은 아마도 자발적으로 지배구조의 수준을 높이기를

4 금융시장의 발전은 경제성장과 관련이 높은 것으로 나타나고 있다. Ross Levine, Law, Finance, and Economic Growth, 8 Journal of Financial Intermediation 8, 30-31 (1999) 참조.

원치 않을 것이다. 지배주주가 더 큰 반대급부가 없는데도 자신이 누리는 경영권의 사적 이익을 스스로 포기할 리는 없기 때문이다. 그러나 비록 소수이기는 하지만 기존의 공개기업 중에서도 전문경영인이 경영을 맡고 있고 주주가치를 추구하는 기업이 없지 않다. 이들 기업은 주가상승에 기여한다면 자발적으로 특별부의 문을 두드릴 가능성이 크다. 또한 자본시장에서 기업공개를 통해서 자금을 조달하고자 하는 벤처기업도 특별부를 선택할 수도 있다. 이처럼 일단 시장의 일부에서나마 새로운 기업지배구조의 모델이 정착되면 그것이 시장의 다른 부분으로까지 확산될 수도 있을 것이다.

이 글은 다음과 같은 순서로 진행된다. II에서는 투자자보호의 이론적 필요성과 투자자보호장치의 실효성에 관한 실증적인 증거를 간단히 살펴본다. III에서는 현재 존재하는 개혁의 선택지를 검토하고 우리의 특별부신설안에 대해서 자세히 논한다. IV에서는 결론을 제시한다.

II. 투자자보호장치의 중요성

증권거래소와 코스닥시장을 주축으로 하는 우리 자본시장은 지난 10여 년간 그야말로 폭발적인 성장을 이루었다. 증권거래소만 보더라도 1991년 1,400만 주에 불과하던 1일거래량은 2001년 현재 4억 7,300만 주로 급증하였다.[5]

이처럼 자본시장의 규모는 커졌지만 우리 투자자들은 상대적으로 아직 주식투자를 꺼리고 있다.[6] 개인의 금융자산에서 주식이 차지하는 비중은

5 증권거래소 홈페이지(http://www.kse.or.kr)(2002년 2월 15일 방문).

6 개인금융자산부채현황(출처 : 한국은행)

연도	금융자산	금융부채	주식보유	주식/자산(%)
1975	5,568	1,387	958	17.2
1980	21,200	6,344	3,590	16.9
1985	62,885	27,014	7,581	12.1
1990	195,584	89,383	22,235	11.4
1995	466,891	214,645	33,426	7.2
1996	535,501	253,662	34,799	6.5

1972년 17.2%에서 2000년에는 6.9%까지 하락하였다. 이처럼 투자자들이 주식투자를 외면하는 상황이 지속되는 한 자본시장의 발전은 공염불에 지나지 않을 것이다. 그러므로 우리 자본시장이 당면한 가장 큰 과제는 우리 투자자들의 주식투자를 촉진하는 것이라고 할 수 있다.

규제에 의한 투자자보호를 강화하는 것도 주식투자를 촉진하는 한 가지 방안이 될 수 있을 것이다. 경영자의 권한남용으로부터 투자자가 제대로 보호받을 수 있다면 투자자가 더 많은 자금을 주식에 투자할 것이기 때문이다. II는 두 절로 이루어진다. 1에서는 먼저 투자자보호를 위한 규제장치를 마련할 이론적인 필요성에 대해서 언급하고자 한다. 이어서 2에서는 우량한 기업지배구조의 효용에 관한 대표적인 실증적 연구에 대해서 살펴보기로 한다.

1. 투자자보호의 이론적 필요성

증권투자에서는 정보의 비대칭이 가장 심각한 문제라고 할 수 있다. 특히 기업의 경영자(이하 지배주주를 포함하는 의미로 사용한다)는 정보면에서 일반투자자들에 비하여 압도적으로 유리하다. 기업의 신규 프로젝트, 현금흐름 등에 관한 정보를 경영자가 먼저 아는 것은 불가피한 일이다. 이처럼 정보에서 앞서는 경영자는 그 정보를 이용한 증권거래, 즉 내부자거래를 감행할 우려가 있다. 또한 경영자가 자신의 개인적 이익을 위해서 회사재산을 빼돌리는 기회주의적 행동을 시도할 수도 있다. 이러한 사익을 위한 경영자의 배임행위는 일반 주주들이 그에 대한 정보를 얻을 수 없는 상황에서 더욱 성행할 것이다.[7]

1997	616,795	300,125	39,723	6.4
1998	672,000	269,915	46,367	6.9
1999	729,732	292,974	53,211	7.3
2000	799,504	329,654	55,379	6.9
1Q of 2001	834,644	350,429	56,299	6.7

7 공시규제가 대리문제를 억제하는 기능에 관해서는 Paul G. Mahoney, Mandatory Disclosure as a Solution to Agency Problems, 62 U. Chi. L. Rev. 1047 (1995) 참조.

기업공개를 하는 기업의 주식에 투자하는 투자자가 그 기업의 가치에 대한 정보부족 때문에(또는 경영자의 기회주의적 행동 때문에) 손해를 볼 위험이 있다면 당연히 그 위험을 감안하여 행동할 것이다. 투자자는 아예 투자를 포기하고 시장을 떠날 수도 있고 그 위험에 대한 보상으로 가격할인을 요구할 수도 있다. 투자자들이 합리적이고 자신이 부담하는 위험을 정확하게 파악할 수 있다면 주가를 그 위험에 따라 적절하게 할인할 수 있을 것이다. 그러므로 기업을 공개하는 창업자는 정보부족이나 기회주의적 행동의 가능성 때문에 발행가격을 인하할 수밖에 없는 불이익을 입는다. 우량한 기업이 불량한 기업과 자신을 차별화할 수 없어서 투자자가 이들을 똑같이 취급하는 경우에는 경제학에서 말하는 레몬문제가 발생한다.[8] 즉 우량기업은 자본시장을 차츰 외면하게 될 것이고 그에 따라 투자자들은 나머지 불량기업의 주가를 점점 낮게 평가하게 될 것이다. 결국 유망한 프로젝트가 있는 기업도 자금조달에 어려움을 겪게 됨에 따라 유망한 프로젝트에 자금이 배분되지 못하는 경우가 늘어날 것이다. 이러한 레몬문제에 대해 대책이 전혀 없는 것은 아니다.[9] 정보부족 때문에 발행가격을 낮출 수밖에 없는 창업자라면 주식을 발행할 때 투자자에게 계약상의 보호장치라도 제공할 인센티브가 있다.[10] 투자자보호를 강화할수록 투자자가 적용하는 할인율이 낮아지고 그에 따라 창업자가 받을 수 있는 주가가 높아지기 때문이다. 그러나 정보비대칭이나 경영진의 기회주의라는 문제에 계약으로 대처하는 것이 불가능한 것은 아니지만 규제로 대처하는 편이 더 효과적일 수도 있다. 우선 공시규정의 위반

---

8 레몬문제에 대한 대표적인 설명으로는 George A. Akerloff, The Market for Lemons : Quality, Uncertainty and the Market Mechanism, 84 Q. J. Econ. 488 (1970) 참조.

9 우리나라에서는 창업자가 이러한 저평가에 대해서 덜 신경을 쓰는 것으로 보인다. 그것은 아마도 창업자가 공개 이후에도 경영권을 유지하고 사적 이익을 기대할 수 있기 때문이 아닌가 여겨진다. 한편 투자자들도 창업자가 상당한 지분을 유지하는 것을 원하고 있다. 그리하여 코스닥시장에서 공개하는 기업의 지배주주는 2년간 주식양도가 제한된다(코스닥등록규정 제18조 제1항 제1호). 따라서 우리나라에서는 아직 레몬문제가 심각한 상태라고 할 수 없을 것이다.

10 예컨대 Michael C. Jensen/William H. Meckling, Theory of the Firm : Managerial Behavior, Agency Costs and Ownership Structure, 3 J. Fin. Econ. 305, 305-307 (1976).

이나 기회주의적 자기거래를 포착하는 데는 규모의 경제가 존재한다. 또한 투자자가 모두 스스로 보호책을 강구할 능력이 있는 것은 아니다.[11] 능력이 떨어지는 투자자는 정보비대칭이나 기회주의에서 비롯되는 위험을 적절하게 판단하지 못할 수도 있다. 또한 계약상의 보호장치는 당사자의 합의에 따라 각양각색으로 꾸며질 가능성이 있다. 그렇게 되면 투자자들이 서로 다른 주식의 가치를 비교평가하기가 어려워진다.

그러나 규제의 긍정적 측면과 아울러 강제적 규제에 과도하게 의존하는 경우에 생겨날 부정적 효과도 고려하지 않으면 아니 된다. 강제적 규제가 시행되면 규제자가 피규제자에게 포획당할 수도 있다.[12] 나아가 규제자가 공익은 접어 두고 자신의 권한강화에 몰두할 가능성도 적지 않다.[13] 보다 근본적인 문제는 규제자가 시장압력을 받지 않는다면 규제를 시시각각으로 변하는 시장수요에 맞추어 고쳐 나갈 인센티브가 거의 없다는 점이다.

2. 실증적인 연구

최근 학계에서는 투자자보호에 관한 법제도의 가치를 측정하는 실증연구가 많이 발표되고 있다. 이 연구들 중 가장 주목을 받은 것은 앞서 언급한 LLSV가 발표한 일련의 논문이다. 그들의 연구결과에 의하면 높은 수준의 투자자보호와 금융발전을 이룬 나라들 및 영미법계 국가들 사이에는 강력한 연관이 있다. LLSV는 소수주주의 법적 보호수준을 측정하기 위하여 국가별

---

11 판단능력의 정도에 따라 투자자를 구분하여 규제를 적용하는 시도에 대해서는 Stephen Choi, Regulating Investors Not Issuers: A Market-Based Proposal, 88 Cal. L. Rev. 279 (2000) 참조.

12 예컨대 Gary S. Becker, A Theory of Competition Among Pressure Groups for Political Influence, 98 Q. J. Econ. 37 1 (1983) ; George J. Stigler, The Theory of Economic Regulation, 2 Bell J. Econ. & Mgmt. Sci. 3 (1971) 참조. 증권법의 분야에서는 전문변호사들이나 증권회사들이 증권법상의 주의의무수준에 관한 법원과 SEC의 해석에 영향을 미쳤다. Jonathan R. Macey, Administrative Agency Obsolesence and Interest Group Formation : A Case Study of the SEC at Sixty, 15 Cardozo L. Rev. 909 (1994) 참조.

13 William A. Niskanen, Jr., Bureaucracy and Representative Government 114 (1971).

로 이른바 '이사견제지수'('anti-director rights' score)를 매겼다.[14] LLSV의 평가에 의하면 영미법계 국가의 평균 이사견제지수는 4.00인 데 비하여 독일식 대륙법계 국가의 평균은 2.33에 불과하였다.[15] 특히 우리나라는 1주1의결권 원칙과 주주의 권리구제수단에 근거하여 2.00을 받은 데 그쳤다.[16] LLSV의 이사견제지수는(예컨대 적어도 미국에서는 대기업이 거의 채택하지 않고 있는 집중투표제를 비롯해서) 중요성이 의문시되는 특이한 회사법상의 제도에 치중된 나머지, 예컨대 기업인수를 억제하는 규정과 같이 투자자보호에 보다 더 중요한 규정들을 무시하고 있다는 점에서 법학자들의 비판을 받고 있다.

LLSV는 나아가 대상국가의 법계와 이사견제지수가 금융발전에 관한 다른 지수와 연관이 있는지를 검토하였다. LLSV는 먼저 상이한 법계에 속하는 국가들에 소재하는 회사들의 소유집중도를 조사하였다.[17] 그 결과에 의하면 프랑스식 대륙법계 국가(독일식이나 스칸디나비아식 대륙법계 국가는 아니다)의 기업들은 영미법계 국가에 비하여 일반적으로 소유집중도가 더 높은 것으로 나타나고 있다. LLSV의 조사에 의하면 한국의 20대 공개기업 중에서는 55%만이 소유가 분산되어 있다(한편 캐나다는 100%, 미국은 80%).[18] 시장가치가 5억 달러 이상인 19개사에서 소유가 분산된 기업은 한국의 모집단에서는 30%를 차지하는 데 불과하였으나 영국의 경우에는 60%, 미국의 경우에는

---

14 Rafael La Porta/Florencio Lopez-de-Silanes/Andrei Shleifer/Robert W. Vishny, Law and Finance, 106 J. Pol. Econ. 1113, 1127 (1998) 참조. 이사견제지수는 다음 요소로 구성된다 : (1) 서면투표 가능성 ; (2) 투표시 주권제출요건의 존재여부 ; (3) 집중투표제의 채택여부 ; (4) 소수주주에 대한 이사의 억압행위에 대한 구제수단의 존재 ; (5) 신주인수권 ; (6) 임시주총소집권이 10% 이하의 주주에게 부여되고 있는지 여부. Rafael La Porta/Florencio Lopez-de-Silanes/Andrei Shleifer/Robert W. Vishny, 앞의 논문, 1127-1128면 참조.

15 Rafael La Porta/Florencio Lopez-de-Silanes/Andrei Shleifer/Robert W. Vishny, 앞의 논문(주 14), 1131면.

16 반면에 채권자권리에 대한 LLSV의 평가에서는 영미법계 국가의 평균치보다 약간 낮은 정도로 비교적 양호한 평가를 받았다. Rafael La Porta/Florencio Lopez-de-Silanes/Andrei Shleifer/Robert W. Vishny, 앞의 논문(주 14), 1136-1137면.

17 Rafael La Porta/Florencio Lopez-de-Silanes/Andrei Shleifer, Corporate Ownership Around the World, 65, J. Fin. 471 (1999) 참조.

18 Rafael La Porta/Florencio Lopez-de-Silanes/Andrei Shleifer, 앞의 논문(주 17), 492면.

90%를 차지하였다.[19]

외부자금의 활용도와 관련하여 LLSV의 조사에 의하면 영미법계 국가는 대륙법계 국가(특히 프랑스식 대륙법계 국가)에 비하여 자본시장의 규모가 더 크다.[20] LLSV는 또한 이사견제지수가 높은 나라일수록 외부에서 자기자본을 조달하는 경향이 강하다고 주장하고 있다.[21] 대륙법계 국가에 속하는 한국의 GNP 대비 외부주식시장가치비율(ratio of external stock market capitalization)은 0.44인 데 비하여 영미법계 국가의 평균은 0.60이고 독일식 대륙법계 국가의 평균은 0.46이다.[22] 끝으로 LLSV의 조사에 의하면 대륙법계 국가로서 이사견제지수가 낮은 국가의 기업들은 평균 Tobin's q지수도 낮았다. LLSV의 연구에 포함된 회사들의 평균 Tobin's q지수가 1.0725인 데 비하여 영미법계 국가의 평균은 1.3724, 대륙법계 국가의 평균은 1.2022였다.[23]

그러므로 LLSV의 조사결과는 다른 국가(특히 영미법계 국가)에 비하여 상대적으로 취약한 한국의 투자자보호제도가 주식소유집중, 외부금융시장의 미발달, 시가총액의 소규모와 연관이 있다는 견해를 다소 뒷받침한다. 다른 연구결과도 한국에 대한 LLSV의 조사결과와 일치하고 있다. 예컨대 Tatiana Nenova는 경영권프리미엄을 사적 이익의 대용치(proxy)로 삼아 비교연구를 행하였다.[24] Nenova는 전체기업가치의 일부인 경영권가치(그녀는 의결권가치라는 용어를 사용)에 관하여 모델을 구축하였다. 그에 따르면 한국의 프리미엄(조정 전)은 무려 28.94%에 달한 데 비하여 북구대륙법계 국가의 평균

---

19 Rafael La Porta/Florencio Lopez-de-Silanes/Andrei Shleifer, 앞의 논문(주 17), 494면.

20 Rafael La Porta/Florencio Lopez-de-Silanes/Andrei Shleifer, Legal Determinants of External Finance, 52 J. Fin. 1131, 1137 (1997) 참조. LLSV는 주 14의 논문에서와 같은 49개국 샘플을 사용하였다.

21 Rafael La Porta/Florencio Lopez-de-Silanes/Andrei Shleifer, 앞의 논문(주 20), 1139면.

22 Rafael La Porta/Florencio Lopez-de-Silanes/Andrei Shleifer, 앞의 논문(주 20), 1138면. 반면에 GNP 대비 민간부채시장가치(민간부문의 은행부채와 비금융기관사채의 합계)는 0.74이다(영미법계 국가의 평균은 0.68).

23 Rafael La Porta/Florencio Lopez-de-Silanes/Andrei Shleifer, 앞의 논문(주 20).

24 Tatiana Nenova, The Value of Corporate Votes and Control Benefits : A Cross-country Analysis (working paper, 2000)(http://papers.ssrn.com/sol3/papers.cfm?abstract_id=237809).

의결권가치는 0.5%, 영미법계 국가는 4.5%에 불과하였다.[25]

물론 LLSV의 연구를 비롯한 이 분야의 연구에 대해서는 반론이 없지 않다. 가장 먼저 제기된 것은 그들이 소수주주보호수준의 대용치로 삼은 지수들이 부적절하다는 비판이었다.[26] 예컨대 LLSV는 소수주주를 보호하는 법적 장치의 수준을 재는 척도로 서면투표의 허용여부나 집중투표제의 허용여부, 기존주주의 신주인수권 부여여부 등을 들고 있다. 반면에 LLSV는 기업인수를 저해하는 조항의 존재여부나 poison pill을 비롯한 사적 기업인수방어수단의 사용이 허용되는지 여부는 무시하고 있다.

이처럼 각국의 투자자보호법제의 수준을 비교하는 것은 생각만큼 쉬운 일이 아니다. 그러나 투자자보호라는 면에서 우리 법제가 미국을 비롯한 선진국에 비하여 다소 낙후된 것임은 부정하기 어렵다. 1997년 경제위기 이전 우리 기업지배구조는 여러 측면에서 미국과 차이를 보였다. 우선 소유구조부터 현저한 차이가 있었다. 대부분의 대기업에서 창업자의 가족들이 지배주주로서 의사결정을 좌우하는 것이 보통이었다. 독립적인 이사가 전무한 이사회는 거의 형식에 불과할 수밖에 없었다. 상법상 경영진의 잘못을 견제하는 기구로 감사라는 것이 존재하였지만 실제로 이들은 거의 기능을 하지 못했다. 둘째, 충실의무에 관한 상법규정은 주주대표소송의 제기가 현실적으로 어려웠기 때문에 제대로 발전하거나 활용되지 못했다. 불만 있는 주주는 경영자를 상대로 대표소송을 제기할 수 있으나 그것은 적어도 5% 이상의 주식을 보유하는 경우에만 가능했다. 셋째, 우리나라에는 경영권시장(market for corporate control)이 기능하지 않았기 때문에 지배주주들이 시장의 압력을 거의 받지 않았다.

---

25 Nenova는 이어서 의결권가치를 종속변수로 삼아 OLS회귀분석을 실시하였다. 그녀는 국가더미를 사용하고 다른 설명변수 중에서 배당정책의 차이나 유통시장에서의 차등의결권주식의 유동성을 통제하였다. 더미변수에서의 상관계수(coefficients)를 국가별 평균의결권가치로 파악하면서 Nenova는 한국의 평균의결권가치가 기업가치의 30.9% 내지 33.7%에 달한다고 주장하였다. 반면에 북구대륙법계 국가와 미국은 약 1%라는 가장 낮은 의결권가치를 보였다.

26 John C. Coffee, Jr., The Rise of Dispersed Ownership : The Roles of Law and the State in the Separation of Ownership and Control, 111 Yale L. J. 1, 4 n.6 (2001).

기업지배구조를 개혁하려는 조짐은 이미 1997년 이전에도 찾아볼 수 있었다. 그러나 기존의 기업지배환경을 극적으로 변화시킨 것은 아무래도 1997년 시작된 경제위기라고 할 것이다. 가장 두드러진 변화는 외국인투자자의 급속한 증가라고 할 수 있다. 오늘날 상장법인 발행주식의 30% 이상이 노련하고 까다로운 외국투자자의 수중에 들어 있다. 이들은 주로 소수의 우량기업에 집중투자하고 있다. 또한 이제는 국내기관이나 개인투자자들도 주주가치에 커다란 관심을 보이고 있다. 물론 아직도 상호보유나 피라미드보유 등을 통해서 재벌총수가 그룹 전체에 대한 지배권을 확보하고 있는 것은 사실이다. 그러나 이제는 지배주주들도 다른 주주들로부터의 압력을 완전히 무시할 수 없는 형편이다.

1997년 이후 주주권을 강화하는 일련의 법개정이 행해졌다. 회계와 공시분야에서도 폭넓은 개혁이 이루어졌다. 여기에서 개혁의 내용을 다시 늘어놓을 여유는 없다. 그러나 이러한 개혁이 과연 투자자보호의 수준을 크게 향상시켰는지에 대해서는 의문이 제기되고 있다. 아직 증권시장에서 Korea Discount가 엄존하는 현실을 보면 아직 투자자들의 신뢰를 충분히 얻지 못하고 있는 것 같다. 반면에 개혁의 성과를 후퇴시키려는 재계의 압력은 날로 거세지고 있다. 그 대표적인 예로서 재벌기업의 확장을 억제하는 데 기여해온 공정거래법상 출자총액제한규정은 열띤 논의 끝에 결국 크게 완화되었다. 입법자들의 개혁의지가 급속히 퇴조하고 재계가 일치단결하여 목소리를 높임에 따라 주주권을 강화하는 더 이상의 법개정은 적어도 당분간은 불가능할 것으로 보인다.

Ⅲ. 개혁의 선택지

무한한 정치력의 뒷받침만 있다면 기업지배시스템을 개혁하려는 국가는 여러 가지 방안을 시도할 수 있을 것이다. 그러나 불행히도 정치적인 모멘텀은 무한한 것이 아니다. 앞서 언급한 바와 같이 이미 개혁노력에 대한 재계의 저항은 크게 강화되었다. 눈앞의 경제위기에서 벗어남에 따라 떨어진 개혁의 추진력은 쉽게 회복되기 어렵다. 개혁에 필요한 정치적 자산이 유한하다는 현실을 감안할 때 장기적으로 과연 어떠한 개혁방안이 더 실효적인가를 깊이 성찰할 필요가 있을 것이다.

이제까지 개혁논의에서는 모든 기업에 적용되는 기업지배에 관한 법규정을 변경하는 전통적인 방식이 지배적이었다. 그러나 아래의 1에서 논하는 바와 같이 이러한 하향식 접근방식의 실효성에 대해서는 의문이 없지 않다. 반면에 기업과 투자자 사이에 사적인 계약을 촉진함으로써 시장에서 적절한 투자자보호의 수준을 찾아가도록 허용하는 방안도 생각해 볼 수 있을 것이다. 이에 관해서는 2에서 논하겠지만 현재의 정치경제적 여건하에서는 그러한 급진적인 변화에 대해서 회의적이다. 그 대신 3에서 우리는 규제상의 보호장치에서 선택의 요소를 도입하는 방안을 택할 것을 주장한다.

1. 하향식 정부규제

정부주도로 하향식 기업지배구조개혁을 시도한 것은 한국만이 아니다. 1990년대를 통해서 많은 나라들이 기업지배구조의 개혁에 나섰다. 러시아, 몽골 등의 나라에서는 미국의 법학자들이 그러한 개혁의 전도사 노릇을 수행하기도 했다.[27] 미국의 자본시장과 경제의 성공에는 강력한 투자자보호장치가 적어도 부분적으로 기여했다고 믿는 자들이 많다. 그럼에도 불구하고 과연 미국식 법률을 수입하는 것만으로 다른 나라에서도 비슷한 결과를 거둘 수 있을지는 의문이다. 널리 지적하는 바와 같이 공식적 법규정이란 총체적인 투자자보호장치의 일부에 지나지 않는다. 독립적인 사법부나 규제를 담당하는 관료와 같은 공적인 제도와 투자자보호기능을 수행하는 투자은행과 같은 이른바 명성중개인(reputational intermediary)을 비롯한 사적 제도가

27 예컨대 스탠퍼드법대의 Bernard Black 교수는 우리나라는 물론이고 아르메니아, 인도네시아, 몽골, 러시아, 우크라이나, 월남의 기업지배구조 개혁작업에 참여하였다.

없다면 공식적인 법규정이 존재하더라도 투자자를 실제로 보호할 수 없을 것이다.[28] 또한 법준수를 중시하는 사회규범이나 깨끗한 기업환경의 중요성도 지적되고 있다.

공식적인 법을 개정하는 것만으로는 실무관행을 변화시키는 것이 어렵다는 점은 실증연구에서도 뒷받침되고 있다.[29] 그 대표적인 예가 내부자거래 규제입법이다. 지난 20년간 SEC의 노력의 결과로 많은 나라들이 내부자거래를 처벌하는 입법을 제정하였다.[30] 그러나 내부자거래의 공식적인 금지에도 불구하고 실제로 이 금지조항을 집행한 나라는 거의 없었다. 예컨대 Bhattacharya와 Daouk의 연구에 의하면 1990년 이전에는 34개국이 내부자거래를 금지했음에도 불구하고 실제로 집행에 나선 것은 9개국에 불과하였다.[31] 1998년 말에는 내부자거래를 금지하는 나라가 103개국으로 증가했지만, 실제로 한 번이라도 그 규정이 집행된 나라는 38개국에 불과하였다. 또한 Bhattacharya와 Daouk는 내부자거래규정의 제정이 바로 자기자본비용의 감소를 가져오지는 않는다는 점을 밝혔다. 그들에 의하면 자기자본비용을 감소시키는 요인은 내부자거래법의 제정이 아니라 집행이라는 어려운 작업이다.

국경을 넘은 법이식의 효용에 대해서도 의문이 제기되고 있다. Pistor, Raiser, Gelfer(이하 'PRG')라는 세 학자는 1990년부터 1998년까지 러시아와 동유럽 여러 국가를 비롯한 체제전환 국가들을 모집단으로 삼아 연구하였다.[32] 그들의 연구결과에 의하면 1992년부터 1998년까지 공식적인 소수주주 보호장치는 주로 법제도이식을 통해서 세계표준 이하에서 표준 이상으로

---

28 주식시장을 뒷받침하는 법과 제도에 관해서는 Bernard S. Black, The Legal and Institutional Preconditions for Strong Securities Markets, 48 UCLA L. Rev. 781 (2001) 참조.

29 Bernard S. Black, 앞의 논문, 816-817면.

30 예컨대 Harvey L. Pitt/David B. Hardison, Games Without Frontiers : Trends in the International Response to Insider Trading, 55 Law & Contemp. Probs. 199, 204-206 (1992).

31 Utpal Bhattacharya/Hazem Daouk, The World Price of Insider Trading (forthcoming Journal of Finance, 2002)(http : //papers.ssrn.com/sol3/papers.cfm?abstract_id=200914).

32 Katharina Pistor/Martin Raiser/Stanislaw Gelfer, Law and Finance in Transition Economies (working paper, 2000)(http : //papers.ssrn.com/sol3/papers.cfm?abstract_id=214648).

크게 향상되었다. 그러나 공식적인 법적 보호장치의 증가에 비하여 사유재산을 보호하고 계약을 실현시키는 법제도와 같은 일반적인 법적 환경을 개선하기 위한 조치는 그다지 늘지 않았다.

Berkowitz, Pistor, Richard(이하 'BPR')는 법이 형성되는 경로도 법의 실효성을 결정하는 데 중요한 역할을 한다는 증거를 제시하고 있다.[33] BPR은 LLSV가 대상으로 삼은 49개국을 비계수국[34]과 계수국으로 구분하였다. BPR은 다른 계수국을 통하여 간접적으로 계수된 경우와 강제적인 계수가 행해진 경우에 계수국이 법의 지배를 적용하는 수준이 더 낮다는 증거를 제시하였다.

한국의 경험은 이상의 명제와 잘 부합된다. 예컨대 상법상의 선관주의의무조항은 미국의 충실의무조항처럼 포괄적인 것은 아니지만 40년 전인 1962년에 처음 채택되었다. 그럼에도 불구하고 최근까지 이들 조항은(대표소송제기에 필요한 5% 주식보유요건 등의 이유로) 거의 집행되지 못하였다. 이사회의 운영현실도 그 좋은 예이다. 경제위기 전에는 이사회는 일부 소수의 합작기업이나 공기업을 제외하고는 형식에 불과하였다. 대기업의 경우에도 이사회가 서류상으로만 개최된 것으로 꾸며지는 예가 많았다.

물론 새로운 법규정이 바닥에 깔린 사회규범과 제도에 영향을 주는 일이 많다. 1930년대 미국에서 제정된 연방증권관련법은 SEC를 탄생시켰을 뿐 아니라 기업이 시장에 증권을 발행하고 정보를 공시하는 방식을 극적으로 변화시켰다. 그러나 미국에서는 연방증권관련법의 제정은 1920년의 증권시장의 폭락 직후 행해졌고 폭락은 사기와 주가조작 때문에 비롯되었다는 일반의 믿음이 있었기 때문에 가능했다. Stuart Banner의 주장과 같이 중대한 법적 변화는 스캔들의 결과로 이루어지는 경우가 많다.[35] 스캔들에 힘입은 법

33 Daniel Berkowitz/Katharina Pistor/Jean-Francois Richard, Economic Development, Legality, and the Transplant Effect (Working Paper 1999)(http://papers.ssrn.com/sol3/papers.cfm?abstract_id=183269).

34 미국과 같이 처음에는 법을 계수하였으나 후에 독자적으로 발전시킨 나라들을 포함한다.

35 Stuart Banner, What Causes New Securities Regulation? : 300 Years of Evidence, 75 Wash. U. L. Q. 849, 850 (1997).

개혁이 효과적이기는 하지만, 이처럼 법개혁을 스캔들에 의존하는 것에는 두 가지 문제가 있다. 첫째, 스캔들 직후 입법자들이 과도하게 반응할 공산이 크다.[36] 게다가 일단 개혁이 완성되면 그것이 부적절한 것으로 판명되는 경우에도 그것을 바로잡는 데 수십 년이 소요될 수도 있다. 그 대표적인 예가 은행업과 증권업을 분리하는 Glass-Steagall법이다. 그 법적 장벽은 겨우 최근에야 제거할 수 있었다.[37] 둘째, 스캔들이 터지지 않는 한 개혁이 좀처럼 이루어지기 어렵게 된다. 그러므로 새로운 투자자보호장치를 입법자에게만 의존한다면 스캔들의 여부에 따라 규제가 너무 엄격하거나 너무 미흡하게 될 공산이 크다.

기업지배구조개선에 관한 우리 경험도 스캔들에 의존한 일반적 개혁패턴과 부합된다. 1997년 경제위기 후 수많은 개선조치가 행해졌다. 그러한 개혁으로부터 수년이 경과한 오늘날 더 이상 개혁작업이 일어날 가능성은 그리 높지 않다. 그렇다고 마냥 새로운 위기가 닥칠 것을 기다릴 수도 없다. 규제당국으로서는 투자자에게 유리한 개혁이 지속적으로 일어날 수 있도록 규제가 형성되는 '과정'에 대한 개혁을 검토할 필요가 있다.

2. 사적 계약

공식적 규제가 투자자를 적절히 보호해 주지 못한다면 시장참여자들은 투자자이익을 보호하는 대체적인 장치에 관심을 가질 것이다. 물론 모든 형태의 보호장치가 시장에서 다 채택될 수 있는 것은 아니다. 일부 보호장치는 애당초 비용면에서 효과적이 아닐 수도 있다. 예컨대 회사업무에 관하여 매일 감사를 받도록 한다면 은밀한 자기거래나 사기를 억제할 수 있을 것이다. 그러나 일상감사는 효용에 비해 과도한 비용이 소요되기 때문에 수용하기 어렵다. 그러나 보호장치가 비용면에서 효과적이라면 시장의 참여자들은 그

36 Enron사태 이후에 제정된 Sarbanes-Oxley법에 대해서도 과민반응이라는 비판이 없지 않다.

37 Michael Schroeder, Clinton Signs Financial-Services Bill, But Cautions About Privacy Shortfalls, Wall St. J., Nov. 15, 1999 at A41.

러한 보호장치를 채택할 인센티브가 있다. 투자자가 적절한 보호를 받는다면 매수하는 증권의 대가로 더 많은 자금을 지급할 것이고 기업공개로 인한 창업자는 더 많은 자금을 조달할 수 있기 때문이다.

그렇다면 우리나라에는 어떠한 대체적 장치가 존재하는가? 먼저 생각해 볼 수 있는 것은 기업이 투자자보호를 위해서 계약을 이용하는 방법이다. 예컨대 투자자보호를 위해서 회사가 정관에 특별한 규정을 둘 수 있다. 이사회에 과반수의 사외이사를 두도록 하는 규정이나 지배주주가 관련된 내부거래에 사외이사의 동의를 얻도록 하는 규정 등이 그 예이다. 다만 현행 상법상 회사가 정관규정을 통해서 자신을 구속하는 것이 어느 범위까지 허용되는가에 대해서는 다소 의문이 존재한다.

사적 계약에 의존하지 않고도 투자자를 보호하고자 하는 기업은 투자은행과 같은 명성중개인을 활용할 수도 있다. 물론 투자자는 중개인의 질을 구분할 능력이 없어서 불량한 중개인들이 우량한 중개인의 명성에 무임승차하는 것이 가능할 수도 있다. 거꾸로 무임승차 때문에 우량한 중개인이 양질의 서비스를 위해서 노력하기를 꺼릴 수도 있다.[38] 또한 아직은 우리나라에 그러한 우량한 명성중개인이 얼마나 존재하는지 다소 의문이 있다.

또한 기업들은 투자자를 위해서 자발적으로 공시에 나설 수도 있다. 예컨대 Cisco Systems사는 시장에 대한 수익의 공시를 자발적으로 앞당기기로 결정한 바 있다.[39] 여러 나라의 거래소에 증권을 동시상장하고 있는 회사들, 그중에서도 특히 유럽의 회사들이 자발적으로 정보를 많이 공시하는 경향이 있다는 실증연구가 존재한다.[40]

그렇지만 이러한 사적 계약에는 한계가 있다. 사적인 주체들은 자신의 결정이 자신과 무관한 다른 사람들에게 미치는 외부적 효과를 무시할 수 있

38 Bernard S. Black, 앞의 논문, 787-788면.

39 Cisco Systems Says Sales, Earnings Will Beat Wall Street Estimates, Wall St. J., Feb. 6, 2002.

40 Gary K. Mee/Clare B. Robert/Sidney J. Gray, Factors Influencing Voluntary Annual Report Disclosures By U. S., U. K., and Continental European Multinational Corporations, 26 J. Int'l Bus. Stud. 555 (1995).

다. 예컨대 시장에서 공시하는 정보의 수준을 선택하는 기업은 자신의 공시가 정확한 증권가격을 중요시하는 제3자에게 주는 긍정적 이익을 무시할 수도 있다.[41] 또한 경영자들은 약속한 투자자보호수준을 중도에 변경하는 이른바 "중도의 전환(a 'mid-stream' shift)"을 감행하여 투자자를 배신할 가능성도 있다.[42]

정부는 투자자보호장치의 분야에서 비교우위를 누리고 있다.[43] 예컨대 정부는 형사처벌을 부과할 수 있는 힘이 있다. 규제당국은 규제의 집행면에서도 규모의 경제를 누린다. 그러나 정부가 비교우위를 누린다고 해서 반드시 규제를 강제적으로 부과해야 하는 것은 아니다. 이하에서 보는 바와 같이 정부는 기업이 정부가 정한 규제보다 더 강화된 형태의 규제를 스스로 선택하도록 허용할 수도 있다.

3. 선택범위의 확대 : 기업지배구조특별부의 설치

사적 계약만으로는 사회적으로 바람직한 수준의 투자자보호가 불가능하다면 다른 대안을 모색해야 할 것이다. 그러나 앞서 언급한 바와 같이 하향식 강제적인 규제는 제대로 작동하지 못하는 경우가 많다. 다행히 사적 계약만이 유일한 대안은 아니다. 서로 경쟁하는 여러 규제시스템 중에서 투자자가 선택하는 방안도 생각해 볼 수 있다. 예컨대 미국에서는 회사가 설립준거법을 선택할 수 있다. 주(州)들이 보다 많은 회사의 설립을 유치하기 위하여 경쟁함에 따라 주법의 내용이 투자자에게 유리해진다는, 즉 바꿔 말해서 이른바 '꼭대기를 향한 경주(a race-to-the-top)'가 벌어질 수도 있다는 견해도

---

41 Merritt B. Fox, Securities Disclosure in a Globalizing Market : Who Should Regulate Whom, 95 Mich. L. Rev. 2498, 2562-2569 (1997).

42 예컨대 Jeffrey N. Gordon, The Mandatory Structure of Corporate Law, 89 Colum. L. Rev. 1549, 1573 (1989) ; Lucian Arye Bebchuk, Limiting Contractual Freedom in Corporate Law : The Desirable Constraints on Charter Amendments, 102 Harv. L. Rev. 1820, 1830-1831 (1989) 참조.

43 John C. Coffee, Jr., The Rise of Dispersed Ownership : The Roles of Law and the State in the Separation of Ownership and Control, 111 Yale L. J. 1, 66 (2001).

유력하다.[44] 그럼에도 불구하고 한국의 상황에서 선택의 폭을 너무 크게 확대하는 것은 주의를 요한다. 선택의 폭을 확대하는 것이 미국에서는 좋은 결과를 낳을 수도 있었지만 우리 사정은 다를 수도 있기 때문이다. 우리 투자자들이 투자경험면에서 미국의 투자자들과 대등한 수준에 있다고 보기는 어렵다. 적어도 우리 투자자들은 서로 다른 지배구조를 가진 회사들이 같은 거래소에서 거래되는 것에 대해서는 혼란을 느낄 수도 있다.[45] 상장기업의 지배구조가 각양각색인 경우에는 투자자들이 기업들을 비교하기 곤란할 것이다. 일부 기업은 투자자들의 혼란을 틈타서 지배주주에만 유리한 방향으로 지배구조를 끌고 갈 가능성도 있다.

이처럼 기업지배구조의 개선과 관련하여 우리나라는 현재 딜레마에 봉착하고 있다. 규제간의 경쟁을 추구하는 완전한 선택주의는 적어도 현재로서는 여러 면에서 비현실적이다. 반면에 종전과 같은 하향식 접근방식에 계속 의존할 수도 없다. 더 이상 주주이익을 강화하는 하향식의 개혁이 적어도 가까운 장래에 실현될 가능성은 별로 없는 것 같다. 이러한 사정을 고려한다면 규제시스템 간에 선택의 여지를 다소나마 허용하는 절충방안이 보다 효과적일 수 있을 것이다. 현재로서는 우리 기업이 자발적으로 투자자보호의 수준을 강화하고자 해도 수단이 마땅치 않은 실정이다. 일부 국가들은 자국의 기업이 외국법에 따라 설립하는 것도 허용하고 있지만 한국은 그렇지 않다. 우리 상법상으로는 외국법에 따라 설립된 회사도 한국에 본점이나 주된 영업소가 있는 때에는 상법규정의 적용을 받게 되어 있다(제617조). 이 글에서는 선택의 폭을 확대하여 규제 간 경쟁을 촉진하는 방안으로 수준 높은 기업지배구조를 지향하는 기업들을 위한 별도의 특별부를 거래소(또는 코스닥시장)에 설치하는 방안을 검토하고자 한다.

기업이 스스로 투자자보호의 수준을 다소나마 강화할 수 있는 여지는 우

---

44 예컨대 Roberta Romano, Empowering Investors : A Market Approach to Securities Regulation, 107 Yale L. J. 2359, 2383-2388 (1998) 참조.

45 예컨대 John C. Coffee, Jr., The Future as History : The Prospects for Global Convergence in Corporate Governance and Its Implications, 93 Nw. U. L. Rev. 641, 694 (1999) 참조.

리나라에도 이미 존재한다. 가장 대표적인 것은 투자자보호장치가 잘 발달된 외국거래소에 상장하는 방안이다. 상장을 마친 우리 기업은 외국거래소의 상장규정을 준수해야 한다. 예컨대 뉴욕증권거래소에 상장한 기업은 주주의 수나 거래량에 관한 최소한도의 요건과 수익, 현금흐름, 시장가치에 근거한 다양한 재무상의 기준을 충족해야 한다.[46] 추가로 뉴욕증권거래소는 기업지배구조와 관련된 다양한 요건을 규정하고 있다.[47] 뉴욕증권거래소에 상장한 기업은 사기금지, 강제공시 등을 비롯한 미국의 연방증권관련법의 적용을 받는다.[48] 그러므로 거래소들 중에서도 특히 뉴욕증권거래소에 상장하는 회사는 경영진이 어느 정도 투명성에 대한 의지가 있는 것으로 볼 수 있을 것이다.[49] 실제로 연구결과에 의하면 미국 내 거래소나 나스닥에 상장하는 외국기업은 투자자보호장치가 미약한 나라의 기업이 압도적으로 많다.[50] 또한 미국 내 거래소에 상장하는 외국기업은 그렇지 않은 같은 나라 기업에 비하여 Tobin's q가 보다 높다는 연구도 존재한다.[51] 그러므로 미국의

46 뉴욕증권거래소의 상장규정은 홈페이지에 실려 있다(http://www.nyse.com/listedhome.html).

47 뉴욕증권거래소 상장규정은 감사위원회, 경영진의 주식보유, 사외이사에 관한 규정을 두고 있다. NYSE Listed Company Manual, §301.00 Introduction (1999). 그러나 외국회사들은 자신의 회사지배구조가 설립지법의 법과 거래소규정에 합치된다는 법률사무소의 확인서를 제출하면 그러한 기업지배구조규정의 적용을 면할 수 있다. NYSE Listed Company Manual Sec. 303.00 (2002). 최근에 통과된 Sarbanes-Oxley법은 외국회사에게도 동등한 기업지배구조규정을 적용하게 되어 있는바 구체적으로 SEC나 거래소들이 어떻게 Sarbanes-Oxley법을 실행할지는 아직 분명치 않다.

48 예컨대 John C. Coffee Jr., The Coming Competition Among Securities Markets : What Strategies will Dominate? (SSRN working paper 2001)(http://papers.ssrn.com/sol3/papers.cfm?abstract_id=283822).

49 예컨대 Wimm-Bill-Dann라는 러시아회사는 뉴욕거래소에서 기업공개를 위한 사업설명서에서 일부주주와 이사가 마피아와 관련이 있다는 점을 공시하기도 하였다. Russian Firm Set for IPO Reveals Problems in Past, Wall St. J., Feb 6, 2002, at C15.

50 William A. Reese, Jr./Michael S. Weisbach, Protection of Minority Shareholder Interests, Cross-listings in the United States, and Subsequent Equity Offerings (working paper, 2000)(http://papers. ssrn.com/sol3/papers.cfm? abstract_id=194670).

51 Craig Doidge/G. Andrew Karolyi/Rene M. Stulz, Why are Foreign Firms Listed in the U. S. Worth More?, NBER Working Paper No.8538 (2001) (http://papers.ssrn.com/sol3/papers.cfm?abstract_id=286963).

거래소에 상장하는 것은 우리 법이 채우지 못하는 공백을 메우는 측면도 있는 것이 사실이다.

그러나 외국거래소에 상장하는 방안에는 많은 문제점이 있다. 우선 거래소들이 엄격한 상장규정을 정한 경우에도 외국기업에 대해서는 그 상당부분의 적용을 면제해 주고 있다. 뉴욕증권거래소는 외국기업이 본국의 규정을 준수하고 있는 한 지배구조에 관한 규정의 적용을 면제해 주고 있다.[52] 나아가 SEC는 내국기업과는 달리 외국기업에 대해서는 공시부담을 덜어 주기도 한다.[53] 설사 외국의 증권거래소나 규제당국이 적극적으로 엄격한 투자자보호장치를 가동시킬 의사가 있더라도 그것을 현실적으로 집행하기는 어렵다. 상장기업의 임원이나 자산이 대부분 본국에 존재하는 경우 외국의 거래소와 규제당국이 정보를 확보하여 규제를 집행하기는 어려울 것이다.

외국의 거래소에 상장하는 방안에 비하여 한국증권거래소에 특별부를 설치하는 것은 다음과 같은 이유로 우리 기업과 투자자들에게 더 이익이 될 수 있다. 첫째, 외국의 거래소에 상장하는 데는 거래비용이 많이 소요된다. 외국의 변호사와 회계사에 대한 보수나 번역비용 등을 비롯해서 외국에서의 상장비용은 상당히 높다. 외국 투자자들과는 달리 국내 투자자들은 이미 우리 기업에 대해서 잘 알고 있다. 이처럼 우리 거래소는 외국 거래소에 비하여 홈그라운드 이익을 누린다.[54] 따라서 거래소에 특별부가 설치된다면 양호한 기업지배구조를 위하여 외국 증권거래소를 찾을 필요성은 크게 줄어들 것이다. 둘째, 우리 규제당국과 증권거래소는 투자자보호장치의 집행의 면에서는 멀리 떨어져 있는 외국의 증권거래소보다 한발 앞서 있다고 하지 않을 수 없다. 끝으로 거래소는 특별부의 상장요건을 우리 투자자의 수요에

---

52 NYSE Listed Company Manual, §103.00 Non-U. S. Companies. 보다 상세한 것은 Roberta S. Karmel, The Future of Corporate Governance Listing Requirements, 54 SMU Law Review 325, 333 (2001) 참조.

53 예컨대 SEC는 정기공시를 엄격한 Form 10-K가 아니라 약식의 Form 20-F를 사용하여 행하는 것을 허용한다.

54 미국 내의 설립준거법 선택에 관한 연구에 의하면 회사시설이 존재하는 주의 준거법이 선택되는 경향이 있다고 한다. Lucian Arye Bebchuk and Alma Cohen, Firms' Decisions Where to Incorporate (working paper, 2001)(http://papers.ssrn.com/sol3/papers.cfm?abstract_id=296492).

맞추어 마련할 수 있다는 장점이 있다.

이처럼 높은 수준의 기업지배구조를 지향하는 기업을 위한 특별부를 설치하자는 견해는 반드시 새로운 것은 아니다. 최근 폐지되긴 했지만 독일의 Neuer Markt는 미국의 공정회계원칙과 유사한 공시규정을 채택하는 등 적극적인 투자자보호정책을 취한 지 불과 3년 만에 상장사 수는 2사에서 302사로 폭발적으로 증가하였다.[55] 우선 Neuer Markt는 상장사로 하여금 매분기 2개월 내에 수익을 독일어 및 영어로 보고하고 우선주의 발행을 금지하며, 독일의 기준 대신 보다 엄격한 미국이나 국제회계기준을 적용하도록 하였다. 또한 원래의 주주들은 기업공개 후 6월 동안 보유주식의 매각이 금지되었다.[56] 일부 상장법인의 파산사태와 내부자거래 스캔들이 발생한 후 Neuer Markt에 상장된 우량기업들은 오히려 더 엄격한 상장기준의 적용을 요구하였으나[57] 결국 Neuer Markt 전체에 대한 불신이 확산됨에 따라 최근 폐지되기에 이르렀다. 그러나 수준 높은 기업지배구조를 지향하는 Neuer Markt의 모델 자체가 실패한 것으로 볼 수는 없다. 최근 프랑크푸르트 증권거래소는 우량 기업지배구조를 가진 기업을 위한 특별부를 개설하기로 결정하였다. 또한 암스테르담, 브뤼셀, 파리, 밀라노의 증권거래소는 Neuer Markt의 모델에 따라 엄격한 상장기준을 채택하였다.[58]

Neuer Markt보다 더 관심을 끄는 것은 우량한 지배구조를 갖춘 기업들을 위하여 브라질의 상파울로 거래소가 특별히 창설한 Novo Mercado라는 시장이다. Neuer Markt과 마찬가지로 Novo Mercado도 달리 자금원이 없는 소기업을 대상으로 한다.[59] 대상기업에는 하이테크 벤처기업도 포함된다.

---

55 Vanessa Fuhrmans, Playing By the Rules : How Neuer Markt Gets Respect, Wall St. J., Aug. 21, 2000 at C1.

56 Vanessa Fuhrmans, 앞의 글. 그러한 요건은 독일 증권거래소의 DAX지수에 속하는 기업에는 적용이 없었다.

57 Neal Boudette/Alfred Kueppers, Frustrated Neuer Markt Members Push for Tightening Listing Rules, Wall St. J., July 11, 2001, at C-12.

58 Vanessa Fuhrmans, 앞의 글.

59 Craig Karmin, Brazil Prepares Launch of Market to Encourage Foreign Investment Through Good Governance, Wall St. J., Dec. 12, 2000, at C16.

Novo Mercado는 상장요건으로 소수주주의 엄격한 보호와 미국의 회계기준을 요구한다.[60] 예컨대 Novo Mercado에 상장된 기업들은 의결권주식만 발행해야 하므로 무의결권주식의 발행을 통하여 적은 자본으로 거대기업을 지배할 수 있는 여지는 없다. 상장기업은 소수주주에게 감사회의 위원을 지명할 권리를 주어야 한다. 지배주주는 기업공개 후 6개월간 주식을 처분할 수 없다. 나아가 유동성을 제고하기 위하여 Novo Mercado는 25% 이상의 주식을 상장하도록 하고 있다. 그러나 2002년 11월 현재 Novo Mercado에 상장한 회사는 두 개에 불과하다.[61] 이처럼 상장회사 수가 적은 것은 아무리 기업지배구조의 수준을 높인다 해도 유동성이 낮은 거래소는 상장을 유도하는 데 한계가 있기 때문일 수도 있다.

거래소에서 특별부를 창설하자는 제안은 Neuer Markt나 Novo Mercado의 연장선상에 있는 것으로 볼 수 있다. 특별부의 상장요건에 어떠한 것들을 포함시킬 것인가는 중요하고도 어려운 문제이다. 이에 관하여 자세한 것은 뒤로 미룰 수밖에 없지만 일응 다음과 같은 것을 생각해 볼 수 있을 것이다. 예컨대 미국의 회계기준이나 국제회계기준의 준수, 과반수의 사외이사, 주로(또는 전적으로) 사외이사로 구성된 감사위원회, 보상위원회, 추천위원회, 집중투표제, 보다 강화된 충실의무규정 등을 상장요건에 포함시킬 수 있다. 물론 거래소에서 정하는 이러한 기업지배구조 관련요건들은 상법의 근거가 없는 것이다. 이러한 요건들은 사적자치원칙에 따라 새로운 부에 상장하기를 자발적으로 선택한 기업에 대해서만 적용될 것이다. 그러므로 이러한 기업지배구조 관련사항들을 상법개정을 통해서가 아니라 사적 계약을 통해서 적용한다면 상법을 관장하는 법무부의 협조를 얻을 필요도 없을 것이다.

---

60 보다 상세한 설명에 관해서는 John C. Coffee Jr., Racing Towards the Top? : The Impact of Cross-Listings and Stock Market Competition on International Corporate Governance〔서울대 금융법센터 & 스탠퍼드법대 공동주최 국제회의 "International Conference on Cross-Listing of Emerging Market Companies on Foreign Exchanges" 발표논문 71-74면 참조(Nov. 2002)〕. Novo Mercado의 상장규정은 홈페이지(http://www.novomercadobovespa.com.br/english/nm_reg08052002i.pdf)를 참조.

61 http://www.bovespa.com.br/fra_cialistnmi.htm(2002년 5월 31일 방문).

또한 특별부설치안은 무제한적인 규제상의 경쟁과는 달리 투자자의 혼란을 야기하지 않는 것도 장점이다. 특별부안은 우량한 기업지배구조라는 하나의 선택지를 추가할 뿐이므로 투자자들이 혼란에 빠질 여지는 없다. 투자자는 특별부 상장여부로 기업지배구조의 수준을 쉽게 식별할 수 있기 때문이다. 나아가 추가된 선택지는 투자자보호를 강화하는 것이므로 경영자의 기회주의로 인하여 '바닥을 향한 경주(a race-to-the-bottom)'가 초래될 위험은 없다.

설사 거래소에 특별부가 설치된다 해도 모든 기업이 그곳에 들어오려고 하지는 않을 것이다. 특히 지배주주가 이미 상당한 사적 이익을 향유하고 있는 기존의 기업은—적어도 초기에는—특별부를 외면할 것이다. 기존기업의 지배주주가 강화된 기업지배구조요건을 찾아가는 것은 자신이 누려 온 경영권의 사적 이익을 일부나마 포기하는 셈이기 때문이다. 거액의 외부자금이 소요되는 유망한 프로젝트가 있는 경영자는 자본비용을 낮추기 위하여 스스로 강화된 기업지배구조기준을 선택할 수도 있을 것이다. 그것은 경영권의 사적 이익이 감소되는 것보다 장차 새 프로젝트에서 얻을 이익이 더 큰 경우에 한할 것이다. 그러한 대규모 자금조달의 필요가 없는 기업은 강화된 기준을 택할 인센티브가 없다.

그러나 브라질의 경우와는 달리 우리나라에는 자진해서 특별부의 문을 두드릴 기업도 전혀 없지는 않을 것이다. 예컨대 기업공개를 원하는 기업은 투자자들이 평가하는 보호장치를 제공함으로써 발행가격을 높이고 자금조달액을 늘릴 수 있을 것이다. 또한 기업공개를 원하는 기업 외에도 자발적으로 특별부에 들어오기를 원하는 기업이 있을 수 있다. 예컨대 이미 경영자들이 투자자를 존중하는 문화를 따르고 있어서 사적 이익의 수준이 낮은 기업이라면 스스로 특별부를 선택할 수 있다. 적어도 국민은행 등 다수의 은행, 포스코, KT와 같이 소유와 경영이 분리된 일부 기업은 구태여 특별부를 마다할 이유가 없을 것이다.

만약 특별부가 제대로 정착되면 특별부를 택하지 않은 기존의 상장기업들도 여러 가지 면에서 압력을 받게 될 것이다. 첫째, 투자자들로서는 같은 값이면 특별부에 상장된 주식을 선호할 것이다. 특히 외국투자자들은 보다 신뢰할 만한 투자자보호장치를 제공하는 기업에 투자할 가능성이 더 높다. 주주가치에 민감한 투자자들은 납득할 만한 이유 없이 특별부에 상장하기를 거부하는 기업은 피할 수 있다. 장기적으로 그러한 기업의 유동성은 줄어들고 주가도 떨어질 것이다. 예컨대 최근 한 재벌그룹의 지배주주 일가가 내부적인 주식거래를 통해서 4,600만 달러의 이익을 올렸다는 이유로 외국투자자들이 그룹계열사의 주식을 처분하여 주가가 크게 하락한 일이 있다.[62] 둘째, 특별부로 이동한 기업의 주가가 조금이라도 오르는 것으로 나타나게 되면 다른 상장기업들—특히 외국인투자자 비중이 높은 기업들—도 투자자로부터 특별부로 이동하라는 강한 압력을 받게 될 것이다. 특별부로의 이동이 가속화되면 경제계 전반에 걸쳐 기업지배구조의 실무가 변화하게 될 것이다. 셋째, 이와 같이 주가를 의식하여 특별부로 옮겨 간 기업의 경영자들은 주식가치를 극대화하도록 압력을 받을 것이다. 주식가치를 높이기 위해서는 우선 주식가치극대화에 진력할 진정한 의미의 전문경영자를 채용해야 할 것이다. 이러한 전문경영인에 대한 수요는 국내에 미국식 경영대학원을 설립하는 것보다도 국내 경영자의 의식에 영향을 줄 것이다.[63] 미국식 경영대학원, 투자은행과 법무법인을 비롯한 투자자보호를 중시하는 기관들은 이미 일부 존재하지만 그에 대한 수요는 크게 증가하고 이들의 수도 늘어날 것이다.

재벌그룹의 영향이 두드러진 우리 재계는 다른 기업들이 보다 높은 수준의 기업지배구조로 넘어가는 것도 달가워하지 않을 수 있다. 그러나 특별부 창설안은 기업에 선택지를 추가하는 것일 뿐 원하지 않는 제도를 강제하는 것이 아니기 때문에 그에 대해서 정면으로 반대할 논리를 제시하기는 어려

---

62 Yoo Cheong-Mo, LG Group's Owner Family Draws Bitter Criticisms for Dubious Stock Transactions, Korea Herald, April 26, 2002.

63 예컨대 John C. Coffee, Jr., The Future as History : The Prospects for Global Convergence in Corporate Governance and Its Implications, 93 Nw. U. L. Rev. 696 (1999)(소수주주를 보호하는 법적 장치가 생겨나면 애널리스트, 신용평가기관, 경영전문기자 등 제도적 · 문화적 인프라가 뒤이어 생겨난다고 주장).

울 것이다. 그렇지만 이 제안에 대해서 표면상으로는 적극적으로 반대하지 않더라도 뒤에서는 그러한 실험을 막으려 할 수 있다. 한편 특별부의 설치에서 오는 다양한 이익에도 불구하고 우리 거래소가 정부의 승인 없이 자발적으로 나서기는 어려울 것이다. 국제적인 자본시장에서의 경쟁이 임박하였음에도 불구하고 우리 거래소는 투자자들에 대해서는 독점적 지위를 누리고 있다. 그러한 독점적 지위를 누리는 한 거래소는 변화를 추구할 인센티브가 적다. 새로이 특별부를 창설해 보아야 기존의 상장기업이 부를 변경하는 데 그치는 것이라면 거래소가 구태여 나서서 그러한 변화를 시도할 필요를 느끼지 못할 것이다. 설사 그러한 변화가 장기적으로는 도움이 된다고 해도 현재의 임원들은 자신의 임기 후에야 실현될 새로운 경쟁환경에 대해서 별로 신경을 쓰지 않을 수도 있다. 그러므로 특별부를 창설하고 상장규정을 정함에 있어서는 재경부의 역할이 중요하다. 그러나 다행스런 것은 재경부의 역할이 특별부의 창설시에만 중요하다는 점이다. 특별부를 도입하기 위해서 특별히 대규모의 법개정이 필요한 것은 아니다. 다만 투자자들의 압력이 경영진에 보다 효과적으로 전달될 수 있도록 상장여부와 소속부의 결정을 이사회가 아니라 주주총회에서 결정할 수 있도록 법에 명문의 규정을 두는 방안을 검토할 필요가 있다.

일단 특별부가 규모가 커지고 투자자의 지지를 받게 되면 특별부의 상장기준은 시장의 수요에 따라 변해야 할 것이다. 따라서 거래소가 특별부의 상장요건을 투자자의 수요에 맞추어 지속적으로 발전시켜 나가도록 직접적인 인센티브를 주는 것이 중요하다. 특별부의 거래량이 높아지면 특별부를 운영하는 주체가 그로 인하여 어떠한 형태로든 이익을 볼 수 있어야 한다. 특별부가 거래소에 종속하는 상태를 유지한다면 특별부를 자회사로 만드는 것도 생각해 볼 수 있을 것이다.

우리 거래소가 내부적으로 규제 간 경쟁을 창출하기 위한 노력을 기울이지 않는다 해도 자본시장의 세계화가 진전되면 거래소는 경쟁적인 압력에 직면하게 될 것이다. 우리 투자자들이 뉴욕, 런던 등 다른 자본시장에서 투자할 수 있는 길이 열림에 따라 거래소는 거래량을 유지하기 위해서 더욱 투자자의 관심에 부응할 필요를 느낄 것이다. 한층 높은 수준의 기업지배구조를 갖춘 기업들을 위한 특별부를 신설함으로써 거래소는 사적 이익을 고수하고자 하는 재계의 정치적 반발을 피하면서도 보다 경쟁적인 세계자본시장의 투자자들의 기호를 충족시킬 수 있다.

Ⅳ. 결론

1997년 경제위기 이전에는 한국경제는 여러 부문에서 급속한 성장을 이루었다. 이 과정에서 한국의 정부는 중화학공업을 비롯한 특정 산업에 보조금을 지급하고 자금을 제공하는 등 적극적인 역할을 수행하였다. 시장에 대한 한국정부의 폭넓은 간섭은 결과적으로 많은 재벌그룹을 차입경영으로 유도하였다. 마침내 과중한 채무로 말미암아 재벌기업의 재무상태는 악화되었으며 외환고갈로 인하여 1997년 경제위기를 맞게 되었다.

과거 재벌회사들은 차입금융에 의존한 결과 주식발행을 통한 자금조달의 중요성은 낮았고 따라서 소수주주의 이익은 완전히 무시되는 경우가 많았다. 재벌그룹의 창업자일족은 상호주보유를 통해서 그룹전체를 완전히 지배하였다. 소수주주들은 기본적으로 경영자들의 사적 이익을 견제할 현실적 수단이 없었다. 이처럼 소수주주를 보호하는 장치의 결여로 인하여 새로 창업하는 기업이 주식형태로 자금을 조달하는 것은 한층 어려웠다. 그러나 오늘날에는 재벌회사마저 더 이상 차입금융에만 의존할 수는 없다.

주식시장을 제대로 육성하기 위해서는 투자자보호장치를 잘 갖추어야 할 것이다. 그러나 한 나라의 투자자보호장치를 변화시키는 것은 쉬운 일이 아니다. 앞서 지적한 바와 같이 정부주도의 하향식 개혁이 항상 효과적인 것은 아니다. 또한 변화를 추진하는 동력도 주변상황에 따라 사라질 수 있다. 게다가 그간 경영권의 사적 이익이라는 달콤한 과실에 길들여진 지배주주들이 그것을 쉽게 포기할 리는 없다. 이들은 정치적 의사결정을 자신에 유리한 쪽으로 이끌기 위하여 다방면의 노력을 기울이고 있다. 이러한 상황에서는 모든 회사들을 대상으로 하는 대규모의 개혁을 시도하기보다는 누구도 쉽게 반대하기 어려운 소규모의 변화를 시도하는 것이 더 현실적일 것이다. 현행 제도에서 보다 높은 수준의 투자자보호를 원하는 기업들을 위하여 특별부를 창설하여 변화의 실마리를 제공하자는 것이 우리의 주장이다. 거래소 내에 한층 강화된 투자자보호를 지향하는 새로운 기업지배구조의 모델을 도입함으로써 제한적인 범위에서나마 기업지배구조 간 경쟁을 유도한다면 오히려 하향식 개혁보다 더 효과적으로 변화를 초래할 수 있을 것이다.

『증권법연구』 제3권 제2호(2002. 12), 증권법학회, 277-306면.

* 이 논문은 저자들이 영문으로 발표한 다음의 논문을 대폭 수정한 것이다. Steven J. Choi & Kon Sik Kim, Establishing a New Stock Market for Shareholder Value Oriented Firms in Korea, Chicago Journal of International Law (Fall, 2002) Vol.3.

04 벤처투자와 법적 인프라

I. 머리말

1997년의 경제위기 후 우리 경제계의 가장 괄목할 변화로는 벤처산업의 급성장을 꼽을 수 있을 것이다. 벤처산업의 약진을 보여 주는 지표는 한둘이 아니다. 벤처기업[1]의 수만 하더라도 1998년 5월 현재 304사에서 2000년 2월 현재 6,004사로 약 20배가 증가하였다.[2] 벤처기업주식이 주로 유통되고 있는 코스닥시장의 시가총액은 1997년 말의 약 7조 원에서 2000년 2월 현재 105조원으로 약 15배나 성장하였다. 불과 수년 전만 해도 증권거래소 거래

1 뒤에서 설명하는 「벤처기업육성에 관한 특별조치법(벤처육성법)」상의 네 가지 종류 회사만을 가리킨다.

2 Keun Lee/Sungsoo Kim, Characteristics and Economic Efficiency of the Venture Firms in Korea : Comparison with the Chaebols and other Traditional Firms, 동아시아의 기업지배구조와 구조조정(심포지엄자료 2000), 107면. 중소기업청의 통계에 의하면 2000년 7월 말 현재 벤처기업의 수는 7,735개에 이른다고 한다.

량의 1% 정도에 지나지 않던 코스닥시장의 거래량이 2000년 2월에는 증권거래소를 앞지르기도 하였다. 창업투자회사의 수도 급격히 증가하여 2000년 4월 현재 120개사에 달하고 있다. IMF 경제위기가 시작된 후 우리 경제가 이나마라도 회복된 것은 이러한 벤처붐에 힘입은 바가 적지 않은 것으로 보인다.[3] 이처럼 거의 유례를 찾아볼 수 없이 급격했던 벤처붐은 2000년 상반기부터 눈에 띄게 수그러들고 있다. 2000년 초 300을 넘보던 코스닥지수는 12월 중순 현재 70을 오르내리고 있다. 시장에는 벤처위기설이 꼬리를 잇고 있다. 그렇지만 겨우 걸음마를 시작한 단계인 우리 벤처산업을 이대로 포기할 수는 없다. 벤처산업이야말로 활력을 잃은 우리 경제의 재도약을 이끌 견인차인 동시에 소수 재벌이 과점하고 있는 우리 경제의 균형을 가져올 수 있는 촉발제라고 할 것이기 때문이다.

벤처산업이 국가경제에서 차지하는 중요성에 비하여 그에 대한 학문적 연구는 아직 크게 부족한 실정이다.[4] 특히 벤처산업을 지탱하는 법적 인프라에 대한 연구는 거의 황무지에 가깝다고 해도 과언이 아니다. 그러나 법적·제도적 기초를 정비함이 없이 벤처산업의 꾸준한 성장을 기대할 수는 없다. 이제 우리도 벤처업계, 학계, 정부가 손잡고 효율적이면서도 공정한 법적 인프라를 다져 나가는 작업을 시작해야 할 것이다.

벤처산업은 다양한 법적 측면을 갖는다. 지적재산권법은 물론이고 세제도 중요하다. 그러나 벤처산업의 특징은 아무래도 벤처금융에서 찾아야 하는 것으로 보인다. 이 글에서는 벤처금융의 법적 구조에 초점을 맞추기로 한다. 그러나 벤처금융의 법적 구조를 세밀하게 분석하고 개선방안을 제시하는 것은 결코 한두 편의 글로 마무리할 수 있는 일이 아니다. 이 글은 그러한 본격적인 작업에 앞서서 벤처산업의 법적 인프라를 바라보는 거시적인 관점을 명확히 하는 정도로 그치기로 한다.

---

3 Keun Lee/Sungsoo Kim, 앞의 책, 104면.

4 최근 연구의 예로는 Keun Lee/Sungsoo Kim, 앞의 책 ; 이재희, "벤처기업, 재벌, 한국의 산업정책," 세계자본시대의 한국경제발전의 전략과 전망(한국사회경제학회 공동국제심포지엄, 2000. 6. 22 발표자료), 한국경제발전학회 참조.

II. 벤처산업의 총론적 고찰

1. 기본적인 개념정리 : 벤처기업, 벤처캐피털, 엔젤, 벤처산업

본론에 들어가기 전에 먼저 벤처에 관한 몇 가지 기본용어를 정리하는 것에서부터 출발하기로 하자. '벤처기업'은 우리나라에서는 「벤처기업육성에 관한 특별조치법(이하 벤처육성법)」상의 요건(2조 1항)을 갖춘 중소기업을 가리키는 의미로 사용되고 있다.[5] 그러나 이 글에서는 보다 막연하지만 창업자(entre-preneur 내지 founder)가 새로운 기술이나 아이디어를 사업화하기 위하여 설립한 모험적인 기업의 의미로 사용한다.[6] 따라서 벤처육성법상으로는 벤처기업에 해당하지 않는 신생기업도 이곳에서는 벤처기업에 포함시키기로 한다.

'벤처캐피털'은 벤처기업에 대한 투자, 특히 직접투자를 주된 업무로 삼고 있는 금융전문가를 말한다. 벤처캐피털이 운용하는 자금 내지 펀드를 '벤처펀드'라고 하자. 벤처펀드는 벤처캐피털의 자기자금일 수도 있고 투자자들로부터 모은 자금일 수도 있다. 미국에서는 후자가 압도적인 데 반하여 우리나라에서는 전자의 비중이 크다. 벤처캐피털은 이론상 개인이 할 수 없는 것은 아니다. 실제로 미국의 벤처캐피털은 금융전문가들이 모여 조합형태를 취하는 경우가 많다. 그러나 적어도 우리나라에서는 모두 주식회사형태를 취하고 있다. 우리나라의 벤처캐피털은 크게 「중소기업창업지원법」(이하 '창업지원법')상의 창업투자회사(창투회사)와 「여신전문금융업법」상의 신기술사업금융회사의 두 가지로 나눌 수 있다. 투자전문가인 벤처캐피털에 비하여 벤처기업에 투자하는 전문지식을 갖춘 개인투자자[7]를 따로 엔젤(또

---

5 벤처육성법상의 벤처기업은 다음 중 어느 하나의 기업을 말한다.
① 벤처캐피털이 투자한 기업
② 매출액의 일정비율을 연구개발에 투자한 기업
③ 특허나 국가연구개발사업성과를 제품화한 기업
④ 이상의 기준에 해당하지 않지만 벤처평가기관이 기술성이나 사업성을 인정하는 기업

6 미국에서는 주로 신생기업(start-up company)이라는 용어가 사용되고 있다.

7 엔젤은 주로 개인이지만 법인이라고 해서 엔젤이 되지 못한다는 법은 없다.

는 엔젤투자자)이라고 부른다. 엔젤은 개인적으로 투자하는 경우도 있지만, 엔젤클럽이나 엔젤투자조합 같은 엔젤조직을 이용하는 경우도 늘고 있다. 일반적으로 엔젤은 벤처캐피털보다 초기단계에 투자하는 것으로 되어 있다. 그러나 초기단계부터 참여하는 벤처캐피털이 적지 않기 때문에 이제 양자를 기능상으로는 뚜렷하게 구별하기 어렵다. 끝으로 '벤처산업'은 특별히 정의되고 있지 않지만 대체로 벤처캐피털과 벤처기업을 아울러 가리키는 의미로 사용되고 있다.

2. 벤처기업의 자금조달

벤처기업은 잠재적 수익성이 높은 만큼이나 투자위험도 높다. 따라서 벤처기업에 대한 투자는 성숙기에 접어든 일반기업에 대한 투자와 다를 수밖에 없다. 벤처기업에 대한 금융, 즉 벤처금융에서 핵심적인 역할을 맡는 것은 벤처캐피털이다. 벤처캐피털의 역할을 검토하기 전에 먼저 벤처기업의 자금조달에 관해서 간단히 살펴보자.

벤처기업에 대한 자금제공은 반드시 벤처캐피털만이 담당하고 있는 것은 아니다. 무릇 벤처기업의 자금소요는 기술의 사업화가 진행됨에 따라 늘어가게 마련이다. 첨단기술을 이용한 시제품을 만들어서 테스트하고 대량생산과 마케팅에 나서기까지 시간의 경과에 따라 필요한 자금의 규모는 점차 증대된다. 미국에서는 이러한 자금의 조달이 일회적이 아니라 단계적으로 이루어지고 있다. 벤처기업에 자금을 제공하는 투자자는 벤처기업의 성장단계에 따라 차이가 있다. 창업자가 기술이나 아이디어만을 가지고 창업에 나서는 단계에서는 외부자금을 구하는 것이 용이하지 않다. 벤처캐피털이 발달하였다는 미국에서도 창업자금(seed money)은 자신의 저축이나 가족의 도움에 의존하는 것이 보통이다.[8] 창업초기단계에서 부족한 자금은 엔젤에 의존

8 이미 수차례 성공한 경력이 있는 창업자라면 창업단계에서부터 개인자금에 의존하지 않고 벤처캐피털의 도움을 받을 수 있겠지만 그러한 경우는 어디까지나 예외적이다.

하게 된다. 창업초기단계부터 벤처캐피털이 참여하는 경우도 없지 않지만, 사업의 성공가능성이 어느 정도 확신할 수 있는 단계에 이르러서야 비로소 투자하는 것이 일반적이다. 벤처캐피털에 따라 위험선호도에는 차이가 있다. 보다 고수익을 노리고 초기단계에 투자하는 벤처캐피털이 있는가 하면 기업공개가 임박한 단계에서 투자하는 벤처캐피털도 있다. 은행과 같은 보수적인 금융기관은 벤처기업이 안정단계에 들어서기 전까지는 자금을 제공하지 않는 것이 보통이다. 벤처기업이 기술의 사업화를 성공시키기까지 넘어야 할 단계는 많다. 한 단계에서 다음 단계에 이르지 못한 기업은 살아남을 수 없다. 따라서 초기단계의 투자자일수록 투자금액을 회수하지 못할 가능성이 높다. 반면에 시간이 경과할수록 투자자가 지급해야 하는 주식가격은 높아진다. 따라서 벤처기업이 성공을 거두는 경우에는 일찍 투자한 투자자일수록 높은 투자수익을 올리게 된다. '고위험 · 고수익' 원칙은 여기서도 적용되는 것이다.

3. 벤처금융과 벤처캐피털

벤처금융도 자금여유주체로부터 자금부족주체로 자금이 융통된다는 점에서는 일반금융과 차이가 없다. 그러나 벤처금융에서 자금을 원하는 기업은 새로운 기술이나 아이디어의 사업화를 통하여 고수익을 노리는 기업이라는 점이 차이가 있다. 자금을 제공하는 투자자와 자금을 필요로 하는 벤처기업 사이에는 엄청난 정보의 격차가 존재한다. 일반금융기관은 이러한 정보격차를 해결하거나 투자의 위험성을 소화하기가 적합치 않다. 그리하여 벤처금융중개의 전문기관으로 새로이 등장한 것이 바로 벤처캐피털이다.

벤처기업에서는 창업자가 확보한 기술의 가치와 아울러 창업자의 능력과 신뢰성이 상대적으로 훨씬 중요하다.[9] 이러한 요소를 제대로 평가하기 위해

9 우리 벤처캐피털도 창업자의 능력과 신용을 투자결정의 가장 중요한 기준으로 삼고 있다. 중소기업청, 벤처백서, 2000, 105면.

벤처캐피털은 벤처기업에 훨씬 더 밀착할 필요가 있다. 또한 벤처기업에서 필요한 것은 단순히 자금만이 아니다. 창업자는 기술에만 정통할 뿐 기업경영에 필요한 지식과 경험을 갖추지 못한 경우가 많다. 미국의 벤처캐피털은 단순히 자금만을 제공하는 데 그치는 것이 아니라 자신의 전문지식이나 네트워크를 이용해서 창업자를 지원하고 있다. 예컨대 마케팅, 회계, 재무, 인사관리 등에 관하여 조언을 하거나 필요한 전문가를 파견 내지 소개하는 등 단순한 투자자가 아니라 일종의 동업자로서 역할을 수행하고 있다.

4. 벤처금융의 세 단계

앞서 살펴본 바와 같이 벤처금융의 중심에는 벤처캐피털이 자리잡고 있다. 벤처캐피털이 주도하는 벤처금융은 다음의 세 단계로 이루어지고 있다.[10] 첫 번째 단계는 벤처캐피털이 벤처펀드를 조성하는 단계이다(자금조성단계). 벤처펀드는 벤처캐피털이 자기자금이나 투자자들로부터 모은 자금으로 조성한다. 벤처캐피털을 통한 투자자의 벤처투자는 기능상으로는 투자신탁이나 뮤추얼펀드에 대한 투자와 차이가 없다. 다만 법률적으로 중소기업창업투자조합의 조합원이 되는 형태를 취한다는 점이 다를 뿐이다.[11] 두 번째 단계는 벤처캐피털이 투자자로부터 모은 자금을 벤처기업에 투자하는 단계이다(투자단계). 투자는 주로 벤처회사가 발행하는 신주[12]를 인수하는 형태로 이루어진다.[13] 세 번째 단계는 벤처캐피털이 벤처기업에 투자한 자금을 회수하는 단계이다(회수단계). 회수는 주로 벤처기업의 기업공개[14]를

---

10 이처럼 벤처금융을 세 단계로 나누어 설명하는 대표적인 저술로는 Paul Gompers/Josh Lerner, The Venture Capital Cycle (1999).

11 미국에서는 최근 펀드를 조합이 아니라 이른바 Limited Liability Company(LLC)로 구성하는 경우가 늘고 있다.

12 미국에서는 보통 전환우선주식이 이용되고 있다.

13 창업자가 벤처회사를 설립할 때부터 참여하는 경우도 없지는 않다.

14 우리나라에서는 기업공개는 엄밀히 말해서 거래소에 상장하기 위한 공모만을 가리키나, 이곳에서는 코스닥시장의 등록을 위한 공모도 포함하는 의미로 사용하기로 한다. 실제로 벤처기업의 기업공개는 거의 코스닥등록의 형태로 이루어지고 있다.

통하여 행해진다. 벤처캐피털은 증권시장에서 보유주식을 매각함으로써 자금을 회수하는 것이다. 기업공개를 하는 대신 회사를 대기업에 매각하는 방식(이른바 M&A방식)을 통해 회수하는 것도 가능하다. 이상의 세 단계 중 어느 하나라도 제대로 작동하지 않는다면 벤처산업은 원만히 성장하기 어렵다. 각 단계의 원활한 작동을 뒷받침하는 핵심 요소가 바로 법적 인프라라고 할 수 있다. 이하에서는 벤처금융의 법적 인프라를 검토하기 전에 벤처산업 발전을 뒷받침하는 비법률적 요인에 대해서 간단히 살펴보기로 한다.

Ⅲ. 벤처산업발전을 뒷받침하는 비법률적 요인

벤처산업은 벤처기업과 벤처캐피털로 구성된다. 벤처캐피털은 펀드매니저와 같은 인적요소와 자금이라는 물적 요소를 모두 포함하는 의미로 파악할 수 있다. 그러나 이 글에서는 일단 자금을 분리하여 별도로 다루기로 한다. 그렇다면 벤처기업, 벤처캐피털, 자금을 벤처산업을 구성하는 세 요소로 부를 수 있을 것이다. 당연한 일이지만 이들 세 가지 중 어느 하나라도 부족하면 벤처산업은 위축될 수밖에 없다. 이하 이들 세 요소를 차례로 살펴보기로 한다.

1. 벤처기업과 창업자

(1) 창업의 기본공식

벤처기업의 원동력이 되는 것은 창업 아이디어가 있는 창업자이다. 사회에 아무리 풍부한 자금이 존재하더라도 창업의지를 가진 인재, 즉 기업가(entrepreneur)가 없다면 벤처산업은 생겨날 수 없을 것이다.[15] 기업가가 창업

15 일본이나 독일에서 벤처산업이 미국에 비하여 덜 활발한 것은 자금이 부족해서라기보다는 창업의지를 가진 인재들이 부족해서였다고 할 수 있을 것이다.

을 하는 동기는 여러 가지가 있을 수 있다. 자기가 간직해 온 사업아이디어를 실현하고자 하는 욕구나 대기업에서 남을 위해서 일하는 것이 아니라 독립적으로 자기 사업을 하고 싶은 욕구는 물론 중요하다. 그러나 창업자도 사람인 이상 돈을 벌고자 하는 욕구, 그것도 빨리 크게 벌고자 하는 욕구가 가장 큰 동인이라고 할 수 있다. 원론적으로 다른 사정이 동일하다면 창업자의 창업의지는 창업으로 인한 기대이익의 크기에 비례할 것이다. 창업으로 인한 기대이익은 다음과 같은 공식으로 표시할 수 있다.[16]

기대이익=〔① 성공시 기대이익×② 성공가능성〕-〔③ 실패시 비용×④ 실패가능성〕

위의 공식에서 ①과 ②가 클수록 창업은 늘고, ③과 ④가 클수록 창업은 감소할 것이다. 또한 위 공식에서 비록 기대이익이 높더라도 실패시의 비용이 너무 크다면 여간 용감한 사람이 아니고는 창업을 꺼리게 될 것이다.[17] 따라서 벤처산업을 발전시키려면 ①, ②는 높이고 ③, ④는 낮추는 방향으로 노력을 기울여야 할 것이다.

(2) 성공시 기대이익

창업자가 자신이 창업한 벤처기업의 성공에서 얻는 이익은 경제적인 것과 비경제적인 것으로 나눌 수 있다. 비경제적인 이익이란, 자신의 꿈을 실현하는 것에서 오는 정신적인 만족과 보람을 말한다. 동서고금을 막론하고 이러한 꿈을 이루고자 하는 욕구는 젊은이들을 움직여 온 강력한 동인이라

16 이하의 서술은 Eric C. Sibbitt, Law, Venture Capital, and Entrepreneurism in Japan : A Microeconomic Perspective on the Impact of Law on the Generation and Financing of Venture Businesses, 13 Connecticut Journal of International Law 61 (1998), p.61 이하에서 커다란 시사를 받았다.

17 미국에서는 모험정신을 높이 평가하는 문화가 벤처산업의 진흥에 기여한 것으로 알려지고 있다. 과연 우리나라 사람들이 위험선호도가 얼마나 큰 것인지는 객관화하기 어렵다.

고 할 수 있다.[18] 그렇지만 역시 어느 사회에서나 중요한 것은 돈이다. 벤처기업이 성공하면 창업자는 엄청난 부를 거머쥘 수 있다. 창업자가 그러한 부를 실현하는 방법은 주로 다음 두 가지이다. ① 증권시장에서의 기업공개, 그리고 ② 기업양도. 이러한 이익실현수단이 발달하지 못한 경우에는 창업의욕이 위축될 수밖에 없다. 현재 우리나라에서는 ②보다는 ①의 방식이 주로 이용되고 있다. 사실 최근 벤처산업의 급성장은 코스닥시장의 개설로 인하여 벤처기업의 공개가 가능해진 것과 무관하지 않다. 이러한 이익실현방안은 모두 법적 인프라와 밀접한 관련을 맺고 있다. 이에 대해서는 뒤에 다시 살펴보기로 한다.

(3) 성공가능성

아무리 기대이익이 크더라도 성공가능성이 낮다면 선뜻 창업에 나서기 어려울 것이다. 과거에는 아무리 좋은 기술과 아이디어를 가졌다 하더라도 벤처기업의 길은 험난하기만 했다. 어느 기업이나 성공하기 위해서는 인력과 자금이 필요하다. 그러나 종래에는 중소기업은 인력과 자금 면에서 엄청난 어려움을 겪었다. 우수한 인재는 재벌기업들이 싹쓸이하다시피 하였다. 자금을 가진 금융기관들도 같은 값이면 부도위험이 낮은 대기업을 상대하고자 하는 경향이 강했다. 그러나 최근 경제위기를 거치면서 이러한 사정은 크게 변화하였다. 과거에는 평생직장이란 인식을 갖고 있어 당장에는 조금 고달프더라도 장차 얻을 수 있는 이익을 고려하여 참아 나가는 직장인이 많았다. 그러나 경제위기를 계기로 몰아친 구조조정의 여파로 수많은 선배, 동료들이 아무런 잘못 없이 평생직장에서 밀려나는 사태를 체험하고서는 이제 더 이상 종신고용에 대한 환상을 버리게 된 것이다. 그리하여 최근에는 자신의 인생을 자신이 개척한다는 각오로 모험을 선택하는 젊은이들이 부

---

18 다만 사회의 가치관이 자신의 아이디어를 실현하는 사람보다 높은 직위에 오르는 사람을 높이 평가하는 사회에서는 벤처산업이 발전하기 어려울 것이다.

쩍 늘게 되었다. 재벌기업에서 벤처기업으로의 인력이동은 바로 그러한 현상의 한 예에 지나지 않는다.[19] 간섭과 규율을 혐오하는 이들 젊은이들을 끌어들이는 데는 자유로운 직장분위기에 못지않게 스톡옵션이라는 달콤한 유혹도 한몫 하였을 것임은 분명하다.[20]

고위험 · 고수익을 노리는 자금이 늘어난 것도 벤처기업을 떠받치는 힘이 되고 있으나, 이에 관해서는 뒤에서 다시 언급하기로 한다. 오히려 이곳에서 강조할 것은 최근 전 세계적으로 진행되고 있는 정보처리 및 통신기술의 혁명적 변화라고 할 것이다. 과거 제조업중심의 시대에는 자금과 인력이 뒤처지는 중소기업이 승부를 걸 수 있는 업종은 많지 않았다. 그러나 정보산업의 비중이 높아가고 있는 오늘날에는 소규모의 자본과 인력으로 덤벼들 수 있는 사업분야가 크게 늘고 있다. 휼렛패커드, 애플, 마이크로소프트, 시스코시스템 등 구멍가게수준의 기업에서 세계 굴지의 기업으로 성장한 사례는 하나 둘이 아니다. 기술변혁의 시대에는 기존의 기술과 무관한 새로운 기술을 개발하는 데는 인력과 자금의 규모보다는 오히려 적절한 인센티브구조가 더 중요할 수도 있는 것이다.

(4) 실패시의 비용

벤처는 문자 그대로 실패위험이 큰 사업이다. 하루에도 수십, 수백 개씩 생겨나는 벤처기업 중에서 장기적으로 살아남는 기업은 손꼽을 정도에 불과하다. 나머지는 모두 조만간 꿈을 접고 무대 뒤로 사라져야 하는 운명을 맞는다. 이처럼 실패한 창업자와 종업원의 장래는 어떻게 되는가? 이들이 과거의 실패를 딛고 재기할 수 있는 길이 열려 있는지 여부, 가족의 최저생활이 보장되는지 여부 등은 실패시에 겪을 불이익을 측정할 때 고려할 중요한 요소이다. 이런 실패시의 불이익은 고용시장의 유동성, 사회복지제도의

19 과거에는 선망의 대상이던 고급공무원, 언론인 등이 벤처기업을 향하는 예도 적지 않다.

20 스톡옵션은 급속히 확산되고 있지만 1999년 현재 실시하고 있는 회사의 비율은 8.1%에 지나지 않는다. 중소기업청, 앞의 책, 51면.

충실도, 실패한 창업자와 직원을 바라보는 사회의 시각, 여성의 취업기회 등 여러 요소에 의하여 좌우될 것이다. 벤처산업의 선두주자인 미국에서는 이러한 요소들을 고려할 때 실패시의 비용이 우리나라에서보다는 낮은 것이 아닌가 여겨진다.[21]

2. 자금

벤처투자는 위험성이 높다. 따라서 벤처투자자금은 전부 잃어버리더라도 커다란 부담이 되지 않는 자금이어야 한다. 벤처산업이 발달하기 위해서는 고위험 · 고수익을 원하는 여유자금이 풍부하게 존재해야 한다. 이제껏 우리나라에서는 기본적으로 여유자금 자체가 상당히 제한되었다. 안정된 대기업에 투자할 자금도 모자란 판에 모험적인 신생기업에 투자할 자금이 남아 있을 리 없었다. 반면 미국의 벤처산업은 자금면에서 비교할 수 없는 유리한 입지를 누리고 있다. 벤처기업에 대한 투자의 주된 자금원은 연금기금(pension fund), 대학과 같은 기관의 기금, 부유한 개인투자자이다. 그러나 미국에서도 벤처산업에 투입되고 있는 자금의 규모는 엄청나지만 국민의 전체투자자금에서 차지하는 비율은 극히 일부에 지나지 않는다.

우리나라에서는 아직도 그러한 의미의 여유자금은 그다지 많지 않다. 그렇다면 이러한 자금부족의 문제를 어떻게 타개해 나갈 것인가? 자금부족을 해소하는 방안으로는 몇 가지를 생각해 볼 수 있다. 첫째, 투자자의 투기에 의존하는 방안이다. 1999년 말부터 시작된 벤처투자붐은 상당부분 이러한 투기적 투자에 힘입은 것으로 보인다. 우리나라에서는 투자자금의 상당부분이 단기의 투기성자금으로 알려지고 있다. 과거 우리 투자자들은 주식과 부동산 등을 오가며 투기적인 행태를 보여 왔다. 최근 경제위기시에 일시적으로 30%를 넘는 고금리를 맛본 투자자들은 이제 연 10%에도 못 미치는 금융

21 우리나라에서는 아직 가족 간의 유대가 비교적 강하기 때문에 실패시 형제자매의 도움을 기대할 수 있지만 이것도 얼마나 지속될 수 있을지 의문이다.

상품 따위에는 도저히 만족할 수 없게 되어 버렸다. 물론 1999년의 벤처붐을 순전히 이들 투기성자금 탓으로만 돌릴 수는 없다. 그러나 벤처투자가 단기성자금으로 이루어지다 보니 아무래도 투자대상기업의 내실보다는 시장상황에 지나치게 좌우되는 경향이 있고 '묻지 마 투자'와 '묻지 마 처분'이 반복되는 양상을 띠게 되는 것이다.

벤처산업의 자금난을 해결하기 위한 두 번째 방안은 기관투자자가 참여할 수 있는 폭을 넓히는 것이다. 이미 우리나라에서도 금융기관에 의한 벤처기업투자는 상당히 이루어지고 있다. 그러나 연 · 기금에 의한 투자에 대한 법적 제한은 풀렸으나 현실적으로 투자가 이루어지지 않고 있다.[22] 물론 안정성을 중시해야 하는 연 · 기금 성격상 고위험의 벤처투자에 대해 신중한 자세를 취하는 것은 이해할 수 있다. 그러나 연 · 기금 중 일부(예컨대 5%)를 벤처투자에 돌린다고 해서 기금운용의 안정성이 크게 손상되는 것은 아닐 것이다. 현재 연 · 기금규모는 약 200조 원에 달하는 것으로 알려져 있으므로 5%의 투자만 허용되어도 약 10조 원의 투자가 가능해진다.[23] 연 · 기금 같은 장기자금의 비율이 높아지면 벤처기업에 대한 자금공급이 기업의 내실에 기초하여 보다 안정적으로 공급될 수 있을 것이다.

세 번째 방안은 외국자금의 참여를 확대하는 것이다. 이미 상당수의 벤처기업이 실리콘밸리에 진출하여 현지의 벤처캐피털로부터 자금을 조달하고 있다. 또한 비록 소수이기는 하지만 외국의 벤처캐피털이 우리나라에 진출하여 벤처투자를 수행하는 예도 있다. 벤처기업이 궁극적으로는 세계시장을 목표로 해야 한다는 점을 고려하면, 일찍부터 외국의 벤처캐피털을 통해서 세계수준의 안목을 접할 필요가 있다.

---

22 국민연금법(83조 2항 7호), 공무원연금법(74조 2항), 사립학교교원연금법(53조의3 2항), 기금관리기본법(3조 3항)은 모두 벤처기업이나 벤처캐피털에 대한 투자를 허용하지 않고 있으나 벤처육성법(4조 1항)은 10%의 범위 내에서 투자를 허용하고 있다.

23 한정화, "연 · 기금 벤처투자는 상생의 길," 매일경제신문, 2000. 9. 20.

3. 벤처캐피털

기술을 지닌 창업자가 있고 여유자금을 지닌 투자자가 있다고 해서 바로 벤처투자가 활발하게 이루어질 수 있는 것은 아니다. 벤처기업과 투자자 사이를 이어 주는 중개기관이 바로 벤처캐피털이다. 벤처캐피털은 투자자로부터 모은 자금을 다수의 벤처기업에 분산투자하고 나중에 그 투자성과를 투자자에게 다시 배분해 준다는 점에서 일반적인 투자신탁이나 뮤추얼펀드와 유사하다.[24] 그렇지만 벤처캐피털은 투자대상기업과의 밀착성면에서 투신사와는 큰 차이가 있다. 상장기업의 경우와는 달리 벤처기업에 관한 정보는 직접 벤처기업을 방문해서만 획득할 수 있다. 특히 벤처기업의 가치는 대차대조표상의 자산이나 손익계산서상의 영업이익보다는 보유기술의 미래가치에 크게 의존한다. 기술의 성공가능성은 창업자와 핵심기술인력의 능력, 성실성, 신용에 크게 좌우된다. 이러한 정보는 서류만으로는 제대로 파악할 수 없다.

벤처캐피털과 벤처기업 사이의 밀착성은 투자결정시까지만 유지되는 것이 아니다. 미국에서는 벤처캐피털이 일단 투자를 하고 나서도 벤처기업과 밀접한 관계를 유지하는 것이 일반적이다. 벤처기업의 성공에는 기술뿐 아니라 마케팅이 결정적으로 중요하다. 또한 기업조직이 확대되면 조직관리에도 신경을 써야 한다. 그러나 창업자가 이러한 다방면에 모두 능한 것은 아니다. 벤처캐피털은 창업자가 갖지 못한 능력을 보충해 주고 자신의 네트워크를 이용하여 경영전문가를 영입하는 것을 돕는다. 미국의 벤처캐피털은 또한 자신의 투자이익을 보호하기 위하여 벤처기업의 의사결정을 통제할 수 있는 수단을 확보하고 있다. 투자대상기업의 이사회에 대표를 파견하는 것은 물론이고, 최악의 경우에는 벤처기업의 경영자를 교체할 수 있는 막강한 권한을 지니고 있다. 이처럼 벤처캐피털은 투자 전에는 물론이고 투자 후

24 우리 벤처캐피털은 자기자금에 대한 의존도가 높으므로 이 말이 완전히 들어맞는 것은 아니다.

에도 일반금융기관보다는 훨씬 근거리에서 벤처기업과 관계를 유지하게 된다. 미국에서 벤처캐피털과 벤처기업이 지역적으로 밀집하여 존재하는 것은 이러한 벤처투자의 특성에서 비롯된 것이라고 할 수 있다.

미국에서와는 달리 우리나라에서는 벤처캐피털이 금융기관적인 행태를 보이는 경향이 강하다. 금융기관이나 심지어 사채업자에 의하여 설립된 벤처캐피털이 많아서인지 실제로 벤처기업에 자금을 제공하는 것에서 한 걸음 나아가 경영지원활동을 수행하는 경우는 많지 않다고 한다. 벤처캐피털이 이처럼 경영지원에 소극적인 이유로는 몇 가지를 생각해 볼 수 있다. 첫째, 우리 벤처캐피털의 역사가 일천하여 경영지원능력을 갖춘 펀드매니저가 절대적으로 부족하다는 점을 들 수 있을 것이다. 미국에서는 대기업이나 벤처기업에서 일한 경험이 있는 퇴직자가 벤처캐피털의 펀드매니저로 일하는 예가 많다. 이들이 경험이 없는 창업자를 돕는 것은 자연스런 일이다. 그러나 아직 우리나라의 벤처캐피털은 벤처기업의 경영에 관여할 인력을 충분히 갖추지 못하고 있다. 둘째, 벤처캐피털의 투자가 장기적이 아니라 단기적이라는 점도 경영지원의 인센티브를 약화시키는 요인이 될 수 있을 것이다. 셋째, 기본적으로 벤처캐피털을 동업자라기보다는 '외부인'으로 보고 벤처캐피털의 경영관여에 거부감을 보이는 벤처기업의 시각도 한몫을 하고 있는 것으로 보인다.

IV. 벤처투자의 법적 구조

1. 서설

앞서 설명한 바와 같이 현재 우리나라에서는 벤처산업이 발돋움하기에 필요한 세 요소—즉 창업의지를 가진 창업자, 투자자의 자금, 자금을 운용하는 벤처캐피털—가 미흡하나마 어느 정도는 존재한다. 벤처기업에 대한 투자는 앞서 언급한 바와 같이 자금조성단계, 투자단계, 회수단계의 세 단계로 이루어진다. 이들 중 어느 한 단계라도 원활하게 진행되지 못하면 벤처산업은 위축될 수밖에 없다. 벤처금융의 이러한 세 단계는 모두 법적 인프라와 밀접한 관련을 맺고 있다. 각 단계에서 발생하는 각종의 법적 문제를 파악하여 그에 대한 합리적 해결책을 강구하는 것은 우리 법률가들이 감당해야 할 중대하고도 시급한 과제이지만 이 글의 범위를 넘는다. 이 글에서는 세 단계에서 발생하는 주된 문제점만을 간단하게 살펴보기로 한다.

2. 자금조성단계

(1) 중소기업창업투자조합에서의 대리문제

벤처캐피털은 자기자금을 직접 투자하기도 하지만 투자자로부터 조성한 자금과 자기자금으로 펀드를 만들어 투자하기도 한다. 미국과 달리 우리나라에서는 아직 벤처캐피털의 자기자금이 차지하는 비중이 높다. 벤처투자가 활성화되기 위해서는 벤처캐피털이 투자자로부터 자금을 원활하게 조달할 수 있어야 하는 것은 물론이다. 이곳에서는 벤처캐피털이 투자자로부터 자금을 조달하는 경우를 중심으로 설명하기로 한다.

우리나라에서 가장 일반적인 펀드형태는 창업지원법상의 중소기업창업투자조합(이하 '창투조합')이다. 창투조합은 벤처캐피털인 창투회사와 일반투자자로 구성된다. 벤처캐피털은 업무집행조합원으로 창투조합의 운영을 맡는다. 일반조합에서와 달리 벤처캐피털 이외의 투자자들은 조합채무에 대해서 책임을 지지 않는 유한책임조합원이 된다. 창투조합에 대해서는 달리 규정이 없는 한 민법상의 조합에 관한 규정이 준용된다(창업지원법 18조). 일반적인 조합에서는 조합원의 이해관계가 크기 때문에 조합원이 일상적인 운영은 맡지 않더라도 조합의 운영에 관심을 갖는 것이 보통이다. 그러나 창투조합에서는 조합원이 투자자이기 때문에 조합운영에 관심을 갖지 않는 것이 보통이다. 이러한 상황에서는 당연히 업무집행조합원인 벤처캐피털과 일반조합원인 투자자 사이에 이른바 대리문제가 발생한다. 즉 벤처캐피털이 투자자들의 이익을 희생시키며 자신의 이익을 추구할 가능성이 있는 것이다. 창업지원법은 벤처캐피털의 권한남용을 막기 위해 몇 가지 규정을 두고 있다. 예컨대 업무집행조합원은 자금차입이나 담보제공 등의 행위를 해서는 아니되며(법 12조 2항 1호), 탈퇴도 제한된다(법 13조). 창업지원법 시행령 및 중소기업청장이 정하는 「중소기업창업 지원업무운용규정」도 업무집행조합원의 행동을 제약하는 보다 상세한 규정을 두고 있다. 그러나 그러한 대리비용을 줄이기 위한 주된 수단은 아무래도 조합원 사이에 체결되는 조합규약이라고 할 것이다.

(2) 대리문제를 완화하는 요인

창투조합에서의 대리문제를 완화하는 것은 반드시 조합규약만이 아니다. 이곳에서는 조합규약의 내용을 검토하기에 앞서 조합규약과는 별도로 대리문제를 감소시키는 세 가지 요인에 대해서 살펴보기로 한다.

첫째, 창투조합에 대한 벤처캐피털의 자기자금제공은 창투조합에서의 대리문제를 완화시키는 데 다소나마 도움이 된다. 얼마 전까지만 해도 우리나라에서는 벤처캐피털은 자신이 운영하는 창투조합의 지분을 10% 이상 취득하게 되어 있었다.[25] 미국에서는 벤처캐피털이 자기자금을 1% 투자하는 것에 비하면 우리의 10%는 엄청나게 높은 것이다. 벤처캐피털의 자기자금비율이 높으면 높을수록 벤처캐피털이 창투조합의 성패에 관심을 더 갖게 될 것은 당연하다. 그러나 이처럼 벤처캐피털의 자기자금투자를 강제하는 것도 문제가 없는 것은 아니다. 자기자금투자가 강제되는 경우에는 벤처캐피털이 자기자금을 소진한 경우에는 더 이상 투자가 불가능해진다는 문제점이 있다.

둘째, 보다 중요한 것은 벤처캐피털의 보상체계라고 할 수 있다. 벤처캐피

25 최근 이 비율은 5%로 인하되었으나(창업지원법 시행령 11조 1항 4호) 아직 창투회사들은 종전과 같이 지분참여를 하고 있다고 한다.

털의 보수는 관리보수와 성과보수로 구분된다. 벤처캐피털은 창투조합을 운용하는 대가로 소정의 관리보수(대체로 투자금액의 3%)를 받는 외에 투자수익률이 목표를 초과한 경우에는 그 초과수익의 20%를 성과보수로 받는 것이 일반적이다.[26] 앞서 언급한 높은 자기자금투자와 높은 성과보수 때문에 벤처캐피털은 벤처펀드의 수익성을 높이기 위한 강한 인센티브를 갖는다. 그러나 우리나라에서는 벤처캐피털의 구조상 이러한 인센티브의 효과가 충분히 살지 못하고 있다. 미국의 벤처캐피털은 일반적으로 소수의 펀드매니저로 이루어진 조직(법적으로는 유한책임조합)이다. 즉 벤처캐피털의 이해는 기본적으로 개별 펀드매니저의 이해와 일치하는 것이다. 그러나 우리나라에서 신기술사업금융회사는 물론이고 창투회사도 펀드매니저가 주도하는 조직이 아닌 경우가 많다. 그러한 경우 회사인 벤처캐피털과 개인인 펀드매니저 사이에도 대리문제가 생겨난다. 투자결정을 하는 펀드매니저와 투자결정의 효과가 귀속되는 벤처캐피털이 분리되기 때문이다. 유명한 벤처캐피털로부터 자금을 조달한 벤처기업은 장차의 자금조달시 유리한 고지에 서게 된다. 그리하여 벤처기업은 유명 벤처캐피털의 자금을 끌어들이려고 갖은 노력을 기울이고 있다. 우리나라에서처럼 벤처캐피털과 펀드매니저의 이해가 일치하지 않는 상황에서는 펀드매니저가 벤처기업의 유혹에 넘어갈 가능성이 없지 않다. 실제로 이들 사이의 불순한 거래를 둘러싼 루머가 벤처업계에 끊이지 않고 있다. 벤처캐피털이 펀드매니저 중심으로 조직된다면 그러한 문제의 소지는 크게 줄어들 것이다. 그러나 우리나라에서는 창투회사를 설립하는 데 100억 원이나 되는 자본금을 요구하고 있으므로(창업지원법 시행령 8조 1항) 전문가인 펀드매니저보다는 금융기관이 중심이 되어 설립하는 경우가 훨씬 많다.[27] 자본금요건을 그렇게 높게 요구하는 것이 벤처캐피털의 난립을 막는 효과가 있는 것은 분명하다. 그러나 동시에 펀드매니저가 중심이 되어 벤처캐피털을 조직하는 것이 어렵게 된 것도 사실이다.

---

26 창업지원법은 성과보수의 상한을 20%로 한정하고 있다(16조).

27 앞서 살펴본 바와 같이 창투조합구성시 벤처캐피털의 출자를 10%나 요구하는 한 그 정도의 자본 없이는 벤처캐피털 노릇을 하기가 어려울 것이다.

셋째, 벤처캐피털의 권한남용을 억제하는 요인으로 미국에서 가장 중요시하는 것은 벤처캐피털이 스스로 좋은 명성을 유지할 유인이 있다는 점이다. 벤처캐피털은 투자자들로부터 자금을 모아 벤처기업에 투자하는 것을 영업으로 하는 기관이다. 한 번 투자자를 속이고 도망갈 사기꾼이 아니라 가능하면 오랫동안 투자자들을 상대해야 하는 이른바 반복적 행위자(repeat player)인 것이다. 벤처캐피털이 만약 자기 회사의 단기이익을 위하여 투자자이익을 희생시킨다면 투자자의 신뢰를 잃게 될 것이고 차후에는 투자자로부터 자금을 모집하기가 어려워질 것이다.[28] 이러한 논리가 과연 우리나라에서도 그대로 적용될 수 있을까? 아직 우리나라에서는 벤처산업의 연륜이 짧다 보니 정평 있는 벤처캐피털이 많지 않은 것 같다. 그보다는 수많은 벤처캐피털이 높은 명성을 쌓기 위해서 경쟁하는 단계라고 할 수 있다. 벤처캐피털이 명성을 유지하기 위한 인센티브를 갖는 것은 투자자들에 대한 의존도가 높고 투자자들이 벤처캐피털의 명성을 중시하는 상황에서일 것이다. 우리 벤처캐피털은 외부자금에 대한 의존도가 미국에 비하여 훨씬 낮다. 미국에서는 벤처캐피털에 투자하는 것은 주로 기관투자자와 부유한 개인이다. 이들 또한 벤처업계에서는 'repeat player'라고 할 수 있다. 이들 사이에서 한 번 신뢰를 상실하면 다시 회복하기 어렵다. 그러나 우리나라에서는 벤처캐피털에 투자하는 투자자 중에는 벤처붐에 끌린 단기투자자들이 많기 때문에 아직 벤처캐피털의 평판에 쏟는 관심은 미국에서보다 덜한 것으로 보인다.

(3) 조합규약

유한책임조합원인 투자자들과 업무집행조합원인 창투회사 사이에는 조합규약이 체결된다. 조합규약은 미국에서 체결되는 조합규약에 비해서는 간단하지만 그래도 우리나라에서 체결되는 다른 계약보다는 상세한 내용을

---

28 비슷한 논리는 벤처기업과의 관계에서도 적용되지만 그에 대해서는 뒤에서 설명한다.

담고 있다.[29] 그러나 투자자의 관점에서 중요한 벤처캐피털과 일반투자자 사이의 대리문제에 관한 규정은 미국의 조합규약에 비하여 훨씬 부족한 것이 사실이다.[30] 우리 조합규약에도 투자대상회사당 투자한도를 제한하는 규정,[31] 조합의 자금차입을 제한하는 규정,[32] 이익의 재투자를 제한하는 규정, 창투회사와 창투조합의 거래를 제한하는 규정 등이 존재한다. 그러나 미국에서와는 달리 창투회사가 펀드의 투자대상회사에 별도로 투자하는 것을 제한하는 규정,[33] 창투회사가 새로이 펀드를 조성하는 것을 제한하기 위한 규정, 기타 창투회사의 활동을 제한하기 위한 규정 등은 거의 채택되지 않고 있다.

이처럼 우리 조합규약은 특히 업무집행조합원인 창투회사의 권한남용을 억제하기 위한 규정이 미흡하다. 그러나 그에 대해서 상세한 규정을 두고 있는 미국에서조차도 조합규약이 벤처캐피털을 견제하는 효과는 그리 크지 않다고 한다. 그보다는 앞서 설명한 벤처캐피털의 인센티브구조 자체가 권한남용을 억제하는 강력한 버팀목이 되고 있는 것으로 평가되고 있다.

3. 투자단계

(1) 신주인수계약

벤처캐피털의 투자는 법적으로는 벤처기업의 신주발행에 참여하는 주식을 취득하는 것이다. 벤처캐피털은 투자 결과 벤처기업의 주주가 되는 것이므로 일반적으로 주주이익이 제대로 보호되지 않는 상황에서는 벤처캐피털의 투자가 활발히 이루어질 것을 기대하기 어렵다. 주주이익의 보호는 어느

29 중소기업청은 2000년 8월 「중소기업창업투자조합 표준규약」을 제정하여 고시한 바 있다.

30 미국에서의 조합규약에 관해서는 Gompers & Lerner (1996) ; Michael J. Halloran et. al., Venture Capital and Public Offering Negotiation (2000) 참조.

31 벤처캐피털이 과거의 투자잘못을 추가투자로써 만회하려는 시도를 봉쇄하기 위한 규정이다.

32 투자의 위험성을 과도하게 높이는 것을 막기 위한 것으로 창업지원법도 명시적으로 제한하고 있다(12조 2항).

33 이를 허용하면 창투회사가 그 회사에 과도한 관심을 기울일 가능성이 있기 때문이다.

나라에서고 회사법의 주된 과제이다. 그러나 회사법이 비교적 잘 발달되어 있는 미국에서도 벤처캐피털이 회사법에만 의존하고 있는 것은 아니다. 미국에서는 벤처캐피털이 벤처기업에 투자할 때 상세한 계약을 체결하는 것이 관행이다. 통상 주식매수계약서(stock purchase agreement)로 불리는 이 계약서에 대한 상세한 검토는 역시 다음 기회로 미룰 수밖에 없다. 주식매수계약서에는 벤처캐피털의 리스크를 최소화하고 성공시의 이익을 극대화하기 위한 다양한 조항이 들어 있다. 벤처캐피털이 취득하는 주식을 전환우선주로 하고 상환청구권을 갖는 것은 전자의 예이고, 벤처캐피털의 이익희석을 방지하는 조항이나 추가투자를 확보하기 위한 조항 등은 후자의 예이다. 또한 주식매수계약서에서는 벤처캐피털에 일부이사의 추천권, 정보접근권 등을 부여하는 것이 일반적이다. 벤처캐피털은 주식매수계약서에 의하여 벤처기업의 경영권에 간섭할 수 있는 권한을 광범하게 확보하고 있다.[34] 심지어 최악의 경우 벤처캐피털이 창업자를 최고경영자 자리에서 교체할 수 있는 권한을 보유하는 예도 없지 않다.

(2) 단계적 투자

이처럼 미국의 벤처캐피털은 주식매수계약에서 강력한 권한을 부여받고 있지만 실제로 이러한 계약적인 보호수단보다는 '단계적 투자(staged financing)'가 벤처캐피털의 이익을 보호하는 데 효과적이라고 평가되고 있다. 단계적 투자는 벤처캐피털이 벤처기업의 필요자금을 한꺼번에 제공하는 것이 아니라 단계적으로 나누어서 제공하는 것을 말한다. 앞서 언급한 바와 같이 벤처기업은 기업공개에 이르기까지 3~4차례의 자금조달을 거치는 것이 일반적이다. 자금조달시마다 중간목표(milestone)가 제시되고 그 중간목표가 달성된 경우에 비로소 다음 단계의 자금조달이 이루어진다. 중간목표

34 그러나 우리나라에서는 '사실상 경영지배를 목적으로 투자하는 행위'가 금지되고 있기 때문에(창업지원법 시행규칙 6조 1호) 창투회사에 의한 경영간섭이 위축되고 있는 실정이다.

가 달성되지 않았음에도 벤처캐피털이 계속 자금을 제공하는 일은 드물다. 벤처기업은 아직 영업이익이 충분하지 않으므로 벤처캐피털로부터 추가자금을 확보하지 못하면 바로 도산하는 운명을 피할 수 없다. 이러한 상황에서 벤처기업의 창업자가 감히 주주들, 특히 자금줄을 쥐고 있는 벤처캐피털의 이익에 반하는 행동을 하기는 어려울 것이다.

(3) 창업자의 불안

외부로부터 자금을 제공받는 경우 어느 정도 경영간섭은 피할 수 없을 것이다. 벤처기업이 벤처캐피털의 자금을 제공받는 경우에는 마찬가지이다. 앞서 지적한 바와 같이 미국에서는 벤처캐피털이 벤처기업의 경영에 간섭할 수 있는 광범한 권한을 갖고 있다. 벤처기업이 희망대로 성공하여 기업공개를 하게 되면 벤처캐피털은 보유주식을 매각하고 물러난다. 그렇게 되면 창업자는 다시 안정적 경영권을 회복할 수 있다. 문제는 그사이의 상황이다. 벤처캐피털이 우위를 확보하고 있는 미국에서는 벤처캐피털과 창업자 사이에 불화가 일어나는 경우에는 이론상 창업자를 최고경영자 자리에서 퇴진시키는 것이 가능하다. 실제로 그러한 사태가 심심찮게 일어나고 있다. 최고경영자의 교체는 반드시 불화 때문에 일어나는 것만은 아니다. 회사의 성장에 따라 전문능력을 갖춘 경영자를 영입할 필요가 있는 상황에서는 창업자를 기술담당 책임자로 물러나게 하는 경우도 없지 않다. 물론 벤처캐피털이 정당한 이유 없이 창업자로부터 경영권을 탈취하려 할 가능성이 전혀 없는 것은 아니다. 그러나 실제로 벤처캐피털이 자신의 권한을 남용할 가능성은 그리 높지 않다고 한다. 어차피 기술의 사업화가 성공하지 않으면 경영권이란 의미가 없기 때문에 벤처캐피털이 능력 있는 창업자를 쫓아내고 경영을 맡을 인센티브는 별로 없다. 또한 앞서 언급한 바와 같이 repeat player로서 벤처캐피털은 명성을 중요시하고 있다. 만약 벤처캐피털이 벤처업계에서 명성을 해치게 되면 장차 투자대상을 구하기가 어려울 것이다. 따라서 벤처캐피털이 단순히 단기이익을 노리고 결정적으로 명성에 흠이 될 행위를 감행하는 것은 생각하기 어렵다.

(4) 우리나라의 사정

이상에서 설명한 것은 주로 미국의 상황이다. 우리나라에서도 벤처캐피털의 투자시에는 '신주인수계약서'라는 계약을 체결하고 있다. 그 내용은 벤처캐피털마다 다소 차이가 있으나 미국에서 사용되는 주식매수계약서보다 훨씬 간단하다. 벤처캐피털의 이익을 보호하기 위한 조항은 그리 많지 않다. 기껏해야 정보열람권, 이사추천권 정도가 들어 있을 뿐이다. 비상시에 벤처캐피털이 경영권에 간섭할 수 있는 권한은 명시되고 있지 않다. 우리나라에서는 왜 그러한 경영권에 대한 통제가 결여되고 있는 것일까? 쉽게 떠오르는 것은 우리 창업자들이 재벌총수와 마찬가지로 경영권을 절대시하고 있기 때문이 아닐까 하는 점이다. 그러나 자금에 대한 의존도가 높은 벤처기업에서는 벤처캐피털이 보호수단을 고집하는 경우 창업자가 그것을 양보할 가능성도 없지 않을 것이다. 보다 중요한 것은 벤처캐피털 자체가 그러한 보호장치를 구태여 원하지 않기 때문이 아닌가 여겨진다. 그렇다면 벤처캐피털이 그것을 원하지 않는 이유는 무엇일까? 그 이유는 벤처캐피털의 시야가 극히 단기적이기 때문으로 생각한다. 미국에서는 벤처캐피털이 벤처기업에 투자한 자금을 회수하는 데 상당히 장기간이 소요된다. 그에 비하여 우리나라에서는 훨씬 단기간에 회수가 이루어진다. 업계관계자의 말에 의하면 우리 벤처캐피털은 투자대상으로 비교적 단기간 내(1~2년 내)에 기업공개를 할 기업을 찾는 경우가 많다고 한다. 이처럼 단기간에 투자회수를 노린다면 투자대상기업에 대한 경영통제권을 확보하는 것은 상대적으로 중요성이 감소될 것이다.

어쩌면 보다 중요한 이유는 벤처기업에서는 구조적으로 대리문제가 일반기업보다 덜 심각하기 때문일지도 모른다. 벤처기업에서는 주요 임직원들이 보수의 일부를 스톡옵션으로 받는 예가 늘고 있다. 따라서 임직원들은 주주에 못지않게 회사의 성공과 주식가치의 상승을 염원한다. 이러한 상황에서는 아무리 막강한 최고경영자라 해도 주주이익을 무시하는 경영을 하기 어렵다. 또한 창업자 자신이 자신의 실속만을 추구할 인센티브도 결여되고 있다. 창업자는 재벌총수와는 달리 다른 업종의 계열사를 거느리고 있는 일이 많지 않다. 또한 아직 영업이익이 충분치 않은 상황에서 내부거래에 의하여 빼돌릴 이익도 없다. 한편 창업자는 기업공개시 주가상승을 통해서 이익을 얻는다. 기업공개에 이르기도 전에 벤처캐피털과 소수주주의 이익을 침해하는 행위를 감행해서는 주가상승을 기대하기 어려울 것이다. 이익을 주가상승에 의존한다는 점이 벤처기업 창업자와 재벌기업 총수를 구별짓는 가장 결정적 징표라고 할 것이다.

이처럼 벤처기업에 대한 투자에서는 투자자이익의 법적 보호가 상대적으로 덜 중요한 것이 사실이다. 그러나 그렇다고 해서 법적 보호를 경시해서는 아니 될 것이다. 우리 벤처캐피털들은 투자시 법률전문가를 거의 이용하지 않고 있다. 주식인수계약서가 간단한 것은 그러한 사정에도 기인하는 것으로 보인다. 흥미로운 것은 미국에서 사용되고 있는 계약조항이 과연 우리 법상으로도 그대로 효력을 인정받을 수 있는가 하는 문제이지만, 이에 대한 검토는 후일로 미루기로 한다.[35] 우리 창업지원법은 벤처캐피털이 벤처기업의 경영권을 위협하는 것을 부정적으로 보고 있다. 창업지원법 시행규칙(6조 1호)은 벤처캐피털이 사실상 경영지배를 목적으로 투자하는 것을 금지하고 있다. 이 규정은 벤처캐피털이 기본적으로 경영자보다는 투자전문가라는 점에서 이해할 수 없는 것은 아니다. 그러나 이 규정 때문에 벤처캐피털이 일시적으로 벤처기업의 경영을 맡는 것까지 금지된다고 볼 것은 아니다. 창업자가 중간목표를 달성하지 못하는 등 기대나 약속에 반하는 경우에는 벤처캐피털이 창업자의 경영권을 박탈하여 다른 사람에게 넘겨줄 수 있는 가능성을 열어 둘 필요가 있기 때문이다.

---

35 그러한 조항이 독일법상으로도 효력을 인정받을 수 있다는 점을 밝힌 논문으로 Theodor Baums/Mathias Möller, "Venture Capital : U. S.-amerikanisches Modell und deutsches Aktienrecht," Baums et al. (Hrsg.), Corporations, Capital Markets and Business in the Law (2000), p.33 이하 참조.

4. 회수단계

벤처금융이 원활히 이루어지기 위해서는 벤처캐피털이 투자한 자금을 회수하여 투자자에게 반환할 수 있는 길이 있어야 한다. 그러한 회수수단으로는 기업공개와 기업양도(이하 'M&A')가 있다. 과거 우리나라에서는 기업공개를 위해서는 증권거래소에 상장하는 방법밖에 없었다. 그러나 실제 기업공개요건은 상당히 엄격하여 장래의 수익성이 불분명한 벤처기업이 공개될 수 있는 여지는 거의 없었다. 기업공개에 오랜 시일이 걸리다 보니 벤처기업에 대한 투자는 주식투자보다는 대출과 같은 간접투자에 편중되었다. 이러한 상황하에서는 벤처캐피털도 일반금융기관과 별반 다를 바 없고, 그러다 보니 벤처투자의 전문성도 길러지지 못하였다. 이러한 사정은 증권거래소 밖에 코스닥시장이 개설됨으로써 크게 바뀌었다. 아직 성숙단계에 도달하지 못한 벤처기업도 코스닥시장에 등록하는 길이 열림으로써 벤처기업에 대한 투자가 폭발적으로 증가하게 된 것이다.

1999년 말에 시작된 벤처붐은 코스닥시장의 활황에 힘입은 바 크다. 또한 최근의 벤처위기론은 코스닥시장의 침체와 무관하지 않다. 증권시장의 시황은 아무래도 경제 전체의 움직임과 연관되기 때문에 다소 경기를 탈 수밖에 없다. 그러나 증권시장의 지나친 부침은 벤처산업의 건전한 발전에 장애가 되고 있다. 코스닥시장이 활황인 때에는 아무래도 다소 허황된 기업에도 투자자가 몰릴 가능성이 있다. 반면에 시장이 침체되면 사업전망이 양호한 기업도 공개가 어려워진다. 그러면 벤처투자의 수익성이 대상기업의 실적과 무관한 시장상황에 과도하게 의존하게 된다. 이런 상황에서는 아무래도 벤처캐피털이 투자대상기업의 내용에 덜 신경을 쓰게 될 것이다.[36] 따라서 벤처산업의 안정적 발전을 위해서는 코스닥시장도 투기성자금의 이동이 아니라 기업의

---

36 벤처기업에 투자한 창투회사는 코스닥등록 후에도 일정기간 동안 매각이 제한되고 있다(협회중개시장운영규정 6조 4항 2호). 이 제도는 창투회사의 자금회수에 방해가 된다는 이유로 비판을 받고 있으나, 투자대상기업의 수익력에 보다 관심을 기울이게 만드는 효과는 없지 않을 것이다.

내재가치가 중시되는 풍토가 조성될 필요가 있다. 즉 벤처산업의 발전을 위해서는 벤처기업을 위한 증권시장이 어느 정도 성숙되어야 하는 것이다.

벤처캐피털의 자금회수는 벤처기업의 M&A를 통해서도 달성할 수 있다. 이 방안은 증권시장의 시황에 크게 영향을 받지 않는다는 점이 장점이다. 그러나 우리나라에서는 M&A가 그다지 이용되고 있지 않다. 그 이유로는 여러 가지 들 수 있겠지만, 무엇보다 창업자들이 경영권에 집착하는 것이 중요한 이유가 아닐까 여겨진다. 미국에서는 창업단계에서부터 대기업에 M&A당할 것을 목표로 하는 경우가 적지 않다고 한다. 가격만 맞으면 주저하지 않고 사업을 매각하고 다시 창업에 나서는 예도 적지 않다. 결국 이들은 창업한 기업을 계속 경영하기보다는 자신의 아이디어를 사업화하는 것 자체에 흥미를 느끼는 사람들인 셈이다. M&A가 부진한 또 하나의 이유는 법제도의 미비에서 찾을 수 있다. 이 문제는 비단 벤처기업의 M&A만이 아니라 M&A 법제 전반에 적용되는 문제라고 할 것이다.

V. 맺음말

벤처산업은 재벌이 지배하고 있는 우리 경제에 새로운 가능성을 보여 주는 희망이라고 할 수 있다. 보다 투명하고 주주가치에 충실한 경영을 염원하는 투자자와 보다 자유로운 분위기에서 자기의 꿈을 펼쳐 보고자 하는 젊은이에게 벤처기업은 새로운 대안을 제시하고 있다. 자금과 인력이 벤처기업으로 몰림에 따라 재벌들은 실로 오랜만에 시장의 압력에 따라 행태의 변화를 강요받고 있다. 그러나 아직 우리 벤처산업의 기반은 극히 취약하다. 지난해 코스닥등록을 앞둔 기업들이 '텔'이나 '테크' 등 그럴듯한 외국이름으로 개명하는 것이 유행이 되었던 것은 벤처붐이 얼마나 피상적인 이해에 기초한 것인가를 보여 준다.[37] 지난해부터 올초까지 진행되었던 벤처붐은

37 심지어는 신라호텔도 '텔' 자가 붙었으니 벤처기업이 아니냐는 농담까지 나돌기도 했다.

마치 밀물처럼 밀려왔다. 그러나 내실을 갖추지 못한 상태에서 생겨난 붐은 다시 썰물처럼 물러갈 수밖에 없다. 어느 산업과 마찬가지로 벤처업계에도 유망한 기업이 있는가 하면 부실한 기업이 있다. 밀물처럼 자금이 몰리는 시기에는 망해야 할 기업도 연명할 수 있으며, 썰물처럼 자금이 빠져나가는 시기에는 내실 있는 기업도 어려움을 겪을 수 있다. 그러므로 코스닥시장에서 자금이 급격히 변동하는 것은 벤처산업의 장기적인 발전을 위해서는 바람직하지 않다. 이러한 자금의 급격한 유출입에 완충역할을 해야 하는 것이 벤처캐피털이다. 그러나 우리나라에서 벤처캐피털이 그러한 바람직한 역할을 하는가는 의문이다. 벤처캐피털과 주간사증권회사가 당장 눈앞의 이익을 위해서 주가상승을 부추기는 작전을 감행한다는 루머가 나돌았던 일이 있다. 그 결과 주가가 상승하면 벤처캐피털과 증권회사는 손쉽게 큰돈을 벌 수 있다. 그러나 그처럼 실체에 터잡지 않은 주가의 거품은 조만간 빠지게 마련이다. 직접 손해를 보는 것은 일반투자자들이지만, 그들이 시장을 떠나고 나면 결국 벤처산업 자체가 존립의 기반을 잃게 된다. 겨우 싹틔운 벤처산업이 붕괴하면 투자자는 물론이고 창업자와 나아가서는 벤처캐피털도 손해를 볼 수밖에 없다. 벤처산업의 건전한 발전을 위해서는 벤처산업을 뒷받침하는 법적 인프라도 정비할 필요가 있다. 이 글은 이를테면 그러한 법적 인프라에 대한 본격적인 연구에 앞선 서론에 불과한 것이다.

『증권법연구』 제1권 제1호(2001. 12), 증권법학회, 237-260면.

05

독일의 회사지배와 은행 : Mülbert 교수의 법률가대회보고서를 중심으로

I. 서설

주식 소유가 널리 분산되면 현실적으로 경영자의 지위와 권한이 강화되는 것이 보통이다. 이러한 현상이 바로 Berle와 Means가 말하는 '소유와 경영의 분리'라고 할 수 있다. 소유와 경영이 분리되면 경영자의 행동을 소유자인 주주[1]의 이익과 일치시키는 것이 회사법상 중대한 과제로 등장한다. 이러한 소유와 경영의 분리현상은 어느 나라에서고 경제발전이 진행됨에 따라 등장할 것이라는 막연한 믿음이 널리 퍼져 있는 것 같다. 그러나 사실 주식 소유가 일반투자자에게 널리 분산되는 현상은 미국이나 영국 이외의 나라에서는 별로 발견되지 않고 있다. 심지어는 경제력의 면에서 미국을 바짝 뒤쫓고 있는 독일과 일본에서도 주식 소유는 널리 분산되지 않고 소수의

1 주주를 회사의 소유자로 보는 종래의 통설적 견해에 대해서는 여러 가지로 반론이 있지만 이곳에서는 논의하지 않기로 한다.

법인주주에 집중되고 있다. 이들 법인주주 중에서 특히 은행 등 금융기관이 두드러진 역할을 수행하고 있다. 이러한 현상은 영국과 미국의 관점에서 보면 상당히 흥미로운 것이었다. 따라서 은행이 독일과 일본의 회사지배[2]에서 수행하는 기능과 역할에 대한 학문적 관심이 영국과 미국, 특히 미국에서 일기 시작했던 것은 그리 놀라운 일이 아니다. 그러나 최근에는 이러한 외국에서의 논의에 자극받아 독일과 일본의 국내에서도 은행의 역할에 관한 논의가 활발히 전개되고 있다.

독일과 일본의 회사지배에서의 은행의 역할에 대한 관심이 먼저 미국을 중심으로 생겨난 주된 원인으로는 두 가지를 들 수 있을 것이다. 첫째, 그것은 최근의 회사지배에 관한 논의에서 기관투자가의 역할이 크게 부각된 것과 밀접하게 연관되어 있다.[3] 애당초 회사지배와 관련하여 경영진의 견제수단으로 처음 각광을 받았던 것은 사외이사(outside director), 그리고 이어서 적대적 기업인수(hostile takeovers)였다. 그러나 이들의 한계가 드러남에 따라 차츰 관심은 주식보유규모가 날로 증가하고 있는 기관투자가(institutional investors)에 쏠리게 되었다. 학자들은 은행을 포함한 기관투자가의 활동이 미미한 미국에서와는 달리 독일과 일본에서는 금융기관, 특히 은행이 훨씬 강력한 지위를 점하고 있다는 사실에 주목하게 되었다. 나아가 미국에서는 금융기관이 기관투자가로서 능동적으로 활동하는 것이 법규제에 의하여 원천적으로 봉쇄되고 있다는 사실도 인식하게 되었다.[4] 독일과 일본의 회사지배가 미국에서 주목을 끈 두 번째 원인으로는 두 나라의 경제가 지난 40여년간 미국에 비하여 훨씬 역동적으로 성장해 왔다는 점을 들 수 있을 것이다. 세계 각국에서 기업 및 시장의 국제화가 시시각각으로 진행되고 국가 간 경쟁력이 국민적 관심사로 대두되는 시점에서 미국의 주요 경쟁대상이라

2 이하에서는 회사지배를 corporate governance의 역어로 사용하기로 한다.

3 기관투자가와 회사지배에 대한 문헌은 무수하나 그 대표적인 것으로 Theodor Baums 외, Institutional Investors and Corporate Governance (1994) 참조.

4 그 점을 지적한 대표적인 학자는 컬럼비아대학의 Roe 교수이다. 그의 대표적인 저서는 Mark J. Roe, Strong Managers, Weak Owners : The Political Roots of American Corporate Governance (1994)이다.

할 수 있는 두 나라의 대조적인 회사지배구조에 눈길을 돌리게 된 것은 어쩌면 당연한 일이라고 할 수 있을 것이다.

독일과 일본의 은행주도형[5] 회사지배에 대한 평가는 적어도 초기에는 상당히 호의적이었던 것 같다.[6] 애초에 관심이 쏠린 이유부터 당시 막다른 골목에 봉착한 것으로 보이던 미국의 회사지배구조에 대한 반발 때문이었다는 점도 그러한 긍정적 평가에 영향을 주었을 것이다. 사실 우리나라에서도 미국식 회사지배방식이 우리의 기업현실과는 너무 거리가 있다는 인식 아래 독일이나 일본에서의 은행중심의 회사지배방식에 다소 기대 어린 시선을 보내는 일이 없지 않았다. 그러나 시간이 흐름에 따라 이러한 은행주도형 회사지배가 갖는 문제점을 냉정하게 분석하는 작업이 속속 발표되고 있다.[7] 나아가 은행의 실제 역할이 상당히 소극적이고 수동적인 데 지나지 않다는 사실이 지적되고 있다. 흥미로운 것은 최근에는 독일과 일본 내부에서도 자국의 회사지배제도에 대해서 보다 진지한 반성과 개혁의 움직임이 일고 있다는 사실이다. 특히 현재 독일에서는 회사지배에서의 은행의 역할을 둘러싸고 열띤 논의가 진행되고 있다. 예컨대 1996년 9월에 있었던 독일의 '법률가대회(Juristentag)' 에서는 바로 회사에 대한 은행의 영향을 입법적으로 규제할 것인지 여부가 경제법분야의 테마로 채택되어 Mülbert 교수가 장문의 보고서를 발표한 바 있다.[8] 또한 독일에서는 법무부와 야당인 사회민주당(SPD)

---

5 실제로 독일과 일본의 회사지배에서 은행은 밖에서 예상했던 것보다는 대체로 수동적인 역할을 수행하는 것에 그치고 있다는 것이 최근의 일반적 견해이다. 그렇다면 독일과 일본의 회사지배를 '은행주도', '은행중심', '은행우위' 등으로 부르는 것이 반드시 적합하다고는 할 수 없을 것이다.

6 외부의 긍정적 평가가 잘못된 것임을 지적하는 문헌으로 Ekkehard Wenger/Christoph Kaserer, The German System of Corporate Governance—A Model Which Should not be Imitated, AICGS Economics Working Paper No.14.

7 그 대표적인 예로서 Jonathan R. Macey/Geoffrey P. Miller, Corporate Governance and Commercial Banking : A Comparative Examination of Germany, Japan, and the United States, 48 Stanford Law Review 73 (1995).

8 Peter O. Mülbert, Empfehlen sich gesetzliche Regelungen zur Einschränkung des Einflusses der Kreditinstitute auf Aktiengesellschaften? (1996). 이 보고서를 정면으로 비판하는 견해로는 Michael Adams, Bankenmacht und Deutscher Juristentag, ZIP 1996, 1590 참조.

이 회사지배에 관하여 각각 상당히 폭넓은 개정법안을 내놓고 있다.[9] 독일에서 진행 중인 이러한 움직임은 은행우위의 회사지배체제의 장단점을 다시 한 번 음미할 수 있는 중요한 계기를 제공해 주고 있다. 이 글은 최근의 동향을 계기로 독일의 회사지배에서 핵심적 지위를 차지하고 있는 은행의 역할에 관하여 검토하는 것을 목적으로 한다. 은행의 역할에 관한 문헌은 최근 쏟아져 나오고 있으나, 이 글에서는 Mülbert 교수의 보고서를 주된 소재로 삼아 논의를 진행하기로 한다. 이 글의 순서는 먼저 은행권력의 현상을 소개하고(II), 이어서 은행권력에 대한 개혁론을 검토한 후에(III), 결론으로 독일에서의 논의에 대한 평가(IV)를 내리고자 한다.

II. 은행권력의 현상

1. 세 가지 법적 지배수단

독일에서 은행이 회사에 영향력을 미칠 수 있는 수단에는 여러 가지가 있다. 독일은 이른바 겸업주의(Universalbankensystem)를 취하고 있기 때문에 은행은 여수신업무와 같은 통상의 은행업무뿐 아니라 증권업무도 아울러 수행하고 있다. 따라서 은행은 이 두 가지 업무와 관련하여 거래처인 회사에 사실상의 영향력을 행사할 수 있다. 물론 은행이 대출채권자로서 영향력을 갖는 것은 반드시 독일에만 고유한 현상은 아닐 것이다. 어느 나라에서고 은행대출에 대한 의존도가 높은 기업은 은행의 간섭을 받게 마련이다. 그러나 은행차입 외에 주식이나 사채발행 등 다양한 자금조달수단을 이용할 수 있

9 사민당안은 Entwurf eines Gesetzes zur Verbesserung von Transparenz und Beschränkung von Machtkonzentration in der deutschen Wirtschaft (Transparenz- und Wettbewerbsgesetz) v. 26. 1. 1995, BT-Drucks, 13/367 v. 30. 1.1 995이고, 정부안은 Referentenentwurf des Bundesministerium der Justiz "Entwurf eines Gesetzes zur Kontrolle und Transparenz im Unternehmenbereich" vom 22. Nov. 1996이다. 정부안에 대한 간단한 소개로는 이기수, "독일의 주식법개정을 위한 입법초안," 법정고시(1997. 5), 20면 이하 참조.

고 다수의 은행과 거래를 트고 있는 대기업의 경우에는 은행의 영향력은 현저히 감소할 것이다. 독일의 은행은 기업에 대한 금융서비스제공자로서 사실상의 영향력을 미칠 수 있음은 물론이고 법적 · 제도적 차원에서도 영향력을 미칠 수 있는 통로를 확보하고 있다. 그러한 법적 지배수단으로는 다음의 세 가지를 드는 것이 보통이다.

① 주식의 보유(Beteiligungsbesitz)

② 보관주식에 대한 의결권의 대리행사(Vollmachtstimmrecht)

③ 감사회에 대한 참여(Aufsichtsratsmandate).

이하에서는 이러한 세 가지 측면에서 은행의 영향력이 어느 정도의 규모에 달하고 있으며, 실제로 어떻게 행사되고 있는지에 대해서 차례로 살펴보기로 한다.

2. 주식의 보유

(1) 법적 규제

우리나라에서는 은행이 다른 회사의 주식을 소유하는 것이 허용되고 있다. 그러나 원칙적으로 대상회사의 발행주식총수의 10%를 초과하여 소유할 수는 없다(은행법 27조 1항 10호).[10] 한편 미국에서는 은행이 다른 회사의 주식을 보유하는 것이 금지되고 있다.[11] 그러나 겸업주의를 채택하고 있는 독일에서는 은행이 다른 회사의 주식을 보유하는 자체를 금지하고 있지는 않다. 다만 그 규모를 제한하고 있을 뿐이다. 그러나 제한하고 있는 방식은 우리나라에서와 다르다.

우리 은행법에 해당하는 독일의 신용제도법(Gesetz über das Kreditwesen : KWG)에 의하면, 은행은 토지 · 건물 등의 부동산이나 타기업에 대한 투자의

10 일본에서는 그 상한이 5%로 되어 있다.

11 다만 은행지주회사가 비은행주식을 5%까지 소유하는 것이 허용되고 있을 뿐이다〔12 U. S. C. §1843(c)(6)(1994)〕.

총액(장부가액기준)이 은행의 책임자기자본(haftende Eigenkapital)[12]을 초과할 수 없다(12조 1항). 다만 이 계산에서는 이른바 '의미 있는 투자(bedeutende Beteiligung)', 즉 대상회사의 주식의 10%를 넘는 투자만이 고려된다(12조 2항 1호). 한편 여수신업무를 영위하는 은행에 대해서는 보다 엄격한 제한이 가해지고 있다(12조 5항 1~2문). 그러한 은행은 비은행기업에 대해서는 자신의 책임자기자본의 15%를 넘는 출자가 금지되며 의미 있는 투자의 총합계가 책임자기자본의 60%를 넘을 수 없다.

다른 기업에 대한 은행의 출자는 간접적으로도 제한되고 있다. 신용제도법은 자기자본규제를 도입하고 구체적인 내용은 연방은행감독청(das Bundesaufsichtsamt)이 정하도록 하고 있다(10조 1항). 그에 의하면 다른 기업에 대한 출자는 위험자산으로 간주되어 그 장부가액의 8%에 해당하는 금액을 금융기관의 책임자기자본으로 보유하여야 한다.[13] 또한 신용제도법은 은행의 유동성에 관한 규제를 도입하며 역시 구체적인 내용은 연방은행감독청이 정하도록 하고 있다(11조). 그에 의하면 비상장유가증권이나 지분(지배회사나 계열회사에 대한 지분도 포함)의 총액이 제한되고 있으므로 그 범위에서는 다른 기업의 주식을 보유하는 것이 제한된다고 할 수 있다.

(2) 보유주식의 실제규모

이처럼 독일에서도 은행이 다른 기업의 주식을 보유하는 것이 완전히 자유로운 것은 아니다. 그러나 개별기업의 주식을 보유하는 데 상한이 있는 것은 아니다. 실제로 은행들이 보유하고 있는 주식은 상당한 규모에 달하고 있다. 이에 관한 통계는 여럿 있지만 대표적인 것 한 가지만 소개한다.[14] 〈표 1〉은 독일은행연합회(der Bundesverband deutcher Banken)가 독일의 10대

---

12 은행이 주식회사인 경우 책임자기자본은 자본금과 준비금에서 자기주식의 금액을 공제한 금액이다(KWG 10조 2항 2호).

13 Peter O. Mülbert, 앞의 보고서, 14면.

14 이하 보다 상세한 것은 Peter O. Mülbert, 앞의 보고서, 16-18면 참조.

민간은행이 보유 중인 비은행기업(자본금 100만 마르크 이상)의 주식에 관하여 조사한 결과를 토대로 작성된 것이다. 〈표 1〉은 이들 은행의 지분보유 상황이 1986년 말, 1989년 8월, 1994년 말에 걸쳐서 어떻게 변화하였는가를 잘 보여 주고 있다. 참고로 독일의 주식회사수는 1995년 말 현재 약 4,300사이고 그중 상장회사수는 678사이다. 이들 중 1부회사(Amtlicher Handel에 상장)는 437사, 2부회사(Geregelter Markt에 상장)는 147사, 3부회사(Freiverkehr에서 거래)는 94사이다.[15]

〈표 1〉 독일 10대 민간은행의 비은행기업 주식보유상황(1986년 말→1989년 8월→1994년 말)

지분소유비율(%)	대상회사수(1부 및 2부)	대상회사수(전체)
10~25	19 → 23 → 19	43 → 63 → 77
25~50	23 → 12 → 8	33 → 29 → 43
50 이상	4 → 3 → 3	9 → 9 → 15
총수	46 → 37 → 30	89 → 101 → 135

〈표 1〉에 따르면 1994년 말 현재 10대 민간은행이 10%[16] 이상의 지분을 보유하고 있는 회사의 총수는 135사이다. 이 수치는 과거 10년간 꾸준히 증가하였음을 알 수 있다. 반면에 이들 중 거래소 1부와 2부에 상장된 회사의 수는 30사로서 계속 감소해 왔음을 알 수 있다. 그러나 수는 적지만 금액의 비중은 상장회사에 대한 투자 쪽이 더 크다. 이들 은행의 지분보유 규모는 명목가치로 보면 20억 400만 마르크에 달한다. 이중에서 상장회사에 대한 부분이 15억 6,700만 마르크에 달한다. 그러나 이들 은행의 지분이 상장회사 전체의 명목자본총액에서 차지하는 비중은 3.3%, 그리고 DAX-30지수에 포

---

15 Peter O. Mülbert, 앞의 보고서, 61면.

16 Hopt 교수는 같은 수치를 5% 이상의 지분보유에 대한 것으로 인용하고 있다. Klaus J. Hopt, Corporate Governance und deutsche Universalbanken, in Fedderson et. al., (Hrsg.) Corporate Governance, Optimierung der Unternehmensführung und der Unternehmenskontrolle im deutschen und amerikanischen Aktienrecht (1996), 243, 247.

함되는 회사들의 명목자본총액에서 차지하는 비중은 4.1%에 불과하다. 따라서 실제로 개별상장회사에서 특정은행이 단독으로 소유하는 지분비율은 그리 크지 않다고 할 수 있다.

(3) 주식보유 동기[17]

은행이 일반기업의 주식을 보유하는 동기는 무엇일까? 실제로 은행들이 주식취득의 동기로 내세우는 것은 다음과 같은 것들이다.[18]

— 자본이 부족한 중소기업의 지원(16건)

— 주식의 인수업무관련(Plazierung)(12건)

— 투자(6건)

— 대출의 담보(2건)

— 구제금융적 성격(1건)

— 기타(15건)

이들 중 투자를 제외하고는 은행이 다른 회사의 주식을 지속적으로 보유하는 현상을 충분히 설명해 주지 못한다. 지속적인 주식보유현상을 제대로 이해하기 위해서는 은행 쪽의 보유동기는 물론이고 보유당하는 기업 쪽의 동기도 아울러 고려하지 않으면 아니 된다. 이론상으로는 다음과 같은 동기를 생각해 볼 수 있다.

① 기업이 은행에 주식을 보유시킴으로써 그 은행과 안정적 자금조달 거래관계를 구축하고자 하는 경우

② 은행이 기업의 주식을 보유함으로써 그 기업을 자신의 거래처로 확보하고자 하는 경우

③ 은행이 거래처의 주식을 보유함으로써 정보를 더욱 많이 얻고 거래처의 투기적인 운영을 억제하고자 하는 경우

---

17 이하의 서술은 Peter O. Mülbert, 앞의 보고서, 33-39면을 주로 참조하였다.

18 Klaus J. Hopt, 앞의 논문, 248면.

과연 실제로 은행의 주식보유는 이러한 동기에 기하여 이루어지고 있는가? 이에 대해서는 현실에 근거한 회의론도 만만치 않다.[19] 먼저 ①은 기업쪽에서 은행의 주식취득을 유도한다는 것인데 실제로는 그러한 예가 많지 않다고 한다. 또한 ②는 금융시장이 경쟁적인 경우에만 성립할 수 있다. 그러나 독일의 금융시장이 그처럼 경쟁적인지에 대해서는 의문이 제기되고 있다. 은행은 아무래도 가급적 견실한 대기업과 거래를 하고자 할 것이다. 그렇다면 이론상 은행은 이들 대기업의 주식을 많이 보유하고 있어야 할 것이다. 그러나 실제로는 그렇지 않다. 또한 ②는 일부 대형은행들이 보유주식을 처분하고 있는 현실을 제대로 설명할 수 없다.[20] ③에 대해서는 은행이 다소 주식을 보유하더라도 정보를 특별히 더 확보할 수 있는 것도 아니고 경영진에 대한 통제력을 갖게 되는 것도 아니라는 비판이 있다. 경영진에 대한 영향력은 오히려 뒤에서 설명하는 의결권대리행사 쪽이 훨씬 더 크다. 또한 〈표 1〉에서 본 바와 같이 실제로 최근 특히 25%를 넘는 주식보유가 크게 줄어들고 있다는 점도 ③의 설득력을 경감시킨다고 할 것이다.

Hopt 교수는 은행이 대기업의 주식을 보유하는 것은 대부분 기업지배나 투자수익을 위해서가 아니라 대기업과의 장기적인 거래관계를 유지하는 것을 목적으로 한 것이라고 결론짓고 있다.[21] 즉 위의 ②쪽을 강조하고 있다. 반면에 Mülbert 교수는 투자목적에 더 비중을 두고 있다.[22] 특히 은행들이 이익배당을 노림과 동시에 대차대조표상 보유주식을 저가로 기재함으로써 일종의 비밀준비금(stillen Reserven)을 적립한 것과 마찬가지의 효과를 올릴 수 있는 점을 강조하고 있다. 은행은 이러한 비밀준비금을 이용하여 영업이 부진한 때에도 수익의 평준화를 도모할 수 있다는 것이다. 그러나 이러한 견해에 대해서도 의문은 있다. 만약 그러한 투자가 주 목적이라면 위험을 줄이기 위하여 마땅히 분산투자를 해야 할 것이다. 그러나 실제로 은행의 투자는 소

---

19 보다 상세한 것은 Peter O. Mülbert, 앞의 보고서, 33-34면 참조.

20 특히 Peter O. Mülbert, 앞의 보고서, 38면 주 73 참조.

21 Klaus J. Hopt, 앞의 논문, 248면.

22 Peter O. Mülbert, 앞의 보고서, 38면.

수의 기업, 그것도 동일 내지 유사업종에 속하는 기업에 집중되어 있다. 또한 비밀준비금이 그토록 유용한 것이라면 은행뿐 아니라 일반기업도 다른 기업의 주식을 보유할 필요를 느낄 것이다. 그러나 일반기업의 주식보유비율은 훨씬 낮다.

3. 의결권의 대리행사

(1) 법적 규제

독일에서 주식은 주로 무기명으로 발행되고 있다. 소액주주들은 대부분 이들 주식을 은행에 보관하고 있다. 은행이 고객의 의결권을 행사할 수 있으려면 그로부터 위임장을 받아야 한다(주식법 135조 1항 1문). 이러한 위임장은 특정금융기관에 대해서 최장 15개월 간 유효하며 언제나 철회가 가능하다(135조 2항 1~2문). 회사는 주주총회의 소집사실과 구체적인 의사일정 등을 은행에 통지하여야 한다(주식법 125조 1항). 통지대상인 은행은 직전의 주주총회에서 주주를 대신하여 의결권을 행사하였거나 통지를 요구하였던 은행이다. 이러한 통지서류를 수령한 은행은 고객인 주주에 지체없이 전달하여야 한다(128조 1항). 은행이 고객을 대리하여 의결권을 행사하고자 하는 경우에는 주주의 이익에 기하여 작성한 의결권행사안도 함께 전달하여야 한다(128조 2항 1~2문).

한편 은행은 고객에 의결권행사에 관하여 지시해 줄 것을 요청하여야 하며 달리 지시가 없는 경우에는 의결권은 위의 행사안에 따라 행사될 것임을 명시하여야 한다(128조 2항 3문). 만약 고객이 의결권행사에 관하여 아무런 지시도 하지 않은 경우에는 은행은 자신이 작성한 의결권행사안에 따라 의결권을 행사하여야 한다(135조 5항).[23] 그러나 은행은 자신의 주주총회에서

23 다만 금융기관이 주주가 사정을 알았더라면 의결권을 달리 행사하고자 했으리라고 판단하는 경우에는 그러하지 아니하다(135조 5항 단서).

는 개별적 의안에 대한 명시적 지시가 있어야만 고객의 의결권을 대리행사할 수 있다(135조 1항 2문).

(2) 은행이 대리행사하는 의결권의 규모

실제로 은행이 의결권을 대리행사하는 주식의 규모가 엄청나다는 점에 관해서는 거의 다툼이 없다.[24] 이 글에서는 은행권력에 관하여 다수의 논문을 발표하고 있는 Baums 교수의 조사결과를 소개하기로 한다.[25] 50% 이상의 주식이 분산소유되고 있는 24대 주식회사(부가가치기준)를 조사한 결과에 의하면 1992년 현재 은행이 위임장을 통해서 행사하는 의결권의 수는 출석주식수의 약 61%에 달하였다. 그 수는 24사 중 16사에서 단순과반수를 초과하였고 그중 11사에서는 특별과반수인 75%를 초과하였다. 여기에 은행이 보유하는 주식 수를 추가하면 그 비율은 한층 높아져 단순과반수를 초과하는 것이 20사, 특별과반수를 초과하는 것이 15사에 달하였다. 나아가 은행의 지배하에 있는 투자회사(Kapitalanlage-gesellschaften 또는 Investmentfonds)의 보유지분까지 포함하면 그 수치는 더욱 높아져 18사에서 특별과반수를 넘고 있다.

이러한 의결권대리행사는 특히 독일의 3대 은행인 Deutsche Bank, Dresdner Bank, Commerzbank에 집중되고 있다. 100대 기업 중 주식과반수가 분산소유되고 있는 32사의 주식회사에 대한 한 조사에 의하면 이들 3대 은행이 차지하는 의결권지분은 각 21.09%, 15.3%, 9.05%에 달하고 있다.[26] 이처럼 의결권대리행사가 3대 은행에 집중되고 있는 현상은 3대 은행 자신의 주주총회에서도 찾아볼 수 있다. 일부 조사에 의하면 이들 각 은행의 주주총

24 기존 성과의 간단한 소개에 대해서는 Peter O. Mülbert, 앞의 보고서, 18-20면.

25 Theodor Baums/Christian Fraune, Institutionelle Anleger und Publikumsgesellschaft : Eine empirische Untersuchung, AG 1995, 97. 특히 102면의 표 4와 103면의 표 6을 주로 참조하였다.

26 Gottschalk, WSI Mitteilungen 1988, 294 ff.(Peter O. Mülbert, 앞의 보고서, 19면에서 재인용).

회에서 3대 은행이 지배하는 의결권은 전체의결권수의 절반을 넘고 있다.[27]

이처럼 은행의 의결권대리행사 비중이 높다 하더라도 만약 그 의결권행사의 내용을 결정하는 것이 고객인 주주이고 은행은 단지 고객의 지시를 따를 뿐이라면 은행의 영향력을 문제삼을 수 없을 것이다. 그러나 실제로 주주들이 의결권행사에 관하여 지시하는 비율은 겨우 2~3%에 불과하다고 한다.[28]

(3) 의결권대리행사의 현실

앞서 언급한 바와 같이 은행은 의결권행사안을 마련함에 있어 주주의 이익을 반영할 의무가 있다(주식법 128조 2항 2문). 그러나 현실적으로 은행의 의결권행사가 과연 주주의 이익에 부합하는지 여부를 주주가 판단하기는 쉽지 않다.[29] 설사 은행이 주주이익을 무시하고 오히려 사적 이익을 추구한 사실을 밝혀냈다 해도 그에 대한 실효성 있는 제재수단은 거의 없다.[30] 그리하여 실제로 은행은 경영진 측의 의안에 찬성하는 방향으로 의결권을 행사하고 있다. 심지어는 고객인 주주 쪽에 불리한 조건의 합병에 찬성하는 등 고객의 이익에 반하는 것이 분명함에도 불구하고 무조건적으로 경영진의 제안을 지지하는 예가 적지 않다고 한다.[31] 앞서 살펴본 바와 같이 은행은 막강한 힘을 지니고 있는 것이 사실이지만, 그 힘을 경영진의 계획을 좌절시키는 방향으로 사용하는 경우는 극히 드물다. 은행마다 의결권 행사안을 따로 작성하지만 경영진의 의안에 찬성이라는 점에는 차이가 없다.[32]

---

27 Peter O. Mülbert, 앞의 보고서, 20면.

28 Klaus J. Hopt, 앞의 논문, 257면 ; Jonathan R. Macey/Geoffrey P. Miller, 앞의 논문, 88 n.83 〔Michael Purrucker, Banken in der kartelrechtlichen Fusionskontrolle, 96 (1983)을 인용〕.

29 Peter O. Mülbert, 앞의 보고서, 39면.

30 Ekkehard Wenger/Christoph Kaserer, 앞의 논문, 25면.

31 보다 상세한 것은 Ekkehard Wenger/Christoph Kaserer, 앞의 논문, 26면 참조.

32 Peter O. Mülbert, 앞의 보고서, 43면. Hopt 교수에 의하면 최근에 와서는 은행이 무조건 경영진에 찬성하는 관행에서 벗어나 경영진 측 의안에 반대하는 예도 나타나고 있다고 한다. Klaus J. Hopt, 앞의 논문, 258면. 보다 상세한 것은 Ekkehard Wenger/Christoph Kaserer, 앞의 논문, 26면 참조.

이처럼 은행이 경영진의 의안에 반대하지 않는 원인으로는 여러 가지를 생각해 볼 수 있다.[33] 첫째, 경영진이 의안을 마련하기에 앞서 미리 의결권을 행사할 은행(Depotbanken)의 의견을 묻는 경우가 많다. 만약 이 과정에서 주주에게 불리한 내용의 의안이 걸러질 수 있다면 외형상 은행이 항상 경영진 측 제안을 지지하는 것이 별로 문제될 수 없을 것이다. 둘째, 은행의 경영진 역시 주주들의 압력에서 벗어나고 싶어하기 때문에 다른 회사의 주주총회에서도 경영진 편을 드는 경향이 강하다. 셋째, 경영진에게 유리한 것이 은행에도 유리하기 때문이다. 예컨대 이익배당과 관련해서는 배당을 억제하여 자금이 사외로 유출되는 것을 막는 것이 경영진에는 물론이고 은행에도 유리할 것이다. 끝으로 경영진의 제안이 잘못된 것인 경우에도 은행이 애써 경영진 안에 반대함으로써 얻을 수 있는 이익이 별로 없다. 설사 나중에 은행의 판단이 옳았다는 점이 밝혀진 경우에도 은행이 이익을 누릴 수 있는 것은 아니다. 투자자들은 그러한 정보를 알지도 못하지만 설사 알았다고 해서 그 점 때문에 그 은행으로 몰려가는 것은 아니기 때문이다.

은행이 아무래도 주주이익을 소홀히 하게 되는 원인은 의결권대리행사가 무상이라는 점에서도 찾아볼 수 있을 것이다. 각 은행은 매년 의결권행사안을 준비하는 데만 보통 약 500만~600만 마르크를 쓰고 있다고 한다.[34] 이러한 비용은 은행에 상당한 부담이 될 것임에도 불구하고 대부분의 은행은 고객에게 의결권대리행사에 대한 수수료를 받지 않고 있다.[35] 은행 측에서는 이것을 고객을 위한 순수한 봉사차원에서 제공하는 서비스라고 주장하고 있다.[36] 그러나 비영리단체가 아닌 은행이 이처럼 손해되는 일을 한다는 말을 액면 그대로 받아들이기는 어렵다. 이러한 관점에서 은행이 의결권대리행사를 통해서 무엇인가 은밀하게 이익을 거두고 있는 것으로 보는 견해도 없지 않다. Baums 교수는 그러한 은밀한 이익에 속하는 것으로 다음의

33 다음의 서술은 Peter O. Mülbert, 앞의 보고서, 43-45면에 주로 의존하였다.

34 여기에는 은행직원이 주주총회에 참석하는 데 드는 비용은 포함되지 않는다.

35 이하의 서술은 Peter O. Mülbert, 앞의 보고서, 40-43면에 주로 의존하였다.

36 Klaus J. Hopt, 앞의 논문, 259면 참조.

세 가지를 들고 있다.[37]

① 거래의 확보

② 회사가 위험회피적인 경영을 하도록 유도함으로써 대출채권자로서의 위험을 최소화

③ 특히 5대 은행[38]의 경우에는 서로간에 의결권대리행사를 통해서 주주에 의한 지배를 방지

그러나 Mülbert 교수는 은행의 의결권대리행사가 이러한 이익을 노리고 행해진다고 보는 견해에 대해서 회의적이다. 먼저 ①과 관련하여 Baums 교수는 의결권대리행사 비율이 높은 은행이 회사의 증권발행시 거의 예외 없이 주간사인수인이 되고 있는 점을 강조하고 있다. 그러나 은행이 주간사인수인의 지위를 따내는 것이 의결권대리행사의 결과로 보기는 어렵다는 것이 Mülbert 교수의 견해이다. 또한 ②의 위험회피경영유도에 대해서도 의문을 제기하고 있다. 왜냐하면 특히 대규모의 공개회사에서의 의결권대리행사는 실제로 위험통제를 목적으로 이루어지고 있다고 보기 어렵기 때문이다. 끝으로 ③의 상호적인 경영권보호기능은 어느 정도 설득력이 없지 않다. 이들 5대 은행이 각 은행의 주주총회에서 대리행사하는 의결권이 이미 50%를 넘고 있기 때문이다. 그러나 그것만으로 은행의 의결권대리행사를 모두 설명할 수는 없다. 특히 이들 은행이 다른 회사의 주주총회에서 의결권을 대리행사하는 것과 5대 은행에 속하지 않은 은행들이 의결권을 대리행사하는 것은 설명하지 못한다.

그렇다면 도대체 은행은 무엇을 노리고 의결권대리행사업무를 수행하고 있는 것일까? 이 물음에 대해서 일반적으로 타당한 답을 찾기는 어렵다. 사실 의결권대리행사가 부정적인 측면만을 갖는 것은 아니다. 은행의 의결권대리행사는 주식 소유가 분산된 회사에서 의사결정의 안정성 내지 예측가능성을 높여 주는 기능을 한다. 회사들이 마음놓고 공개를 결심할 수 있는

---

37 Theodor Baums, Vollmachtstimmrecht der Banker— Ja oder Nein?, AG 1996, 11, 13ff.

38 앞서 소개한 3대 은행과 바이에른주의 2대 은행을 포함한다.

것도 어쩌면 은행의 의결권대리행사를 기대할 수 있기 때문일지도 모른다. 그러나 현재 은행의 의결권대리행사의 관행도 차츰 변화하고 있다. 계속적인 위임장을 주는 고객은 이제 약 50%로 감소하였고 상당수의 은행들이 의결권대리행사서비스의 제공대상인 회사수를 감소시키고 있으며 일부은행은 심지어 그 서비스제공을 전면 중단하고 있다.

4. 감사회에 대한 참여

(1) 법적 규제

은행이 회사의 감사회(Aufsichtsrat)에 임직원을 파견하는 것에 대해서는 주식법을 비롯하여 어떤 법도 제한하고 있지 않다. 다만 주식법상 한 사람이 참여할 수 있는 감사회의 수가 10개 이하로 제한되고,[39] 회사들이 상호간에 감사회에 구성원을 파견하는 것이 금지되고 있을 뿐이다(100조 2항).[40]

(2) 참여의 현황

은행이 일반기업의 감사회에 널리 참여하고 있다는 사실에 대해서도 거의 다툼이 없다. 이곳에서는 비교적 최근에 행해진 Hansen의 조사를 소개하기로 한다.[41] 그의 조사에 의하면 1993년 조사대상인 261개의 주식회사에서 최소한 1명 이상의 은행 측 감사가 있음을 밝혀냈다. 이들 은행 측 감사의 수는 총 372인이었으며 이들 중 59명은 감사회의장을 겸하였다. 또한 DAX-30 지수의 대상인 기업의 주주대표감사의 총수 292석 중에서 73석이 은행계 인

---

39 자기 그룹에 속하는 회사의 감사회에 참여하는 것은 5사까지 그 수에서 공제된다.

40 예컨대 갑회사의 이사가 을회사의 감사회에 참여하고 을회사의 이사가 갑회사의 감사회에 참여하는 식의 상호참가는 허용되지 않는다.

41 여러 조사의 간단한 소개에 관해서는 Peter O. Mülbert, 앞의 보고서, 20-22면 참조. 본문의 서술 역시 이에 의존한 것이다.

사로 채워졌으며 이들 중 13명은 감사회의장을 겸하였다. 〈표 2〉에서 보는 바와 같이 특히 3대은행의 비중이 두드러지고 있다.

〈표 2〉 은행 측의 감사회참여현황

은행	감사수	감사회의장
Deutsche Bank	25	7
Dresdner Bank	19	3
Commerzbank	12	1
WestLB	5	1
Bayerische Vereinsbank	5	0
BHF-Bank	3	1
Hypo-Bank	2	0
SBG	2	0

예컨대 독일 최대은행인 도이치뱅크의 Hilmar Kopper 회장은 7개 주식회사의 감사회에 참여하고 있으며,[42] 독일 최대기업그룹인 Daimler Benz와 역시 대기업그룹인 Mannes사의 감사회 의장직을 맡고 있다.

(3) 참여의 동기[43]

은행이 다른 기업의 감사회에 참여하는 동기는 여러 가지 측면에서 설명되고 있다. 참여하는 은행의 관점에서는 채무자기업에 대한 정보의 확보와 영향력의 행사가 촉진된다는 장점을 생각해 볼 수 있다. 한편 은행이사를 받아들이는 회사의 관점에서는 은행의 참여를 허용함으로써 은행과 보다 안정된 거래관계를 유지하는 것을 기대할 수 있다. 실제로 은행이 다른 회사의 감사회에 참여하는 것은 은행보다는 당해 회사가 원해서 이루어지는 경우

---

42 이들 중에는 Bayer, RWE, Veba와 같은 대기업들이 포함되어 있다.

43 보다 상세한 것은 Peter O. Mülbert, 앞의 보고서, 45-50면 참조.

가 더 많다고 한다. 반면에 은행이 감사회 참여를 통해서 얻을 수 있는 것은 그다지 많지 않다. 주식법상 이사회는 감사회에 다양한 정보를 제공할 의무를 부담한다(90조). 그러나 실제로 이러한 정보제공의무는 제대로 이행되지 않는 경우가 많다고 한다.[44] 공동결정법에 의하여 감사회에는 근로자대표도 참여하고 있기 때문에 회사 측이 감사회에 정보제공을 꺼리는 것이 주된 이유라고 한다.[45] 또한 설사 제대로 정보가 제공되었다 하더라도 감사의 비밀유지의무 때문에 은행이 자신이 파견한 감사로부터 정보를 얻는 것에는 한계가 있다(주식법 116조, 93조, 404조). 오히려 은행은 회사의 결제업무를 수행하는 과정에서 회사의 자금사정에 관하여 보다 정확한 정보를 취득할 수 있다.

현재 대기업의 경우에는 은행차입에 대한 의존도가 크게 줄어들고 있다. 그럼에도 불구하고 대기업에 은행이 감사를 파견하고 있는 이유는 무엇일까? 그 이유로는 대체로 다음의 두 가지가 제시되고 있다. 하나는 은행이 감사회참여를 통해서 경제사정을 보다 정확히 파악할 수 있다는 점이고, 다른 하나는 은행이 감사회참여를 통해서 회사의 자금조달계획 등을 미리 알아내 다른 은행과의 경쟁에서 우위를 차지할 수 있다는 점이다. 이러한 참여동기에 비추어 보면 은행 측 감사에게 주주이익을 위하여 제대로 활동할 것을 기대하는 것은 비현실적일 것이다.

III. 은행권력에 관한 개혁론

1. 서설

독일에서는 은행이 회사지배에서 압도적인 지위를 차지하고 있는 것으로 널리 알려져 있다. 위에서 살펴본 결과에 따르면 의결권대리행사를 통하여

44 Ekkehard Wenger/Christoph Kaserer, 앞의 논문, 5면(Metallgesellschaft의 예).

45 다만 은행 측 감사가 감사회 의장을 맡는 경우에는 상당한 정보에 접할 수 있으며 영향력도 만만치 않을 것이다.

은행이 행사할 수 있는 영향력은 다른 어느 나라에서도 유례를 찾아볼 수 없을 정도로 강력한 것이 사실이다. 그러나 은행의 주식보유나 감사회 참여는 일반적으로 생각하는 만큼 두드러진 것이 아니다. 또한 은행들이 전체적으로는 막강한 파워를 가지고 있으나 개별 은행이 단독으로 행사할 수 있는 영향력은 비교적 제한되고 있다. 은행들은 과연 이러한 파워를 실제로 어떻게 행사하고 있는가? 이 문제를 실증적으로 조사하기는 쉽지 않다.

다만 겉으로 보기에는 은행이 주도적으로 나서는 예가 별로 없고 회사경영진의 결정을 거의 자동적으로 지지하고 있는 것처럼 보인다. 그렇다고 해서 은행의 이러한 소극적인 역할을 과소평가해서는 아니 된다. 은행이 경영진을 상대로 파워를 행사하는 예가 별로 눈에 띄지 않는 것은 오히려 애당초 경영진 측에서 은행의 뜻에 어긋난 행동을 자제하기 때문이라고 볼 수도 있을 것이다. 이러한 은행과 경영진 사이의 외견상의 평화공존은 한때 영국과 미국의 관찰자에게는 이상적인 것으로 비치기도 하였다. 과연 현재와 같은 상태가 바람직한 것인가? 아니면 개혁이 필요한 것인가? 이 문제에 관해서는 독일 내에서 의견이 첨예하게 대립하고 있는 것 같다.

2. 현실긍정론

독일에서 은행이 회사지배에서 수행하는 역할을 긍정적으로 평가하는 현실긍정론은 대체로 다음과 같은 논리를 따르고 있다.[46] 은행은 대상회사에 대해서 단순히 채권자로서뿐 아니라 적지 않은 지분을 보유하고 있는 소유자로서도 이해관계를 갖고 있다. 따라서 은행은 경영진의 행동을 감시할 인센티브를 갖고 있다. 또한 이들은 대상회사와 여러 가지로 거래관계를 맺고 있기 때문에 대상회사에 대한 정보도 충분히 갖고 있다. 은행은 이러한 인센티브와 정보를 바탕으로 대상회사의 의사결정에 영향을 미치고자 하는 경

46 이하의 설명은 주로 Ekkehard Wenger/Christoph Kaserer, 앞의 논문, 18면의 설명에 의존하였다.

우에는 보관 중인 고객주식의 의결권을 대리행사함으로써 그 목적을 달성할 수 있다. 따라서 은행은 경영자와 주주 사이에 이익의 불일치에서 발생하는 이른바 대리인문제(agency problems)를 적대적 기업인수나 위임장쟁탈과 같은 극적인 수단에 의존하지 않고서도 해결할 수 있다는 것이다. 이러한 현실긍정론은 특히 독일의 회사지배를 부러운 눈으로 바라보던 외국학자들 사이에 한때 널리 확산된 바 있었다.[47] 그러나 이제 이처럼 전적으로 현실을 긍정하는 견해는 거의 찾아보기 어렵다.

3. 개혁론

(1) 서설

위에서 언급한 현실긍정론과는 반대로 최근에는 은행의 압도적 영향력을 오히려 독일경제의 상대적인 침체의 근원으로 파악하여 개혁을 주장하는 목소리도 높아지고 있다. 그러나 막상 은행의 어떠한 측면이 문제인가에 관해서는 논자에 따라 반드시 견해가 일치하고 있지 않다.[48] 어떤 이는 의결권 대리행사를 문제삼는가 하면 다른 이는 감사회 참여에 우려를 표시하고 있다. 몇몇 대형은행이 막강한 파워를 지니고 있는 것에 대해서 막연한 불안감이 확산되어 있는 것도 사실이다. 또한 은행이 정치적 의사결정과정에 영향을 미침으로써 민주주의를 저해할 것이 아닌가 하는 우려도 만만치 않다.[49] 은행이 경제적인 영역에서 발휘할 수 있는 엄청난 잠재력도 그에 대한 규제론의 빌미가 되고 있다.[50] 그러한 잠재력을 이유로 은행의 권한을 억제할 것

47 예컨대 J. A. Grundfest, Subordination of American Capital, 27 Journal of Financial Economics 89 (1990).

48 Peter O. Mülbert, 앞의 보고서, 22-24면.

49 예컨대 Böhm, Der Einfluß der Banken auf Großunternehmen, S. 2f. (1992)(Peter O. Mülbert, 앞의 보고서, 27면에서 재인용). 이러한 점에서 독일에서의 은행의 지위는 우리나라에서의 재벌의 지위에 비견할 만하다.

50 Hansen, Anmerkungen zur Diskussion um die Macht der Bank, AG 1995, R 462, 463.

인지, 그리고 어떠한 방식으로 억제할 것인지는 결국 정치적으로 결정될 것이다.

문제는 그러한 결정이 경제적으로도 정당화될 수 있는가 하는 것이다. 사실 은행이 엄청난 영향력을 지니고 있다는 점에 대해서는 다툼이 없지만, 과연 은행이 그것을 남용하는 사례가 얼마나 일반적인가에 대해서는 상당한 견해차가 존재하는 것 같다.[51] 실제로 은행에 관한 논의를 파고들어가 보면 은행의 힘을 뒷받침하는 기초에 대해서뿐 아니라 그것이 초래하는 구체적인 부작용에 대해서도 반드시 견해가 일치하고 있는 것은 아니다. 이하에서는 일반적으로 은행이 실제로 발생시키는 것으로 (또는 발생시킬 가능성이 있는 것으로) 지적되는 구체적인 폐해들을 차례로 검토해 보기로 한다.[52]

(2) 구체적인 폐해

1) 회사의 불이익

은행이 회사를 감독하고자 하는 인센티브를 갖는다는 명제는 은행이 채권자인 동시에 소유자라는 점을 근거로 하고 있다. 그러나 이미 살펴본 바와 같이 실제로 은행이 소유하는 회사지분은 그렇게 크지 않다. 따라서 결국 은행이 관심을 기울이는 것은 채권자로서 갖는 이익이라고 할 수 있다. 그러나 채권자이익은 채무자인 회사가 도산하지 않는 한 침해되지 않는 것이기 때문에 은행의 이해관계는 그리 크지 않다. 또한 은행 자체의 소유구조를 보면 은행의 감시자 역할에 대하여 보다 근본적 회의를 갖게 된다. 만약 은행이 일반주주에 의하여 지배되고 있다면 경영진은 은행의 수익성을 높이기 위하여 노력할 것이다. 따라서 투자대상회사의 부실경영을 그대로 방치하지는 않을 것이다. 그러나 앞서 지적한 바와 같이 은행을 지배하고 있는 것은 일

---

51 Peter O. Mülbert, 앞의 보고서, 27면은 남용사례는 많지 않다고 단정하고 있지만 Ekkehard Wenger/Christoph Kaserer, 앞의 논문과 Michael Adams, 앞의 논문, 1596면은 그와 정반대의 견해를 취하고 있다.

52 이하의 서술에서 항목의 구분은 주로 Peter O. Mülbert, 앞의 보고서, 24-26면에 의존하였다.

반주주가 아니라 다른 은행들이다. 즉 은행들은 상호적인 의결권대리행사에 의해서 지배되고 있다. 따라서 은행의 경영진이 주주이익의 극대화에 관심을 쏟을 인센티브는 그다지 크지 않다.[53]

설사 경영진이 은행 자체의 이익극대화를 추구한다고 하더라도 그것이 반드시 고객회사의 주주이익과 조화될 수 있는 것은 아니다. 채권자인 은행과 소유자인 주주 사이에는 근본적으로 이익충돌을 피하기 어렵다. 대출채권자로서의 은행의 이익은 고정되어 있으므로 은행은 채무자인 회사가 안전위주로 운영될 것을 기대한다. 그에 반하여 주주는 사업성공의 과실을 독차지하는 잔여청구권자(residual claimants)이기 때문에 위험을 선호하게 마련이다.[54] 주주의 위험선호는 특히 회사가 곤경에 빠졌을 때 더욱 두드러진다. 평상시에 회사의 의사결정의 키를 쥐고 있는 것은 채권자가 아니라 주주이다. 따라서 주주의 위험선호행동으로부터 채권자의 이익을 보호하는 것이 중요한 과제로 대두된다. 반대로 회사의 의사결정을 채권자가 좌우하게 된다면 채권자의 과도한 위험회피성향으로부터 주주이익을 보호하는 것이 크게 부각될 것이다. 바로 그러한 상황이 벌어지고 있는 곳이 독일이라고 할 수 있다. 누차 언급한 바와 같이 독일에서는 채권자인 은행이 보관 중인 고객주식의 의결권대리행사를 통해서 회사의 경영을 좌우할 수 있다. 은행은 위험을 가급적 회피하고자 할 것이다. 또한 회사재산의 사외유출을 원치 않기 때문에 이익배당도 가급적 억제하려 할 것이며, 회사로 하여금 주식발행이 아니라 은행차입을 통하여 자금을 조달하도록 유도하여 자신의 수입을 극대화하려고 할 것이다.[55]

이러한 은행의 행동이 주주이익과 부합하지 않는 것은 물론이다. 그러나 이러한 은행의 의도가 구체적인 간섭의 형태로 드러나는 일은 드물다. 왜냐하면 이러한 은행의 이해관계는 회사경영진(그리고 종업원)의 이해관계와 거

---

53 Ekkehard Wenger/Christoph Kaserer, 앞의 논문, 38면.

54 이는 주주가 분산투자를 통해서 위험을 분산하고 있는 것을 전제하고 있다.

55 은행이 대출업무에서 얻을 수 있는 예대(預貸) 마진이 증권인수업무를 통해서 얻는 수수료보다 훨씬 크다고 한다.

의 일치하기 때문이다. 경영진에게는 주가의 상승보다는 자기 자리를 보전하는 것이 훨씬 절실한 문제이다. 만약 주식가치와 자신의 지위(또는 보수)가 결부되어 있다면 이익극대화에 진력할 것이다. 그러나 독일에서 주식가치는 미국에서와 같이 경영진의 보수 내지 지위에 중요한 의미를 갖지 못한다. 따라서 경영진은 어차피 은행의 지시나 압력이 없더라도 위험회피성향을 띠게 되어 있다. 개혁론의 가장 강력한 근거는 바로 이러한 주주이익의 관점에서 찾을 수 있다.

2) 은행(및 예금자)의 불이익

은행이 주식을 보유하는 것은 대상회사뿐 아니라 은행 자체(그리고 결과적으로는 예금자)에도 불리하게 작용할 가능성이 있다. 먼저 주식보유에 수반되는 위험을 무시할 수 없다. 보유주식은 처분이 쉽지 않기 때문에 유동성리스크(liquidity risk)가 있고 주가가 하락할 리스크도 있다. 또한 대상회사가 곤경에 처하게 되면 대출금의 회수가 곤란해짐과 동시에 보유주식의 가치도 하락하는 이른바 위험집중의 문제가 발생한다. 그리하여 회사가 재정난에 처하게 되면 위험이 현실화되는 것을 막기 위하여 구제금융을 제공할 압력을 받는다. 이러한 압력은 은행이 회사의 감사회에 참여하고 있는 경우에는 더욱 강해질 가능성이 크다.

3) 경쟁의 저해

은행이 회사와 밀접한 관계를 가지면 회사의 차원과 은행의 차원, 양쪽에서 경쟁이 제한되는 결과가 발생할 수 있다. 먼저 은행과 관련이 있는 회사와 그렇지 않은 회사 사이의 경쟁에서는 은행과 관련이 있는 회사가 은행의 지원을 받아 경쟁상 유리한 지위에 설 가능성이 있다. 또한 은행 사이의 경쟁을 보더라도 회사에 주식보유, 의결권대리행사 등으로 영향력을 행사할 수 있는 은행이 다른 은행보다 그 회사와의 은행거래에서 유리할 것이다.

4) 자본시장의 위축

은행이 일반기업에 영향력을 행사하는 구조하에서는 자본시장이 제대로 성장하기 어렵다. 우선 은행의 영향을 받는 회사는 증권발행보다는 은행차입을 통해서 자금을 조달할 공산이 크다. 겸업주의를 취하고 있는 독일에서 은행은 증권업무도 수행한다. 그러나 은행은 대출업무에서 얻는 이자수입이 증권발행에 관여하여 얻는 수수료수입보다 크기 때문에 회사가 증권발행보다는 은행차입을 통해서 자금을 조달하도록 유도할 공산이 크다. 그러므로 시장에 공급되는 증권의 규모가 아무래도 줄어들 수밖에 없을 것이다. 또한 은행의 주식보유도 증권시장의 유동주식수를 줄이는 효과를 낳을 것이다. 은행이 보유주식을 순수한 투자목적으로 보유하는 것이 아니라면 보유주식은 특별한 사유가 없는 한 처분하지 않을 것이기 때문이다. 한편 은행은 아무래도 회사가 배당을 줄이고 준비금을 많이 적립하는 것을 선호할 것이다. 이것도 주식투자의 매력을 반감시키는 것으로서 자본시장의 성장에 도움이 되는 것은 아니다. 또한 은행은 자신의 영향권하에 있는 회사로부터 얻는 각종 내부정보를 이용한 내부자거래를 행할 위험성도 없지 않다. 끝으로 은행이 안정주주 역할을 맡음으로써 적대적 기업인수의 여지가 봉쇄되는 것도 자본시장의 활성화라는 측면에서는 바람직한 것이 아니다.

(3) 실증적인 연구결과[56]

이상에서 언급한 폐해는 과연 이론상으로뿐 아니라 현실적으로도 존재하는가? 이 문제에 관해서 한마디로 답변하기는 쉽지 않다.

은행의 영향력이 과연 실제로 어떠한 효과를 낳는가에 관하여 최근 몇 차례 조사가 행해진 바 있지만 자금조달면에서의 효과와 은행지배에 따른 효과를 나누어 접근한 조사는 하나밖에 없다.[57] 그에 의하면 주거래은행을 통

56 이하의 서술 중 특별히 인용이 없는 부분은 Peter O. Mülbert, 앞의 보고서, 66-67면에 주로 의존하였다.

57 Chirinko/Elston, Finance, Control, and Profitability : An Evaluation of German Bank

한 자금조달로 인하여 보다 낮은 비용으로 자금을 조달할 수 있었다는 증거는 발견할 수 없었다. 한편 은행지배가 회사의 성과에 어떠한 영향을 주는가에 관하여는 조사결과가 엇갈리고 있다. 예컨대 Cable의 조사는 은행지배가 긍정적인 효과를 가져왔다고 하고 있는 데 반하여 Perlitz와 Seger의 조사는 오히려 부정적인 효과를 제시하고 있다.[58]

그러나 이들 두 연구의 방법론은 거센 비판을 받았다. Mülbert 교수는 보다 최근의 조사결과를 소개한 후 아직 은행지배가 부정적인 효과를 가져온다는 증거는 제시되지 않고 있다는 결론을 내리고 있다. 그가 인용한 조사에 의하면 은행의 주식보유의 비율이 높을수록 기업성과가 양호하지만, 은행의 의결권대리행사의 비율은 아무런 효과도 없거나 심지어 부정적인 효과가 있는 것으로 나타나고 있다.[59] 이러한 결과는 주식 소유의 집중도와 기업의 성과 사이의 관련을 보여 주는 일반적인 실증연구결과와 일치되는 것이다. 그러나 이와는 정반대의 결과를 보여 주는 조사도 존재한다. Wenger와 Kaserer는 은행의 주식보유비율과 기업성과 사이에 정(+)의 상관관계가 있다는 기존의 연구결과에 의문을 품고 독자적인 연구를 수행하였다.[60] 주주의 통제를 받지 않는 은행이 보유주식의 수익성을 높이기 위해서 노력할 인센티브가 없다는 것이 이들이 의문을 갖게 된 이유였다. 이들은 조사결과

Influence, Working Paper, 1995(Peter O. Mülbert, 앞의 보고서, 66면에서 재인용).

58 J. Cable, Capital Market Information and Industrial Performance : The Role of West German Banks, 95 Economic Journal 118 (1985) ; M. Perlitz/F. Seger, The Role of Universal Banks in German Corporate Governance, 6 Business & the Contemporary World, 49, 57(1994)(Peter O. Mülbert, 앞의 보고서, 66면에서 재인용).

59 한편 감사회의 참여가 미치는 효과에 대해서는 명확한 결론을 얻지 못한 상태이다. Peter O. Mülbert, 앞의 보고서, 66면 주 158. 은행의 주식보유와 기업성과 사이에 상관관계가 있다는 명제를 뒷받침하는 연구로 Mülbert 교수는 Gorton과 Schmid의 1994년 논문을 인용하고 있다. 그러나 이들은 같은 제목의 1996년 논문에서는 그러한 상관관계도 대상시기에 따라 달리 나타난다고 하고 있다. 즉 1974년 수치에서는 양자 사이에 정(+)의 상관관계를 확인할 수 있었으나 1985년 수치에서는 아무런 관련을 찾을 수 없었으며, 오히려 은행 이외의 자의 주식보유와의 사이에 상관관계가 나타났다고 하고 있다. G. Gorton/F. Schmid, Universal Banking and the Performance of German Firms (Draft, University of Pennsylvania), 24 n.(Ekkehard Wenger/Christoph Kaserer, 앞의 논문, 32면에서 재인용).

60 Ekkehard Wenger/Christoph Kaserer, 앞의 논문, 34-38면.

은행의 주식보유와 기업의 장기적인 성과 사이에는 오히려 부(−)의 상관관계가 있음을 밝혔다. 은행이 주식을 보유하는 결과 회사는 자본시장의 압력으로부터 벗어나게 되고 그에 따라 대리인비용이 증가한다는 것이다.

이처럼 은행지배가 기업성과에 어떠한 영향을 미치는가에 대해서는 아직 결론을 내릴 수 있는 단계에 이르지 못했다. 그러나 은행지배가 부정적인 영향을 미칠 가능성이 존재하는 것은 분명하며 실제로 그러한 사례가 적지 않게 나타나고 있는 것은 이미 언급한 바와 같다. 그렇다면 은행권력의 남용여지를 봉쇄하는 방안이 오히려 더 큰 부작용을 초래하지 않는 한 그것을 추진하는 것이 바람직하지 않을까?[61] 은행권력에 대한 이러한 억제의 필요성은 자본시장육성의 관점에서도 찾아볼 수 있다. 은행지배가 자본시장에 미치는 효과에 관해서는 아직 실증적인 연구가 별로 없지만 부정적인 영향을 준다고 보는 견해가 유력하기 때문이다.

(4) 개혁의 방향설정에 관한 검토

Mülbert 교수는 개혁의 방향설정과 관련하여 네 가지의 가능성을 검토하고 있다.[62] 이러한 방향설정은 개혁론의 근거와 관련하여 앞서 살펴본 은행지배의 폐해와 밀접한 관계가 있다. 이하에서는 그 네 가지 가능성을 차례로 살펴보기로 한다. 첫째, 개혁론은 은행의 정치적 · 경제적인 힘을 억제하는 것을 목적으로 전개되기도 한다. 그러나 그러한 은행의 권력은 너무도 막연한 개념으로서 보는 사람에 따라서 커다란 편차를 가질 수 있다. 그러므로 그러한 개념에 기초해서 객관적이고 구체적인 개혁론을 전개하기는 어려울 것이다.

둘째, 개혁론은 은행감독의 강화라는 측면에서도 전개되기도 한다. 최근 예금자보호라는 관점에서 은행의 주식보유를 제한하는 방향으로 신용제도

61 Michael Adams, 앞의 논문, 1590-1591면.

62 이하 상세한 것은 Peter O. Mülbert, 앞의 보고서, 68-82면 참조.

법이 개정된 바 있다. 그러나 은행의 주식보유상황은 별로 변동되지 않았다. 현재 은행감독이라는 측면에서 은행의 영향력을 제한할 필요는 인정되지 않는다.

셋째, 개혁론은 질서의 예방적 보호(Ordnungspolitischer Präventivschutz)라는 차원에서 제기되기도 한다. 그러나 Mülbert 교수는 은행권력의 남용가능성만을 이유로 포괄적 개혁을 행하는 것에 의문을 표시하고 있다. 먼저 은행이 채권자, 주주, 의결권행사대리인, 감사 등 상이한 역할을 동시에 수행함에 따라 발생하는 이익상충의 문제에 대해서는 이미 주식법 등에 그것을 통제할 수 있는 장치가 마련되어 있음을 지적하고 있다. 나아가 그는 은행이 실제로 자기 이익을 위해서 대상회사의 주주이익을 침해하는 경우는 생각하기 어렵고 기업에 대한 설문조사도 그것을 뒷받침하고 있지 않다고 한다. 그러나 Mülbert 교수의 이러한 낙관론에 대해서는 비판도 없지 않다. Adams 교수가 지적하는 바와 같이 그러한 이익상충을 통제하는 주식법상의 장치는 실효성이 높지 않다.[63] 특히 은행의 의결권대리행사에 대한 통제는 거의 존재하지 않는다. 또한 Mülbert 교수는 은행의 파워가 경쟁법상으로 커다란 문제가 될 수 없다고 보고 있다.[64]

끝으로 개혁론은 자본시장의 육성이라는 관점에서도 제기될 수 있다. 사실 Mülbert 교수가 가장 중요시하는 것은 바로 이 점이다. 이 점에 관해서는 항을 바꾸어 설명하기로 한다.

---

63 Michael Adams, 앞의 논문, 1596면. 그 주된 이유로는 일반주주들이 소송수단을 활용하는 길이 사실상 막혀 있다는 점이 지적되고 있다. 정부와 사민당의 개정안은 모두 이 점에 대한 개선책을 담고 있다.

64 먼저 그는 은행과 관계를 갖는 회사가 다른 회사와의 경쟁에서 특별히 유리한 지위에 서지 않는다고 보고 있다. 회사법상의 지배수단을 갖는 은행은 그 대상회사와의 은행거래를 확보하는 면에서 다른 은행보다 다소 유리할 것이라는 점은 인정하면서도 그렇다고 해서 포괄적 개혁이 필요하다고까지는 보고 있지 않다.

(5) 주주이익보호와 자본시장의 육성[65]

Mülbert 교수는 은행파워의 가장 심각한 단점을 그로 인하여 자본시장이 위축된다는 점으로 보고 있다. 독일의 자본시장은 미국이나 영국의 자본시장에 비해서 상당히 후진적인 상태에 머물러 있다. 자본시장의 국제화와 경쟁이 심화되고 있는 오늘날 이러한 상황은 정책당국으로서는 실로 안타까운 일이 아닐 수 없다. 독일에서 자본시장이 발달하지 못한 원인으로는 여러 가지가 지적되고 있다.[66] 그러나 특히 중요한 것은 기업금융이 은행차입위주로 이루어지고 있다는 점과 주주이익이 충분히 보호되고 있지 않다는 점을 들 수 있다. 은행의 바람직한 역할과 모습이 어떠한 것인지는 바로 이러한 관점에서 음미할 필요가 있을 것이다. 자본시장이 제대로 발전할 수 있으려면 주주이익이 보다 중시될 수 있는 체제를 갖추어야 할 것이다.

앞서 지적한 바와 같이 은행은 회사지배에서 엄청난 영향력을 갖고 있지만 그 행사시에 주주이익은 기껏해야 부수적인 고려사항에 지나지 않는다. 오히려 은행은 회사경영진편에 가담할 인센티브가 더 크다. 이러한 상황에서 경영진은 은행 덕분에 주주에 의한 통제로부터 상당한 자유를 누릴 수 있다. 한편 은행은 회사의 자금조달이 자신으로부터의 차입을 통해서 이루어지도록 하는 데 관심을 갖는다. 회사의 자금조달이 은행차입에 과도하게 의존하게 되면 자연히 자본시장에 공급되는 주식의 규모가 제한될 수밖에 없다. 그러한 상황하에서는 자본시장이 제대로 성장하기 어려울 것이다. 이러한 사정은 자본시장의 국제화가 진전됨에 따라 차츰 개선되는 부분도 없지

---

65 다음의 서술은 Peter O. Mülbert, 앞의 보고서, 76-81면을 주로 참조하였다.

66 Peter O. Mülbert, 앞의 보고서, 77면은 다음과 같은 요인들을 제시하고 있다.

① 종업원연금을 위한 출연을 별개의 기관에 적립하지 않고 회사내부에 유보하는 것을 허용하는 점

② 회계제도가 투자자에 대한 정보제공보다는 채권자보호를 위한 준비금적립에 치중하고 있는 점

③ 공동결정제도와 기업이익개념의 도입

④ 연금제도가 기관투자자의 성장에 기여하지 못한 점

않을 것이다. Mülbert 교수는 독일의 자본시장은 점차 발전되고 있는 중이라고 보고 있다.[67] 그가 개혁의 필요성은 인정하면서도 은행의 영향력을 획기적으로 제한하는 대폭적 개혁에는 반대하고 있는 것도 그러한 판단에 기한 것으로 보인다. 그는 현재의 은행지배체제를 뒤흔드는 개혁보다는 주주이익이 충실히 증진될 수 있는 구체적인 방안에 관심을 기울이고 있다. 이하에서는 그러한 구체적인 개선안에 대해서 검토하기로 한다.

4. 구체적인 개선안의 평가

은행의 지나친 영향력을 억제하기 위한 목적으로 제시된 개선안은 실로 다양하다. 그것을 충분히 검토하려면 아마도 별개의 논문이 필요할 것이다. 이곳에서는 위에서 살펴본 일반론을 기초로 몇 가지 구체적인 개선안에 대하여 간단히 검토하기로 한다.

(1) 일반기업주식의 보유에 대한 제한

은행의 영향력을 제한하는 방안의 하나로 은행이 일반기업주식을 보유하는 것 자체를 제한하는 것을 생각해 볼 수 있다. 은행이 다른 회사의 주식을 보유하는 것은 증권업무의 수행이나 구제금융의 실시를 위해서 때로는 불가피할 것이다. 문제가 되는 것은 그러한 단기적인 보유가 아니라 장기적인 보유이다. 이 점에 대한 개선안은 보유주식의 한도를 정하거나 보유주식의 의결권배제를 주장하는 것이 대부분이다. 보유한도로는 일반적으로 5%에서 25%+1주 사이를 제시하고 있다. 원론적으로 말하면 은행도 다른 기업과 마찬가지로 자신의 자산을 자유로이 운용할 수 있어야 할 것이다. 그러한 은행의 자유를 제한하기 위해서는 합리적인 근거가 있지 않으면 안 된다. 그 근거로서 먼저 생각해 볼 수 있는 것은 예금자보호이다. 그러나 예금자보호를

67 Peter O. Mülbert, 앞의 보고서, 116면.

위한 규제는 이미 신용제도법에서 행하고 있다. 신용제도법의 규정보다 엄격한 내용의 규제를 추가할 필요는 없을 것이다.

제한의 근거로서 두 번째로 생각해 볼 수 있는 것은 은행 자신의 주주의 이익을 보호하는 것이다. 은행이 다른 회사의 주식을 장기적으로 보유하는 것이 은행 자신 내지 그 주주의 이익과 배치될 가능성이 있기 때문이다. 그러나 경영진이 회사이익에 반하는 행위를 하는 것을 억제하는 것은 전형적인 회사법상의 문제라고 할 수 있다. 이 문제는 비단 은행에 국한된 것이 아니라 모든 회사에 공통된 것이다. 바로 그러한 이유로 Mülbert 교수는 은행에게만 다른 기업의 주식을 보유하는 것을 제한하는 것은 위헌의 소지가 있다고 하고 있다. 그러나 이러한 위헌론에 대해서 Adams 교수는 크게 반발하고 있다.[68] 은행의 주식보유는 다른 기업의 경우에서와는 달리 이익상충의 여지가 크고, 따라서 그러한 주식보유의 제한이 정당화될 수 있다는 것이다. 만약 그러한 제한이 위헌이라면 은행의 주식보유를 가장 엄격히 제한하고 있는 미국의 은행법이나 우리나라의 은행법도 당연히 위헌이라는 결론에 이르게 될 것이다.

제한의 근거로 세 번째로 생각해 볼 수 있는 것은 경쟁법적 고려이다. 즉 은행이 다른 기업의 주식을 보유함으로써 그 기업의 은행거래를 노린 경쟁에서 다른 은행보다 유리한 지위를 차지할 가능성이 있다는 점이다. 이것은 경쟁법상 수직적 결합의 문제로서 이미 경쟁제한금지법(Gesetz gegen Wettbewerbsbeschränkungen) 22조 이하에 의해서 규율되고 있다. 그럼에도 불구하고 은행에 대해서만 그 규모나 시장에서의 지위는 고려하지 않고 주식보유를 경쟁법적 고려에서 제한을 가하는 것은 부당하다고 할 것이다.

끝으로 생각할 수 있는 것은 안정주주를 제거함으로써 경영진의 방만한 경영을 견제하는 것이다. 은행의 주식보유를 제한하면 일반기업은 안정주주를 잃게 되고 다른 기업에 의한 적대적 기업인수의 대상이 될 가능성이 그만큼 높아질 것이다. 이처럼 적대적 기업인수의 가능성이 생기면 경영진이 주

68 Michael Adams, 앞의 논문, 1592면.

주이익을 도외시한 경영을 계속해 나가기는 어려울 것이다. 경영진은 주주이익에 부합하는 경영을 함으로써 주가를 높게 유지하려고 할 것이다.

이처럼 은행의 주식보유를 제한하자는 제안은 나름대로의 타당성이 없는 것은 아니다. 그러나 앞서 살펴본 바와 같이 은행의 파워는 보유하고 있는 주식보다는 보관하고 있는 고객의 주식에서 나온다고 할 수 있다. 따라서 회사지배의 관점에서는 보관주식의 의결권대리행사제도를 개선하는 쪽이 훨씬 의미가 있을 것이다.

(2) 의결권대리행사제도의 개선[69]

은행은 보관주식의 의결권을 대리행사할 때에는 그 주주의 이익만을 고려해야 한다(주식법 128조 2항 2문). 그러나 주주이익의 구체적인 내용은 대주주, 소수주주, 회사주주, 개인주주에 따라 각양각색이다. 일부 유력한 학자들은 '평균적 주주(Durchschnittsaktionär)'의 이익을 고려하면 된다고 하고 있다. 그러나 구체적인 의사결정에서 평균적 주주의 이익이 어떠한지를 파악하기는 쉽지 않다. 또한 은행이 의결권을 행사하면서 슬그머니 자신의 이익을 앞세울 가능성도 없지 않다. 이러한 문제점들은 이미 오래전부터 인식되어 왔다. 의결권대리행사제도에 관해서는 그간 전면적 개혁안에서부터 부분적 개선안에 이르기까지 다양한 내용의 안이 제시된 바 있다. 개혁안도 예컨대 은행의 대리행사의 금지에서부터 국가기관에 의한 의결권행사에 이르기까지 그 구체적인 내용은 실로 각양각색이다. 이곳에서는 이들을 모두 소개할 수는 없고 최근에 사민당(SPD)이 제출한 입법안[70]에 대해서만 간단히 언급하기로 한다.

사민당은 1995년 회사지배에 관하여 상당히 폭넓은 입법안(이하 '사민당

69 이하의 서술은 달리 인용이 없는 한 주로 Peter O. Mülbert, 앞의 보고서, 87-103면에 의존하였다.

70 이 제안은 Baums 교수의 제안과 흡사하다. Baums & v. Randow, Der Markt für Stimmrechtsvertreter AG 1995, 145.

안')을 제출한 바 있다.[71] 사민당안에 의하면 보관은행은 주주가 각 의안에 대하여 구체적으로 지시한 경우에 한하여 의결권대리행사가 허용된다. 현재와 같은 포괄적 대리권을 갖지 못하므로 보관은행의 영향력은 크게 줄어들게 된다. 보관은행을 대신하는 것이 바로 주주들이 선임하는 주주대리인(Aktionärsvertreter)이다. 주주대리인이 갖는 대리권은 현재의 보관은행과 마찬가지로 포괄적이다. 주주대리인이 될 자로는 주로 공인회계사를 예상하고 있다. 주주대리인은 은행과는 달리 이익충돌로부터 자유롭다. 이들의 보수는 대리하는 주식수에 비례하며 회사가 지급한다. 따라서 이들은 보다 많은 주주로부터 위임을 받기 위해서 주주이익을 충실히 따를 인센티브를 갖게 된다. 과연 주주대리인의 보수가 대리하는 주식수에 비례하는 경우에는 주주대리인 사이에 경쟁이 생겨나서 결과적으로 주주이익이 보다 잘 반영될 것인가? 이 물음에 긍정적인 답을 내기는 어려울 것이다. 왜냐하면 현행법상으로도 이론상 의결권대리행사를 노리는 은행 사이의 경쟁이 생겨날 수 없는 것은 아니지만, 그러한 경쟁은 찾아볼 수 없기 때문이다. 자신의 의결권행사에도 무관심한 주주들이 남에게 그것을 맡기고 나서 제대로 이루어지고 있는지에 대해서 관심을 기울일 것을 기대하는 것은 역시 무리일 것이다. 또한 주주대리인의 보수를 회사가 지급하는 것에 대해서도 비판을 가할 수 있다. 스스로 의결권을 행사하는 주주에게 불공평할 것이기 때문이다. 이러한 주주대리인안에 대해서는 반대하는 견해가 우세한 것 같다.

Mülbert 교수는 기본적으로 현행제도의 골격을 유지하면서 부분적 수정을 가하는 쪽을 지지하고 있다. 그는 은행과 주주 사이에 존재하는 이익충돌은 해결하기 어려움을 강조한 후 다음과 같은 제안을 하고 있다.

① 의결권행사안의 근거를 제시할 것
② 은행의 지분소유 및 임직원파견상황을 공시할 것
③ 은행과의 구체적인 거래관계 등 이익충돌까지 공시하도록 하지는 말 것
④ 실제 이익충돌이 있는 경우에는 의결권행사안을 제시하지 말 것

71 법안의 정확한 인용에 관해서는 앞의 주 9 참조.

⑤ 은행이 파견한 감사에 관한 결의에서는 의결권행사안을 제시하지 말 것

⑥ 은행 자신의 주주총회에서는 고객의 지시는 서면으로 할 것

이러한 제안이 실현된다면 주주이익에 반하는 의결권행사를 다소 견제할 수는 있을 것이다. 그러나 그 경우에도 주주의 무관심이 지속되는 한 은행의 의결권대리행사는 아무래도 주주이익과 무관하게 이루어질 가능성이 높다. 그렇다면 결국 은행의 자동적인 대리행사를 폐지해야 할 것인가? 은행의 의결권대리행사야말로 은행권력의 핵심이라고 할 것이다. 그렇다면 이것을 폐지하는 것은 이제까지 독일경제와 결부되어 온 중요한 특성, 즉 은행권력을 제거하는 혁명적인 변화라고 할 수 있다. 과연 이러한 변화가 어떠한 결과를 가져올 것인가? 이 점에 대해서는 각자의 정치적 성향에 따라 커다란 견해차가 존재하는 것 같다. 정부안과 마찬가지로 Mülbert 교수도 그러한 극적인 변화는 지지하지 않고 있다. 그 이유는 아무래도 이제까지 주주총회에서 존재하던 예측가능성이 사라지고 의사결정이 우연한 다수에 의하여 좌우되는 혼란이 야기될 것을 두려워해서일 것이다. 그러나 주주들의 합리적인 무관심을 고려하면 이것은 너무 지나친 우려가 아닌가 생각된다. 주식 소유가 훨씬 분산되어 있는 미국에서 은행의 의결권대리행사제도가 없음에도 불구하고 주주총회의 의사결정이 거의 경영진의 의사대로 행해지고 있기 때문이다.

(3) 감사회에 대한 개혁[72]

감사회에 대한 개혁에 관해서도 감사의 수를 감소하는 등 다양한 내용의 제안이 나와 있다. 은행권력과 관련해서는 감사회에 대한 은행의 참여를 억제하는 방안이 주로 논의되고 있다. 다른 기업의 감사회에 임직원을 파견하는 경우에는 경쟁법적 · 회사법적으로 문제가 발생하는 것은 물론이고 독일사회에 널리 퍼져 있는 인적 네트워크구조가 강화되는 문제가 발생한다. Mülbert 교수는 이러한 문제는 반드시 은행 측 감사에 한정되는 것은 아니기

---

72 보다 상세한 것은 Peter O. Mülbert, 앞의 보고서, 104-108면 참조.

때문에 은행에만 적용되는 제한은 헌법상의 평등원칙에 위반할 수 있다고 보고 있다.

현재 한 사람이 감사로 참여할 수 있는 회사의 수는 10사로 한정되어 있다. 일부 개선안은 그 수를 3~7사로 감소할 것을 주장하고 있다.[73] 이러한 겸직가능한 회사수의 제한은 여러 목적에서 논의되고 있지만, 그것이 은행의 영향력을 억제하는 효과는 거의 없을 것이다. 수의 제한이 한 은행당 적용되는 것이 아니라 한 사람당 적용되는 것이므로 임직원 수가 많은 은행으로서는 그 상한은 쉽게 회피할 수 있기 때문이다.

Ⅳ. 결어

은행은 과연 독일의 경제성장과정에서 어떠한 역할을 해왔는가? 일반적인 여론, 특히 외국학자들은 대체로 긍정적인 평가를 내리고 있는 것으로 보이지만 그 역할을 뚜렷이 해명하는 실증적인 연구는 아직 별로 없는 것 같다. 그러나 독일인에게 보다 중요한 것은 과거가 아니라 현재이다. 문제는 과거야 어쨌든 간에 앞으로 은행이 회사지배에서 긍정적 역할을 수행할 수 있는지 여부이다.

이 점에 관해서는 의견이 첨예하게 엇갈리고 있다. 그러한 의견대립의 밑바닥에는 논자의 정치적 성향의 차이도 어느 정도 깔려 있는 것으로 여겨진다. 보다 냉정한 관점에서 이 문제에 대한 실증적인 연구가 시작된 것은 그리 오래지 않다. Mülbert 교수가 은행권력이라는 문제를 막연히 전체적으로 접근하지 않고 주식보유, 의결권대리행사, 감사회참여라는 세 가지의 회사법적 구성요소로 나누어 심층적으로 분석한 것에 대해서는 높이 평가하여야 할 것이다. 그는 과연 은행의 영향력이 이들 세 가지 측면에서 구체적으로 어떠한 효과를 발생시키는가에 대해서 기존의 연구성과를 종횡무진으로

73 사회당안 등은 감사회 의장으로 참여하는 경우에는 2배로 계산할 것을 주장하고 있다.

인용하면서 치밀하게 논리를 전개하였다. 그는 은행권력에 대한 이제까지의 비판은 실증적인 근거보다는 막연한 불안에 기한 경우가 많은 것으로 결론지었다. 은행이 잠재적으로 엄청난 영향력을 갖고 있는 것은 사실이다. 그러나 그것을 남용하는 예는 그다지 일반적이지 않으므로 은행체제의 대폭 수정은 불필요하다는 것이 Mülbert 교수의 견해이다. 바로 이 점에 대해서는 앞서 언급한 바와 같이 정반대의 주장이 강력하게 제기되고 있다.[74] 실제로 은행이 영향력을 적극적으로 남용하는 사례가 없지는 않은 것 같다. 그러나 그보다 중요한 것은 은행의 수동적인 의결권대리행사와 같은 구조적인 단점 때문에 주주이익이 부지불식간에 침해되는 경우일 것이다. 특히 독일에서는 기업이익(Unternehmensinteresse)이 다른 나라에서보다 훨씬 더 비중 있게 다루어지고 있기 때문에 주주이익의 희생은 더욱 심화되고 있다. 그러나 주주이익을 어느 만큼 추구할 것인가는 단순히 경제논리만 가지고 해결할 수 있는 문제가 아니다. 결국은 어느 정도 정치적 고려가 불가피할 것이다.

그러나 자본시장의 발전이라는 고려요소가 끼어들면 문제는 달라진다. 자본시장은 주주 내지 투자자들에 의하여 움직이는 시장이다. 따라서 주주이익을 경시하면서 자본시장이 발전되기를 기대할 수는 없다. 자본시장의 국제화에 따른 국가 간 경쟁을 독일이 포기할 수 없다면 결국에는 독일도 경쟁국인 영미와 마찬가지로 주주이익중심의 기업체제로 전환하지 않을 수 없을 것이다.[75]

주주이익과 자본시장을 중시하는 관점에서 보면 현재의 독일의 회사지배체제는 분명 문제가 있다. 경영자가 은행의 의결권대리행사와 기업 간 주식상호보유[76]라는 울타리 덕분에 주주이익에 크게 구애됨이 없이 자리를 유지

---

74 Michael Adams, 앞의 논문, 1596면.

75 독일에서 주주이익에 관한 최근의 관심을 잘 보여 주는 문헌으로 Mülbert, Shareholder Value aus rechtlicher Sicht, ZGR 1997, 129-172면.

76 독일에서 주식상호보유가 일반적인 관행이라는 점에 대해서는 거의 다툼이 없다. 그러나 그 규모는 정확히 측정할 수 없고 여러 사정에 근거한 추측만이 가능할 뿐이다. 심지어 그 규모가 전체주식시가총액의 52%에 달한다는 연구결과도 있다. S. Prowse, Corporate Governance in an International Perspective (1994)(Ekkehard Wenger/Christoph Kaserer, 앞의 논문, 24면

할 수 있기 때문이다. 그러나 Mülbert 교수는 정부여당이나 다른 학자들과 마찬가지로 은행의 영향력을 배제하는 것과 같은 극적인 방안에는 반대의사를 분명히 하고 있다. 은행의 영향력을 제거하는 조치는 정치적인 면에서 채택이 어렵기는 하겠지만 일단 채택되는 경우에는 그 내용이 단순하기 때문에 시행하는 것은 그리 어렵지 않을 것이다. 그러나 은행이 물러난 공백을 어떻게 메울 것인가는 극히 어려운 과제이다. 만약 그 공백을 방치하는 경우에는 경영진은 심지어 은행의 견제로부터도 완전히 해방되어 현재보다 더 폭넓은 재량을 누릴 수도 있다. 그렇다고 해서 경영진을 자본시장의 압력에 노출시키면 경영진이 단기적인 이익극대화에 쫓기는 나머지 이제까지 그런대로 잘 유지되어 온 자본과 노동 사이의 균형이 무너지고, 나아가 국가경제전체의 안정이 위태로워질 우려가 있다.[77] Mülbert 교수가 자본시장에 의한 통제를 도입하면서도 현재 독일체제의 골격은 흔들지 않을 것을 주장하는 것은 바로 그런 우려 때문이라고 할 수 있다. 사실 자본시장이 제대로 기능할 수 있는 체제를 갖추는 것은 그 자체만으로 극히 어려운 과제이다. 실제 세계경제상 어느 정도 성숙된 자본시장이 존재하는 나라가 미국, 영국 등 겨우 다섯 손가락으로 꼽을 수 있을 정도에 지나지 않는 것도 그 점을 뒷받침하고 있다. 이제 독일 내에서는 자본시장의 육성이 중요하고도 시급한 과제라는 점에 대해서는 거의 이론이 없는 상태이다. 그러한 어려운 과제를 과연 이제까지 산업사회의 안정을 담보하던 은행중심체제의 근간을 건드리지 않고도 달성할 수 있을 것인지 앞으로 관심을 가지고 지켜볼 대목이라고 할 것이다.

『서울대학교 법학』 제38권 제1호, 서울대학교 법학연구소, 94-121면.

에서 재인용). 주식상호보유의 회사법적 · 경쟁법적 문제에 관한 최근 문헌으로는 Karstin Schmidt, Wechselseitige Beteiligungen im Gesellschafts- und Kartellrecht (1995).

77 경영자를 주주이익에 구속시키는 경우에 발생할 수 있는 '공익'의 침해가능성은 독일만이 아니라 미국에서도 널리 거론되고 있다.

제2편

경영자와 주주 사이의 이익상충

01 재벌과 소수주주 보호

I. 머리말

오늘날 우리 사회에서 재벌[1]의 영향력은 경제분야는 물론이고 정치, 문화 등 기업활동과는 직접 관계가 없는 다른 영역에까지 널리 미치고 있다. 날로 증대되는 재벌의 비중에 비례하여 최근에는 재벌에 대한 학문적 관심도 괄

1 재벌이라는 말은 널리 사용되고 있기는 하지만 법적으로 정의된 용어는 아니다. 재벌 개념의 정의에 대해서는 조동성, 한국재벌연구(개정 1판), 매일경제신문사, 1991, 28-37면 참조. 법적으로는 재벌이라는 용어 대신 '계열기업군'(금융기관 여신운용규정 5조)이나 '대규모 기업집단'(독금법 7조의3)이라는 용어가 사용되고 있다. 이 글에서는 '재벌'과 '기업집단'이라는 용어를 같이 사용한다. 양자는 모두 '소수의 대주주의 통일적인 지배하에 있는 다수의 기업들로 이루어진 집단'을 의미하는 것으로 보되 '재벌은 구체적으로 삼성 · 현대 등 현재 우리나라에 존재하는 대규모 기업집단을, 그리고 ' 기업집단 '은 통일적으로 운영되는 복수의 기업이라는 추상적인 의미로 사용한다. 또한 재벌이나 기업집단을 구성하는 개별기업은 계열회사라고 부르기로 한다.

목하게 증가하고 있다.[2] 그러나 이제껏 재벌에 대한 연구는 주로 경제학 내지는 경영학적 분석에 치중되어 왔고 법적인 분석은 별로 찾을 수 없다.[3]

특히 회사법적 관점에서의 연구는 아직 미미한 실정이다.[4] 회사법적 시각은 재벌에 관한 정책 논의에서도 거의 무시되고 있다. 최근 매스컴에서 여러 차례 보도된 바 있는 내부거래에 관한 논의는 바로 이 점을 뚜렷하게 보여주고 있는 좋은 예라고 할 수 있다.[5] 내부거래는 같은 재벌그룹의 계열회사 사이에서 행해지는 거래를 말한다. 내부거래에서는 그 거래조건이 어떻게 결정되는가에 따라 거래의 당사자가 되는 기업의 재산상태나 영업성적이 크게 좌우된다. 따라서 내부거래에 대해 관심을 기울여야 할 사람은 누구보다도 바로 거래를 행하는 기업의 주주라고 할 것이다. 그럼에도 이제까지의 내부거래에 관한 논의에서는 주주의 이익 같은 것은 거의 언급된 바 없다. 주로 부각된 것은 그것이 계열회사와 비계열회사 사이의 공정한 경쟁을 막는다는 경쟁법적 측면이었으며, 따라서 전면에 나선 것은 공정거래위원회였다.[6]

이처럼 재벌문제에 관해서 회사법적 연구가 부족한 것은 결국 우리 상법학계의 무관심 때문이라고 할 수 있다. 최근 저명한 상법학자들이 대거 참여하고 있는 법무부의 상법 개정작업에서도 재벌문제를 의식한 개정 논의는 거의 전무한 것으로 알려지고 있다. 만약 재벌이라는 현상이 회사법상으로는 별다른 문제를 제기하지 않는 것이라면 상법학계의 그러한 무관심을 굳

2 최근의 업적들을 몇 가지만 열거하자면 주 1의 조동성의 저서 외에도 강철규 외, 재벌, 비봉출판사, 1991 ; 이승훈 외, 소유와 경영의 분리 : 경영현대화와 경제민주화, 서울대 사회과학연구소, 1991 ; 정병휴 외, 한국재벌부문의 경제분석, 한국개발연구원, 1992 ; 최정표, 재벌해체, 비봉출판사, 1983.

3 그 예외로는 경제법적 측면에 대한 권오승 교수의 논문을 들 수 있다. 권오승, "재벌의 문제점과 그 대책," FIDES 32호(1992), 서울대법대 학생회, 7면.

4 그 예외로는 재벌 자체를 다룬 것은 아니지만 재벌의 중요한 특성인 주식상호보유에 관한 선구적인 업적으로 이철송, "상호주에 관한 연구," 서울대 법학박사학위논문, 1983이 있다.

5 가장 최근의 보도는 동아일보, 1993. 9. 4, 7면.

6 공정거래위원회에 뒤이어 국세청도 내부거래로 인한 조세회피를 막기 위해 내부거래 관련업체에 관심을 보이고 있다. 한국경제신문, 1993. 9. 6, 1면.

이 탓할 필요도 없을 것이다. 그러나 우리 재벌과 같은 기업집단에서는 계열회사 주주의 보호가 심각한 문제로 제기된다. 재벌 전체를 지배하는 총수(이하 '지배주주')와 소수파에 속하는 그 밖의 주주(이하 '소수주주') 사이의 이익이 상치될 가능성이 너무 크고 또한 그 모습이 너무 다양하기 때문이다. 이 글은 이제까지의 논의에서 소홀히 다루어진 회사법적 시각에서 재벌 계열회사에서의 소수주주 보호라는 문제를 검토하는 것을 목적으로 한다.

먼저 II에서는 현재와 같은 재벌의 소유구조하에서는 계열회사 사이의 이익상충이 발생할 수밖에 없다는 점을 밝히고, 구체적인 이익상충의 모습을 유형적으로 고찰한다. III에서는 이러한 이익상충에 대한 현행법상의 규제의 현황과 문제점들을 살펴본다.

II. 재벌의 소유구조와 주주 간의 이익상충

1. 소유구조의 복잡성과 이익상충

재벌에 대한 정의는 학자들마다 각양각색이다. 그러나 회사법적으로 의미 있는 점만 추출하여 정의한다면 '1인 또는 소수의 지배주주의 통일적인 지배하에 있는 다수의 계열회사로 구성된 기업집단'이라고 할 수 있을 것이다. 법률적으로는 각각의 계열회사가 독립한 하나의 기업이라고 할 수 있지만, 경제적으로는 이 계열회사의 집단인 재벌 전체가 하나의 기업이고 각 계열회사는 그 기업의 일부분에 지나지 않는다. 이러한 형태의 기업집단은 자본주의국가라면 어느 곳에서나 찾아볼 수 있다. 우리 재벌의 특징은 총수가 계열회사를 지배하는 구조가 극히 복잡하다는 점이다. 재벌의 소유구조는 아직 많은 부분이 베일에 가려져 있어 실상을 정확하게 파악하기 어렵고 또한 재벌에 따라 상당한 차이가 있다. 그렇지만 일반론으로는 다음과 같이 말할 수 있을 것이다. 어느 재벌이나 그 재벌의 의사결정을 지배하는 자연인—이 글에서는 총수로 부른다—이 존재한다. 이 총수의 지배력은 그의 일

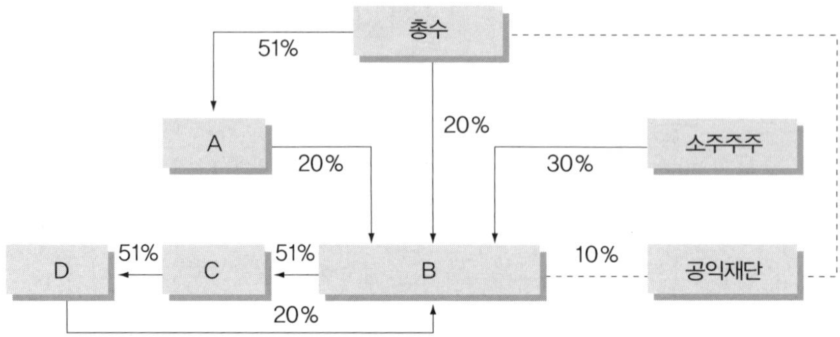

〔그림 1〕 계열기업 일반적 소유구조 1

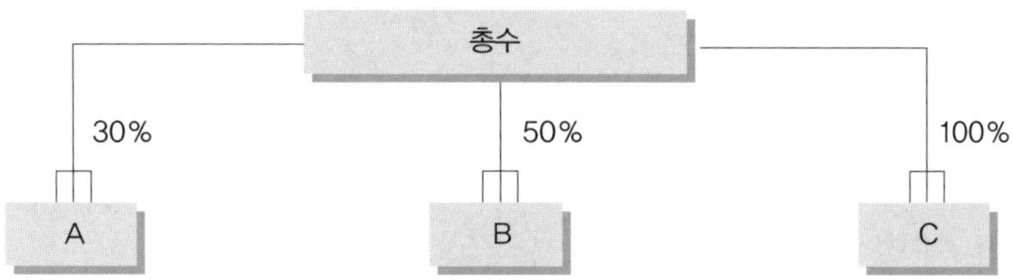

〔그림 2〕 계열기업 일반적 소유구조 2

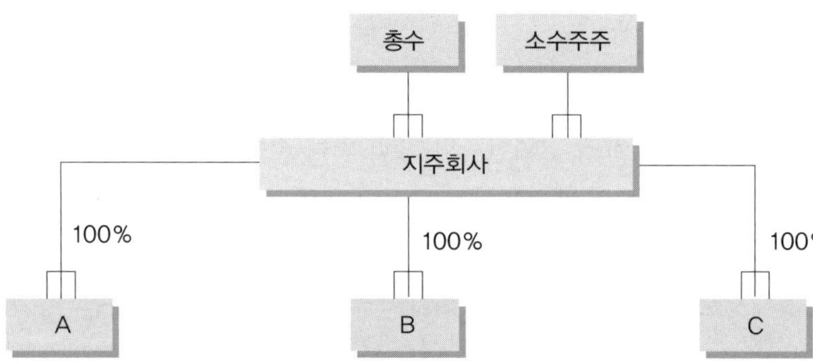

〔그림 3〕 계열기업 일반적 소유구조 3

족이 보유하는 주식으로부터 나오는 것이다. 그러나 총수의 일족이 직접 소유하는 계열회사 주식은 일부에 불과하고 경영권 확보에 필요한 주식은 대부분 다른 계열회사를 통해서 간접적으로 지배한다. 1991년의 한 통계에 의하면 5대 재벌에서 지배주주(이른바 특수관계인 포함)의 지분율은 13.2%인 데 비해서 계열회사 지분율은 38.4%에 이르고 있다.[7] 총수가 계열회사에 대해서 경영권을 확보하는 구체적인 방법은 정확하게 파악하기 어렵다. 그러나 대체로 말하면 〔그림 1〕에서와 같이 다양한 방법을 혼용하고 있는 것으로 보인다.[8] 직간접적으로 지배하는 특정의 계열회사에 대해서 총수가 갖는 실질적인 이해관계(이를 '실질적 지분율'이라고 하자)를 정확하게 측정하는 것은 쉽지 않을 것이다. 그렇지만 분명한 사실은 특정의 회사에 대해 총수의 실질적 지분율이 계열회사마다 다르다는 점이다. 예컨대 〔그림 2〕에서 보는 바와 같이 총수의 실질적 지분율이 A회사에서는 30%, B회사에서는 50%, C회사에서는 100%라는 식으로 다양한 것이 오히려 보통이다. 무릇 타인의 이익보다 자신의 이익을 앞세우는 것은 인간의 본성이라고 할 수 있다. 재벌의 총수도 인간이므로 아무래도 실질적 지분율이 큰 C회사에 유리한 방향으로 그룹을 운영하고자 할 것은 당연하다.

총수가 A회사나 B회사의 희생하에 C회사의 이익을 도모하는 방법은 뒤에서 보는 바와 같이 무궁무진하다. 역시 뒤에서 보는 바와 같이 우리의 법제도는 그러한 이익상충을 규제하는 데 여러 가지로 미흡하다. 그러나 아무리 제도를 개선한다고 해도 그러한 이익상충의 가능성을 완전히 제거하기는 어렵다. 보다 근본적 해결책은 이러한 복잡한 소유구조를 단순화하는 것이다.

예컨대 〔그림 2〕와 같은 소유구조 대신 〔그림 3〕에서와 같이 총수가 다수주주로서 지주회사를 지배하고 지주회사가 A, B, C회사의 주식을 전부 소유하는 구조를 취하는 경우를 상정해 보자.[9] 이러한 단순한 소유구조하에서는 총수가 계열회사들 사이에서 부를 이전하거나 특정 계열회사에게만 유리한 조치를 취함으로써 자신이 이익을 볼 수 있는 여지는 없다. 물론 지주회사의 차원에서는 총수와 소수주주 사이의 이익상충의 문제가 그대로 남지만 적

7 정병휴 외, 앞의 책, 81면.

8 〔그림 1〕은 최정표, 앞의 책, 400면의 그림을 약간 수정한 것이다.

9 물론 이와 같은 경우는 독점규제법상 지주회사금지조항(8조)의 개정을 전제로 해야만 가능할 것이다.

어도 계열회사들 사이의 이익상충의 문제는 사라질 것이다.[10]

사실 우리 재벌의 복잡한 소유구조는 다른 나라, 특히 미국의 기업집단과 대조를 이룬다. 약간 오래되기는 하였지만 한 통계에 의하면 1975년 현재 미국의 다국적기업의 계열회사 1만 1,198사 중 친회사의 지분율이 95~100%인 회사수가 70%가 넘는 8,059사에 달하였다.[11] 즉 미국의 기업집단은 우리 재벌에 비해서 완전 자회사 형태를 훨씬 선호하고 있는 것이다. 그 이유는 무엇일까? 그것은 아마도 위와 같은 이익상충에 대해 규제가 미국에서는 훨씬 엄격하기 때문으로 짐작된다.

계열회사 간 상호보유는 일본의 기업그룹에서도 널리 퍼져 있는 현상이다. 그러나 일본의 기업그룹에서는 계열회사 간 이익상충이 우리나라에서처럼 심각하지 않다. 그 이유는 우리의 재벌과 일본 기업그룹의 소유구조의 차이에서 찾을 수 있을 것이다. 일본의 기업 그룹에서는 우리의 재벌총수와 같이 재벌 전체의 의사결정을 지배하는 개인은 존재하지 않는다. 일본의 기업그룹에서의 의사결정은 각 계열회사 사장이 참여하는 사장단회의의 합의에 의하여 이루어지고 있다. 따라서 어느 한 계열회사에만 일방적으로 유리하고 다른 계열회사에는 불리한 조치가 취해질 가능성은 그다지 크지 않다.

현재 정부의 재벌정책 중에는 계열회사의 공개를 장려한다는 내용이 포함되어 있다.[12] 그러나 재벌 전체의 의사결정을 지배하는 총수의 경영권을 그대로 존속시킨 채 막연히 계열기업의 공개를 권장하는 식의 정책은 재고할 필요가 있다. 위와 같이 복잡한 재벌의 소유구조하에서 소수주주의 이익을 보호하는 것이 곤란하다는 점을 고려하면 계열회사의 공개를 통해서 재벌의 소유구조를 한층 더 복잡하게 만드는 것은 바람직하지 않다. 또한 계열

---

10 A, B, C회사의 채권자들 사이에는 이해의 상충이 있을 수 있으나 그 문제는 여기서 다루지 않는다.

11 J. Curhan/W. Davidson/R. Suri, Tracing the Multinationals 143 (1997)〔P. Bumberg, The Law of Corporate Groups ; Procedural Law 471, Boston : Little, Brown and Company (1983)에서 재인용〕.

12 최근까지는 증권당국이 증시에 공급되는 주식물량을 제한하기 위해서 재벌계열회사의 공개를 억제해 왔다.

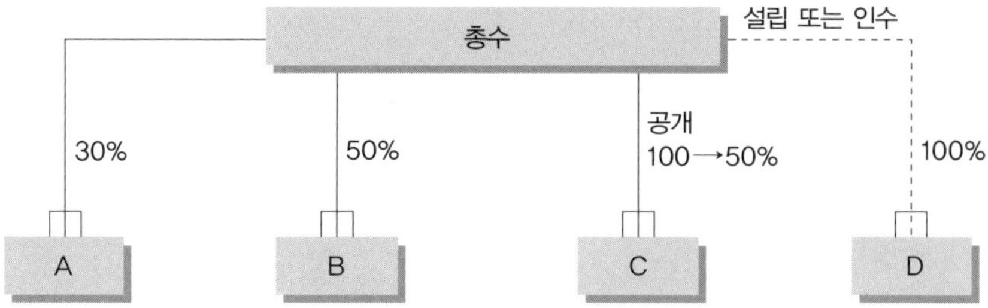

〔그림 4〕

회사를 공개한 재벌총수는 공개를 통해서 얻은 자금으로 〔그림 4〕와 같이 새로운 계열회사를 설립하거나 인수할 수 있기 때문에 이른바 문어발식 확장이 촉진될 수도 있다. 따라서 정책적으로는 오히려 계열회사를 완전 자회사화함으로써 기업집단의 소유구조를 단순화하는 것이 바람직할 것이다. 〔그림 3〕과 같이 소유구조를 단순화하는 경우에는 지주회사, A, B, C 사이의 이해는 완전히 일치하게 되므로 총수가 사익을 추구할 수 있는 여지는 상당히 사라질 것이다. 또한 그 경우 각 재벌은 계열회사의 완전 자회사화에 따른 자금 부담으로 인하여 자신들이 특성을 발휘할 수 있는 부분 이외의 계열회사는 포기함으로써 업종전문화가 촉진될 수도 있을 것이다.

2. 이익상충의 유형

(1) 서설

이하에서는 현재와 같은 재벌의 소유구조가 유지되는 것을 전제로 하고 총수와 소수주주 사이의 이익상충에 대해서 설명한다. 원래 경영자의 이익상충은 극히 다양한 모습으로 나타나지만, 이 글에서는 재벌이라는 기업집단 총수의 이익상충의 유형 중 특히 중요하다고 생각되는 다음 여섯 가지만을 차례로 살펴보기로 한다.

〔유형 1〕 계열회사 사이의 직접거래

〔유형 2〕 계열회사가 다른 계열회사를 위해서 경제적 불이익을 감수하는 경우

〔유형 3〕 계열회사 사이의 합병

〔유형 4〕 회사기회의 유용

〔유형 5〕 계열회사에 대한 자원의 불공정 배분

〔유형 6〕 계열회사와의 경쟁

(2) 〔유형 1〕과 〔유형 2〕 : 자기거래(self-dealing)

〔유형 1〕은 다음의 〔그림 5〕에서 보는 바와 같이 계열회사 간에 이루어지는 거래이다. 〔유형 1〕의 거래에는 A, B 사이에 부동산을 매매하거나 자금을 융통하는 등의 일회적 거래는 물론이고 자동차부품업체가 자동차회사에 부품을 공급하는 것과 같은 지속적 거래도 포함된다. 후자가 바로 최근 문제된 내부거래에 해당한다. 〔유형 1〕의 경우에는 거래조건이 어떻게 결정되느냐에 따라 A, B의 과세소득액이 크게 좌우된다. 법인세법은 이른바 부당행위계산부인규정(20조)을 두어 조세회피를 위해서 거래조건을 자의적으로 결정하는 것을 막고 있다. 실제로 법인세법상의 부당행위계산부인규정이 적용된 예는 많이 있다.[13] 그러나 〔유형 1〕은 회사법상 가장 대표적인 이익상충 거

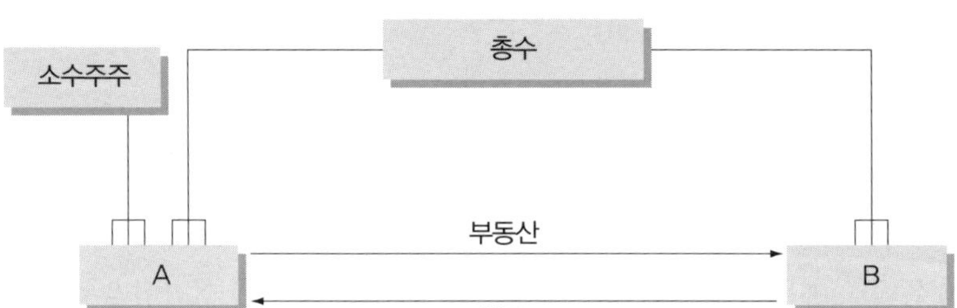

〔그림 5〕

13 이 규정에 대한 간단한 설명으로는 이태로, 조세법개론(전정판), 조세통람사, 1992, 318-330면.

래유형이라고 할 수 있음에도 불구하고 실제로 회사법상으로 문제된 경우는 거의 찾아볼 수 없다.

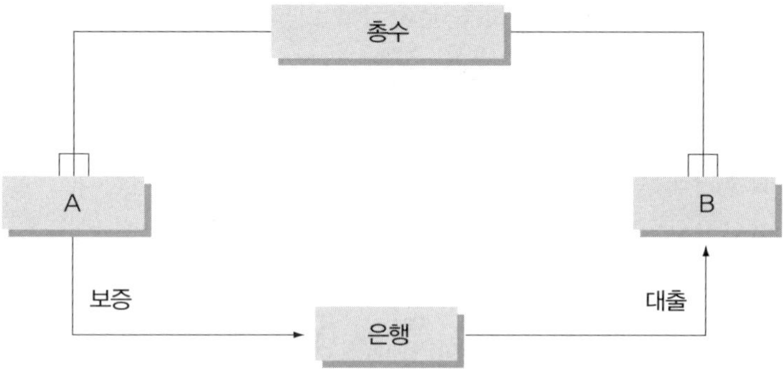

〔그림 6〕

〔유형 2〕는 〔그림 6〕에서 보는 바와 같이 엄격히 말해서 계열회사 사이에 이루어지는 거래는 아니지만 한 계열회사가 다른 계열회사를 위해서 경제적 불이익을 감수하는 경우이다. 다른 계열회사의 채무를 보증하거나 인수하는 형태로 나타나는 것이 보통이며, 흔히 간접거래라고 일컬어진다. 최근에 마침내 독점규제법이 규제하기에 이른 상호지급보증도 바로 〔유형 2〕에 속하는 거래라고 할 수 있다. 종래 회사의 보증행위는 회사법상으로는 주로 회사의 권리능력[14]의 문제로서 다루어졌다. 과거의 대법원판례 중에는 회사가 정관에 정해진 사업의 범위 내에서만 권리와 의무를 가진다는 것을 전제로 회사가 다른 회사의 채무를 보증하는 행위는 그러한 사업범위를 넘는 것이므로 무효라고 판시한 것도 있다.[15] 그러나 최근의 판례는 회사의 권리능력을 넓게 인정하는 일반적인 학설의 태도와 보조를 맞추어 회사의 보증행위도 권리능력 범위 내에 속하는 것으로 보고 있다.[16] 따라서 이제 재벌 계열

---

14 회사가 구성원인 주주와는 별개의 독립된 주체로서 권리를 보유하고 의무를 부담할 수 있는 능력을 말한다.

15 대법원 1975. 12. 23. 선고 75다1479 판결.

16 대법원 1987. 12. 8. 선고 86다카1230 판결 ; 1988. 1. 19. 선고 86다카1384 판결.

회사 사이의 상호지급보증에서 문제삼아야 할 것은 오히려 보증을 하는 회사와 채무자인 회사 사이의 이익상충 측면이라고 할 수 있다. 그러나 재벌계열회사 간 상호지급보증에 관한 최근의 논의에서는 이익상충의 측면은 전혀 관심을 끌지 못하였다.[17] 보증인이 되는 회사는 주된 채무를 부담하는 회사가 채무를 이행하지 못하는 경우에는 대신 채무를 이행할 의무를 부담한다. 그러나 주채무자로부터 아무런 대가도 받지 않는 것이 보통이다. 따라서 보증거래는 당연히 보증인이 되는 회사에 불리한 거래라고 할 수 있다. 그러나 지금 당장에는 손해를 보지만 장차 다른 계열회사로부터 보증의 혜택을 받을 가능성이 있다는 점을 고려하면, 반드시 회사에 일방적으로 불리한 거래라고 할 수만은 없을 것이다. 지난번의 논의에서 이익상충의 측면이 부각되지 않은 것은 아마도 상호지급보증이라는 것이 결국에는 계열회사 모두에 이익이 된다는 인식이 퍼져 있었기 때문이 아닐까? 그러나 계열회사가 상호지급보증으로부터 얻은 이익은 반드시 모든 회사에 동일한 것이 아니다. 자세히 살펴보면 계열회사 중에서도 상대적으로 이익을 보는 회사와 손해를 보는 회사가 반드시 존재할 것이다. 물론 일률적으로 이야기하기는 어렵겠지만 상호지급보증으로부터 상대적 이익을 누리는 것은 대부분 총수의 실질적 지분율이 높은 중소계열회사 쪽이 아닐까?

위에서 살펴본 계열회사 간 상호지급보증은 그래도 겉으로 이익상충의 문제가 쉽게 드러나는 거래라고 할 수 있다. 그러나 한 계열회사가 다른 계열회사를 위해서 경제적 불이익을 감수하는 〔유형 2〕의 거래 중에서는 이익상충의 측면이 외견상 잘 드러나지 않는 경우도 많다. 예컨대 같은 재벌에 속하는 자동차회사의 판매 신장을 위해서 자동차판매회사가 할부거래의 조건을 구매자에게 유리하게 변경하는 경우에는 자동차판매회사의 희생은 눈에 쉽게 띄지 않을 것이다.

17 독점규제법에 상호지급보증의 한도를 자기자본의 200%로 제한하는 규정(10조의2)이 삽입되었을 뿐이다.

(3) 〔유형 3〕 : 합병

〔그림 7〕에서 보는 바와 같이 계열회사 A, B 사이에 〔유형 3〕의 합병이 이루어지면 B는 A에 흡수되어 소멸하고 B의 주주들은 B주식 대신 A주식을 받게 된다.[18] 따라서 합병시 A, B의 주주들의 이해관계는 A, B주식의 교환조건이 어떻게 결정되느냐에 따라 좌우될 것이다. 〔유형 3〕의 합병은 그 거래로 인해서 이익이나 손해를 보는 주체가 법형식적으로 계열회사인 A, B 자체가 아니라 A, B의 주주라는 점에서 적어도 일차적으로는 계열회사 자체의 이익이나 손해가 문제되는 앞의 〔유형 1〕과 구별된다. 그러나 〔유형 3〕도 그 합병조건이 독립한 당사자들 사이의 '진정한 교섭(arm's length negotiation)'에 의해서가 아니라 총수의 일방적인 의사에 의해서 결정된다는 점에서 〔유형 1〕의 경우와 마찬가지의 이익상충의 문제를 낳는다.

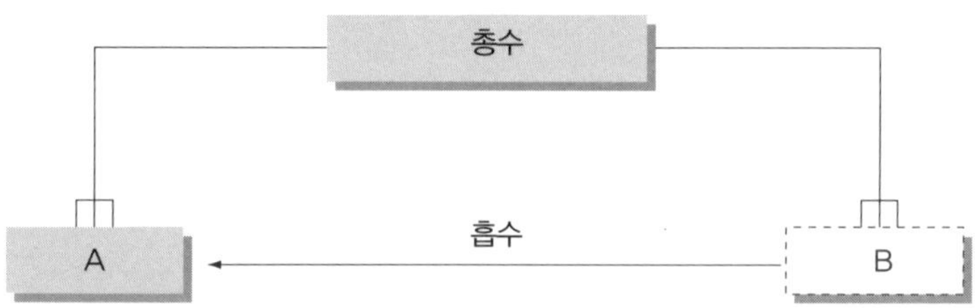

〔그림 7〕

(4) 〔유형 4〕, 〔유형 5〕, 〔유형 6〕

총수가 계열회사의 재산을 빼돌리는 행위는 횡령이나 배임으로서 형법상 범죄에 해당될 뿐 아니라 민법상 불법행위에 해당될 것이다. 그렇다면 회사

18 합병은 당사자 회사들이 모두 해산하고 새로운 회사를 설립하는 신설합병(consolidation)과 한 회사만 해산하고 그 권리 · 의무가 다른 회사에 포괄적으로 승계되는 흡수합병(merger)으로 나뉜다. 그러나 실제로는 흡수합병의 형태를 취하는 경우가 대부분이므로 이 글에서는 흡수합병을 전제로 설명한다.

의 사업기회를 빼돌리는 행위는 어떠한가? 한걸음 더 나아가 일반적으로 자기의 이익을 위해서 회사의 이익 가능성을 침해하는 행위는 어떠한가? 〔유형 4〕, 〔유형 5〕, 〔유형 6〕은 바로 이러한 행위에 관한 유형이다. 앞서 설명한 〔유형 1〕, 〔유형 2〕, 〔유형 3〕에서 침해되는 주주의 재산적 이익은 상당히 구체적이고도 현실적인 것이 보통이다. 예컨대 10억 원의 가치가 있는 회사부동산을 다른 계열회사에 5억 원에 매도하는 경우는 회사재산이 5억 원 상실된 것과 마찬가지의 결과가 된다. 그에 비해서 〔유형 4〕, 〔유형 5〕, 〔유형 6〕에서 문제되는 것은 회사가 장차 얻을 수 있는 이익으로서, 상대적으로 구체성이나 현실성이 떨어진다고 할 수 있다.

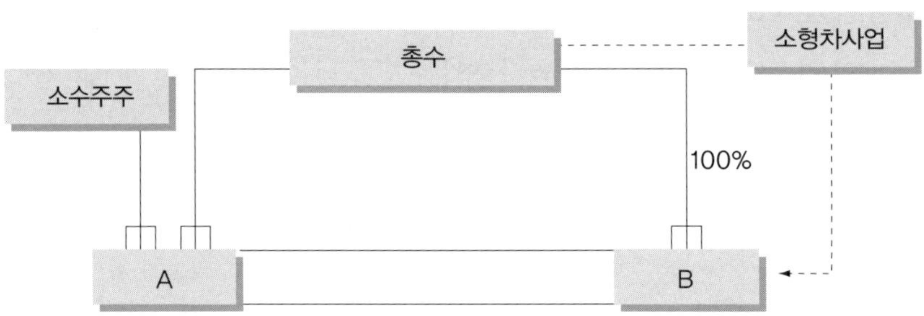

〔그림 8〕

〔유형 4〕에서 회사기회(corporate opportunity)란 회사가 일종의 기득권을 가진다고 볼 수 있는 사업기회라고 할 수 있다. 총수가 회사기회를 유용하는 전형적인 예로는 〔그림 8〕에서 보는 바와 같이 전망이 좋은 소형차사업을 기존의 자동차회사 대신 자신의 지분율이 보다 높은 계열회사로 하여금 시작하도록 하는 경우를 들 수 있다. 회사기회의 유용은 일회적인 사업기회의 경우에도 가능하다. 예컨대 아파트부지로 적합한 토지를 발견한 건설회사의 지배주주가 이를 자신이 직접 또는 자신의 지분율이 높은 계열회사를 통해서 낮은 가격으로 사들여 높은 가격에 회사에 넘김으로써 차익을 남기는 경우도 회사기회의 유용에 해당한다고 할 것이다. 이상의 예는 사업기회가 어느 계열회사에 속하는지, 즉 어느 계열회사의 회사기회인지가 비교적 명확

한 경우라고 할 수 있다. 그러나 사업기회가 어느 회사의 회사기회인지 판별하기 어려운 경우도 많다. 한 재벌이 비슷한 업종에 여러 계열회사를 두고 있거나 사업기회 자체가 전혀 새로운 것인 경우에는 어느 계열회사의 회사기회인지 판단이 쉽지 않을 것이다. 그러한 경우에는 사업기회의 배분결정이 총수의 이기적 판단에 의한 것인지 아니면 순수한 경영판단에 의한 것인지를 구별하는 것이 현실적으로 거의 불가능할 것이다.

〔유형 5〕는 〔유형 4〕에 비해서 총수의 이익상충이 겉으로 덜 드러나는 경우이다. 그 전형적인 예로는 〔그림 9〕에서와 같이 총수가 그룹 차원에서 자금, 인력 등의 자원에 대한 수급계획을 세우면서 특정의 계열회사를 집중 지원하는 경우를 들 수 있다. 이러한 경우에도 다른 계열회사는 성장가능성을 상실한다는 점에서 상대적으로 불이익을 입는 것은 분명하다. 그러나 그러한 불이익은 법적으로 구제받을 수 있는 손해라고 하기 어려울 것이고 그 액수 산정도 어려울 것이다. 또한 총수의 그러한 결정이 과연 개인적 이익을

〔그림 9〕

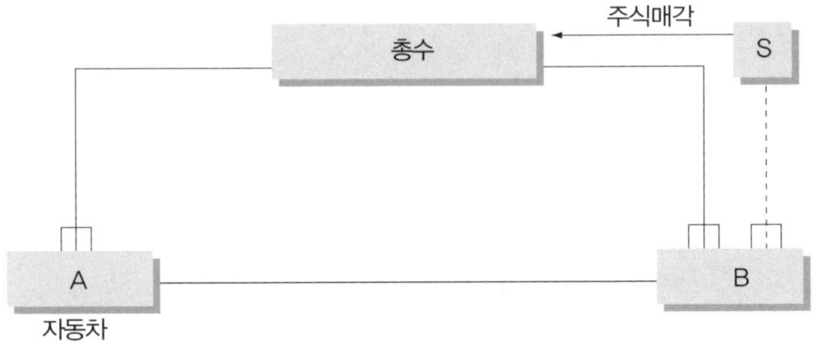

〔그림 10〕

위한 것이었는지 순수한 경영판단에 의한 것이었는지를 판별하는 것도 극히 어려울 것이다.

〔유형 6〕은 지배주주가 특정계열회사와 경쟁적인 지위에 서게 되는 경우에 관한 것이다. 〔유형 6〕과 〔유형 4〕의 회사기회 유용을 구별하는 것은 쉽지 않다. 굳이 구별하자면 〔유형 4〕는 회사가 정당한 이해관계를 갖는 사업기회를 유용하는 측면에 초점을 맞춘 것이라면, 〔유형 6〕은 회사의 이익과 양립하기 어려운 지위에 서는 측면에 초점을 맞춘 것이라고 할 수 있다. 예컨대 〔그림 10〕에서와 같이 자동차회사 A의 지배주주가 기존의 다른 자동차회사 B를 인수하는 경우에는 바로 〔유형 6〕에 해당한다고 볼 수 있을 것이다.

III. 이익상충에 관한 우리 법규제의 문제점

현행 상법상으로도 위에서 열거한 이익상충을 규제하기 위해서 동원할 수 있는 규정들이 전혀 없는 것은 아니다. 그러나 상법의 규정들은 많은 문제점을 지니고 있다. 이 글에서는 이 문제점들을 일반적 문제점과 구체적 문제점으로 나누어 살펴보기로 한다.

1. 일반적 고찰[19]

(1) 지배주주 개념의 결여

다른 나라의 법과 마찬가지로 우리 상법도 경영자의 권한남용을 억제하기 위해서 여러 규정을 두고 있다. 그러나 이 규정들은 모두 그 행위의 주체를 이사 또는 감사로 한정하고 있다. 예컨대 회사와의 경쟁을 금지하는 397조,

19 이 부분은 특히 김건식, "주주 간의 이해조정에 관한 시론," 한림법학포럼 1권(1992), 한림대 법학연구소, 63면 이하에 크게 의존하였다.

회사와의 거래를 금지하는 398조, 회사에 대한 책임을 규정한 399조, 제3자에 대한 책임을 규정한 401조, 위법행위의 사전적 구제수단을 규정한 402조 등이 모두 '이사'의 행위를 대상으로 하고 있다. 또한 이사와 회사와의 관계는 민법상 위임으로 보아(382조 2항) 이사가 미국법상의 충실의무(fiduciary duty)에 상당하는 이른바 '선량한 관리자의 주의의무'(민법 681조)를 부담한다고 보는 것이 일반적이다. 그러나 회사의 의사결정을 실질적으로 지배하는 지배주주 내지 다수주주와 같은 개념은 상법에서는 찾아볼 수 없다. 따라서 재벌 계열회사에서 지배주주인 총수가 이사직을 맡고 있지 않은 한 그의 행위를 상법으로 규제하는 것은 쉽지 않다. 현실적으로 재벌총수가 모든 계열회사의 이사직을 겸하는 경우는 거의 없고 오히려 총수 중에는 '그룹 회장'이라는 비법률적 직함만을 가질 뿐 개별적인 계열회사의 이사직은 전혀 맡지 않는 경우도 있다. 그렇다면 의사결정기구의 최정상에 있는 총수는 그냥 놓아 둔 채 그 수족에 불과한 대표이사 내지 이사의 행위만을 문제삼는 상법의 태도는 현실과 동떨어진 것이라고 하지 않을 수 없다. 물론 상법에 지배주주의 개념을 도입하여 그의 행동을 제약하는 규정을 마련한다면 이러한 현실과의 괴리는 사라질 것이다. 그러나 그러한 입법적인 해결에 앞서 과연 현행법의 테두리 내에서 총수의 권한남용을 규제하는 것이 불가능한 것인가를 음미해 볼 필요가 있다.

(2) 이사행위의 규제를 통한 간접규제

회사의 의사결정은 사실상으로는 총수가 행하는 경우에도 법적으로는 회사의 기관인 이사회 및 대표이사의 행위를 통해서 실현된다. 만약 이들 이사의 행위를 통제하는 상법상의 규정을 이용해서 총수의 지배권남용을 간접적으로나마 막을 수가 있다면 상법상 지배주주 같은 개념이 없다는 것이 그다지 문제되지 않을 것이다. 앞서 열거한 상법규정 중에서 이러한 목적으로 고려해 볼 수 있는 것은 이사의 위법행위에 대한 유지청구라는 사전적 구제수단을 규정한 402조와 이사의 손해배상책임을 규정한 399조와 401조라고 할 수 있다. 그러나 결론부터 밝히자면 이 규정들로는 총수의 이익상충 행위를 막기 어렵다.

설명의 편의를 위해서 총수의 이익상충 행위로 인해서 손해를 보는 계열회사를 A, 이익을 보는 계열회사를 B라고 하자. 우선 이 규정들을 개별적으로 살펴보기에 앞서 이것들이 공통적으로 지니고 있는 근본적 한계를 지적하지 않을 수 없다. 이들 규정이 적용되기 위해서는 A회사 이사의 행위가 존재하지 않으면 안 된다. 앞의 〔유형 1〕, 〔유형 2〕, 〔유형 3〕에서는 소수주주 이익의 침해가 A의 이사의 행위를 통해서 이루어지고 있다. 그러나 〔유형 4〕, 〔유형 5〕, 〔유형 6〕은 총수나 B의 일방적인 행위에 의해서 실현되고 A의 행위는 개재되지 않는 것이 보통이다. 이처럼 A의 행위가 개재되지 않는 경우라면 이사의 행위를 규제대상으로 하는 이들 상법규정은 애당초 적용될 여지가 없을 것이다.

그러면 이제 다음과 같이 사전적 구제수단을 규정하고 있는 402조부터 살펴보기로 한다.

"이사가 법령 또는 정관에 위반한 행위를 하여 이로 인하여 회사에 회복할 수 없는 손해가 생길 염려가 있는 경우에는 감사 또는 발행주식의 총수의 100분의 5 이상에 해당하는 주식을 가진 주주는 회사를 위하여 이사에 대하여 그 행위를 유지(留止)[20]할 것을 청구할 수 있다."[21]

402조의 유지청구는 다음과 같은 한계를 지니고 있다. 먼저 유지청구권은 5% 이상의 주식을 가진 주주만이 행사할 수 있다.[22] 회사의 규모가 커질수록 이 5% 요건을 충족하는 '소수주주'는 많지 않을 것이다. 물론 이 5% 요건은 반드시 주주 1인이 혼자서 충족시켜야만 하는 것은 아니고 다른 주주와 공

---

20 그만둔다는 의미이다.

21 일반적 견해에 의하면 이 규정의 적용대상인 위법행위에는 자기주식취득금지와 같이 구체적인 법령 · 정관의 규정에 위반하는 행위뿐만이 아니라, 이사의 선량한 관리자의 주의의무를 정하는 일반규정(382조 2항 ; 민법 681조)을 위반한 행위도 포함된다. 北澤正啓, 會社法(3판), 青林書院, 1991, 434면.

22 물론 감사도 행사할 수 있는 것으로 되어 있으나 현실적으로 감사가 유지청구권을 행사하는 것은 기대하기 어렵다.

동으로 충족하는 것도 가능하다. 그러나 다른 주주들을 설득하여 공동행동을 취하는 것은 거래비용(transaction cost)이 많이 들기 때문에 현실적으로 어렵다. 둘째, 유지청구는 사전에만 의미를 갖는 것이므로 위법행위가 일단 완료된 경우에는 무력하다. 실제로 대표이사의 위법행위는 은밀하게 그리고 순식간에 끝마쳐지는 경우가 많을 것이다. 따라서 사전에 그것을 발견하여 유지청구권을 행사하기가 어렵다. 또한 사전에 법원으로부터 유지의 가처분을 받아 낸 경우에도 미국에서와는 달리 가처분위반행위가 법정모욕죄를 구성하는 것도 아니므로 대표이사가 위법행위를 감행하는 것까지 막을 수는 없다.[23] 끝으로 유지청구는 대표이사의 위법행위로 인해서 '회사에 회복할 수 없는 손해가 생길 염려가 있는 경우'에 한해서 인정된다. 일반적인 견해에 의하면 소수주주의 이익이 침해될 뿐인 경우에는 유지청구가 허용되지 않는다.[24]

이사의 위법행위를 사전에 저지하는 것이 어렵다면 그러한 위법행위를 감행한 이사에게 사후에라도 손해배상책임을 물으면 되지 않을까? 이사의 손해배상책임에 관한 규정으로는 399조와 401조의 두 가지가 있다. 399조의 손해배상책임은 개별주주가 아니라 회사에 대한 책임이다. 회사가 위법행위를 감행한 대표이사를 상대로 손해배상청구소송을 제기할 것인지 여부는 감사가 결정하도록 되어 있다(394조). 감사가 그러한 소송을 제기하지 않는 경우 주주는 회사를 대표하여 대표이사에 대해서 소송을 제기할 수 있다(403조 이하). 그러나 우리 상법에 규정된 주주의 대표소송제도는 현실적으로 여러 가지 약점을 지니고 있다. 우선 대표소송을 제기할 수 있으려면 주주는 유지청구의 경우와 같이 5% 요건을 충족하지 않으면 아니 된다. 또한 5% 요건을

23 일본에서는 가처분위반행위를 법정모욕죄로 처벌하자는 입법론이 유력하다. 신판주석회사법(6), 유비각, 1987, 430면(北澤).

24 이러한 견해는 호남에틸렌과 대림산업 사이의 합병에 관한 소송에서 법원이 채택한 바 있다. 대림산업이 주식의 80%를 보유하는 호남에틸렌을 흡수합병하기로 결정하자, 호남에틸렌의 20% 주주인 롯데는 합병비율의 불공정을 이유로 그 결정에 반대하였다. 롯데는 호남에틸렌의 대표이사를 상대로 합병승인을 목적으로 하는 주총개최 금지 등 위법행위를 유지하는 가처분을 법원에 신청하였다. 그러나 서울민사지방법원은 합병비율의 불공정은 합병무효의 사유가 되는 것은 별론으로 하고 호남에틸렌에 회복할 수 없는 손해를 가져오는 행위라고 볼 수 없다는 이유로 롯데 측의 가처분신청을 기각하였다. 서울민사지법 1987. 9. 9.자 87카879 결정.

간신히 충족해서 법원에서 승소판결을 받아 내었다 해도 손해배상액은 소를 제기한 주주가 아니라 회사에 귀속한다. 주주들은 회사재산이 회복된 것에 대해 간접적인 이익만 누릴 뿐이다. 그러나 손해배상을 해야 할 대표이사가 재산이 별로 없는 경우에는 그러한 간접적인 이익마저 기대할 수 없다. 한편 주주가 대표소송을 위해서 들인 비용은 승소한 경우에만 그것도 실비액의 범위 내에서만 회사로부터 상환받을 수 있을 뿐이다(405조 1항). 이처럼 대표소송을 제기하는 주주는 소송에서 승리하는 경우에도 얻을 수 있는 이익이 별로 없다. 그러한 이유에서인지 우리나라에서는 상법제정 후 30년이 지난 오늘날까지 대표소송의 예를 거의 찾을 수가 없을 뿐만 아니라 앞으로도 대표소송제도가 이용될 가능성은 별로 없다.[25]

399조가 '회사에 대한' 이사의 책임을 규정하고 있는 데 비해서 401조는 '제3자에 대한' 책임을 규정하고 있다. 이곳의 '제3자'에 주주가 포함되는가에 대해서는 학설이 나뉘고 있으나, 다수설은 그것을 긍정하고 있다.[26] 그러나 최근 대법원은 주주의 간접손해, 즉 회사의 재산이 감소됨으로써 주주가 간접적으로 입는 경제적 손해는 401조에 의해서 구제될 수 없다고 선언한 바 있다.[27] 따라서 이제 대법원판결에 의하면 401조는 주주의 손해가 회사의 손해와 관계없이 대표이사의 행위로 인해서 직접 발생한 경우에만 이용할 수 있다. 그러나 재벌총수의 지배권 남용으로 인해서 회사의 손해와 관계없이 주주가 직접 손해를 입는 경우는 그렇게 많지 않다.[28] 또한 주주에게 직접 손해가 있더라도 그 액수가 그리 크지 않은 경우에는 소송에 드는 시간과 비용 등을 고려해서 스스로 제소를 포기할 가능성이 높다. 미국법에서는 집단

---

25 최근 일본에서는 승소주주가 회사에 대해서 소송수행과 관련해서 지출한 비용을 청구할 수 있는 권리를 인정하는 등 대표소송의 활용도를 높일 수 있는 방향으로 상법이 개정된 바 있다. 그 개정내용과 문제점에 대해서는 座談會, "株主代表訴訟制度の改善と今後の問題點," 商事法務 1329호(1993), 상사법무연구회, 4면 이하.

26 최기원, 신회사법론(6판), 박영사, 1991, 660-661면.

27 대법원 1993. 1. 26. 선고 91다36093 판결(법원공보 940호, 845면). 이 판결에 대한 평석으로는 김건식, "주주의 직접손해와 간접손해," 서울대학교 법학 34권2호(1993), 서울대 법학연구소, 295면 참조.

28 대표이사가 불공정한 조건의 합병을 추진하는 경우 정도를 들 수 있을 뿐이다.

소송(class action)과 같이 원고가 비슷한 처지에 있는 피해자들을 대표하여 하나의 소를 제기하여 손해배상을 청구하고 승소시에 얻은 손해배상액에서 변호사비용을 포함한 소송비용 일체를 회수할 수 있는 제도가 존재한다. 그러나 그러한 제도가 존재하지 않는 우리나라에서는 소수주주가 401조를 활용하는 경우는 거의 생각하기 어렵다.

(3) 지배주주의 행위의 직접규제를 위한 해석론

이처럼 이사의 행위를 규제하는 것만으로는 문제를 효과적으로 해결하기 어렵다. 우리 상법이 지배주주를 따로 규제대상으로 삼고 있지 않다는 점에 대해서는 이미 지적한 바 있다. 그렇다면 지배주주인 총수의 행위는 현행법상 전혀 규제할 방도가 없는 것일까? 그렇지는 않다. 지배주주를 겨냥한 명시적인 규정이 없는 현행상법하에서도 지배주주의 권한남용을 억제하기 위한 해석론이 전혀 불가능한 것은 아니다. 여기에서는 대표적인 것 두 가지만 살펴본다.

1) 사실상의 이사

지배주주가 법적으로는 이사가 아니더라도 실질적으로 회사의 의사결정에 관여하고 있는 경우에는 '사실상의 이사'로 보아 이사에 관한 각종 규정을 적용하자는 견해가 있다.[29] '사실상의 이사'라는 개념은 스위스, 독일, 일본 등지에서는 오래전부터 논의되고 있으나 우리나라에서는 아직 생소하다. 이제껏 사실상의 이사라는 개념은 주로 하자 있는 선임결의에 의해서 선임된 이사가 행한 행위의 효력을 인정하고 그에게 이사로서의 책임을 묻기 위해서 이용되어 왔다. 그러나 이러한 사실상의 이사라는 개념은 법적으로 이사는 아니지만 실제로 회사의 의사결정을 지배하는 배후의 인물에 책임을 지우기 위한 수단으로 이용할 여지가 없지 않다. 대법원은 행위자가 실질적

29 간단한 소개로는 신현윤, "사실상 이사의 법리," 고시연구 1992년 12월호, 88면 이하.

으로 회사 의사결정에 영향력이 있는지 여부보다는 법률적으로 이사인지 여부를 중시하고 있는 점[30]에 비추어 그러한 개념을 인정할 가능성은 별로 없는 것 같다.

사실상의 이사라는 개념을 인정하는 경우 그 개념에는 총수와 같은 자연인은 물론이고 지배회사와 같은 법인을 포함시키는 것도 생각해 볼 수 있을 것이다. 사실상의 이사 개념이 지니는 장점은 이사를 대상으로 한 규정을 모두 바로 지배주주에 대해 적용하는 것을 가능케 한다는 것이다. 그러나 이 개념을 활용하는 것에도 전혀 문제가 없는 것은 아니다. 먼저 지배주주가 어느 정도로 경영에 참여하여야 사실상의 이사로 볼 수 있는지 분명치 않다. 만약 통상의 이사와 동등한 정도로 경영에 참여할 것을 요구한다면 그 개념의 활용가치는 크게 줄어들 것이다. 그러나 이 이론의 보다 근본적인 약점은 지배주주를 이사와 동일시하는 것 자체라고 할 수 있다. 이사는 회사의 수임인으로서 선량한 관리자의 주의를 다하여 회사의 이익을 추구할 의무를 부담한다. 이러한 이사의 의무는 회사의 이익을 침해하지 않는다는 소극적 측면뿐 아니라 회사의 이익을 위해 진력할 적극적 측면을 아울러 지니고 있다. 그러나 회사의 의사결정에 영향력을 미칠 수 있는 사실상의 지위에 있을 뿐 회사와 아무런 법률관계를 갖지 않는 지배주주에 대해서 그러한 적극적 의무를 인정하기는 어렵다. 요컨대 소수주주에게 영향을 줄 수 있는 지배주주의 사실상 지위를 고려하여 해석상 지배주주에게 어느 정도 의무를 부과하는 것이 불가피하다 하더라도 그 의무의 범위를 이사의 의무와 같게 볼 수는 없는 것이다.

2) 주주의 성실의무

다음에 고려해 볼 것은 상법에 명시적인 규정은 없지만 해석상 주주도 다른 주주에 대해서 그들의 이익을 배려할 포괄적 의무가 있다고 보는 견해이

30 대법원 1966. 1. 18. 선고 65다880 · 881 판결(민사판결원본 100-7) ; 대법원 1981. 4. 14. 선고 80다2950 판결(민사판결원본 280-195).

다. 미국법에서는 이러한 주주의 포괄적 의무도 이사의 경우와 마찬가지로 fiduciary duty(충실의무)로 불리고 있다. 한편 독일에서는 이사의 의무와는 구별하여 통상 Treupflicht(성실의무)라는 용어로 부르고 있다. 이제는 우리나라에서도 다수의 학자들이 그러한 개념을 인정할 것을 주장하고 있다.[31] 물론 회사법에 명시적인 규정이 없음에도 불구하고 그러한 거창한 개념을 선뜻 인정하기는 어려울 것이다. 그러나 명시적인 법적 근거가 없다는 것이 그러한 개념을 인정하는 데 결정적인 장애가 될 수는 없다. 특히 총수의 경영권 남용을 억제할 수 있는 실효성 있는 수단이 달리 존재하지 않는 우리의 현실을 고려하면 그러한 포괄적 의무를 인정할 필요는 더욱 절실하다. 지배주주의 충실의무가 일찍이 정착된 미국에서도 법에 명시적인 규정이 없음에도 불구하고 법원이 그 개념을 해석으로 인정하였다. 특히 관심을 끄는 것은 지난 1988년 독일의 연방대법원(Bundesgerichtshof)도 법률에 명시적인 근거가 없음에도 불구하고 마침내 주주의 성실의무를 긍정하였다는 사실이다.[32] 특히 독일의 주식법은 우리 상법에 비하여 지배주주의 권한남용을 억제하는 장치가 훨씬 잘 정비되어 있음에도 불구하고 그러한 포괄적인 개념을 인정했다는 점을 주목할 필요가 있다.

3) 입법의 필요와 방향

이러한 해석론은 결국 법원이 받아들이지 않는 한 의미가 없다. 만약 법원이 소극적인 태도를 취한다면 입법에 기대해 볼 수밖에 없다. 입법의 방향으로는 크게 두 가지를 생각해 볼 수 있다. 먼저 지배주주의 권한남용이 우려되는 구체적인 상황에 대해서 개별적으로 규정을 마련하는 방안이다. 이는 독일주식법이 기본적으로 취하고 있는 태도라고 할 수 있다. 예컨대 주식법 117조는 고의로 회사에 대한 자기의 영향력을 이용하여 이사 등으로 하

31 최기원, 앞의 책, 395면 ; 정동윤, 회사법, 법문사, 1986, 217면 ; 이기수, 회사법(보정판), 박영사, 1993, 320면.

32 Linotype판결이라고 불리는 이 판결에 대한 간단한 설명은 김건식, "소수주주의 보호와 지배주주의 성실의무," 법학 32권 3/4호(1992), 서울대법학연구소, 1면 이하 참조.

여금 회사나 주주에 손해를 주는 행위를 하도록 한 자는 그로 인한 손해를 배상할 의무를 진다고 하고 있다.[33] 또한 주식법 243조 2항은 주주가 의결권의 행사에 의해서 자기 또는 제3자를 위해서 회사나 다른 주주의 희생하에 특별한 이익을 얻고자 그러한 목적에 부합하는 결의를 통과시킨 경우 그 결의를 취소할 수 있음을 규정하고 있다. 이러한 규정들이 지배주주의 권한남용을 억제하는 데 도움이 될 것은 분명하다.

그러나 앞서 살펴본 바와 같이 지배주주가 소수주주의 이익을 침해하는 모습은 그야말로 무궁무진하다. 따라서 모든 가능한 경우를 미리 상정하여 그에 대해서 일일이 개별적인 규정을 마련하는 것은 현실적으로 불가능하다. 그렇다고 해서 일반규정 하나만으로 각양각색의 현실을 모조리 규율하는 것도 힘겨운 일이다. 그러므로 이상론을 펴자면 지배주주의 권한남용을 규제하는 일반규정을 도입함은 물론이고 그와 아울러 그것을 구체화하는 개별적인 규정을 차차 마련해 가는 것이 바람직할 것이다. 다음에서는 그러한 구체화 작업의 일환으로 상법의 개별규정의 문제점을 차례로 살펴보기로 한다.

2. 구체적 고찰

앞서 열거한 여섯 유형을 중심으로 현행 상법의 규정이 갖는 문제점을 검토하기로 한다.

(1) 〔유형 1〕과 〔유형 2〕 : 이사의 자기거래

〔유형 1〕과 〔유형 2〕의 행위(앞서 예시한 〔그림 5〕와 〔그림 6〕에 각각 해당)를 규제하는 데 적용할 수 있음직한 상법규정은 398조이다. 398조 "이사는 이

33 우리 상법에도 이 같은 규정을 도입해야 한다는 입법론은 이미 오래전부터 제기된 바 있다. 정희철, "대주주 등의 책임," 법사상과 민사법(현승종화갑기념), 박영사, 1979, 481면.

사회의 승인이 있는 때에 한하여 자기 또는 제3자의 계산으로 회사와 거래할 수 있다"라고 규정하고 있다. 이 규정은 문면상으로는 〔그림 11〕에서와 같은 회사와 이사 사이의 직접적인 거래(이른바 직접거래)에만 적용이 있는 것처럼 보인다. 그러나 통설과 판례는 〔그림 12〕에서 보는 것처럼 회사가 이사의 채권자에 대해서 이사의 채무를 보증하는 것과 같은 간접거래에 대해서도 적용이 있다고 보고 있다. 이곳에서는 직접거래를 중심으로 논의를 펴나가기로 한다.

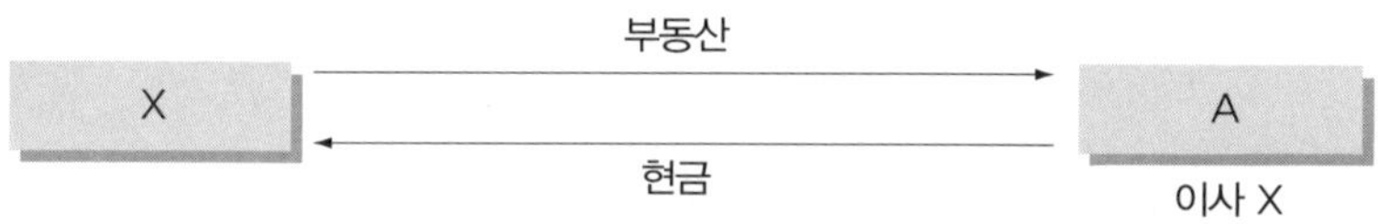

〔그림 11〕 전형적 직접거래

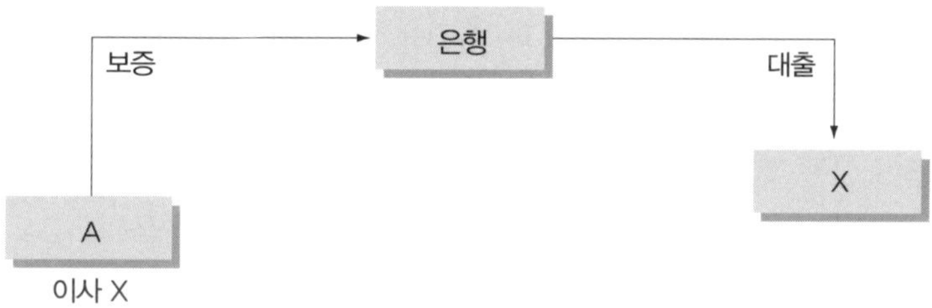

〔그림 12〕 전형적 간접거래

결론부터 말하자면 398조는 특히 재벌과 같은 기업집단에서 발생할 수 있는 다양한 이익상충거래를 규율하는 데 여러 가지로 부적합하다. 398조의 첫 번째 문제점은 앞서 지적한 바와 같이 그 규제대상이 '이사'로 되어 있다는 점이다. 따라서 회사의 지배주주가 이사직을 맡지 않는 경우에는 '사실상의 이사' 개념을 인정하지 않는 한 〔그림 13〕에서와 같은 그와 회사 사이의 거래에 398조를 적용할 수 없다. 그러나 사실상의 이사 개념을 인정하는 경우에도 문제는 있다. 398조의 문면은 이사가 문제의 거래에서 회사의 상대방이어야 하는 것으로 보인다. 회사와 거래를 한 상대방이 이사가 아닌 제3자

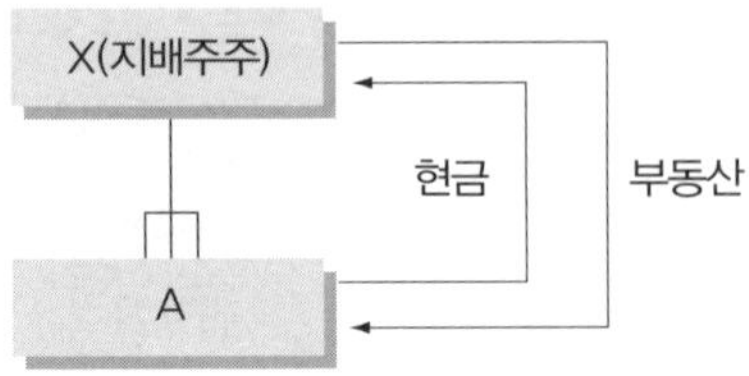

〔그림 13〕

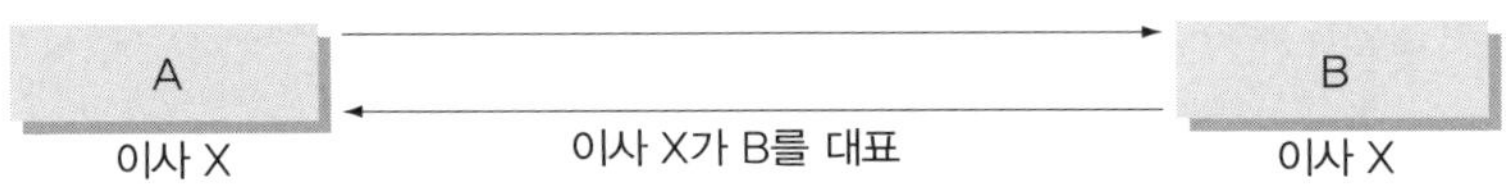

〔그림 14〕

인 경우에는 398조는 적용될 수 없는가? 회사가 이사의 채권자와 보증계약을 체결하는 간접거래의 경우에는 회사의 상대방이 이사가 아니지만 398조가 적용된다는 것은 앞서 지적한 바와 같다. 통설은 〔그림 14〕에서와 같이 A회사의 이사 X가 제3자인 B회사를 대리하거나 대표하여 A회사와 거래하는 경우라도 법적으로 당사자는 이사 X가 아니라 제3자인 B회사이지만 398조의 적용이 있는 것으로 보고 있다.[34] 그러나 이상의 두 가지 경우 이외에 제3자가 회사와의 거래 당사자인 경우 398조의 적용이 어느 범위에서 가능한 것인지는 의문이다. 일부 학설은 거래의 당사자가 이사(또는 사실상의 이사)가 아닌 경우에도 '이사의 계산으로' 하는 경우에는 398조의 적용이 있다고 한다.[35] 문제는 '이사의 계산으로'라는 것의 의미가 무엇인가 하는 것이다. 〔그림 15〕에서와 같이 이사 X가 법적으로 당사자는 아니지만 거래의 경제적 효과를 전적으로 누리는 경우에는 일단 그 적용을 긍정할 수 있다. 이러한 사고를 한걸음 더 진전시키면 〔그림 16〕에서와 같이 A회사의 이사 X가 주식 100%를 보유하는 회사 B가 A의 상대방이 되는 경우에는 X가 B를 대표

34 이러한 해석의 근거는 반드시 분명치는 않으나 아마도 이사가 제3자를 대표하거나 대리하는 것이 '제3자의 계산으로' 회사와 거래하는 것에 해당한다는 판단에 기초한 것이 아닌가 짐작된다.

35 채이식, 상법강의(상), 박영사, 1990, 592면.

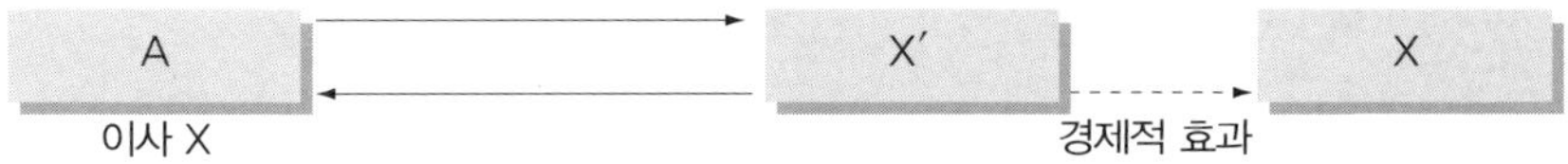

〔그림 15〕

〔그림 16〕

또는 대리하지 않는 경우에도 그 거래가 '이사 X의 계산으로' 이루어진 것으로 보아 398조를 적용할 수 있을 것이다. 문제는 X와 B회사의 관련이 그처럼 밀접하지 않은 경우이다.

예컨대 X가 B회사의 주식을 과반수 보유하는 데 불과한 경우 또는 B회사의 이사를 겸한 데 불과한 경우에도 B회사와의 거래를 'X의 계산으로' 이루어진 것으로 볼 수 있을까? 만약 이것을 긍정한다면, 398조의 적용범위는 상당히 확대될 수 있고 기업집단에서의 이익상충의 여지는 상당 부분 봉쇄할 수 있을 것이다. 이 문제에 대해서는 아직 별로 논의가 없지만 학설은 거기까지 나가는 것에는 주저하고 있는 것 같다.

위에서 398조를 융통성 있게 해석해서 이사 X 자신이 아니라 그가 이해관계를 같이하는 제3자가 거래의 당사자가 된 경우에도 398조를 적용한다고 하더라도 그 실효성에는 의문이 있다. 결국 398조가 요구하는 것은 그러한 거래를 하기 전에 이사회의 승인을 받아야 한다는 것에 불과하다.[36] 현재 계열회사에서 누구를 이사로 선임할 것인가는 완전히 총수의 의사에 달려 있는 것이 현실이다. 이처럼 총수의 충복들만으로 구성된 이사회가 승인권한을 공정하게 행사할 것을 기대하기는 어렵다.

---

36 사후승인은 부정하는 것이 다수설이다. 최기원, 앞의 책, 649면 ; 정동윤, 앞의 책, 435면.

(2) 〔유형 3〕

합병의 당사자가 되는 회사의 주주의 이익은 합병조건이 어떻게 결정되는가에 따라서 크게 좌우된다. 계열회사 간 합병에서 합병조건은 결국 양 회사를 지배하는 총수의 의사에 의해서 결정될 것이기 때문에 이익상충이 일어날 가능성이 크다. 현행법상 합병시 계열회사의 소수주주가 자신의 이익보호에 의존할 수 있는 수단은 크게 세 가지라고 할 수 있다. 첫 번째 수단은 합병의 의사결정과정에 참여하는 것이다. 합병계약은 주주총회의 특별결의—과반수주식을 가진 주주의 출석과 출석주주의 의결권의 3분의 2 이상의 찬성—를 거쳐야 하는 사항이다(522조). 그러나 이제껏 이러한 가중된 주총결의 요건 때문에 합병이 저지된 일은 거의 찾아볼 수 없다. 특히 통설은 친자회사 사이의 합병의 경우에도 친회사는 자회사의 주총에서 의결권을 행사할 수 있는 것으로 보기 때문에—즉 의결권이 배제되는 368조 4항의 특별 이해관계인으로 보지 않기 때문에—특별결의요건을 충족시키는 것은 그다지 어렵지 않다.

두 번째 보호수단은 불공정한 조건으로 합병이 이루어진 경우에는 합병무효의 소(529조)로써 합병을 무효화하는 것이다. 합병조건의 불공정이 합병무효의 사유가 될 수 있는지에 대해서는 명확한 규정이 없으나 대체로 긍정하는 것이 일반적이다.[37] 그러나 합병무효가 선언되는 경우에는 합병을 전제로 축적된 복잡한 권리관계를 원점으로 복귀시켜야 하는 어려운 문제가 있으므로 아주 예외적인 경우에만 인정할 필요가 있다.[38] 또한 합병을 무효화하는 것은 결국 다수가 원하는 결정을 소수가 가로막는 것이기 때문에 자칫 부당한 협상대가를 노린 소수의 전략적 행동(strategic behavior)을 야기할

---

37 합병조건의 불공정을 이유로 합병이 무효임을 선언한 하급심판결도 있다. 인천지법 1986. 8. 29. 선고 85가합1526 판결.

38 합병무효의 판결이 확정된 경우 합병 후 발행된 신주를 누구에게 귀속시킬 것인가 등의 현실적으로 어려운 문제가 많다는 점을 이유로 합병무효제도는 입법론적으로 재검토할 필요가 있다는 주장이 유력하다. 江頭憲治郎, "會社の支配從屬關係と從屬會社少數株主の保護," 法學協會雜誌 99권2호(1982), 有斐閣, 186면 주 18.

우려가 있다.

궁극적으로 투자수익을 올리는 것이 목적인 소수주주에게 가장 효과적인 보호수단은 출자액을 회수하는 것이다. 주식을 증권거래소에 상장한 회사의 경우에는 합병에 반대하는 주주는 회사에 대해서 자신의 주식을 매수할 것을 청구할 수 있다(증권거래법 191조). 현행 상법에서는 이러한 주주의 주식매수청구권을 일반적으로 인정하지 않고 있으므로 상장회사가 아닌 회사의 주주는 현실적으로 자신의 출자를 회수할 방법이 없다. 그러나 현재 법무부에서 추진하고 있는 상법 개정작업에서는 주주의 주식매수청구권을 상법에 도입하기로 잠정 결정하였다고 한다. 실제로 상장회사에서는 이러한 주식매수청구권이 널리 이용되고 있다. 심지어 일부재벌에서는 계열회사 간 합병을 계획했다가 합병조건에 불만을 품은 기관투자가들이 주식매수청구권을 행사하겠다고 단호한 자세를 보이자 마침내 합병을 포기한 일도 있었던 것으로 전해지고 있다. 현재 증권거래법상의 주식매수청구제도에도 문제가 없지 않지만 이에 관한 검토는 후일로 미루기로 한다.

(3) 〔유형 4〕, 〔유형 5〕, 〔유형 6〕 : 397조

1) 397조

계열회사 중에서 특정회사를 선택해서 그룹 전체의 자원을 집중시키는 경우인 〔유형 5〕는 그것을 포착하기 어려울 뿐 아니라, 그러한 조치가 총수의 사익 추구를 위한 것인지 순수한 경영판단에 의한 것인지를 가리는 것도 사실상 불가능하다. 이러한 〔유형 5〕의 이익상충은 구체적인 법규정으로 규율하기도 곤란하기 때문에 그러한 규정을 둔 입법례는 없는 것 같다. 결국 〔유형 5〕의 이익상충은 〔그림 3〕에서와 같이 계열회사를 모두 완전 자회사화하는 방법에 의해서만 근본적으로 해결할 수 있는 것이다. 다음에서는 〔유형 4〕와 〔유형 6〕만을 다루기로 한다.

우리 상법상 〔유형 4〕와 〔유형 6〕은 모두 397조에 의해서 규율되고 있다. 397조 1항은 "이사는 주주총회의 승인이 없으면 자기 또는 제3자의 계산으

로 회사의 영업부류에 속한 거래를 하거나 동종영업을 목적으로 하는 다른 회사의 무한책임사원이나 이사가 되지 못한다"라고 규정하고 있다. 이 397조도 위에서 살펴본 이익상충 거래에 관한 398조와 비슷한 문제점을 지니고 있다. 우선 398조의 경우와 같이 규제대상을 '이사'로 하고 있다는 것이 문제이다. 그러나 '사실상의 이사' 개념을 채택하여 지배주주도 이사에 해당한다고 보는 경우에도 여전히 문제는 남는다. 지배주주가 직접 그러한 거래의 당사자가 되는 것이 아니라 자신이 지배하는 다른 계열회사를 통해서 문제의 거래를 하는 경우 또는 동종영업을 목적으로 하는 다른 회사의 지배주식을 인수하였지만 이사직은 맡지 않은 경우 등에는 397조 1항을 상당히 융통성 있게 해석하지 않는 한 적용하기 어려울 것이다. 일본의 판례 중에는 이사가 자신이 이사는 아니지만 경영을 지배하는 다른 회사를 통해서 회사의 영업부류에 속하는 행위를 한 경우에도 그 이사가 법적으로 행위의 당사자가 된 것은 아니지만 당사자의 '사실상의 주재자'라고 보아 397조(일본상법 264조)의 적용을 긍정한 것이 있다.[39]

2) 회사기회의 유용

상법 397조는 미국법상의 회사기회라는 용어 대신 '영업부류에 속하는 거래'라는 보다 구체적인 용어를 사용하고 있다. 미국법에서는 어떠한 사업기회가 특정회사의 회사기회에 속하는지 여부를 판결하는 기준으로 크게 두 가지를 들 수 있다. 첫째는 '이익이나 기대'(interest or expectancy) 기준으로서 회사가 구체적으로 이익이나 기대를 갖는 사업기회를 유용하는 것만 금지된다는 것이다. 이것은 마치 회사재산을 횡령하는 것과 마찬가지이기 때문에 금지된다는 것인데 너무 협소하다는 비판이 있다. 둘째 기준은 사업부문(line of business) 기준이다. 우리 상법이 채택하고 있는 영업부류 기준은 바로 이러한 사업부문 기준과 유사하다. 사업기회가 특정회사의 회사기회에

39 東京地判 1981. 3. 26, 判例時報 1015호, 27면. 이 판결 및 '사실상의 주재자'에 대한 간단한 논설로는 砂田太士, "利益相反取引における'事實上の主宰者'," 福岡大學論叢 37권 2·3·4호 (1993), 337면 이하.

해당하기 위해서는 반드시 그 회사의 기존 사업부문과 동일할 필요는 없고 그 사업부문과 잘 조화를 이룰 수 있으면 된다고 해석된다. 예컨대 콘택트렌즈 세척제와 감기약 같이 외견상 별로 관련이 없는 것으로 보이는 경우에도 같은 사업부분에 속하는 것으로 볼 수 있다. 왜냐하면 양자는 적어도 약국을 이용해서 판매한다는 마케팅 측면의 공통점이 있기 때문이다.[40] 미국에서는 이상의 두 가지 기준이 법원에 의해서 혼용되고 있다. 우리나라에서는 상법에서 명시적으로 영업부류 기준을 택하고 있으므로 미국법에서와 같은 혼란은 존재할 여지가 없다. 그러나 앞서 지적한 바와 같이 특정의 사업기회가 과연 어느 회사의 회사기회에 속하는지의 판별이 어려운 경우도 많다. 한 재벌이 비슷한 업종에 여러 계열회사를 두고 있거나 사업기회 자체가 전혀 새로운 것인 경우에는 어느 계열회사의 회사기회인지 판단이 쉽지 않을 것이다. 그러한 경우에는 사업기회의 배분이 총수의 재량에 따라 사익을 추구하는 방향으로 이루어질 가능성이 높다. 바로 그러한 가능성이 있기 때문에 클라크(Robert C. Clark) 교수는 특히 친자회사 사이에서의 사업기회의 배분에 관해서는 별도의 기준을 적용할 것을 제안하고 있다.[41] 친회사는 자회사의 의사결정을 지배한다. 그러나 친회사에도 따로 소수주주가 존재하므로 자회사의 이사와 마찬가지로 무조건 자회사의 이익을 위해서 전심전력할 것을 요구할 수는 없고 어느 정도는 친회사 자신의 이익을 추구하는 것도 인정할 필요가 있다. 미국의 법원은 바로 그러한 점을 고려하여 친회사의 재량 범위

40 R. Clark, Corporate Law 228, Boston : Little, Brown & Co. (1986).

41 클라크는 폐쇄회사인가 공개회사인가에 따라 회사기회의 판단에 적용하는 기준을 달리하여야 한다고 주장한다. 폐쇄회사의 경우에는 회사기회를 엄격하게 축소함으로써 경영진의 운신의 폭을 널리 인정하는 이익 · 기대기준을 적용하고, 공개회사의 경우에는 회사기회를 보다 넓게 인정되는 사업부문 기준을 적용할 것을 주장하고 있다. 그 이유로는 다음과 같은 것을 들 수 있다. 먼저 폐쇄회사의 주주는 신임하는 이사를 선임할 수 있는 능력이 있다. 또한 폐쇄회사의 주주는 이사의 활동을 보다 잘 감시할 수 있다. 따라서 회사기회를 좁게 인정해도 문제는 없다. 한편 공개회사의 이사는 회사 일에 전심전력해야 하는 것이 보통이기 때문에 다른 사업기회에 신경쓸 여유가 없다. 또한 공개회사의 경우에는 일반적으로 자금력이나 인력이 풍부하기 때문에 보다 다양한 사업기회를 활용하는 것이 가능하다. 따라서 이사가 회사사업 이외에 개인적으로 사업을 수행하는 것을 넓게 인정할 필요가 없다는 것이다. 보다 자세한 것은 R. Clark, 앞의 책, 234-262면.

를 폭넓게 인정해 주고 있다. 심지어는 친자회사 간의 기회배분을 이른바 경영판단(business judgement)으로 보아 두텁게 보호하는 판결도 있다.[42]

그러나 앞서 지적한 바와 마찬가지로 친자회사 사이의 회사기회분배는 자회사에게 불리한 방향으로 이루어질 가능성이 크다. 클라크는 대안으로서 사업기회는 우선적으로 자회사 또는 지배주주의 지분율이 가장 낮은 계열회사—〔그림 2〕에서라면 회사 A—에 분배할 것을 제안하고 있다. 그의 제안에 의하면 지배주주의 지분율이 높은 회사에 배분하는 것도 가능하기는 하지만, 그것을 위해서는 다른 회사가 사업기회를 활용하는 것이 상대적으로 가장 유리하다는 점을 입증해야 한다. 이러한 원칙을 채택하는 경우에는 사업기회의 배분이 지배주주의 부당이익을 위해서 왜곡될 가능성은 줄어들 것이다.

3) 회사와의 경쟁

미국법상으로는 회사기회의 유용과 회사와의 경쟁을 일응 구별하고 있다. 전자는 회사로부터 무엇인가를 가로채는 것인 데 비해서 후자는 회사와 경쟁관계에 서는 것이다. 양자는 상당 부분 서로 중복될 것이다. 따라서 굳이 후자를 따로 언급하지 않는 견해도 있다. 그러나 우리 상법 397조는 조문의 제목이 '경업금지'라고 되어 있는 데서도 알 수 있지만, 오히려 후자의 관점에서 마련된 규정으로 볼 수 있다. 회사에 참여하기 전부터 회사와 동일부류의 사업을 운영해 온 경우에는 회사기회를 유용한 것으로는 볼 수 없고 회사와의 경쟁만이 문제될 것이다. 그러나 397조는 동일한 영업부류에 속하는 거래를 하는 것 자체를 금지하고 있을 뿐이므로 위와 같이 회사기회의 유용에 해당하지 않는 경우에도 적용이 있다. 한편 동종영업을 목적으로 하는 다른 회사의 이사가 되는 것은 그 자체만으로는 회사기회의 유용이라 할 수 없지만 397조는 회사와의 경쟁관계에 서는 것으로 보아 금지하는 것이다.

---

42 Sinclair Oil Corp. v Levien, 280 A.2d 717 (Del. 1971).

4) 주주총회의 승인

397조는 398조와는 달리 이사회의 승인이 아니라 주주총회의 승인을 요하고 있다. 397조나 398조는 모두 이사와 회사의 이익이 상충되는 경우를 다루고 있는데, 서로 승인기관을 달리할 이유는 없지 않은가 하는 의문이 있었다. 그리하여 이번 상법 개정작업에서는 397조의 승인기관을 이사회로 하여 398조와 일관성을 유지하려고 하고 있다. 주주총회가 이사회보다 개최가 어렵다는 현실적인 측면을 고려하면 이러한 법개정의 취지도 이해할 수 없는 것은 아니다. 실제로 주주총회도 총수의 지배하에 있는 것이기 때문에 주총 승인이 나지 않는 경우는 생각하기 어렵다. 그러나 주주총회는 총수의 심복들로 구성된 이사회보다는 훨씬 이질적인 집단이라는 점에서 총수의 권한 남용을 견제하는 면에서는 낫다. 특히 주주총회의 승인사항인 경우에는 적어도 주총소집통지시에 승인대상에 관해서 어느 정도 공시하지 않을 수 없을 것이다. 특히 이익상충의 규제에 있어 공시는 중요하다. 총수가 소수주주의 희생하에 자신의 이익을 추구하는 행위를 외부에 공개해야만 한다면 그러한 행위 자체가 상당히 억제될 것이다. 따라서 승인기관을 이사회로 하는 경우에는 이러한 공시의 요구가 충족될 수 있도록 장치를 마련하는 것이 필요할 것이다.

Ⅳ. 맺음말

현재와 같은 복잡한 재벌의 소유구조하에서는 소수주주의 이익이 침해될 가능성은 너무도 크다. 근본적으로는 〔그림 3〕에서 보는 것처럼 재벌의 소유구조를 단순화 내지 투명화할 필요가 있을 것이다. 그러나 소유구조의 단순화를 법으로 강제하는 것은 선뜻 택하기 어려울 것이다. 현실적으로는 현재와 같은 복잡한 소유구조를 전제로 주주의 이익을 보호하는 장치를 정비하는 것이 필요하다. 현재 총수가 소수주주의 희생하에 자신만의 이익을 추구할 수 있는 방법은 너무도 다양한 데 비해서 그것을 규제하는 법적 수단은 너무도 불완전하다. 이러한 현행법의 문제점은 앞으로 융통성 있는 법해석과 과감한 법개정에 의해서 차차 풀어 나가야 할 것이다. 소수주주의 이익을 보호하는 효과적인 법적 장치가 마련되는 경우에는 복잡한 소유구조의 재벌은 여러모로 운신이 불편해질 것이고, 그에 따라 자연히 재벌의 소유구조의 단순화가 촉진될 가능성도 있다. 여러 계열회사에 각각 다른 소수주주가 존재하는 경우에는 소수주주 보호라는 고려 때문에 기동성 있는 경영상의 결정이 저해될 것이기 때문이다. 따라서 재벌총수는 귀찮은 법적 다툼 없이 그룹을 마음대로 운영해 나가기 위해서 계열회사에 소수주주를 참여시키는 것은 되도록 자제할 것이다. 미국에서 공개된 계열회사가 드문 것은 바로 그러한 이유에서이다. 재벌이 소속 계열회사를 모두 완전자회사화하려면 엄청난 자금이 필요하다. 결국에는 많은 수의 계열회사 중에서 일부는 포기하지 않을 수 없을 것이다. 그 경우에는 아무래도 자기들의 전문업종이 아니거나 시너지효과를 기대할 수 없는 업종부터 포기하게 될 것이고, 그에 따라 문어발식 확장 내지는 비관련 다각화가 다소나마 억제되는 효과도 거둘 수 있을 것이다.

물론 소수주주 보호를 위한 장치를 정비하는 것만으로 재벌문제가 모두 해결되는 것은 아니다. 그러나 재벌문제를 법적으로 접근함에 있어서 지금과 같이 회사법적 시각을 경시하는 것은 잘못이다. 재벌에 관한 회사법적 규제장치를 마련하는 것은 힘겨운 작업이다. 그러한 작업에서 가장 먼저 요구되는 것은 재벌구조가 야기하는 회사법적 문제를 정확히 인식하는 것이다. 이 글이 그러한 작업에 다소나마 도움이 될 수 있었으면 하고 바랄 뿐이다.

기업구조연구회 편, 『한국의 대기업, 누가 소유하며 어떻게 지배되는가』, 포스코경영연구소, 1995, 201-243면.

* 추기 : 이 글이 발표된 1995년 이후 외환위기를 거치면서 관계법령이 대폭으로 변경되었다. 공정거래법에서 금지하던 지주회사는 원칙적으로 허용되었으며 상법개정으로 주주의 권한행사요건이 대폭 완화되었다. 과거에는 법전 속에서만 존재하던 주주대표소송도 이제 그리 희귀한 존재가 아니다.

02 재벌총수의 사익추구행위와 회사법

I. 서설

무릇 투자자는 돈을 벌기를 원한다. 기업에 투자하여 돈을 벌 수 있으려면 두 가지 조건이 충족되어야 한다. 하나는 두말할 것도 없이 그 기업이 성공하는 것이다. 다른 하나는 경영자가 성공의 과실을 독점하고자 회사 재산을 빼돌리지 않는 것이다. 이 두 번째 조건을 편의상 경영의 투명성이라는 용어로 줄여 부르기로 하자. 장군의 고결한 인품이 전쟁의 승리를 보장하지 못하는 것과 마찬가지로 경영의 투명성이 기업의 성공을 보장해 주지는 않는다. 아무리 투명경영을 자랑하는 기업이라도 실적이 부진하면 투자자는 손해를 볼 수밖에 없다. 반면에 다소 투명성이 떨어지더라도 경영성과가 좋은 기업에 대해서는 투자자의 불만도 누그러지게 마련이다. 학계나 시민단체의 투명경영 요구에 대해서 재계는 과감하고 기동성 있는 기업활동이 위축될 수도 있다는 우려를 표명하고 있다. 세상만사가 그렇듯이 아무리 경영의 투명성이라도 지나친 것은 모자란 것보다 못하다.[1]

그러나 투명경영이 어느 정도 확보되지 않고서는 기업의 지속적 발전을 기약할 수 없다. 투자자의 신뢰가 없는 기업의 경우에는 일시적인 영업침체도 치명적인 경영위기로 발전하기 십상이기 때문이다.

경영의 투명성은 결코 개별 기업만의 문제가 아니다. 하나의 기업에 대한 투자자의 불신은 바로 다른 기업으로 전파되기 쉽기 때문이다. 경영자의 사익추구행위에 대한 효율적 규제가 자본시장의 발전을 촉진한다는 경제학자들의 최근 연구결과[2]는 직관적으로도 상당히 설득력이 있다. 따라서 자본시장의 발전에 관심을 갖는 정부로서는 이러한 사익추구행위를 효과적으로 억제할 필요가 있을 것이다.

1997년 경제위기를 계기로 투명경영에 관한 우리 법제는 상당히 개선되었다. 그러나 아직 재벌총수의 경영비리는 끊임없이 발생하고 있다. 물론 선진적인 지배구조를 갖춘 나라에서도 기업 관련 스캔들이 완전히 사라진 것은 아니다. 미국의 Enron사례, 유럽의 Parmalat사례[3] 등은 그 점을 극명하게 보여 주는 예이다. 그러나 최근 우리 경제계를 떠들썩하게 만든 재벌일가의 경영 스캔들은 단순히 예외적 현상으로만 치부하기는 어려운 측면이 있다. 그간 수없이 불거진 불법정치자금 사례는 과거 우리 정치상황의 특수성에서 비롯된 것으로 보아 일단 제쳐 놓기로 하자. 그러나 회사 재산이 총수일가의 사익을 위해서 유용된 사례만으로 한정하더라도 삼성, SK, 현대자동차, 두산 등 굴지의 재벌기업들이 포함되고 있다. 경영자의 그릇된 행동을 억제하는 것이 회사법의 일차적인 과제라면 우리 재계의 대표주자들이 검찰청사와 형사법정을 출입하는 일이 줄기차게 반복되는 것은 우리 회사법의 기

1 지나친 것인지 여부는 결국 투명성을 높이는 데 들어가는 비용이 그로 인한 편익을 초과하는지 여부로 판단해야 할 것이다.

2 Simeon Djankov/Rafael La Porta/Florencio Lopez-de-Silanes/Andrei Shleifer(이하 'Djankov 외'), The Law and Economics of Self-Dealing (December 2005)(SSRN에서 접근 가능).

3 예컨대 Guido Ferrarini/Paolo Giudici, Financial Scandals and the Role of Private Enforcement : The Parmalat Case (2005)(SSRN에서 접근 가능) 참조.

능부전을 보여 주는 증거라고 할 것이다.

이처럼 회사법의 실패가 초래된 이유로는 다음 두 가지를 지적할 수 있을 것이다. 첫째, 회사법 개정에 관여한 전문가들이 우리 경제계에서 일어나는 사익추구행위의 실상에 대한 이해가 부족했다는 점이다. 둘째, 이러한 사익추구행위에 대하여 기존 회사법을 비롯한 우리 법제가 효과적으로 대처하고 있는지에 대한 종합적인 성찰이 부족했다는 점이다.[4]

이 문제와 관련해서 1995년 "재벌과 소수주주보호"라는 작은 논문(이하 '95년 논문')을 발표한 바 있다.[5] 95년 논문에서는 재벌에서 발생하는 총수와 일반주주 사이의 이익상충의 유형을 분석하고 그러한 이익상충을 규율하는 회사법규정의 한계에 대해서 검토하였다. 95년 논문의 결론은 우리 재벌의 문제가 기본적으로 회사법의 문제로서 회사법을 개선하지 않고는 이른바 재벌문제를 해결하기 어렵다는 것이었다. 공교롭게도 95년 논문이 나온 지 얼마 되지 않아 우리 경제는 위기를 맞았고 그것을 극복하는 과정에서 회사법을 비롯한 지배구조 관련 제도가 대폭 개선되었다. 이 글이 대상으로 하는 이익상충규제와 직접 관련된 것만 하더라도 이사의 충실의무, 업무집행 관여자의 책임, 주주대표소송, 사외이사 등 많은 제도가 새로 도입되거나 개선되었다. 그러나 이러한 제도개선에도 불구하고 과거 95년 논문에서 지적한 회사법적 문제는 상당 부분 그대로 남아 있다. 앞서 언급한 재벌 관련 스캔들은 바로 그 증거라고 할 것이다. 최근 정부가 추진 중인 회사법 개정작업에서는 자기거래의 대상범위가 확대되고 이중대표소송이 도입되는 등 다소 개선이 이루어질 예정이다.[6] 그러나 그러한 개정만으로 재벌총수의 사익추구행위에 근본적인 변화가 일어날 수 있을지는 역시 의문이다.

95년 논문의 속편 격인 이 글의 목적은 지난 10년의 변화를 겪은 현재의 시점에서 재벌총수의 사익추구행위에 대한 규제를 재검토하는 것이다. 이

---

4 이에 관한 보다 상세한 논의에 대해서는 김건식, "21세기를 맞는 우리 회사법과 회사법학 : 그 한계와 과제," 한국법학원 창설 50주년 기념 심포지엄 발표논문(2006) 참조.

5 기업구조연구회(편)/김건식(집필), "재벌과 소수주주보호," 한국의 대기업, 누가 소유하며 어떻게 지배되는가, 포스코경영연구소, 1995, 201면 이하.

6 법무부, 상법(회사편)개정 공청회자료(2006. 7. 4).

글의 순서는 다음과 같다. II에서는 재벌의 소유구조에서 발생하는 다양한 이익상충의 유형에 대해서 살펴본다. III에서는 사익추구행위에 대한 회사법적 대처방안과 사익추구행위를 억제하는 비법적(非法的) 요소에 관하여 검토하고자 한다.

II. 재벌구조와 이익상충

1. 소유구조의 복잡성과 이익상충

끊임없이 발생하는 재벌 관련 비리는 기본적으로 소유구조의 복잡성에서 비롯된 것으로 볼 수 있다.[7] 재벌의 소유구조는 재벌에 따라 상당한 차이를 보인다. 그러나 지주회사구조를 취하는 LG 등 일부 기업집단을 제외하고는 그 소유구조가 매우 복잡하다는 점에서 일치하고 있다. 그 복잡한 소유구조의 특징을 간단히 표시한 것이 〔그림 1〕이다.

총수와 A · B · C · D 사이에는 피라미드형 출자가, 그리고 B · C · D 사이

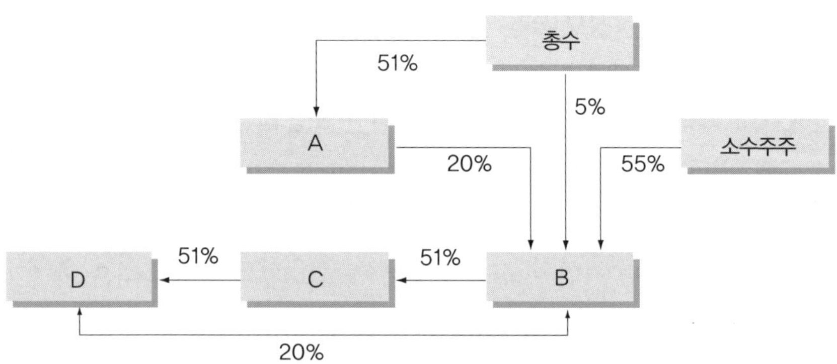

〔그림 1〕 일반적 소유구조의 복잡성

7 이 점은 이미 잘 알려져 있으므로 이곳에서는 논리전개에 필요한 한도 내에서 간단히 언급하기로 한다. 보다 상세한 설명은 기업구조연구회(편)/김건식(집필), 앞의 논문, 204-209면 참조.

에는 다시 순환형 출자가 이루어지고 있다. 이처럼 피라미드형 출자와 순환형 출자가 혼합된 복잡한 소유구조를 통하여 재벌총수는 계열회사 모두를 거의 완전히 지배하고 있다. 경제위기를 거치면서 달라진 것은 회사 B에서 보는 바와 같이 소수주주의 지분이 커졌다는 점이다. 주로 외국이나 국내의 기관투자자인 이들은 개인 주주들보다는 투자규모의 면에서나 전문지식의 면에서 총수의 전횡을 더 효과적으로 견제할 수 있는 잠재력을 갖추고 있다.

총수는 〔그림 1〕에서 보는 바와 같이 계열회사를 모두 완전히 장악하고 있지만 총수의 경제적 지분(economic stake)은 계열회사에 따라 동일하지 않다. 〔그림 2〕는 총수의 경제적 지분을 단순화하여 표시한 것이다.[8]

총수의 경제적 지분이 〔그림 2〕와 같은 상태라면 그룹 전체의 의사결정은 아무래도 회사 A보다는 회사 C에 유리한 방향으로 이루어질 공산이 크다. 뒤에 살펴보는 바와 같이 회사 A의 희생 하에 회사 C의 이익을 도모하는 행위는 다양한 형태로 이루어질 수 있다. 뒤에 살펴보는 바와 같이 이처럼 복잡한 소유구조에서 비롯된 사익추구행위를 법적 수단만으로 대처하는 것에는 한계가 있다. 결국 근본적인 해결책은 기업집단의 소유구조를 〔그림 3〕과 같이 단순화하는 것이다.

〔그림 3〕과 같이 소유구조가 단순하다면 총수가 계열회사들 사이에서 부의 이전을 도모할 인센티브는 거의 없을 것이다. 물론 지주회사 차원에서는 총수와 소수주주 사이에 여전히 이익상충의 여지가 존재한다. 그러나 〔그림 1〕

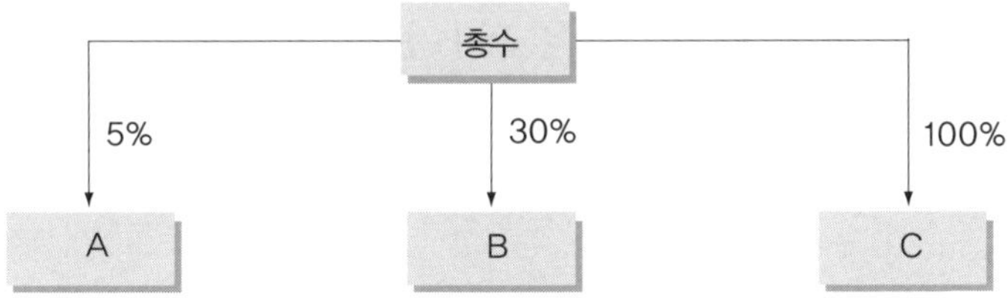

〔그림 2〕 총수의 경제적 지분

8 〔그림 2〕와 같은 소유구조는 이익상충의 모습이 보다 분명하다는 점에서 〔그림 1〕의 소유구조보다 낫다. 그러나 A와 B에 대한 지배가 불확실하기 때문에 실제로 총수가 자발적으로 그러한 소유구조로 옮겨 가기를 기대하기는 어렵다.

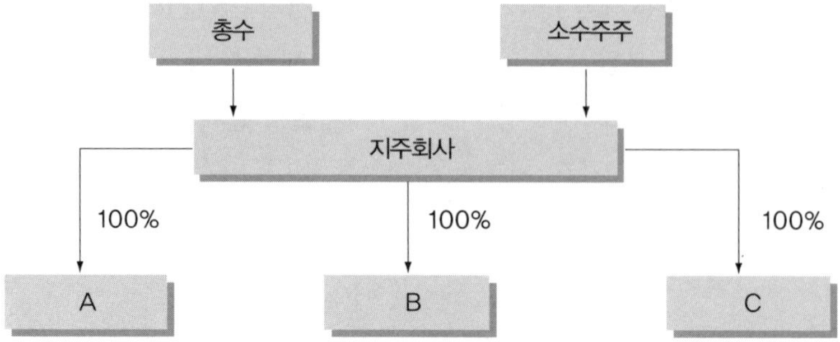

〔그림 3〕 단순화된 소유구조

과 같은 소유구조에서보다는 문제의 심각성이 훨씬 덜할 것이다. 따라서 정책적으로는 〔그림 1〕의 복잡한 구조를 〔그림 3〕과 같은 단순한 구조로 전환시키는 것이 바람직할 것이다. 최근 몇 년간 공정거래위원회는 재벌이 지주회사 형태로 전환하는 것이 바람직하다는 관점에 입각하여 정책을 펴왔고 이미 20개를 넘는 대기업이 자발적으로 지주회사체제로 전환한 바 있다.[9] 우리나라에서는 〔그림 1〕과 같은 복잡한 소유구조가 적어도 당분간 지속될 것이기 때문에 이 글에서는 그것을 전제로 논의를 전개하기로 한다.

2. 구체적인 이익상충 유형

복잡한 소유구조에서 발생하는 구체적인 이익상충의 유형은 실로 다양하다. 95년 논문에서는 그것을 다음과 같이 정리한 바 있다.

〔유형 1〕 계열회사 사이의 직접거래

〔유형 2〕 계열회사가 다른 계열회사를 위해서 경제적인 불이익을 감수하는 경우

〔유형 3〕 계열회사 사이의 합병

〔유형 4〕 회사기회의 유용

9 지주회사에 관한 각종의 법적 문제에 관해서는 김건식/노혁준, 지주회사와 법, 소화, 2005 참조.

〔유형 5〕 계열회사에 대한 자원의 불공정 배분

〔유형 6〕 계열회사와의 경쟁

이들 유형은 회사의 현재 이익을 침해하는 〔유형 1〕, 〔유형 2〕, 〔유형 3〕, 그리고 회사의 잠재이익을 침해하는 〔유형 4〕, 〔유형 5〕, 〔유형 6〕의 두 그룹으로 대별할 수 있다.[10] 이러한 총수의 사익추구행위는 지난 10년 사이에 어떻게 변화하였는가? 이에 관해서는 참여연대가 최근 발표한 보고서[11]가 좋은 참고가 된다. 참여연대 보고서는 이익상충의 대표적 사례로 ①회사기회의 편취, ②지원성 거래, ③부당주식거래의 세 가지를 들고 있다.[12] ①과 ②는 각각 〔유형 4〕와 〔유형 1〕에 해당하는 거래이다. ③은 위의 유형에 들어있지 않지만 뒤에서 살펴보는 바와 같이 〔유형 1〕, 〔유형 2〕, 〔유형 3〕의 성격이 혼합된 거래라고 할 수 있다.

물론 지난 10년 사이에 사익추구행위가 ①, ②, ③만 남고 다른 유형이 완전히 사라진 것은 아니다. 동일한 기업그룹이 건설회사나 자동차회사를 두 개 이상 보유하는 경우처럼 〔유형 6〕의 계열회사 사이의 경쟁은 아직 엄연히 존재하는 문제이다. 그러나 바람직한 변화가 일어난 부분도 없지 않다. 경제위기 후의 제도개선으로 이제 〔유형 2〕에 속하는 상호보증은 적어도 표면적으로는 거의 사라졌다(공정거래법 제10조의 2). 더 주목을 끄는 현상은 과거에 널리 행해졌던 〔유형 3〕의 불공정합병이 거의 자취를 감춘 것이다. 그 원인으로는 두 가지를 꼽을 수 있을 것이다. 첫째, 상장회사가 합병당사자인 경우 합병조건을 엄격히 규제하는 증권거래법규정으로 인하여 불공정한 합병이 거의 봉쇄되고 있다(증권거래법 제190조의2 제1항, 시행령 제84조의7 제1항).[13] 둘째, 반대주주의 주식매수청구권(증권거래법 제191조)으로 인하여 불공정한

---

10 〔유형 3〕 합병은 개념적으로 엄밀히 말한다면 회사가 아니라 직접 주주의 이익을 침해하는 유형이라고 할 수 있다. 그러나 불리한 평가를 받은 일방 회사의 이익이 침해된 것으로 개념을 구성하는 것이 완전히 불가능하지는 않을 것이다.

11 참여연대, 38개 재벌 총수일가의 주식거래에 대한 보고서, 2006. 4. 6.

12 참여연대, 앞의 보고서, 19면 이하.

13 이 규정은 합병조건에 관한 사적 자치를 제한한다는 점에서 비판의 소지가 없지 않다. 보다 상세한 설명은 김건식, 증권거래법(제4판), 두성사, 2006, 247-248면.

합병이 억제되고 있다. 기관투자자의 지분이 높아지고 이들이 투명경영에 대하여 점점 적극적인 자세를 취함에 따라 일반주주에게 불리한 조건으로 계열회사 사이에 합병을 감행하기는 현실적으로 어려워졌다.

이하에서는 먼저 ①, ②, ③을 차례로 검토하고 이익상충의 원천이라고 할 수 있는 계열회사의 주식보유에 대해서 언급하고자 한다.

3. 지원성 거래

계열회사 사이의 내부거래는 가장 기본적인 유형의 이익상충이다. 〔그림 4〕와 같이 비상장주식을 대상으로 하는 일회성 거래뿐만 아니라 자동차회사가 계열회사로부터 부품을 공급받는 것 같은 계속성 거래도 이에 포함된다. 외환위기를 계기로 이러한 내부거래에 대한 규제는 한층 강화되었다. 상법에서는 특별한 조치가 이루어지지 않았지만[14] 증권거래법에서는 내부거래에 이사회의 결의를 요구할 뿐 아니라 사업보고서 등에 공시하도록 하고 있다(법 제191조의19 제2항, 시행령 제83조의3 제1항 제6호).[15] 공정거래법에도 비슷한 취지의 규제가 있다(제11조의2).

내부거래는 계열회사 주주의 관점에서도 반드시 나쁜 것은 아니다. 특히

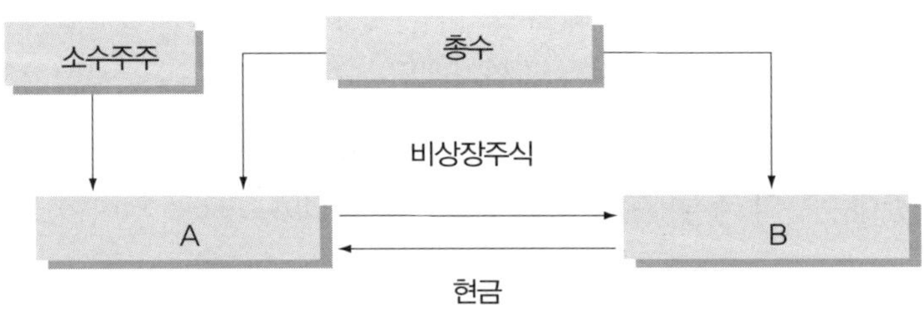

〔그림 4〕 내부거래

14 최근 진행 중인 상법개정안에서는 이사회의 승인대상인 자기거래의 범위가 다소 확대될 예정이다.

15 기업의 공시부담을 완화한다는 차원에서 최근 수시공시사항에서 제외된 바 있다. 김건식, 앞의 책, 184면.

계속성 거래는 안정적 공급과 품질의 확보를 기할 수 있다는 점에서 거래조건만 적절하다면 당사자 모두에게 이른바 Win-Win전략이 될 수도 있다. 투자자의 관점에서 걱정스러운 것은 예컨대 회사 B가 경영악화를 겪고 있는 회사 A로부터 비상장주식을 고가로 매수하는 경우와 같이 지원적 성격이 있는 내부거래이다. 이러한 지원성 거래의 규제는 현실적으로 쉽지 않다. 우선 지원성 거래에 대한 판단이 어렵다. 지원성 여부를 가리는 데 가장 중요한 기준은 결국 거래조건, 특히 가격이 될 것이다. 일반적으로 동원되는 판단기준은 공정성(fairness)이다.[16] 만약 거래대상에 대해서 특정한 시장가격이 존재한다면 시장가격을 기준으로 공정성을 따질 것이다. 그러나 실제로는 시장가격이 존재하지 않는 경우가 대부분이다. 이 경우 공정성을 충족하는 가격은 평가에 의하여 추정할 수밖에 없다. 그러한 평가결과는 특정한 금액으로 제시되기보다는 일정 범위의 금액으로—예컨대 부품 1개당 3만 5천 원에서 4만 원이면 공정한 가격으로 볼 수 있다는 식으로—제시되는 경우가 많을 것이다. 또한 구체적인 금액의 범위도 평가 주체에 따라서 얼마든지 달라질 수 있다. 따라서 계열회사 사이에서는 공정성의 범위를 벗어나지 않으면서도 실질적으로 지원효과를 거둘 수 있는 지원성 거래의 여지가 크다. 이러한 상황에서는 사실 거래가격 자체만이 아니라 그 가격이 결정되는 절차의 공정성도 중요한 의미를 가질 것이다. 우리나라에서는 이러한 절차의 공정성은 아직 그다지 관심을 끌지 못하고 있다.[17]

불공정한 조건의 지원성 거래라고 해서 반드시 금지해야만 하는가도 어려운 문제이다. 위의 예에서 회사 A의 도산은 계열회사 전체의 브랜드 가치를 해치고, 나아가서는 그룹 전체의 신용추락을 초래할 수도 있다. 이런 상황이라면 지원성 행위로 회사 A를 돕는 것이 장기적으로는 회사 B의 이익에도 부합하는 결정이 될 수도 있다. 결국 문제는 과연 회사 B의 결정이 순수하게 자기이익의 관점에서 독립적으로 내려진 경영상의 판단(business

16 상법 개정안에서도 이사의 자기거래에 관하여 명시적으로 공정성 기준을 채택하고 있다.

17 미국 회사법상 자기거래의 절차적 공정성에 관해서는 김건식, "자기거래와 미국회사법의 절차적 접근방식," 서울대학교 법학 제35권1호(1994. 4), 270-272면 참조.

judgment)에 해당할 수 있는지 여부일 것이다.

4. 회사기회의 편취

앞서 설명한 내부거래에 비하여 회사기회의 편취에 대한 규제는 기술적으로 한층 더 까다롭다. 우선 무엇이 회사기회에 해당하는지부터 불분명하다. 기업집단의 맥락에서 회사기회의 문제는 기본적으로 회사와 다른 계열회사 사이에 사업영역을 획정하는 문제라고 할 수 있다. 계열회사가 여럿 존재하는 경우에는 이들 사이에 사업영역을 구분하는 것은 쉽지 않다. 사업에 대한 회사의 욕망은 무한하고 사업목적은 법적으로 쉽게 확장할 수 있기 때문에 극단적으로 말하면 잠재적으로 모든 사업기회가 회사기회에 속한다고 볼 수도 있을 것이다.

미국 회사법에서는 회사기회를 대체로 두 가지 기준에 의하여 파악하고 있다. 하나는 회사의 영업부류(line of business)를 기준으로 삼는 견해이고, 다른 하나는 회사의 이익이나 기대(interest or expectancy)를 기준으로 삼는 견해이다.[18] 전자에 의하면 회사의 영업부류에 속하는 사업기회는 모두 회사기회에 해당하지만, 후자에 의하면 회사가 구체적으로 이익이나 기대를 갖는 사업기회만이 회사기회에 해당한다. 대체로 전자에 의하는 경우에 회사기회가 더 넓게 인정될 가능성이 크다.

어떠한 견해에 의하든 내부거래는 현재의 회사 이익을 직접 침해하는 것인 데 비하여 회사기회의 편취는 회사의 잠재적 이익을 침해하는 것으로 볼 수 있다. 회사가 기존 사업부문을 계열회사에 넘기는 경우에는 내부거래에도 해당할 것이기 때문에 특별한 문제는 없을 것이다. 규제가 어려운 것은 회사가 당장 경영하고 있거나 추진 중이 아닌 새로운 사업기회를 계열회사가 사업화하는 경우이다. 만약 〔그림 5〕에서 회사 A가 자동차회사이고 회사

18 이하 보다 상세한 것은 김건식, "기업집단에서의 소수주주보호," 성곡논총 제25집(1994), 479-484면 ; 최문희, "기업집단에서의 회사기회유용," BFL 제19호(2006. 9), 서울대학교 금융법센터, 28면.

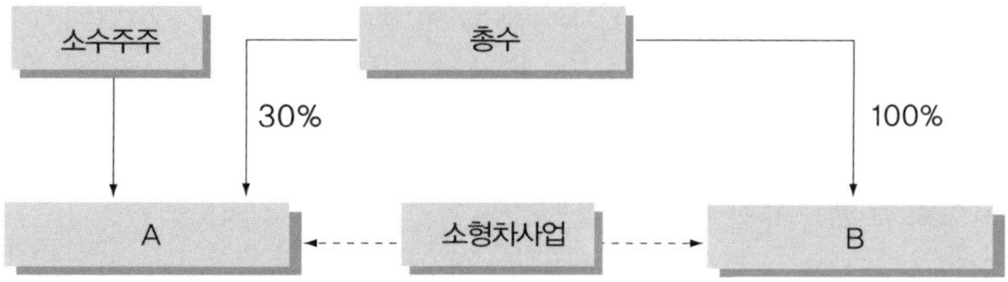

〔그림 5〕 회사기회의 편취

B가 새로이 소형차사업을 시작한다면 상법 제397조에서 말하는 경업, 즉 회사와의 경쟁에 해당할 것이다.[19] 미국법상의 영업부류 기준 하에서는 같은 행위가 회사기회의 편취에도 해당할 것이다. 위의 예에서 사업기회가 소형차사업이 아니라 자동차 할부판매사업인 경우에는 문제가 한층 더 어려워질 것이다.

1992년 미국법률가협회(American Law Institute)에서 발간한 Principles of Corporate Governance에서는 회사기회를 이사의 경우와 지배주주의 경우에 각각 달리 정의하고 있다(§5.05, §5.12). 회사기회의 정의는 이사의 경우보다 지배주주의 경우에 보다 좁아진다. 그것은 이사는 회사에 대해서 전심전력의무를 부담하고 있지만 지배회사는 자회사와는 별도로 자신의 사업을 추구할 이익을 갖기 때문이다.

〔그림 5〕에서 B는 엄격하게 말해서 A의 지배주주는 아니지만 지배주주와 마찬가지의 기준을 적용하는 것이 타당할 것이다. Principles §5.12에 의하면 지배주주가 그 사업기회를 접하게 된 경로가 회사인 경우나 지배주주가 당해 사업활동을 주주들에게 회사사업으로 표시한 경우에는 회사기회에 해당한다.

회사기회의 편취와 관련된 어려움은 회사기회의 정의가 모호하다는 점에 그치지 않는다. 회사기회의 편취는 회사의 잠재적 이익을 침해할 뿐으로 우리 사회에서 아직 그다지 비난 가능성이 높은 행위로 인식되지 않고 있는 것

19 물론 총수가 A의 이사가 아니라면 상법 제397조의 적용이 있는지에 대해서 의문이 있다.

같다. 수차의 법개정에도 불구하고 상법에 명시적인 규정이 도입되지 않은 것도 어쩌면 그러한 사회적 인식이 반영된 결과일 수도 있다. 규제의 어려움은 내부거래의 경우와는 달리 회사기회의 편취에서는 손해를 보는 회사의 명시적인 결정을 요하지 않는 경우가 많다는 점에서도 비롯된다.

위의 예에서 겉으로 드러나는 것은 회사 B의 사업추진이고 회사 A는 당해 사업기회를 포기하는 조치를 가시적으로 취하지 않는 것이 일반적이다. 회사 A의 주주가 나중에 자신의 손해를 알게 된 경우라도 경영진의 부작위에 대해서 책임을 묻기는 쉽지 않을 것이다. 그렇다고 해서 다른 회사인 회사 B의 경영진에게 책임을 물을 근거도 마땅치 않은 것이 문제이다.

5. 부당주식거래

참여연대 보고서에서는 부당주식거래라는 항목에 서로 다른 두 가지 유형의 거래를 포함시키고 있다. 하나는 회사가 보유하는 비상장주식을 총수의 아들과 같은 특수관계자에 저가로 매도하는 거래로 이는 앞서 언급한 내부거래에 속하므로 더 이상 논하지 않는다.[20] 다른 하나는 회사의 신주나 CB나 BW 같은 주식 관련 사채의 발행과 관련된 부당거래이다.[21]

예컨대 신주를 주주에게 배정하는 경우에는 원칙적으로 이익상충이 발생할 여지가 없을 것이다. 그러나 일부 사례에서는 신주인수권을 가진 계열회사가 인수를 포기하여 발생한 실권주를 총수 일가에 저가로 인수시킨 것이 문제된 바 있다. 이 경우에는 저가로 인수시킨 발행회사 경영진은 물론이고 먼저 인수를 포기한 계열회사 경영자의 법적 책임도 문제될 수 있다.

이러한 유형의 부당주식거래는 지난 수년간 흔히 행해졌지만 최근 민·형사상으로 제재를 받게 됨에 따라 앞으로는 크게 줄어들 것으로 판단된다.

---

20 이 문제에 관해서는 박종현/천경훈, "비상장주식의 그룹내부거래시 주식의 평가와 법적 책임문제," BFL 제3호(2004. 1), 서울대학교 금융법센터, 35면 이하 참조.

21 실제로는 주식보다 주식 관련 사채의 경우가 더 많지만 이곳에서는 편의상 주식을 중심으로 설명한다.

오히려 앞으로 보다 관심을 가져야 할 것은 계열회사가 다른 계열회사의 주식을(아무리 공정한 가격이라 하더라도) 취득하고 보유하는 행위라고 할 것이다. 이에 관해서는 항을 바꾸어 논하기로 한다.

6. 계열회사의 주식보유

앞서 설명한 다채로운 이익상충의 사례는 그런대로 상당한 관심을 끌고 있다. 복잡한 소유구조에서 발생하는 사익추구행위는 효과적으로 규제하는 것이 쉽지 않다. 그렇다면 근본적인 해결책으로서 복잡한 소유구조의 형성이나 유지를 억제하는 방안에 대해서 관심을 기울일 필요가 있을 것이다. 그러나 이 문제는 아직도 그다지 주목받지 못하고 있다.

복잡한 소유구조는 계열회사가 다른 계열회사의 주식을 취득하고 보유하는 행위의 산물이다. 그렇다면 회사는 왜 다른 계열회사 주식을 취득 내지 보유해야 하는가? 회사의 목적이 회사(또는 주주)의 이익을 극대화하는 것이라는 통설적인 명제를 받아들인다면 계열회사 주식의 취득행위도 마땅히 회사 이익에 부합해야 할 것이다. 물론 계열회사 주식의 취득이 회사 자신의 이익을 위해서 필요한 경우도 전혀 없지 않을 것이다. 그러나 지금처럼 널리 퍼져 있는 계열회사 주식보유가 모두 회사 이익으로 정당화될 수 있는 것인지는 의문이다. 주식을 부당하게 높은 가격으로 취득하였다면 그것은 명백히 앞서 언급한 지원성 행위에 해당할 것이다. 그러나 취득가격이 앞서 언급한 공정성의 범위를 벗어나지 않는다 하더라도 당연히 그것이 회사 이익에 합치된다는 결론이 나오는 것은 아니다.

국내 재벌그룹의 계열회사 중에는 사업적으로 전혀 관계없는 계열회사의 주식을 대량 보유하고 있는 경우를 흔히 볼 수 있다. 과연 상당 규모의 회사재산을 특정 주주에 불과한 총수의 경영권 확보를 위해서 사용하는 것이 회사법상 허용되는 것인가?[22] 계열회사 주식의 인수행위는 이익상충의 우려

22 심지어 인수 주체인 회사의 주식을 총수가 한 주도 갖고 있지 않은 경우도 없지 않다.

가 크기 때문에 이사의 충실의무 내지 주의의무를 엄격히 적용한다면 위축될 수밖에 없을 것이다. 그러나 적어도 이제까지는 계열회사 주식을 인수하는 행위 자체에 대해서 충실의무나 주의의무의 관점에서 의문을 표시하는 목소리는 크지 않았다.

현재 계열회사주식의 보유를 억제하는 유일한 법적 메커니즘은 공정거래법상의 출자총액제한(제10조)이다. 출자총액에 대한 규제가 재벌에 관한 논의에서 항상 중심적인 위치를 차지해 왔던 것도 바로 그것이 계열회사 주식보유를 겨냥한 규제였기 때문이다. 만약 계열회사의 주식보유에 대한 회사법상의 견제장치나 뒤에서 살펴볼 시장의 압력이 제대로 작동하였다면 출자총액규제에 대한 관심은 그다지 높지 않았을 것이다. 이미 무기력한 상태에 빠져 있는 출자총액규제에 관한 논의를 이 글에서 다시 되풀이할 생각은 없다. 출자총액규제는 이제 거의 옹호자들을 잃고 있어 그나마도 폐지될 날이 머지않은 느낌이다.

출자총액제한이 폐지되는 경우에는 회사법에 대한 기대가 커질 수밖에 없다. 회사가 영업상 아무 관계도 없는 계열회사 주식을 거금을 들여 인수하는 행위에 대해서는 충실의무와 주의의무의 관점에서 엄격하게 검증할 필요가 있을 것이다. 만약 구체적인 계열회사 주식의 취득행위가 충실의무 내지 주의의무에 반하는 것으로 판단되는 경우라면 상법에 따라 사전에 금지하거나 사후에 손해배상책임을 묻는 방식으로 억제할 수 있을 것이다. 그러나 현재와 같이(특히 외국자본으로부터의) 경영권 보호를 강조하는 분위기에서 우리 법원이 과연 그처럼 엄격한 해석을 따를 것인지 앞으로 주목할 대목이라고 할 것이다.

법이 무력하다면 다음에 믿을 것은 시장의 압력이다. 출자총액제한이 폐지된다고 해도 주주가치에 대한 투자자의—특히 국내외 기관투자자의—관심이 높아지는 상황에서 사업적으로 무관한 계열회사의 주식을 만연히 인수하는 것은 쉽지 않을 것이다. 시장의 압력과 관련하여 사실 더 관심을 끄는 것은 현재 보유하는 계열회사 주식을 어떻게 처리할 것인가의 문제이다. 계열회사 주식을 새로이 취득하는 것이 문제라면 기존 보유주식을 계속

보유하는 것도 문제삼을 수 있을 것이다. 계열회사 주식의 대량보유는 회사 재산의 효율적 이용이라는 관점에서 검토할 여지가 있다. 특히 회사가 자금이 필요하거나 보유 중인 계열회사 주식의 주가가 하락하는 국면에서는 처분의 필요성이 부각될 것이다. 그러나 총수의 관점에서는 보유 중인 계열회사 주식을 처분하는 것은 바로 그룹의 해체로 이어질 우려가 있기 때문에 신규취득을 자제하는 것보다 훨씬 어렵다.

근본적으로 계열회사 주식의 취득과 보유의 문제는 개별 회사가 특정 기업집단의 일원인 지위를 유지하는 것이 총수가 아닌 일반주주에게도 유리한 것인가 — 예컨대 삼성그룹이 현 상태로 유지되는 것이 삼성물산의 일반주주들에게도 바람직한 것인가 — 에 달려 있다. 만약 이제까지 그룹체제를 유지하는 것이 일반주주에게도 유리했다면 과연 앞으로도 그럴 것인가? 이 문제는 회사에서 누가 어떻게 결정해야 할 것인가? 이제 우리 사회도 이런 문제를 진지하게 고민할 단계에 이른 것으로 보인다.[23]

Ⅲ. 이익상충에 대한 법적 규제의 방식

1. 총설

자기거래를 비롯한 이익상충에 대한 규제는 이론상 전면 허용에서 전면 금지에 이르기까지 다양한 스펙트럼의 방안을 생각해 볼 수 있다. 그러나 현실적으로는 이익상충행위를 전면적으로 허용하는 법제나 전면적으로 금지하는 법제도 찾기 어렵다. 이익상충행위가 위험성과 아울러 유용성을 지닌 행위이기 때문이다.

95년 논문에서는 이익상충에 대한 법적 규제의 한계에 대해서 상세히 검

23 계열회사 주식의 보유를 통한 그룹 지배를 포기하는 경우에는 총수의 경영권을 100% 안전하게 보호하기는 어렵다. 이러한 상태를 그대로 방치할 것인가 아니면 적절한 방어수단을 제공할 필요가 있는가는 앞으로 고민할 과제라고 할 것이다.

토한 바 있다.[24]

이러한 한계는 경제위기 후의 개혁을 통해서 상당 부분 보완된 것이 사실이다. 업무집행지시자의 도입, 주주대표소송의 제기요건완화, 내부거래에 관한 규제 등이 그 예이다. 그러나 참여연대의 보고서가 지적하는 바와 같이 여전히 사익추구행위는 자취를 감추지 않고 있다. 이곳에서는 사익추구행위에 대한 법적 규제의 방식에 대해서 살펴보고 그 한계를 지적하기로 한다.[25]

2. 공시

이익상충에 관한 규제방식 중 가장 덜 간섭적인 것은 공시이다. 이익상충을 공시하도록 함으로써 다음과 같은 효과를 기대할 수 있다. 첫째, 이익상충에 대한 정보를 공시해야 한다면 과도한 사익추구는 스스로 자제하게 될 것이다. 둘째, 이익상충행위의 승인 주체가 결정하는 데 참고할 정보를 공시한다. 셋째, 문제 있는 거래의 경우에는 주주가 행위자의 법적 책임을 묻는 데 필요한 정보를 제공한다. 넷째, 주주를 비롯한 투자자에게는 이익상충의 정도를 판단할 수 있는 정보를 제공한다.

이러한 효과를 거두기 위해서 필요한 정보의 내용은 경우에 따라 다를 것이다. 특히 두 번째와 세 번째 효과를 거두기 위해서는 비교적 상세한 정보를 제공할 필요가 있다. 현재 이익상충에 관한 공시는 주로 내부거래를 중심으로 이루어지고 있다(증권거래법 제191조의19 제2항, 시행령 제83조의3 제1항 제6호, 공정거래법 제11조의2). 그러나 실무상 이러한 공시는 거래에 대한 개괄적인 사항을 공시하는 데 그치고 있어 개별적인 내부거래의 공정성을 판단하기에는 충분하지 않다.

---

24 기업구조연구회(편)/김건식(집필), 앞의 논문, 217면 이하.

25 이익상충에 대한 다양한 억제 메커니즘에 대해서는 Gerard Hertig/Hideki Kanda, Related Party Transactions, in Reinier Kraakman et. al., The Anatomy of Corporate Law, 2004, 118-128면.

3. 승인

잠재적으로 이익상충의 여지가 있는 거래는 무수하다. 이를 모두 금지한다면 오히려 회사에 불리할 수도 있으므로 대부분의 법제에서 이를 일정한 요건하에 허용하고 있다. 그 요건 중에 대표적인 것이 승인이다.

상법상으로는 승인대상이 이사가 일방당사자인 거래에 한정되고 있다.[26] 앞서 언급한 바와 같이 증권거래법 등에서는 주요 주주 등과의 거래로까지 승인대상을 넓히고 있다. 실제로 대규모 상장법인의 경우에는 이사의 자기거래가 문제되는 예는 극히 드물지만 계열회사와의 거래는 널리 행해지고 있다. 이에 대해서 일일이 승인을 얻어야 한다면 실무상 큰 부담이 될 것이다. 따라서 증권거래법에서는 일정 규모를 넘는 내부거래에 대해서만 이사회의 승인을 받도록 할 뿐 아니라 심지어 이사회가 거래총액을 정하여 포괄적으로 승인하는 것도 허용하고 있다(제191조의19 제2항, 제3항). 이러한 상황에서 이사회가 개별적인 거래의 공정성을 확보할 수 있는 여지는 극히 제한될 것이다.

승인의 주체로는 상법상 이사회만을 상정하고 있지만[27] 이론상으로는 이사회 외에 감사나 주주총회에 승인권을 주는 방안을 생각해 볼 수 있다. 이사는 전문성의 면에서 우월하지만 독립성의 면에서 불안하다면 주주는 실제로 이해관계자라는 점은 좋지만 '합리적 무관심(rational apathy)'에서 벗어나기 어렵다는 문제가 있다. 또한 주주 수가 많은 대규모 회사에서는 주주총회를 개최하는 것이 큰 부담이 될 수 있다. 승인이 의미를 갖기 위해서는 승인 주체가 독립성이 있어야 할 것이다. 현행 상법상으로도 이사회나 주주총회의 경우 승인대상에 '특별한 이해관계'를 갖는 자는 의결권이 없다(상법 제368조 제4항, 제391조 제3항). 학설상 특별한 이해관계는 비교적 좁게 해석되고 있는 것으로 판단된다. 따라서 계열회사와의 거래인 경우, 총수의 영향

---

26 현재 법무부가 추진 중인 상법개정안에 의하면 상대방이 이사와 특별한 관계에 있는 자로 확대될 예정이다.

27 1995년 상법 개정 전에는 주주총회가 경업금지에 대한 승인권을 갖고 있었다.

권하에 있는 사내이사들도 상대방 계열회사의 이사를 겸하지 않는 한 참여할 수 있을 것이다. 이는 이해관계 없는 이사(disinterested director)를 엄격하게 해석하는 미국의 실무와 큰 차이가 있다.[28]

설사 사외이사의 독립성을 엄격히 요구하더라도 아무래도 총수의 영향력에서 자유롭지 못하다는 의심을 피할 수 없다. 그러한 관점에서 보면 규모가 큰 내부거래에 대해서는 이사회가 아니라 이해관계 없는 주주의 승인을 받도록 하자는 제안[29]도 설득력이 있는 것 같다.

승인의 판단에는 전문성이 요구되는 경우가 많다. 이사가 전문성을 갖추지 않은 경우에는 전문가의 도움을 받을 필요가 있다. 특히 거래의 규모가 큰 경우에는 전문가의 의견이 반드시 필요할 것이다. 현재 법적으로 전문가의 도움을 요구하는 경우는 없다.[30] 그러나 실무상으로는 이미 회계법인이나 법무법인과 같은 전문가의 의견을 사전에 받아 놓고 거래를 추진하는 경우가 늘고 있다.

4. 손해배상

이사회의 승인을 받지 않는 경우 그 거래는 무효가 될 수도 있다.[31] 그러나 승인을 받았다고 해서 완전히 문제가 없는 것은 아니다. 거래조건이 공정하지 않은 경우라면 이론상 총수와 이사의 손해배상책임을 물을 수도 있을 것이다. 이 경우 불공정성의 입증책임은 원고가 부담한다.[32] 겨우 불공정성을

28 최근에는 그 경향이 한층 강해지고 있다. 예컨대 김화진, "사외이사의 독립성에 관한 미국 델라웨어주의 오라클 판결," BFL 제3호(2004. 1), 서울대학교 금융법센터, 123면 이하 참조.

29 예컨대 Djankov 외, 앞의 논문, 37면.

30 다만 증권거래법은 주권상장법인이 비상장법인과 합병하는 경우 합병비율의 적정성에 대하여 외부평가기관의 평가를 받도록 하고 있다(시행령 제84조의7 제2항 제1호 ; 시행규칙 제36조의13).

31 증권거래법과 공정거래법상 이사회 승인을 요함에도 불구하고 승인을 받지 않은 거래도 무효로 볼 것인지는 의문이다.

32 미국에서는 이해관계 없는 이사나 주주가 승인한 경우에만 원고에 입증책임을 부담시키고 있다. 상세한 것은 기업구조연구회(편)/김건식(집필), 앞의 논문, 267-268면 참조.

입증할 수 있다고 해도 바로 책임을 물을 수 있는 것은 아니다. 이익상충행위를 승인한 이사들에 대해서는 주의의무위반의 책임을 물을 수 있겠지만, 정작 가장 이해관계가 크다고 볼 수 있는 총수에 대해서는 '지시'(상법 제401조의2 제1항 제1호)를 입증하지 못하는 한 책임을 묻기 어려울 것이다.

손해배상과 관련해서 또 하나의 장애물은 주주대표소송의 실효성이다. 주주대표소송은 과거에 비해서는 제소가 훨씬 쉬워졌지만 아직 현실적으로 장애물이 많다. 원고의 주식보유요건은 과거보다 많이 낮아지기는 했지만 아직도 충족하는 것이 만만치 않은 부담이 되고 있다. 원고인 주주가 증거를 확보할 수단이 미흡한 것은 일반소송에서와 마찬가지이다. 보다 근본적인 약점은 주주가 구태여 제소에 나설 인센티브가 별로 없다는 점이다. 그간의 법개정으로 원고주주의 소송비용과 변호사비용을 보상하기 위한 제도는 어느 정도 정비되었다. 그러나 승소를 통해서 얻을 수 있는 이익이 제한되는 상황에서 회사의 전폭적인 도움을 받는 경영자를 상대로 힘겨운 소송에 나설 주주는 그다지 많지 않을 것이다.

주주대표소송을 언제까지나 참여연대와 같은 시민단체의 활동에 맡기는 것은 바람직하지 않다. 국민연금과 같은 기관투자자가 예금보험공사와 마찬가지로 경영자에 대한 제소에 보다 적극적인 자세를 취하는 경우에는 사정이 크게 달라질 것이다. 그러나 의결권을 제대로 행사하는 데도 소극적인 기관투자자들이 과연 소송에 적극적으로 나설지는 앞으로 지켜봐야 할 것이다.

5. 형사처벌

현재 총수의 사익추구행위를 방지하는 최후의 보루는 형사처벌이다. 이는 우리나라에만 국한된 현상이 아니고 프랑스와 같은 나라에서도 기업인에 대한 형사처벌이 널리 행해지고 있다. 다수의 국민들은 잘못을 저지른 경영자가 수갑을 차고 교도소로 들어가는 모습을 보며 시원한 느낌을 가질지도 모른다. 그러나 총수의 사익추구행위를 형사처벌로 대처하는 것은 다음과 같은 이유로 바람직하지 않다.

첫째, 형사처벌은 비난 가능성이 아주 높은 행위에 대해서만 작동한다. 둘째, 공소유지에는 엄격한 증거가 필요하기 때문에 증거확보가 어려운 경우에는 검찰이 신중한 태도를 취할 수밖에 없다. 셋째, 형사소추를 담당하는 검찰은 아무래도 여론이나 정치적 상황에 영향을 받을 가능성이 높다. 이러한 약점을 고려하면 총수의 사익추구행위를 형사처벌에 의존하여 규제하는 것은 바람직하지 않고 사법적 견제장치의 실효성을 높일 필요가 있다.

Ⅳ. 사익추구행위를 억제하는 환경적 요소

1. 서설

총수의 사익추구행위의 억제를 담당하는 것은 증권거래법을 포함한 넓은 의미의 회사법에 한정되는 것이 아니다.[33] 시장의 역할에 대해서는 이미 앞서 언급한 바 있다. 최근에는 문화 내지 사회규범도 주목을 끌고 있다. 법관의 역할에 대한 관심도 높아지고 있다. 법관의 역할은 법제도의 내부적 요소라고 할 수도 있지만 문화와도 관계가 없지 않기 때문에 이곳에서 살펴보기로 한다.

2. 법관이나 법률가의 역할[34]

앞서 살펴본 바와 같이 총수의 사익추구행위에 대한 견제는 결국 법원의 손을 빌릴 수밖에 없다. 총수의 사익추구행위는 워낙 다양한 형태로 감행되

33 Luca Enriques/Matteo Gatti, EC Reforms of Corporate Governance and Capital Markets Law : Do They Tackle Insiders' Opportunism?, 41 (June 2006)(SSRN에서 접근 가능).

34 이 부분은 김건식, "회사법상 충실의무법리의 재검토, 21세기 한국상사법학의 과제와 전망," 송상현 교수 화갑기념 논문집, 2002, 172면 이하에 크게 의존하였다.

기 때문에 회사법에 일일이 구체적인 규정을 마련하기는 입법기술상으로 쉽지 않다. 결국 충실의무와 같은 추상도가 높은 법리에 의존하지 않을 수 없다. 그러한 일반법리를 활용하여 기기묘묘한 사익추구행위에 대처하는 것은 법원의 몫이다. 과거 영미의 법관들은 이러한 과제를 성공적으로 수행하였다. 영미법상 충실의무에 관한 방대한 판례법은 이들의 끊임없는 노력이 낳은 자랑스런 유물이라고 할 수 있다. 과연 우리 법관들도 영미의 법관들과 마찬가지로 자신의 과제를 훌륭하게 수행할 수 있을 것인가?

정교한 법전을 가지고 있는 대륙법 국가에서는 아무래도 법관의 재량 내지 법형성기능이 경시되는 경향이 없지 않다. 특히 프랑스와 같이 전통적으로 법관에 대한 불신이 존재하는 나라에서는 법관의 법형성이란 늘 경계의 대상이었다. 독일에서도 나치스 시대를 거치면서 법관의 자유로운 법해석에 대한 불안이 깊어졌던 시기가 있었다. 그러나 이러한 대륙법 국가의 특징은 오늘날 크게 퇴색하고 있다. 이제 대륙법 법관과 보통법 법관과의 사이에 실제로 그렇게 큰 차이가 없다는 것이 일반적 인식이다.[35] 법관에 대한 불신이 뿌리 깊었던 프랑스에서도 이제 법관에 의한 법형성은 상당히 활발하다고 한다.[36]

법관에 의한 법형성은 남의 나라 이야기만은 아니고 우리나라에서도 행해지고 있다. 예컨대 민법상의 일반조항인 신의칙과 권리남용조항(제2조)은 이미 회사법을 비롯한 여러 법분야에서 활용되고 있다. 최근에는 이사의 손해배상책임을 면제하는 데 주주 전원의 동의를 요하는 명시적인 상법규정(제400조)에도 불구하고 이사의 손해배상책임을 80% 감면하는 결론을 도출하는 데도 활용된 바 있다.[37]

그러나 적어도 회사소송 분야에서는 우리 법관이 융통성을 발휘하는 데 다소 소극적이라는 느낌이다.[38] 경영자의 이익상충이 문제되는 사안에서 우

35 Ugo Mattei, Comparative Law and Economics, 1997, 81-83면.

36 Ugo Mattei, 앞의 책, 85면.

37 대법원 2005. 10. 28. 선고 2003다69638 판결(삼성전자 대표소송판결).

38 예컨대 이중대표소송을 불허하는 대법원 2004. 9. 23. 선고 2003다49221 판결(공 2004, 1702) ; 전환사채발행의 무효를 엄격하게 제한하는 대법원 2004. 6. 25. 선고 2000다37326 판결(공 2004, 1207) 등.

리 법관이 다소 소극적인 자세를 취하는 것에는 다음과 같은 요소들이 작용하고 있는 것은 아닐까? 첫째, 엄청난 업무량 때문에 보다 구체적으로 타당한 분쟁해결을 위하여 생소한 이론을 과감하게 채택하기보다는 기존의 통설이나 판례를 기계적으로 따르는 경향이 없지 않다. 둘째, 아무래도 변호사들이 나서서 주장을 해주어야 법관이 새로운 이론을 채택하기가 쉬운데 아직 변호사들이 창의력을 그다지 발휘하지 못하고 있다는 느낌이 있다.[39] 셋째, 종래 이익상충에 관한 분쟁이 드물었기 때문에 법관들이 아직 역량을 키울 기회가 부족했다.

이러한 추측에 덧붙여 혹자는 법관들이 부지불식간에 재벌 등 기득권층에 '포획'되었기 때문이 아니냐는 해석을 시도할지도 모르겠지만 그것을 믿고 싶지는 않다. 여하튼 법관의 소극적 태도에 변화가 없는 한 우리나라에서 충실의무법리가 제대로 발전할 수 없고 총수의 사익추구행위를 근절하기도 어려울 것이다.

3. 시장의 압력

이익상충을 규율하는 법규정이 미흡하고 또 법관들이 이익상충의 규제에 소극적이라도 시장의 압력이 제대로 작동한다면 총수의 사익추구행위를 억제할 수 있을 것이다. 총수의 사익추구행위가 시장에 알려진다면 주가가 하락할 것이고 일반주주들은 당연히 불만을 품게 될 것이다. 비록 주주들이 행동에 나서지 않는다 하더라도 주가하락은 장차 회사의 자금조달을 어렵게 할 뿐 아니라 제3자가 적대적 기업인수의 유혹을 느낄 수도 있다.

시장의 압력은 앞서 설명한 회사법적 견제 메커니즘에 비하여 작용하는 범위가 넓다는 것이 장점이라고 할 수 있다. 법적으로는 충실의무위반으로 볼 수 없는 거래라도 시장에서 주주가치의 관점에서 바람직하지 않은 거래

39 소수주주인 원고를 대리하는 변호사들이 경영자를 대리하는 변호사들에 비하여 상대적으로 수도 적고 경험이 부족하다는 점도 이러한 결과에 영향을 주고 있는 것으로 보인다.

로 평가하는 경우에는 주가하락이 초래될 수 있다. 나아가서는 이익상충을 낳는 복잡한 소유구조 자체에 대해 시장이 부정적 평가를 내릴 수도 있다. 실제로 미국에서 우리 재벌에서 보는 것과 같은 복잡한 소유구조나 이익상충거래를 찾아보기 어려운 것은 바로 이러한 시장의 압력이 강해서라고 볼 수도 있을 것이다. 그러나 우리 자본시장에서는 특히 적대적 기업인수의 가능성이 낮기 때문에 상대적으로 시장 압력을 덜 느끼는 것 같다.

4. 문화 또는 사회규범

시장의 압력과 관련이 없지 않지만 관념상 구별되는 것으로 사회규범(social norm)이 있다. 이익상충을 부정적으로 보는 사회규범이 강하다면 그것은 억제될 것이다. 예컨대 총수의 사익추구행위가 법적 제재를 받지 않는다 해도 혹독한 사회적 비난이 가해진다면 그것을 감행하기 쉽지 않을 것이다. 그러한 행위로 인해 손가락질을 받게 된다면 우선 총수 자신의 사회생활이 불편해질 뿐 아니라 그룹 이미지가 추락하여 사업에도 지장이 있을 것이다.

사회규범은 문화와 밀접한 관련이 있다. 우리 사회는 개인보다 가족을 중시하는 문화가 강했기 때문인지 이익상충에 대한 인식이 제대로 뿌리내린 것 같지 않다. 기업마저도 가족의 연장선상에서 파악하는 경향이 강해서인지 계열회사 간의 내부거래를 너무 자연스럽게 받아들일 뿐 아니라 위기에 처한 계열회사를 지원하는 행위도 마치 어려운 형제를 돕는 것과 비슷한 시선으로 바라보는 경향이 있다. 내부거래와 지원성 거래를 구분하는 선은 모호하기 때문에 내부거래에 대한 규제에 틈이 생기면 지원성 거래는 급속히 확산될 수 있다. 그리고 지원성 거래가 보편화되면 그것이 옳지 않다는 사회적 인식이 자리잡기 어렵다.

이러한 상황을 개선하기 위해서는 특히 언론이나 학계 등 여론에 영향을 주는 계층의 역할이 중요할 것이다. 그러나 언론은 현재 별로 적극적인 것 같지 않다. 끊임없이 일어나는 총수의 사익추구행위에 대해 한편으로는 비

판을 가하면서도 그것을 근절하려는 노력에는 별로 관심을 기울이지 않는 것으로 보인다.[40]

V. 결어

최근 사익추구행위를 통한 경영권의 편법상속이 세간의 관심을 끌고 있다. 미국, 영국 등 선진국의 대기업에서는 창업자의 가족이 최고경영자의 지위를 세습하는 경우가 그렇게 많지 않다. 이와 대조적으로 우리나라에서는 유한양행과 같은 극히 예외적인 경우를 제외하고는 기업의 대소를 불문하고 경영권의 세습이 보편화되고 있다.

자본주의 사회에서 자식에게 경영권을 물려주는 것이 반드시 지탄을 받을 일은 아니다. 최근 편법상속에 관한 스캔들에서 정작 문제삼을 것은 경영권 승계가 아니다. 문제는 후계자가 경영권 승계에 필요한 자금이나 주식을 확보하는 과정에서 여러 방법으로 일반주주의 이익을 해치는 거래를 감행하는 것이다. 이러한 거래는 외관상 마치 정상적인 사업상 거래처럼 보이는 것이 사실이다. 그러나 거래의 실체를 찬찬히 뜯어보면 일반주주의 재산을 특정인에게 이전하는 요소를 포함하고 있다. 주주이익을 해친다는 관점에서 보면 이러한 행위는 회사 재산을 훔치는 행위와 실질적으로는 그다지 다를 바가 없다. 차이가 있다면 이제껏 우리나라에서는 기업의 규모를 불문하고 그런 회사 재산 유용행위가 워낙 널리 행해져 왔기 때문에 그에 대한 사회적 비난의 강도가 높지 않다는 점이다. 그러나 회사 재산을 빼돌리는 행위가 버젓이 용인되는 상황에서 기업에 대한 신뢰가 확보될 수 없고 자본주의가 건전하게 발전하기 어렵다.

앞서 지적한 바와 같이 투명경영만으로 기업이 성공하는 것은 아니다. 선

40 경제위기 이후 신문의 수입에서 재벌그룹의 광고가 차지하는 비중이 한층 높아진 점, 주요 신문사의 지배구조가 재벌과 별로 다를 바 없다는 점 등이 신문의 소극성에 관련이 있는 것이 아니냐는 지적도 없지 않다.

진적 기업지배구조에 도달하기 위해서는 총수의 사익추구를 막는 것에 못지않게 총수가 주주의 이익을 위해서 최선을 다하도록 총수와 주주의 인센티브를 일치시키는 것이 중요하다. 그러나 꼬리에 꼬리를 물고 등장하는 재벌 관련 비리는 아직 우리 기업지배구조가 총수의 사익추구를 억제하는 기본적인 과제에 대해서도 긴장을 늦출 수 없는 단계에 머무르고 있음을 가르쳐 주는 증거라고 할 것이다.

『BFL』 제19호(2006. 9), 서울대학교 금융법센터, 8-21면.

* 추기 : 2009년 증권거래법은 자본시장과 금융투자업에 관한 법률로 흡수되면서 폐지되었다. 증권거래법에 있던 상장회사 특례규정 중 합병, 주식매수청구권, 공시에 관한 규정들은 자본시장법으로, 그리고 주요주주거래의 승인에 관한 규정은 상법으로 각각 이관되었다. 또한 공정거래법상 출자총액제한규정도 대폭 완화되었다.

03 지배주주의 통제방안 : 행동, 구조, 시장*

I. 서설—지배주주와 일반주주 사이의 이익충돌

현대 자본주의사회에서는 이른바 '소유와 경영의 분리(separation of ownership and control)'가 진행됨에 따라 전문경영인과 주주 사이의 이익충돌을 해결하는 것이 중대한 과제로 부각되고 있다. 경제학에서는 이러한 이익충돌의 문제를 '대리인 문제(agency problems)'로, 그리고 그러한 이익충돌로 인한 비용은 '대리인 비용(agency costs)'으로 부르고 있다. 이러한 전문경영인과 주주 사이의 대리인문제를 해결하는 것은 어느 나라에서나 회사법의 핵심 과제라고 할 수 있다. 우리 상법에도 경영자인 이사의 권한남용을 억제하기 위한 규정들이 다수 포함되어 있다(예컨대 상법 398조, 403조 등). 그

* 이 글은 정승욱 박사와 공동집필한 것임.

러나 미국이나 영국과 달리 우리나라에서는 아직 소유와 경영이 완전히 분리되지 않은 기업들이 대부분이다. 따라서 우리나라에서는 전문경영인과 주주 사이의 이익충돌은 — 점차 중요성이 높아 가고 있지만 — 아직은 그리 심각한 문제가 아니다. 그보다는 회사를 지배하는 지배주주와 일반 소수주주 사이의 대리인비용을 줄이는 것이 훨씬 더 절박한 문제라고 할 수 있다.

만약 주식소유가 지배주주에 집중되고 일반주주의 지분이 극히 미미한 상태라면 양자 간의 이해가 대부분 일치하기 때문에 대리인문제는 별로 관심을 끌 수 없을 것이다. 사실 과거 기업주 일가가 회사주식의 대다수를 보유하고 있던 시절에는 지배주주에 대한 통제라는 문제를 거의 인식하지도 못하였다. 그러나 경제성장과 더불어 기업규모가 커짐에 따라 개별기업에서 지배주주 일가의 지분율은 현저히 감소하고 있다. 그럼에도 불구하고 이들 지배주주는 계열회사 간의 복잡한 상호출자에 의존하여 그룹에 속한 모든 회사의 경영권을 확고하게 장악하고 있다. 시간이 흐름에 따라 퇴진할 수밖에 없는 전문경영인과는 달리 지배주주의 경영권은 그 자식들에게 승계되고 있으므로 지배주주와 일반주주 사이의 대리인문제는 훨씬 더 심각하다고 할 수 있다.

종래 이들 지배주주는 흔히 그룹회장이라는 직함을 갖고 비서실 · 운영위원회 · 사장단회의 등 그룹총괄기구를 통하여 계열회사에 대한 경영권을 행사해 왔다. 이 지배주주들이 그룹 내에서 마치 황제와 같은 지위를 누린다는 사실은 오래전부터 일반여론의 비판을 받아 왔다. 최근에는 이 지배주주들이 실제로 그룹의 중요의사결정을 좌우하고 있음에도 불구하고 법적으로 책임을 묻기 어렵다는 점이 또 하나의 문제점으로 지적되었다.[1] 개정 전 상법은 회사의 업무집행기관으로 대표이사나 이사만을 상정하였기 때문에 아무리 지배주주라 하더라도 계열회사의 이사직을 맡고 있지 않은 한 법적 책임을 인정하기 어려웠다.

지배주주에 대한 규제의 공백이 다소나마 메워지게 된 계기는 지난 1997년

---

1 보다 상세한 것은 기업구조연구회(편)/김건식(집필), "재벌과 소수주주보호," 한국의 대기업, 누가 소유하며 어떻게 지배되는가, 포스코경영연구소, 1995, 201면 이하 참조.

에 시작된 경제위기라고 할 수 있다. 당시 대기업의 무분별한 차입경영, 계열회사에 대한 과도한 상호지급보증, 무모한 신규사업진출 등이 여론의 공격을 받으면서 지배주주에 대해서도 책임을 물어야 한다는 목소리가 힘을 얻게 되었다. 1998년 12월 상법개정에서 이사가 아니라도 회사의 업무집행에 관여한 자에 대해 책임을 지우는 401조의2가 신설된 것은 바로 이러한 배경에 의한 것이었다. 흔히 '사실상의 이사'라고도 불리는 이러한 업무집행관여자[2]에 대해 책임을 인정한 것은 종래 권한을 행사한 자와 책임을 지는 자가 불일치함으로써 빚어졌던 모순을 해결하기 위한 시도로서 높이 평가할 수 있을 것이다. 그러나 401조의2만으로 지배주주와 일반주주 사이의 이익충돌이 완전히 해소된 것은 아니다. 그렇다면 401조의2는 어떠한 범위에서 기능하며 어떠한 한계를 지니고 있는가? 이 물음에 제대로 답하기 위해서는 지배주주와 일반주주 간의 대리인문제에 대해 포괄적으로 살펴볼 필요가 있다. 그것이 바로 이 글의 목적이라고 할 수 있다.

이 글의 순서는 다음과 같다. 먼저 II에서는 401조의2의 해석론으로 업무집행관여자가 지는 책임의 범위와 한계를 검토하기로 한다. 이어서 지배주주의 '행동'에 초점을 맞추는 규제방식에 대한 보완책으로서 기업의 구조를 개선하는 방안(III)과, 시장 특히 자본시장의 역할(IV)에 대해서 고찰하고자 한다.

II. 업무집행관여자의 책임 : 지배주주의 행동통제

1. 입법의 취지 : 권한과 책임의 일치

법적 책임에 관한 기본원칙은 권한과 책임을 일치시키는 것이다.[3] 권한이

2 법문에서는 제목에서 '업무집행지시자 등'이라고 할 뿐 업무집행관여자라는 표현을 쓰고 있지 않다. 그러나 이 글에서는 401조의2의 세 가지 유형의 행위주체를 모두 가리키는 표현으로 편의상 '업무집행관여자'라는 용어를 사용하기로 한다.

3 Josè Engràcia Antunes, Liability of Corporate Groups, 1994, p.124 · p.131.

없는 자에게 책임을 지우는 것은 불공평하고, 권한이 있는 자에게 책임을 지우지 않는 것은 방종을 초래하기 쉽다. 그러나 1998년 상법이 개정되기 전까지는 우리 기업경영에서 권한과 책임의 일치는 이루어지지 않았다. 그 주된 이유는 실제 기업에서의 의사결정이 상법이 예상하는 것과는 전혀 다른 모습으로 행해졌기 때문이다. 상법은 회사의 의사결정이 원칙적으로 이사회에서 이루어지는 것으로 상정하고 있다. 그러나 우리 기업현실에서는 지배주주가 임의로 결정한 것을 이사회가 단순히 수용하는 데 그치는 경우가 오히려 일반적이었다. 특히 재벌그룹의 경우 지배주주인 회장의 뜻을 비서실이나 기획조정실이 소속계열사로 전달하면 당해 회사의 이사회에서는 비록 그 결정이 탐탁지 않은 경우라도 감히 거스르지 못하고 따르는 것이 보통이었다.

지배주주의 잘못된 의사결정을 견제하는 방식으로는 크게 두 가지를 생각해 볼 수 있다. 한 가지는 의사결정의 형식적인 주체인 계열사 이사들의 책임을 묻는 방식이다. 그러나 의사결정의 실질적 주체인 지배주주는 그냥 내버려 둔 채 그 수족에 불과한 이사들에게만 책임을 묻는 것은 불공평할 뿐 아니라 실효성도 떨어진다. 기본적으로 월급쟁이에 불과한 이사들의 개인적인 재력이 회사 또는 주주의 손해를 배상하기에는 크게 부족할 것이기 때문이다. 이사가 비록 개인재산을 전부 날리게 될지라도 회장이 자신 대신 잘못을 뒤집어쓴 충직한 부하를 도와줄 수 있는 길은 부지기수로 많다. 그러므로 이사들의 책임과 아울러 잘못된 의사결정에 궁극적 책임이 있는 지배주주의 책임을 묻는 것이 보다 근본적이고 실효성 있는 방안임은 부정할 수 없다. 그러나 개정 전 상법에 의하면 지배주주가 그룹회장이라는 법률적으로 별 의미 없는 직함만을 지닌 채 개별기업의 이사직을 맡지 않고 있는 경우에는 책임을 묻기가 쉽지 않았다.[4] 그 이유는 개정 전 상법이 경영자로서 이사 이외에 지배주주라는 행위주체를 상정하고 있지 않았기 때문이다. 이번에 도입된 업무집행관여자의 책임에 관한 상법 401조의2는 바로 이러한 실무

4 개정 전 상법의 해석상으로도 과연 지배주주의 책임을 묻는 것이 전혀 불가능했는지에 대해서는 의문이 없지 않지만 이곳에서는 다루지 않는다. 자세한 것은 정승욱, "주식회사 지배주주의 법적 책임에 관한 연구," 서울대 박사논문, 1998. 2, 46면 이하.

상의 난점을 해결하기 위한 규정으로 볼 수 있다.

2. 행동이냐 지위냐

상법 401조의2는 '지배주주'라는 일반개념을 채택한 것이 아니다. 엄밀히 말하면 흔히 말하는 것처럼 '사실상의 이사'라는 개념을 채택한 것도 아니다.[5] 그러한 일반개념을 도입하는 대신 401조2는 이사로서의 책임을 발생시키는 구체적인 업무집행관여행위를 열거하고 있다. 그렇지만 그 규정이 지배주주를 주된 적용대상으로 염두에 두고 마련된 것만은 틀림없다. 그러면서도 지배주주라는 용어의 사용을 굳이 피한 이유는 무엇일까? 아마도 지배주주의 개념이 너무 불확정적이라는 점이 제일 크게 작용했을 것이다.[6] 그러한 불확정성을 피하기 위하여 지배주주에게 책임을 지우는 근거를 단순히 지배주주라는 '지위'에서가 아니라 회사 또는 제3자에 불리한 영향을 가져온 '행동'에서 찾았다. 결국 상법 401조의2에 의하면 반드시 지배주주가 아니라도 업무집행에 관여하였으면 책임을 지고, 지배주주라도 아무런 행동이 없었다면 책임을 지지 않는다.

3. 이사의 책임을 인정하는 두 가지 방식

새로 도입된 401조의2는 행위자가 이사가 아님에도 사실상 업무집행에 관여한 경우에 이사와 마찬가지의 책임을 지운다. 그러한 의미에서 그 규정이 사실상의 이사라는 개념을 채택한 것으로 본다 해도 큰 잘못은 아닐 것이다. 그러나 어떠한 행위자에게 이사로서의 책임을 인정하는 방식도 면밀히 관찰하면 두 가지로 나누어 볼 수 있다. 하나는 일단 행위자가 일정한 요건을 충족하면 이사로 보고 이사와 마찬가지의 의무와 책임을 부과하는 방식

5 정승욱, "대기업에 있어서 사실상 이사의 책임과 그 한계," 상장협 제38호(1998년 추계호), 101면.

6 개정상법이 행위유형을 열거하게 된 이유는 행위주체를 명확히 하지 않는 경우 법적 안정성을 해한다는 지적 때문이었다고 한다. 법무부, 상법개정공청회자료(1998. 4. 1), 67면 · 76면.

이다(제1방식). 영국회사법상의 그림자이사(shadow director)가 바로 제1방식의 대표적인 예라고 할 수 있다.[7] 영국회사법상 특정인을 그림자이사로 보기 위해서는 회사의 이사가 그 특정인의 지시를 습관적으로 추종하였어야 한다. 일단 특정인이 그림자이사에 해당하면 그후부터 그자에게는 이사와 마찬가지의 의무와 책임이 부과된다. 따라서 그자는 그림자이사라는 이유만으로 책임을 부담하는 것이 아니라 그림자이사로서 이사의 의무를 위반했다는 이유로 책임을 부담하는 것이다. 즉 그림자이사의 경우에는 그림자이사로 인정받기 위하여 필요한 행위와 책임추궁의 대상이 되는 행위는 별개이다.

이사로서의 책임을 인정하는 또 하나의 방식은 행위자의 특정한 행동을 근거로 바로 이사의 책임을 부과하는 것이다(제2방식). 이번에 도입된 401조의2는 바로 제2방식을 취하고 있다. 즉 특정인이 직접 또는 간접으로 업무집행에 관여한 경우에 바로 당해 행위에 대해 이사로서의 책임을 부과하고 있기 때문이다. 제2방식을 취한 401조의2에서는 업무집행관여자로 인정받기 위한 행위와 책임추궁의 대상이 되는 행위가 일치한다. 즉 행위자는 업무집행에 관여하는 시점에서 이사로서의 의무를 부담하며 그 업무집행행위가 임무해태에 해당하는 경우에 이사로서 책임을 지는 것이다.[8]

4. 세 가지 행위유형

(1) 상법규정

개정상법은 회사 또는 제3자에 대하여 책임을 지는 업무집행관여자를 다

7 그림자이사에 대한 상세한 설명으로는 이중기, "영국법상의 그림자이사(shadow directors)와 법인이사(corporate director)," 상사법연구 제15권 제1호(1996), 259면 이하 ; 정승욱, 앞의 논문, 107면 이하.

8 이러한 관점에서 보면 업무집행관여자가 회사의 기관이 아니라는 이유로 임무해태의 가능성을 부정하는 견해(이태로/이철송, 회사법강의, 박영사, 1999, 586-587면)는 찬성하기 어렵다. 이러한 해석의 차이가 생기는 것은 업무집행관여자의 책임의 법적 성질을 어떻게 파악할 것인가와 관련이 있다. 자세한 것은 정승욱, "업무집행관여자의 책임," 상사법연구 제17권제2호(1998), 273면 이하.

음의 세 가지 유형으로 나누어 규정하고 있다(401조의2 1항).

① 회사에 대한 자신의 영향력을 이용하여 이사에게 업무집행을 지시한 자(제1호)

② 이사의 이름으로 직접 업무를 집행한 자(제2호)

③ 이사가 아니면서 명예회장, 회장, 사장, 부사장, 전무, 상무, 이사 기타 회사의 업무를 집행할 권한이 있는 것으로 인정될 만한 명칭을 사용하여 업무를 집행한 자(제3호).

제1호는 행위자가 업무집행에 간접적으로 관여한 경우이고, 제2호와 제3호는 직접 관여한 경우이다. 이들 유형에 해당하는 자는 반드시 지배주주에 국한되는 것은 아니다(특히 제3호의 경우). 그러나 모든 경우에 지배주주를 주된 적용대상으로 삼고 있는 것은 물론이다. 이상의 세 유형은 지배주주가 회사의 업무집행에 관여하는 다양한 형태를 고려하여 마련한 것이다. 이하에서는 각 유형을 차례로 살펴보기로 한다.

(2) 회사에 대한 영향력을 이용하여 이사에게 업무집행을 지시한 자 : 제1호

1) 제1호의 요건

제1호는 지배주주가 비서실과 같은 기구를 통하거나 아니면 직접적으로 계열사의 이사에게 업무집행을 '지시'함으로써 계열사의 업무집행에 관여하는 경우를 대상으로 삼고 있다. 다른 유형과 마찬가지로 제1호도 지배주주를 요건으로 하지 않고 오히려 보다 일반적 표현인 '영향력'이라는 개념을 사용하고 있다. 제1호의 핵심적 구성요건은 영향력과 지시라고 할 수 있다.

2) 영향력

지시 외에 회사에 대한 영향력을 요건으로 삼고 있는 이유는 영향력 없이는 지시가 효과를 발휘할 수 없기 때문일 것이다. 영향력을 낳는 원천으로는 아무래도 주식보유가 가장 전형적인 예라고 할 수 있다. 따라서 지배주주가 이사에게 지시하는 경우에는 업무집행관여자로서 이사와 마찬가지로 책임을 지게 된다. 법문은 영향력의 근거에 대해서는 아무런 제한을 가하고 있지 않으므로 주식보유 이외의 사정으로 영향력을 갖는 경우도 제1호에 포함될 수 있다. 은행과 같은 채권자나 우월적 지위에 있는 거래처(예컨대 부품을 구입해 주는 자동차회사)도 회사에 대하여 영향력을 가질 수 있다.[9] 그러나 이러한 채권자나 거래처와 같이 계약법상의 권리를 갖는 자에 대해서 제1호를 적용하는 것에는 주의를 요한다. 왜냐하면 계약상대방인 회사에 대해서 계약상의 권리를 지닌 이들이 권리를 행사하는 것은 막을 수 없기 때문이다.[10] 따라서 이들이 계약상의 권리를 행사함으로써 회사가 불이익을 입는다 하더라도 그것을 용인할 수밖에 없다. 예컨대 은행이 채무자인 회사에 대해서 대출금의 연장을 거부하고 변제를 촉구하는 경우에는 설사 그로 인하여 회사가 도산상태에 빠지더라도 제1호에 의하여 은행의 책임을 물을 수는 없을 것이다. 그러나 만약 은행이 대출채권자로서의 영향력을 이용하여 회사로 하여금 특정 부동산을 불리한 조건에 제3자에게 매각하도록 지시한 경우라면 제1호가 적용될 가능성이 있을 것이다.

3) 지시

제1호가 적용되려면 지배주주와 같이 영향력을 가진 자의 지시가 필요하다. 따라서 아무리 영향력이 있는 지배주주라고 해도 지시가 없다면 책임을 지지 않는다. 지시는 반드시 명시적이어야 하는 것은 아니다. 묵시적인 지시가 있더라도 제1호는 적용될 수 있다.[11]

지시라고 해서 반드시 '일방적인 지시'의 형식으로 표현될 필요는 없을

---

9 이태로/이철송, 앞의 책, 584면. 심지어 경우에 따라서는 정부공무원도 영향력을 갖는 주체로 보는 견해(앞의 책, 585면)도 있으나 적어도 공무원이 정부의 정책수행의 일환으로 행한 행위에 대해서는 공무원개인에게 업무집행관여자의 책임을 추궁하기는 어려울 것이다. 대법원 1996. 2. 15. 선고 95다38677 판결(법원공보 1996상, 771).

10 Forstmoser, Der Organbegriff im aktienrechtlichen Verantwortlichkeit, in : Freiheit und Verantwortung im Recht : Festschrift zum 60. Geburtstag von A. Meier-Hayoz (1982), S.144f.

11 같은 견해로는 손주찬, 상법(상, 제8정 증보판), 박영사, 2000, 774-776면.

것이다. '요청'의 형식을 빌렸더라도 강한 영향력에 의하여 뒷받침되는 경우에는 지시에 해당하는 것으로 볼 수 있을 것이다.

그러나 이처럼 지시를 폭넓게 해석하더라도 그것을 입증할 수 있는 경우는 그리 많지 않을 것이다. 실제 어느 정도 역사가 있고 조직체계가 잡힌 재벌그룹이라면 지배주주인 회장이 개별기업의 최고경영자에게 구체적으로 지시하는 경우는 그렇게 많지 않을 것이다. 지배주주의 의중을 짐작하지 못하고 일일이 그 의견을 묻는 경영자는 이미 경영자로서 자격이 없는 자일지도 모른다. 실제로 책임지기를 꺼리는 지배주주는 미묘한 행위일수록 '알아서 해주는' 경영자를 선호하게 될 것이다. 따라서 일이 잘못된 경우 지배주주의 지시를 입증하여 책임을 묻기는 쉽지 않을 것이다. 이 점이 제1호의 가장 중대한 한계라고 할 수 있다.

이러한 한계를 극복하기 위해서는 지시의 추정을 너그럽게 하는 수밖에 없다. 예컨대 지배주주가 문제된 업무집행에 관한 분야에서 일상적으로 지시를 해왔다면, 문제된 업무집행에 대해서도 지시가 있었을 것으로 추정하더라도 무리는 없을 것이다. 그러나 지시의 추정을 쉽게 하면 할수록 점점 위에서 살펴본 제1방식에 접근하게 될 것이다.

4) 지배회사에 적용되는지 여부

상법 401조의2는 대체로 업무집행관여자가 자연인임을 전제로 마련된 것으로 보인다. 제1호는 비록 '자신의' 영향력이라는 표현을 사용하고 있으나, 영향력의 보유자가 반드시 개인에 한정된다고 볼 것은 아니다.[12] 지배주주가 법인인 경우, 즉 지배회사에 대해서도 제1호를 적용할 수 있는지는 복잡하고도 미묘한 문제이다. 간단히 답하기는 어렵지만 결론부터 밝히자면 지배회사도 제1호의 적용대상이 될 수 있다고 할 것이다.[13] 제1호의 법문이 법인이 행위주체가 되는 경우를 배제하지 않고 있는 것도 사실이지만 그보다는 지배회사의 책임을 인정할 필요성이 워낙 크기 때문이다. 현재 경제계에

---

12 이태로/이철송, 앞의 책, 585면.

13 같은 견해로는 손주찬, 앞의 책, 774-776면.

서 기업간에 지배 · 종속관계가 존재하는 사례는 너무도 흔하다. 최근 공정거래법의 개정으로 순수지주회사가 허용되었기 때문에 지배회사의 부당한 지시를 이유로 지배회사의 책임을 인정할 필요는 한층 높아졌다.

지배 · 종속회사의 문맥에서 제1호를 적용하는 경우 수많은 난제가 생겨난다. 어떠한 경우에 지배회사 임직원 개인이 아니라 지배회사가 지시한 것으로 볼 수 있는가? 지배회사의 지시는 어느 범위까지 허용되는 것인가? 지배회사가 책임을 지는 경우에 지배회사의 대표이사나 지배주주 개인의 책임[14]은 없는 것인가? 이 문제들은 모두 지배 · 종속회사의 관계를 어떻게 파악할 것인가 하는 기본적인 시각과 밀접한 관계를 갖는 문제이다. 이 문제는 후일의 과제로 삼기로 한다.

(3) 이사명의로 직접 업무를 집행한 자 : 제2호

제2호는 지배주주가 이사에게 지시하지 않고 자신이 보관 중인 이사의 인감을 사용하여 직접 이사명의로 업무를 집행하는 경우를 포착하기 위한 규정이다. 이러한 경우는 주로 대기업보다는 중소기업에서 많이 일어날 수 있는 경우로 여겨진다.

제2호는 이사명의로 행동할 것을 요구할 뿐 행위자에 특별한 자격을 요구하고 있지 않다. 따라서 언뜻 보면 무권대행에 해당하는 경우로 보이기도 한다.[15] 그러나 아무나 이사명의로 업무집행을 한다고 해서 그것이 회사에 영향을 줄 수 있는 것은 아니다. 회사와 아무런 관계가 없는 자가 행위한 경우에는 회사가 그 행위의 효과를 부정할 수 있을 것이다. 권한이 없는 자의 행위임에도 불구하고 그 행위의 효과가 회사에 귀속될 수 있는 것은 회사가 그 행위를 그대로 수용하기 때문일 것이다. 어떠한 경우에 그러한 권한 없는 자의 행위를 회사가 그대로 존중할 것인가? 제2호가 명시하고 있지는 않지만

---

14 일본의 하급심판례 중에서는 모회사의 대표이사이자 지배주주에게 자회사의 사실상 이사로서의 책임을 지운 것이 있다(京都地判 1992. 2. 5, 判例時報 1436호, 115면).

15 실제로 그렇게 보는 견해가 있다. 이태로/이철송, 앞의 책, 587면.

회사가 받아들이는 것은 결국 지배주주나 적어도 그의 특수관계인이 행한 행위에 한정될 것이다.

'이사의 이름으로' 할 것을 요구하는 것은 그것 없이는 권한 없는 자의 행위가 회사에 귀속되기 어렵기 때문일 것이다.

(4) 업무집행권한이 있는 듯한 명칭을 사용하여 업무를 집행한 자 : 제3호

제3호는 명예회장이나 회장 등의 직함을 갖는 지배주주가 직접 업무를 집행하는 경우는 물론이고 지배주주의 이익을 위하여 일하는 기획조정실장 등이 대신 업무를 집행한 경우에 책임을 지우기 위한 규정이다. 제2호에서는 '이사명의'를 요하고 있는 데 비하여 제3호에서는 '명칭사용'을 요건으로 하고 있다. 명칭사용을 요건으로 하고 있다는 점에서 이러한 행위자를 '表見理事'로 부르는 학자도 있다.[16] 그러나 명칭사용을 요하는 것은 표현대표이사(상법 395조)의 경우와는 달리 그러한 명칭에 대한 제3자의 신뢰를 보호하기 위해서가 아니다. 명칭사용을 요구하는 이유는 아마도 그러한 명칭을 사용하는 자의 행위만이 회사에 영향을 미칠 수 있다고 보기 때문일 것이다. 따라서 명칭사용은 엄격하게 해석할 것이 아니라 사실상 회사에 영향을 줄 수 있는 자의 행위를 모두 포함할 수 있도록 융통성 있게 해석해야 할 것이다.

제3호에서는 지배주주 이외에도 이사가 아닌 자가 업무집행권이 있는 것으로 보여지는 명칭을 사용하여 업무를 집행한 경우에는 모두 적용대상으로 삼고 있다. 따라서 이사가 아니면서 전무나 상무 등으로 불리는 이른바 집행임원도 적용대상이 될 수 있을 것이다.

과거 재벌그룹에는 비서실장이나 기획조정실장과 같이 회장에 직속하는 자들이 있었다. 이들이 지배주주인 회장의 사익을 위하여 특정계열사에 불리한 행위를 한 경우에는 제3호가 적용될 것인가? 명칭사용의 의미를 엄격

16 양승규, "사실상 이사의 책임," 공인회계사 1998년 5월호, 30-31면.

히 새긴다면 적용이 어려울 것이다. 비서실장이나 기획조정실장은 특정계열사가 아니라 지배주주인 회장 개인의 대리인 또는 사용인에 불과할 뿐이고 계열사의 '업무를 집행할 권한이 있는 것으로 인정될 만한 명칭'이라고 하기 어렵기 때문이다. 그러나 앞서 언급한 바와 같이 명칭사용을 넓게 해석해야 한다는 견해를 따른다면 실제로 회사에 손해를 입힌 행위를 한 자에 대해서는 적용을 인정해도 무방할 것이다. 문제는 이들이 어느 정도의 행위를 해야 '업무를 집행한' 것으로 볼 수 있는가이다. 단순히 회장의 지시를 전달한 것만으로는 업무를 집행하였다고 보기 어려울 것이다. 더욱이 최근 각 그룹에서는 그룹비서실장과 같이 그룹차원의 직책은 폐지하고 주력계열사에 흡수하는 방향으로 나아가고 있으므로[17] 앞으로 이들이 제3호의 적용대상이 되는 경우는 그리 많지 않을 것으로 전망된다.

5. 적용의 효과

위의 세 가지 유형 중 하나에 해당하는 자에 대해서는 이사의 책임규정(상법 399조, 401조)과 대표소송규정(403조)의 적용에 있어 이사로 간주한다. 즉 업무집행관여자는 이사가 아니지만 법령위반이나 임무해태를 이유로 회사 또는 제3자에 대해 손해배상책임을 지고, 소수주주는 대표소송에 의하여 이들의 책임을 추궁할 수 있다. 업무집행관여자와 아울러 이사도 책임을 지는 경우에는 연대하여 책임을 진다(401조의2 2항).

6. 업무집행관여자 규정의 한계

(1) 행동의 요구

상법 401조의2에 따라 업무집행관여자의 책임을 묻기 위해서는 회사에

17 한국일보, 1998. 2. 16, 2면.

영향을 미치는 '행동'을 입증할 필요가 있다. 따라서 아무리 지배주주라도 아무런 행동을 하지 않은 경우에는 책임을 물을 수 없다. 따라서 이 규정은 지배주주의 권한남용을 다소간 억제할 수는 있겠지만, 지배주주로 하여금 적극적으로 회사이익을 위해 전력을 다하도록 유도하는 기능은 별로 없다.

(2) 입증의 어려움

상법 401조2에 따라 지배주주에게 업무집행관여자의 책임을 묻기 위해서는 원고가 지배주주의 지시나 업무집행을 입증하여야 한다. 그러나 앞서 지적한 바와 같이 제1호의 업무집행의 지시는 회사 내부에서 은밀히 이루어지는 것이 보통이므로 회사 외부의 주주나 채권자가 그것을 입증하는 것은 현실적으로 거의 기대하기 어렵다. 또한 경영자가 지배주주의 의중을 짐작하여 자발적으로 지배주주의 이익을 도모하는 행위를 저지른 경우에는 아예 지시라고 할 것이 없으므로 지배주주의 책임을 묻는 것은 원천적으로 불가능하다. 이런 이유 때문에 제1호의 업무집행지시자의 책임규정은 상징적 의미와 다소의 예방적 효과밖에 없을 것이라는 주장도 제기되고 있는 실정이다.[18]

제1호에 비하여 이사명의로 직접 회사의 업무를 집행한 경우에 관한 제2호나 업무집행권한이 있는 것과 같은 명칭을 가지고 업무를 집행한 경우에 관한 제3호는 모두 업무집행을 요건으로 하고 있어 입증이 상대적으로 용이하다고 할 수 있다. 그러나 지배주주가 이처럼 이사직을 맡지 않으면서도 계열회사의 업무를 직접 집행하는 경우가 얼마나 많을지는 의문이다.

(3) 기업 측의 대응

과거에는 재벌그룹의 총수가 적어도 표면상으로는 계열사의 경영일선에

18 최기원, "IMF의 극복을 위한 상법개정방향(하)," 법률신문, 1998. 4. 16, 14면.

나서지 않는 경우가 많았다. 그러나 최근에는 정부의 유도에 따라 대부분의 재벌총수들이 스스로 주력계열회사의 대표이사로 취임하고 있다.[19] 따라서 이들에게 구태여 업무집행관여자의 책임을 물을 필요는 과거보다 다소 줄어든 것이 사실이다. 또한 이제 상법개정으로 지배주주가 업무집행관여로 인하여 책임을 질 수 있다는 점은 경제계에도 널리 알려져 있다. 따라서 앞으로 지배주주는 계열사의 업무집행에 관여하는 것에 대해서는 비교적 신중한 태도를 취할 것으로 예상된다. 결과적으로 지배주주의 지시나 업무집행을 입증하는 것은 한층 어려워질 것이다.

(4) 적용범위의 한계

앞서 언급한 바와 같이 지배주주에게 책임을 지우기 위한 수단으로 '사실상 이사의 법리'가 많이 논의된 바 있다. 그에 의하면 지배주주와 같이 회사의 업무집행에 일상적으로 관여한 자는 사실상 이사로 보아 이사에게 적용되는 각종 의무와 책임이 부과된다. 신설된 401조의2는 사실상의 이사라는 일반적인 개념을 채택하는 대신 구체적으로 이사의 책임이 부과될 수 있는 행위유형만을 규정하는 데 그치고 있다. 그리고 그곳에 규정된 업무집행관여자에 대해서는 제399조(회사에 대한 책임)와 제401조(제3자에 대한 책임), 그리고 제403조(대표소송)의 적용에 있어서만 이사로 보고 있다. 따라서 그 밖의 다른 규정의 적용과 관련해서는 행위자를 이사로 보지 않는다. 예컨대 지배주주와 회사 사이의 거래는 지배주주가 이사를 맡고 있지 않은 한 398조에서 말하는 이사의 자기거래에 해당하지 않는다. 따라서 미리 이사회의 승인을 받을 필요가 없다.[20] 이사에게 회사와 경쟁적 지위에 서는 것을 금지하는 397조의 경업금지규정도 이사가 아닌 지배주주에게는 적용이 없다.[21]

---

19 한국일보, 1998. 3. 6, 8면.

20 물론 지배주주가 회사에 대해서 지시한 사실을 입증할 수 있다면 제1호를 적용하여 지배주주에 손해배상책임을 물을 수 있을 것이다.

21 그 경우에는 401조의2를 이용하여 지배주주의 책임을 묻기도 어렵다. 지배주주의 경업은 성질상 회사에 대한 지시나 업무집행이 전혀 없이 이루어지기 때문이다.

7. 평가

상법 401조의2는 지배주주의 행동에 대한 규제의 공백을 메우기 위한 시도라는 점에서는 일단 긍정적으로 평가해야 할 것이다. 지배주주의 권한과 책임이 일치하지 않는 것에서 비롯된 모순은 이 규정에 의해 어느 정도 시정된 것이 사실이다. 그러나 위에서 지적한 바와 같이 401조의2는 지배주주와 일반주주 사이의 대리인문제에 대처하는 수단으로서는 여러 가지로 미흡하다.

Ⅲ. 구조의 개선

1. 대리인문제의 해결방안

앞서 살펴본 바와 같이 상법에 새로 도입된 401조의2는 기본적으로 지배주주의 업무집행관여라는 지배주주의 행동을 통제하는 접근방식을 취하고 있다. 이처럼 지배주주의 행동을 통제하는 접근방식은 지배주주의 권한남용을 통제하는 효과는 없지 않지만 대리인문제를 근본적으로 해결하는 수단으로서는 내재적 한계를 지닌다. 지배주주와 일반주주 사이의 이익충돌에서 비롯되는 대리인비용은 단순히 지배주주의 부정적 행동을 억제하는 것만으로는 충분히 해소될 수 없기 때문이다. 이러한 한계는 다소간 차이는 있으나 지배주주의 행동을 통제하는 다른 접근방식을 취하는 경우, 예컨대 지배주주의 충실의무를 인정하는 경우에도 마찬가지로 나타난다. 그러므로 지배주주와 일반주주 사이의 대리인문제를 획기적으로 개선하기 위해서는 이처럼 표면적으로 드러나는 지배주주의 행동을 사후적으로 통제하는 방식에서 한걸음 더 나아가 문제의 근원에서 해결책을 구할 필요가 있다. 그러한 근본적인 대처방안의 하나로는 지배주주와 일반주주 사이의 이익충돌이 완화되도록 기업의 '구조'를 개선하는 방안을 들 수 있다. 다음에서는 그러한 구조개선방안을 몇 가지 간단히 언급하기로 한다.

2. 소유구조의 단순화

지배주주와 일반주주의 이익이 충돌하는 현상은 독립적인 기업에서보다는 기업집단에서 더 두드러진다. 지배주주의 보유지분이 계열회사마다 큰 차이가 있는 경우에는 지배주주가 사익을 추구하는 행위를 감행할 인센티브가 특히 크다. 예컨대 지배주주가 계열회사 간 거래를 통하여 지배주주의 지분이 상대적으로 작은 회사(갑회사)에서 큰 회사(을회사)로 이익을 이전할 가능성이 높다.[22] 이 경우 갑회사의 일반주주들은 손해를 보게 된다. 이러한 계열사 사이의 재산이전은 너무나 다양한 형태로 일어날 수 있기 때문에 그것을 효과적으로 막기는 극히 어렵다. 재벌그룹을 하나의 지주회사를 정점으로 하고 밑에는 100% 자회사가 있는 구조로 소유구조를 단순화한다면 그러한 이익충돌의 소지는 사라질 것이다. 물론 모든 자회사를 완전자회사로 할 것을 의무화하는 것은 비현실적일 것이다. 그렇지만 현재와 같이 실제 지분은 10%에도 미달함에도 불구하고 계열사를 이용한 복잡한 소유구조를 유지하여 경영성적의 좋고 나쁨과 관계없이 영구적으로 그룹 전체를 지배하는 상황은 개선할 필요가 있다.

기업의 소유구조에 대해서는 법이 간섭하지 않고 가급적 개별기업의 자유에 맡기는 것이 바람직하다. 모든 기업에 들어맞는 소유구조라는 것은 존재하지 않기 때문이다. 미국에서는 전기·가스업계에서 복잡한 지주회사구조가 폐해를 낳게 되자 1935년 공익사업지주회사법을 제정함으로써 소유구조를 단순화한 일이 있다. 그러나 그것은 극히 예외적 사례에 불과하다. 법으로 소유구조의 단순화를 강요하기보다는 복잡한 소유구조를 유지하는

---

22 기업구조연구회(편)/김건식(집필), 앞의 논문, 205면. 예컨대 지배주주가 A회사의 주식을 10%, B회사의 주식을 50%를 각각 소유하며 양사를 지배하고 있는 경우를 가정해 보자. 지배주주의 지시에 의해 계열회사 A가 시가 10억 원의 부동산을 계열회사 B에게 5억 원에 매도한다면, A회사는 5억 원의 손실을 입고 B회사는 5억 원의 이익을 보게 된다. 만약 양 회사의 주가가 이러한 재산변동을 정확히 반영하는 방향으로 변동한다면, 지배주주는 A회사의 주가하락으로 5,000만 원의 손해를 입지만 B회사의 주가상승으로 2억 5,000만 원의 이익을 얻기 때문에 결과적으로 2억 원의 이익을 얻게 될 것이다.

데 비용을 부담시켜 특별한 이유가 없는 한 소유구조를 단순화하도록 유도하는 방안도 고려해 볼 만하다. 예컨대 소유구조가 복잡한 기업은 우량한 신용등급을 받을 수 없다면 기업은 자금조달시의 불이익을 피하기 위해서라도 자발적으로 소유구조를 단순화할 수밖에 없을 것이다.

3. 인센티브의 일치

지배주주로 인한 대리인비용의 문제는 결국 지배주주의 이익과 나머지 주주의 이익이 괴리됨에 따라 발생하는 것이다. 따라서 보다 근본적인 해결책은 지배주주의 인센티브와 일반주주의 인센티브를 가급적 일치시키는 것이다. 지배주주의 지분이 100%에 가까울수록 양자 사이의 대립이 줄어들 것은 분명하다. 그러나 그것은 현실적으로 불가능하다. 기업규모가 커짐에 따라 지배주주의 지분은 줄어들 수밖에 없기 때문이다. 회사이익이 커질수록 지배주주가 큰 이익을 누릴 수 있다면 지배주주가 다른 주주의 희생하에 자신의 사익만 추구할 인센티브는 줄어들 것이다. 그 방안으로 대주주인 경영자에게 주식매입선택권(스톡옵션)과 같은 인센티브를 제공하여 경영성과의 향상에 힘을 쏟도록 유인하는 것도 고려할 수 있을 것이다. 그러나 현행 증권거래법상 스톡옵션은 부여가능법인, 부여대상자, 부여한도가 제한되어 있다.[23] 특히 문제는 최대주주나 주요주주는 물론이고 그 특수관계인도 부여대상에서 제외되고 있다는 점이다(증권거래법 시행령 84조의6 1항). 이는 전문경영인에 대한 성과보상수단인 스톡옵션이 지배주주에 의하여 남용되는 것을 막는다는 판단에서 비롯된 것으로 보인다. 물론 스톡옵션이 전문경영인에 가장 필요한 제도인 것은 사실이다. 그러나 지배주주가 경영을 맡고 있더라도 그의 개인적 지분이 5%에 미달할 정도로 적은 경우에는 주주가치를 증대시킬 인센티브가 별로 크지 않다. 따라서 지배주주에게 스톡옵션의 취

23 원칙적으로 주권상장법인 또는 협회등록법인에 한하여 주식매입선택권을 부여할 수 있고(증권거래법 시행령 84조의6 5항), 부여할 수 있는 한도도 발행주식총수의 15%로 한정되어 있다.

득자격을 부정하는 것은 입법론상 바람직하지 않다.

4. 사외이사제도의 정비

지배주주가 자신의 이익을 위하여 업무집행에 관여하는 것은 자신이 회사의 의사결정기구를 완전히 장악하고 있는 경우에 비로소 가능하다. 만약 이사회에 자신의 부하나 지지자들 외에 독립적인 인사가 사외이사로 참여하고 있다면 노골적으로 자신의 이익을 도모하기는 쉽지 않을 것이다. 이러한 관점에서도 사외이사제도를 정착시킬 필요가 있다. 지배주주를 효과적으로 감시할 수 있는 사외이사를 선임하고 사외이사들만으로 구성된 감사위원회를 두는 경우에는 이익충돌의 가능성이 있는 거래를 크게 줄일 수 있을 것이다.

IV. 자본시장에 의한 통제

지배주주의 대리인문제도 전문경영인의 대리인문제와 마찬가지로 시장에 의한 통제가 제대로 기능하는 경우에는 심각성이 크게 완화될 수 있다. 따라서 대리인비용을 절감하기 위해서는 지배주주의 행동을 직접 통제하는 장치를 마련함과 아울러 시장에 의한 통제가 제대로 기능할 수 있도록 여건을 마련해 줄 필요가 있다.

지배주주의 사익추구행위를 억제하는 압력을 가할 수 있는 시장으로는 제품시장, 전문경영자시장, 기업경영권시장, 자본시장 등을 들 수 있다. 우리나라에서는 이러한 시장에 의한 통제가 덜 발달되어 있음은 널리 알려진 사실이다. 그나마 어느 정도 기능을 발휘하고 있는 것은 기껏해야 제품시장에 불과하다.[24]

---

24 수출이 중요한 비중을 차지하는 기업들은 진작부터 국제시장에서의 경쟁으로부터 압력을 받아 왔다. 앞으로 시장개방이 진전됨에 따라 국내기업도 시장의 압력을 받게 될 것이다.

전문경영자시장(management labor market)은 전문경영자를 주로 회사 내부에서 충원하는 현재의 관행이 획기적으로 변하지 않는 한 그림의 떡에 불과하다고 할 것이다. 전문경영자의 횡적 교류가 활성화되기 위해서는 기업경영의 투명성, 적법성이 확보되어야 할 것이다. 그렇지 않고서는 전문경영자의 경영능력보다 아무래도 충성도를 중시하게 될 것이고 충성도를 중시하는 한 외부인사에 경영을 맡길 수가 없을 것이기 때문이다. 그러나 설사 전문경영자시장이 발달한다고 해도 전문경영자들이 자신의 명성에 해가 될 것을 우려하여 지배주주의 사익추구행위에 적극적으로 대처할 것인지는 의문이다.

기업경영권시장은 시장 중에서 이제껏 가장 주목을 받았던 시장이다. 과거에는 먼 나라 일로만 여겨졌던 적대적 기업인수도 이제는 우리나라에서도 제법 친숙해지고 있을 뿐 아니라 IMF시대를 맞아 그에 대한 거부감도 많이 엷어진 것으로 보인다. 기업경영권시장이 대리인비용을 줄이는 기능을 하는 것은 틀림없다. 그러나 기업인수에 의하여 지배주주를 교체하는 것은 대리인문제를 해결하는 방법으로서는 반드시 이상적인 것만은 아니다. 적대적 기업인수는 우선 지배주주의 지분이 상당히 낮은 경우에만 가능하고 기업의 잠재가치와 시장주가가 상당한 차이가 있는 경우에만 시도될 것이기 때문이다.

앞으로 우리가 보다 관심을 기울여야 할 것은 자본시장이라고 할 수 있다. 대리인문제와 자본시장의 관계는 적어도 우리 법학계에서는 그다지 주목을 받지 못했다. 그러나 자본시장이 제대로 작동하는 나라에서는 지배주주를 포함한 경영자의 행동을 통제하는 법규범이 다소 미흡하더라도 대리인문제가 상당부분 해소된다는 점이 최근 널리 인식되고 있다. 지배주주의 평판이 나쁘거나 소유구조가 비정상적인 회사는 자본시장에서 투자자들로부터 높은 평가를 받을 수 없다. 따라서 그러한 회사의 주가는 하락하고 신용등급도 낮아질 것이다. 과거와 같이 기업이 담보나 연줄만 있으면 은행으로부터 쉽게 차입을 받을 수 있던 시절에는 그러한 주가하락이나 신용등급하락은 큰 문제가 아닐 수도 있었다. 그러나 기업이 자본시장에 대한 의존도가 높아질

수록 투자자들의 신뢰를 얻는 데 신경을 쓰지 않을 수 없다. 투자자의 신뢰를 얻지 못하면 자금조달비용이 높아지기 때문이다. 고도성장시대를 마감한 오늘날 높은 자금조달비용을 부담하고서 생존할 수 있는 기업은 별로 많지 않다. 따라서 대부분의 기업은 자금조달비용을 낮추기 위해서라도 비합리적인 행동과 구조를 줄여 나가지 않을 수 없다. 미국에서 사외이사와 회계사에 의한 감사가 출현한 것은 법이 강제해서가 아니라 투자자의 신뢰를 얻기 위하여 기업 스스로 내린 결정에 의한 것이었다는 점도 자본시장의 위력을 보여 준다. 최근 미국에서 지배주주의 행동통제에 대한 논의가 그다지 부각되지 않는 것은 이미 법제가 상당히 정비되어 있다는 것도 이유가 되겠지만, 다른 한편으로는 자본시장이 제대로 작용함으로써 문제의 심각성이 줄어들고 있는 것도 그 이유라고 할 것이다.

V. 결어

이제껏 우리 경제는 소수의 기업집단에 의한 경제력집중과 기업집단 내부에서의 총수일가에 대한 소유집중이 문제되어 왔다. 특히 최근에는 회장 개인의 독단에 의한 의사결정이 커다란 문제점으로 부각된 바 있다. 그러나 기업에서의 의사결정이 비민주적이라는 점을 그 자체로 문제삼는 것에는 의문이 있다. 민주적인 의사결정이란 결과보다는 과정을 중시하는 제도이다. 그러나 어차피 기업경영은 과정보다는 오히려 결과가 중시되는 분야이다. 우수한 경영성과만 올릴 수 있다면 독재적인 경영은 반드시 독재정치와 같이 매도할 것은 아니다. 문제되는 것은 경영자의 독단적인 의사결정이 잘못된 것으로 드러난 경우에도 경영권을 그대로 유지하면서 경영을 계속하는 현실이다. 물론 잘못된 경영이 오래 지속되다 보면 기업은 몰락의 길에 들어설 수밖에 없다. 그러나 기업의 퇴출에 이를 때까지 경영의 무능이 그대로 방치되는 것은 바람직하지 않다. 따라서 잘못된 경영이 보다 조기에 시정될 수 있도록 제도를 마련할 필요가 있다.

최근에 개정된 상법에서 도입된 401조의2는 지배주주의 경영참여에 대해서 책임을 물을 수 있는 장치라는 점에서 긍정적으로 평가할 수 있을 것이다. 그러나 지배주주의 대리인문제를 해결하는 데에는 한계를 지니고 있다는 점을 냉정하게 인식할 필요가 있다. 지배주주가 사익추구를 위하여 권한을 남용하는 행동은 대리인문제의 일부에 불과하다. 그러한 권한남용을 제대로 규율하는 것도 앞서 살펴본 바와 같이 쉬운 일이 아니다. 그러나 보다 어려운 것은 지배주주나 경영자의 사익추구행위를 소극적으로 통제하는 것에서 벗어나 이들이 적극적으로 회사이익을 위하여 전력을 다하도록 만드는 것이다. 그것을 위해서는 앞서 언급한 바와 같이 이들이 적절한 인센티브를 가질 수 있도록 기업의 구조를 개선하는 노력을 기울일 필요가 있다. 회사의 소유구조를 단순화하여 이익충돌의 여지를 줄이는 한편, 경영을 맡은 대주주에게도 스톡옵션과 같은 인센티브를 부여하는 방안을 적극적으로 검토할 필요가 있다. 또한 다른 한편으로는 시장, 특히 자본시장이 제대로 기능할 수 있도록 여건을 정비하는 노력을 기울일 필요가 있다. 자본시장이 제대로 기능하게 되면 지배주주와 일반주주 사이의 대리인문제는 상당부분 저절로 해소될 것이기 때문이다.

이선 외 엮음, 『한국 기업지배구조의 현재와 미래』, 미래경영개발연구원, 2000, 523-547면.

* 추기 : 대법원도 지배회사와 같은 법인도 업무집행지시자가 될 수 있다는 판시를 하고 있다. 대법원 2006.8.25.선고 2004다26119판결.

04 경영자 보수와 기업지배구조

I. 서설

지난 세기말 꽃을 피웠던 기업지배구조 담론은 21세기에 들어서도 전혀 수그러들 기세가 아니다. 기업지배구조에 대한 관심은 이제 미국, 유럽, 일본 등 선진국은 물론이고 중국, 인도, 베트남 같은 신흥 경제개발국가에서도 불이 붙은 상태이다. 그러나 담론이 전개되는 무대는 바뀔지라도 논의되는 테마는 한결같이 친숙한 것들이다. 기업지배구조에 관한 컨퍼런스나 잡지기사는 일일이 따라가기가 벅찰 정도로 많지만 으레 논의되는 것은 사외이사, 주주소송, 기관투자자, 적대적 M&A 등이 단골 이슈이다. 물론 나라에 따라 이슈에 차이가 없는 것은 아니다. 그 대표적인 예는 아마도 경영자 보수가 아닌가 생각된다. 경영자라고 할 때에는 회장이나 사장이란 명칭을 사용하는 최고경영자(이하 'CEO') 외에 부사장이나 전무 등 상위임원과 이사까지 포함하는 경우도 적지 않다. 그러나 경영자 보수를 말할 때 주로 문제삼는 것은 CEO의 보수이다.

기업의 CEO가 얼마나 받는지가 일반의 관심 대상에서 멀어졌던 일은 없을 것이다. 다만 동서고금을 막론하고 그것은 조금 민감하거나 점잖지 못한 주제다 보니 드러내 놓고 논의하기를 꺼렸을 뿐이다. 그러나 최근에는 사정이 일변하여 경영자 보수가 술자리의 화제를 넘어서 중요한 정책 이슈로 부각되고 있다. 특히 미국과 유럽에서는 경영자 보수가 엄청난 관심을 끌고 있다. 최근 미국에서는 CEO인 회장의 오랜 친구로 겨우 15개월 근무하였고 성과도 좋지 않았던 사장에게 퇴직금으로만 무려 1억 3,000만 달러를 지급한 Disney사의 사례가 큰 관심을 끌었다.[1] 미국 SEC는 2006년 열띤 논의 끝에 경영자 보수에 대한 공시를 강화하는 규정을 채택하였다.[2] SEC의 Cox위원장은 이 규정이야말로 SEC 72년 역사상 가장 관심을 끈 이슈였다고 단언하였다. 한편 독일에서는 2000년 Mannesmann사가 Vodafone사에 인수될 당시 퇴직임원들에게 5,300만 달러에 달하는 퇴직금과 상여금을 지급한 것이 형사소송으로까지 비화하였다.[3]

경영자 보수에 관한 학문적 연구가 속속 발표되고 있는 것은 이러한 사회적 관심의 자연스런 반영이라고 할 것이다. 경영자 보수에 대한 폭넓은 관심의 배경에는 그것이 과도하다는 일반의 인식이 자리잡고 있다. 이와는 대조적으로 우리나라에서는 아직 경영자 보수가 별 관심을 끌지 못하고 있다.[4] 이러한 상황은 얼핏 다소 의외로 여겨질 수도 있다. 주지하는 바와 같이 우

---

1 디즈니 스캔들에 관한 문헌은 무수하지만 대표적으로 James Stewart, Disney War, New York : Simon & Schuster (2005) 참조. 이 사건은 디즈니사의 이사에 대한 주의의무위반을 묻는 소송으로까지 비화되었으나 오랜 재판 끝에 결국 책임은 부정되었다. In re Walt Disney Co., 907 A.2d 27 (Del. 2006). 소송의 전말과 평가에 관해서는 D. A. Jeremy Telman, The Business Judgment Rule, Disclosure, and Executive Compensation, 81 Tulane Law Review 829, 876-887 (2007).

2 Press Release, SEC, SEC Votes to Adopt Changes to Disclosure Requirements Concerning Executive Compensation and Relate Matters (July 26, 2006) (No.2006-123).

3 이들은 2006년 형사책임을 면하는 대가로 320만 유로를 지급하였다(http://financial.seekingalpha.com/article/ 23102 2007. 6. 9 검색).

4 최근의 예외로서 이윤재, "대기업경영진 보수의 타당성," 한겨레신문, 2007. 5. 18.

리 기업지배구조는 특히 외환위기를 맞아 급격한 변화를 거쳤다. 사외이사, 감사위원회, 주주대표소송 등 제도적 개혁이 단기간에 단행되었다. 기업현실의 세계에서도 과거에는 남의 나라 이야기로만 생각되던 적대적 M&A, 위임장쟁탈전 등이 심심찮게 등장하고 있다. 그러나 경영자 보수는 아직 학계는 물론이고 시민운동단체에서도 그다지 관심을 끌지 못하는 것 같다.[5] 이따금 언론에서 단편적으로 일부 회사 임원들의 보수에 관한 기사가 나오고 있지만 호기심 차원을 넘어 논의가 전개되는 일은 거의 없다.[6]

이러한 상대적 무관심은 우리 경영자 보수가 아직 사회적 관심을 끌 만큼 규모가 크지 않기 때문으로 볼 수 있다. 뒤에 살펴보는 바와 같이 신뢰할 만한 통계가 충분하지는 않지만 우리 기업 CEO들의 보수는 아직 선진국, 특히 미국에 비하여 상당히 낮은 것으로 판단된다. 이에 관해서는 우선 극적인 일화를 하나 소개한다. 1999년 당시 매출이 10조 원이 넘는 우리 공기업 사장의 기본연봉은 1억 원에도 못 미쳤다. 언젠가 뉴욕에서 우연히 만난 그 회사의 IR담당자는 현지 투자자들이 그토록 낮은 보수에도 불구하고 사장이 열심히 일할 인센티브가 무엇인지를 묻는 것이 곤혹스럽다고 토로하였다. 자신의 연봉은 고사하고 신참 변호사의 초봉이 15만 달러에 달하는 당시 뉴욕에서 일하는 펀드매니저로서는 국제적 규모의 대기업 사장이 10만 달러도 받지 않고 일하는 이유를 납득하기 어려웠을 것이다. IR담당자가 엉겁결에 한국의 경영자는 돈만 보고 일하지는 않는다는 궁색한 답변을 내놓았지만, 투자자들의 의심스런 눈초리는 쉽게 가시지 않더라는 것이다. 2003년 민영화를 거쳐 그 회사 사장의 보수는 급속히 증대되어 2005년에는 기본연봉만 해도 3억 원을 넘었다. 그러나 이 금액은 같은 해에 그 회사가 광고모델인 여성연예인에게 지급한 10억 원의 반에도 미치지 못하는 금액이었다.

---

5 예외로서 김우찬, "CEO보수의 투명성과 기업가치," 기업지배구조연구 3권(2002년 여름) ; 백자욱/송신근, "국내은행 전문경영인들의 연봉수준에 관한 실증분석," 산업경제연구 제17권 제3호(2004), 931면 ; 유병권, "기업에서의 경영자 보수와 기업가치와의 관계에 대한 연구 : 제조업을 중심으로," 고려대 경영대 석사논문, 2000.

6 예외적으로 "대기업 임원은 받는 만큼 일하나," 한계레21 제562호, 2005. 6. 1.

우리 경영자 보수가 미국에 비하여 낮은 이유는 무엇인가? 이 글의 목적은 이 문제에 대해서 살펴보는 것이다. 경영자 보수에 영향을 주는 요소는 많을 것이다. 이러한 요소는 나라마다 반드시 같지 않을 수도 있다. 경영자 보수의 문제를 제대로 이해하기 위해서는 경제, 사회, 문화 등 다양한 접근이 필요할 것이다. 이제껏 법학만 연구해 온 사람으로서 감히 이러한 복합적인 사회현상을 대상으로 삼기는 주저되는 것도 사실이다. 그러나 아직 논의가 미흡한 단계에서는 이러한 시론도 본격적인 연구를 자극할 수 있다면 의미가 없지 않다는 믿음을 바탕으로 이 글을 시작하기로 한다.

우리 경영자 보수에 관한 글을 쓰려면 무엇보다도 먼저 우리 경영자 보수의 현황에 대한 믿을 만한 정보가 필요할 것이다. 그러나 현재 이에 관한 정보는 크게 부족한 것이 현실이다. II에서는 미흡하기는 하지만 현재 구할 수 있는 정보를 토대로 우리 경영자 보수의 수준을 파악해 보고자 한다. 이론적 검토를 위해서는 경영자 보수를 보는 시각이 필요하다. III에서는 이론적 검토를 위한 출발점으로서 경영자 보수에 관한 미국 학계의 논의를 아주 간단하게나마 정리하기로 한다. 그러한 논의를 토대로 우리 경영자 보수가 현재와 같은 낮은 수준에 머무르고 있는 이유에 대해서 검토하기로 한다. 그 이유로는 크게 문화와 경제, 두 가지 요소를 생각해 볼 수 있다. 먼저 IV에서는 문화의 영향, 특히 유교의 영향을 살펴본다. 한국사회는 일본이나 중국에 비하여도 아직 유교적 성향이 강한 사회로 알려져 있다. 따라서 경영자 보수에 유교의 영향이 작용하고 있다는 가설도 제기할 수 있을 것이다. 그러나 유교의 영향만으로 경영자 보수에 관한 우리 현실을 설명하기는 어렵다. 경영자 보수에 관해서는 경제적 요소, 보다 구체적으로는 우리 기업지배구조의 현실이 설명력이 더 큰 것으로 판단된다. V에서는 우리 기업지배구조에서 경영자 보수와 밀접한 관련이 있다고 보여지는 두 요소, 지배주주의 존재와 경영자 시장의 결여에 대해서 차례로 논의하기로 한다.

II. 우리 경영자 보수의 현황

1. 몇 가지 통계

경영자 보수를 이사회에서 정하는 미국에서와는 달리 우리나라에서 경영자 보수는 상법상 주주총회에서 정하게 되어 있다(388조). 그러나 실제로는 주주총회에서는 이사전원의 보수 한도를 정할 뿐이고, 그 한도 내에서 구체적으로 어떻게 지급하는가는 이사회에 위임하는 것이 보통이다. 경영자 보수를 이사회가 주도적으로 결정하는 회사는 아직 별로 많지 않은 것 같다. 보수한도와 실제 지급액은 다음해의 사업보고서에서 공시되지만 이사들이 받는 보수가 개별적으로 공개되는 경우는 극히 드물다. 따라서 경영자 보수에 관한 구체적인 정보를 얻기는 어렵다. 다음에서는 우연히 입수한 몇 가지 통계를 차례로 소개한다.

일부 언론이 금융감독원 전자공시시스템에서 조사한 바에 의하면 2006년 10대 그룹 계열회사 등기임원의 연봉은 평균 7억 319만 원에 달한다.[7] 이 수치는 CEO가 아닌 사내이사의 보수까지 포함한 수치이므로 CEO의 보수는 보다 높을 것이다. 그러나 이 통계치를 사용할 때에는 주의를 요한다. 주의할 것은 삼성전자와 같은 그룹 주력기업이 수치에 미치는 영향이다. 앞의 기사에 의하면 삼성전자 이사의 연봉은 2005년의 81억 5,000만 원에서 50%가 줄었지만 여전히 43억 원에 달한다. 다른 그룹의 주력기업인 SK, LG, 현대자동차, GS도 각각 30억 6,792만 원, 24억 5,000만 원, 23억 1,400만 원, 19억 9,600만 원으로 평균치에 비하여 압도적으로 높다. 이러한 주력기업의 높은 수치는 계열회사 전체의 평균치를 높이는 쪽으로 작용한다. 그룹별 평균 이사연봉에 관한 〈표 1〉은 일반 계열회사 이사연봉이 주력기업에 비하여 상당히 낮음을 보여 준다. 그러한 격차가 존재하는 이유는 무엇일까? 주력기업이 다른 계열회사에 비하여 상대적으로 규모가 큰 것도 보수 격차에 영향이

7 "10대그룹 임원연봉 평균 7억원," 한겨레신문, 2007. 4. 30.

없지는 않을 것이다. 그러나 주력기업 이사연봉이 높은 이유는 이사회에 지배주주가 참여하고 있기 때문이라고 판단된다. 이들 지배주주가 얼마나 받는지는 알 수 없지만 일반 이사에 비하여 훨씬 많은 금액을 가져갈 것으로 추정된다. 그 점을 뒷받침하는 증거로서 SK그룹의 쌍두마차인 SK와 SK텔레콤의 이사연봉을 주목할 필요가 있다. 이 두 기업은 규모는 SK 쪽이 앞서지만 이익은 SK텔레콤 쪽이 앞선다는 점에서 임원보수에 큰 차이가 날 이유가 없다. 그러나 앞서 살펴본 바와 같이 SK의 임원 평균보수는 30억 672만 원에 달하는 데 비하여 SK텔레콤은 4명이 48억 4,700만 원으로 평균은 12억 1,200만 원에 불과하다. 양 회사의 평균 임원보수의 차이는 주로 지배주주가 SK의 이사를 맡고 있는 데 비하여 SK텔레콤의 이사는 맡지 않고 있다는 점에 기인한 것으로 판단된다.

〈표 1〉 그룹별 평균 이사연봉(2006)

그룹	평균 이사연봉
삼성그룹	10억 8,400만 원
GS그룹	9억 5,300만 원
현대자동차그룹	8억 2,000만 원
SK그룹	7억 4,200만 원
LG그룹	5억 9,000만 원
두산그룹	3억 8,800만 원
롯데그룹	2억 4,000만 원

〈표 1〉은 그룹 간에 보수가 상당히 차이가 있음을 보여 준다. 예컨대 롯데그룹이 GS그룹의 4분의 1밖에 안 된다는 점은 어떻게 설명할 수 있는지 궁금하다. 앞으로 이러한 차이가 어떻게 변화할 것인지도 흥미로운 대목이라고 할 것이다. 앞의 수치는 최고경영자만이 아니라 등기이사 전원의 평균연봉을 표시한다. CEO의 연봉을 보여 주는 통계로는 보상전문 컨설팅업체인 Towers Perrin이 발표한 통계가 있다.[8] 2005년 4월 기준으로 연매출 5억 달

8 Towers Perrin, Managing Global Pay and Benefits(2005-2006) 20.

러 정도 제조업체의 CEO 보수총액은 나라별로 보면 〈표 2〉와 같다.

〈표 2〉 CEO 보수총액(달러)

중국(상하이)	21만 1,255
타이완	25만 212
말레이시아	40만 2,211
일본	54만 3,564
한국	58만 4,072
브라질	84만 8,946
멕시코	100만 2,357
이탈리아	113만 7,326
독일	118만 1,291
영국	118만 4,936
프랑스	120만 2,145
미국	216만 4,952

〈표 2〉에 의하면 우리 경영자 보수는 GDP수준을 고려하면 그다지 낮지 않은 것으로 보인다. 말레이시아, 브라질, 멕시코에 비해서는 낮지만 일본이나 타이완에 비해서는 오히려 높은 감마저 든다. 그러나 Towers Perrin이 어떠한 방법으로 이 정보를 수집했는지는 모르지만 매출 5억 달러 정도 기업의 CEO보수로는 다소 높게 나온 감이 있다.

〈표 3〉 상장기업의 CEO 보수(2004)

회사	연봉	자산	매출
금호산업	2억 7,000만	2조 2,877억 850만	1조 2,600억 6,700만
한국쉘석유	1억 7,232만 8,000	620억 5,533만 6,440	917억 3,910만 9,212
경남모직	1억 2,750만	757억 1,600만	312억 4,700만
금호페이퍼텍	1억 2,326만	2,097억 9,800만	1,250억 3,300만
자티전자	6,806만 4,300	240억 3,600만	224억 2,500만
코코엔터프라이즈	6,000만	194억 5,300만	117억 9,000만

출처 : 사업보고서(2005)

〈표 4〉 CEO 보수의 변화

	갑			을		
	기본급	성과급	합계	기본급	성과급	합계
1999	9,900만	8,934만	1억 8,834만	NA	NA	NA
2000	1억 6,800만	1억 218만	2억 7,018만	NA	NA	NA
2001	1억 6,800만	1억 5,346만 8,000	3억 2,146만 8,000	NA	NA	NA
2002	1억 5,274만 1,930	1억 7,567만 2,000	3억 2,841만 3,930	NA	NA	NA
2003	2억 7,600만	1억 3,231만 5,200	4억 831만 5,200	2억 8,600만	NA	2억 8,600만
2004	2억 7,600만	2억 9,311만 2,000	5억 6,911만 2,000	4억 1,470만	NA	4억 1,4700만
2005	3억 1,120만 1,600	2억 7,949만 6,600	5억 9,069만 7,600	5억 9,520만	NA	5억 9,520만
2006	NA	NA	NA	6억 1,824만	NA	6억 1,824만

이와는 다소 다른 그림을 보여 주는 것이 〈표 3〉과 〈표 4〉이다. 〈표 3〉은 사업보고서에 임의로 경영자 보수를 공시한 일부 상장기업의 경영자 보수를 보여 준다. 〈표 4〉는 우연히 구한 매출 10조 원대의 대기업 2사의 경영자 보수의 변화를 보여 준다. 〈표 3〉의 금호산업은 매출 1조 원을 넘는 기업임에도 지배주주인 CEO의 연봉은 3억 원에도 미달하고 있다. 〈표 4〉를 보더라도 양사의 경영자 보수는 2000년 이후 증가하고 있지만 여전히 100만 달러에는 크게 미달하고 있다.[9]

2. 최근의 변화 : 스톡옵션의 부침

앞서 살펴본 바에 의하면 우리 대기업 경영자 보수는 아직은 높지 않은 수준이지만 최근 가파르게 상승하는 추세에 있다. 이와 관련하여 주목할 현상은 스톡옵션의 부상과 퇴조이다. 스톡옵션이 등장한 것은 1990년대 말이지만 2002년 현재 상장사 675사 중 118사가 채택할 정도로 급속히 확산되었

9 흥미로운 것은 〈표 3〉에 의하면 경영자 보수가 기업의 자산이나 매출 규모가 클수록 높지만 반드시 비례하지는 않는다는 점이다. 예컨대 금호산업은 자산이나 매출면에서 코코엔터프라이즈보다 100배나 크지만 경영자 보수는 4.5배에 지나지 않는다.

다. 〈표 5〉에 의하면 스톡옵션은 1999년과 2000년 불과 2년 사이에 크게 증가했음을 보여 준다. 이 기간은 우리나라에서 이른바 벤처붐이 일어난 기간과 대체로 일치한다. 이 기간 중 KOSPI지수는 587.57(1999년 1월 현재)에서 1059.04(2000년 1월)로 급상승하였다. 벤처붐 기간 중 벤처기업들은 스톡옵션을 미끼로 젊고 유능한 인재들을 다수 채용할 수 있었다. 심지어 재벌에 속하는 대기업의 안정된 직장을 버리고 장래가 불투명한 벤처기업을 향하는 젊은이들도 적지 않았다. 삼성전자를 비롯한 대기업조차 인재 유출에 위협을 느끼고 스톡옵션을 제공하기에 이르렀다. 특히 금융계에는 스톡옵션이 널리 보급되었다.

〈표 5〉 스톡옵션을 채택한 기업 수

	1997	1998	1999	2000	2001	2002
대기업	1	3	15	51	54	57
중소기업	–	5	20	55	57	61
합계	1	8	35	106	111	118

우리 경제가 외환위기의 골짜기를 빠져나오는 과정에서 스톡옵션은 일부 기업의 임직원들에게 엄청난 이익을 안겨 주었다. 가장 주목을 끌었던 삼성전자의 경우 일부 최고위 경영자들은 수백억 원에 달하는 차익을 얻었다.[10] 아무리 CEO라 하더라도 이 정도의 거액 보수는 우리 기업역사상 거의 유례를 찾을 수 없는 것으로서 커다란 관심을 끌었다. 상황이 이렇게 전개되자 다른 기업들도 경영자의 사기를 고려해서 스톡옵션을 주지 않을 수 없었다.

스톡옵션은 부러움과 동시에 시기의 대상이 되었다. 가장 먼저 화살을 맞은 사람은 국민은행의 김정태 행장이었다. 외환위기의 와중에 행장으로 취

10 예컨대 삼성전자 윤종용 부회장은 2005년 일부 스톡옵션을 행사하여 140억 원에 달하는 차익을 얻었다.

임하면서 그는 보수를 받는 대신 스톡옵션을 받기로 정했다. 주가가 크게 상승한 후 김 행장은 스톡옵션을 행사하여 100억 원 대의 소득을 올렸다. 주가상승이 김 행장 개인의 공적이라기보다는 정부가 대규모 공적자금을 투입하여 경제를 안정시킨 결과라고 보는 시각도 강했기 때문에 거액의 시세차익에 대해서는 비판적인 목소리도 적지 않았다. 결국 김 행장은 절반에 해당하는 금액을 자선사업에 기증한다고 선언하였다.

스톡옵션에 대한 부정적 시각을 보여 주는 또 하나의 예는 우리금융지주회사 황영기 회장의 사례이다. 우리금융지주 이사회는 대주주인 예금보험공사의 반대에도 불구하고 25만 주에 달하는 스톡옵션을 황 회장에게 제공하기로 결의하였다. 그러나 2005년 3월 예보가 반대입장을 굽히지 않자 황 회장은 자진하여 스톡옵션을 전부 포기하였다. 황 회장은 민간기업인 삼성증권 사장직을 포기하고 우리금융으로 옮겨 간 전문경영인이었지만 공적자금으로 살아남은 은행의 CEO가 거액의 스톡옵션을 받는 것에 대한 정부와 일반의 시각은 차가웠다. 이들 두 사람은 양호한 경영성과에도 불구하고 결국 연임에 성공하지 못하고 자리를 물러났다.

스톡옵션에 대한 부정적인 시각은 결국 스톡옵션에 대한 역풍으로 발전되었다. 이미 정부는 2001년 증권거래법 시행령을 개정하여 이사회 결의만으로 제공할 수 있는 스톡옵션의 범위를 대폭 축소하였다.[11] 한편 미국에서도 엔론사태를 계기로 스톡옵션이 경영자의 인센티브를 왜곡시킨다는 비판이 고조되었다. 마침내 삼성그룹은 보수에서 스톡옵션을 제외하기로 방침을 바꾸었고 이어서 다른 그룹들도 스톡옵션을 폐지하는 방향으로 선회하였다.

3. 경영자 보수의 비교

앞서 지적한 바와 같이 경영자 보수는 최근 상승추세에 있다. 예컨대 등기

11 주총결의 없이 이사회 결의로만 발행할 수 있는 스톡옵션의 한도는 자본금 3,000억 원 이상의 회사의 경우 발행주식의 1%이다. 시행령 84조의6 6항 1호.

임원과 일반 직원 평균연봉과의 격차는 2005년 10배에서 2006년 14배로 높아졌다. 그럼에도 불구하고 우리 대기업의 경영자 보수는 두 가지 측면에서 아직 상대적으로 낮은 것으로 보인다. 먼저 비교할 대상은 외국의 경영자 보수이다. 가장 극적인 차이를 보이는 것은 일반적으로 가장 높은 것으로 알려진 미국의 경영자 보수이다. 미국의 한 통계에 의하면 S&P 500의 CEO가 받은 2006년도 연봉의 평균은 무려 850만 달러를 넘는다.[12] 경영자 보수가 이익에서 차지하는 비율도 미국 쪽이 훨씬 높다. 1998~2003년 사이에 미국의 S&P 1500대 기업에서 최고위 임원 5명의 보수가 이익에서 차지하는 비율은 8.1%에 달한다.[13] 그러나 우리나라에서는 보수가 가장 높다는 삼성전자의 경우에도 2006년 당기순이익이 약 8조 원에 달함에도 불구하고 6명의 등기임원이 받은 보수는 총 256억 원으로 0.3% 정도에 그치고 있다.

우리 대기업 경영자 보수는 국내의 다른 전문직업인 보수에 비해서도 그다지 높지 않은 것 같다. 역시 객관적인 통계를 구하기는 어렵지만 대형 로펌의 시니어 파트너나 4대 회계법인의 고위임원 중에는 10억 원의 연봉을 받는 이들이 적지 않다고 한다. 물론 미국 등 외국에서도 변호사나 회계사 같은 전문직업인은 고소득을 올리고 있지만 대기업 CEO를 능가하는 경우는 드물다.

III. 경영자 보수에 관한 이론적 논의

1. 경영자와 이사회의 교섭

경영자 보수에 관한 이론적 논의는 아무래도 경영자 보수에 관한 관심이 높은 미국에서 가장 활발한 것 같다. 이하에서는 미국 법학계에서의 논의를

12 www.equilar.com/newsletter/april_2007/2007-04_ect_article_1.html(2007. 6. 1 방문).

13 In the money, Economist (January 20-26, 2007) 4. 이전 5년 기간의 수치는 5.2%이다.

중심으로 간단히 살펴보기로 한다.

미국 회사법상 경영자 보수는 이사회가 정한다. 따라서 경영자 보수는 경영자와 이사회의 교섭에 의하여 결정된다.[14] 이사회와 경영자 사이에 교섭이 제대로 진행된다면 경영자 보수는 경영자가 주주이익 증진에 기여한 정도에 상응하는 수준으로 결정될 것이다. 경영자 보수가 높더라도 경영자의 공이 그만큼 크다면 특별히 문제삼을 수 없을 것이다. 그러나 경영자 보수는 순전히 경제논리만으로 결정하기 어려운 측면을 갖고 있다. 아무리 경영자의 공이 크다 해도 그 보수가 일반 직원의 임금 수준에 비하여 너무 높다고 인식된다면 직원의 사기나 의욕에 부정적인 영향을 미칠 수도 있기 때문이다.

2. 경영자지배이론

미국을 비롯한 일부 선진국에서는 경영자 보수의 수준이 너무 높다는 비판이 많다. 경영자 보수가 일반 임금수준에 비하여 너무 높은 것도 문제지만 그것이 주주이익에 대한 기여와 무관하게 결정된다는 점에 비판이 가해지고 있다. 비판의 선봉에 서 있는 것은 하버드법대의 Bebchuk 교수이다. Bebchuk은 버클리법대 Fried 교수와 공저한 유명한 저서에서, 미국의 경영자 보수는 회사성과와 무관하게 높은데 그것은 이사회의 다수를 점하는 사외이사들이 보수 결정과정에서 역할을 제대로 수행하지 못하기 때문이라고 주장하였다.[15] 사외이사들이 경영자의 보수에 관해서 소극적인 데는 이유가 있다. 먼저 자신을 사외이사로 영입한 사람이 CEO인 경우가 많다. 이사회에 참여를 시작할 때 CEO와 안면이 없는 사이였다 하더라도 같이 일하는 사이에 인간적으로 가까움을 느낄 가능성이 많다. 이러한 상황에서 CEO의 보수

14 미국의 대기업은 주로 사외이사로 구성된 보상위원회(compensation committee)를 두는 관행이 널리 퍼져 있다.

15 Lucian Bebchuk/Jesse Fried, Pay without Performance (Harvard 2004). 이 책의 내용에 관한 국내 문헌으로는 서세원, 이사와 집행임원의 보수규제에 관한 비교법적 연구, 한국법제연구원, 2006, 45-61면.

에 엄격한 시각을 유지하기 어렵다. 또한 사외이사들 중 상당수가 다른 회사의 CEO를 맡고 있는 점도 이들의 행동에 영향을 미칠 수 있다. 자신도 보수를 높게 받고 싶은 상황에서 남이 받는 경영자 보수를 구태여 깎으려 할 이유가 없을 것이다.

이러한 견해를 편의상 경영자지배이론이라고 부르도록 하자.[16] 이 이론에 의하면 경영자를 견제할 수 있는 대주주가 있는 기업에서는 경영자 보수가 낮을 것이다. 경영자지배이론의 시각에서는 경영자지배를 견제하기 위한 수단으로 주주 발언권이나 공시를 강화하자는 주장이 제기된다.[17] 이미 일부 회사에서는 주주총회에서 경영자 보수에 대한 권고적 결의를 하자는 주주 제안이 제출된 바 있다. 한편 미국 의회에서는 일부 의원들이 주주총회에 경영자 보수에 대한 거부권을 부여하는 법안을 추진 중이다.[18]

주주총회의 거부권보다 덜 간섭적인 방법은 경영자 보수를 공시하는 것이다. 미국에서는 이미 1992년부터 고위 임원 5명의 보수에 대해서 공시하게 되어 있다.[19] 경영자 보수에 관한 규제는 2002년 Sarbanes-Oxley법을 거쳐 2006년 다시 강화되었다. 이제 경영자 보수에 대해서는 단순히 수치만을 제시할 것이 아니라 '보수에 대한 검토와 분석(Compensation Discussion and Analysis)'이라는 별도 항목에서 말로 설명할 것이 요구되고 있다.[20] Bebchuk과 Fried는 경영진 보수 문제도 결국 회사경영에 대한 주주의 참여가 제한되는 미국 기업지배구조의 일반적인 폐단에 속하는 것으로 보아 경영진과 주주 사이에서 힘의 균형을 주주 쪽으로 옮기는 개혁을 주장하고 있다.[21]

---

16 학자들 중에는 이러한 견해를 이사회 포획이론(the board capture theory)이라고 부르는 자도 있다. Randall S. Thomas, Explaining the International CEO Pay Gap : Board Capture or Market Driven?, 57 Vanderbilt Law Review 1171 (2004).

17 예컨대 Lucian Bebchuk/Jesse Fried, 앞의 책, 192-199면.

18 Voting on Executive Pay, Wall Street Journal 28 (Feb. 27, 2007). NYSE와 NASDAQ에서는 이미 2003년부터 주식연계보수에 대해서는 주주총회 승인을 요구하고 있다.

19 Regulation S-K Item 402. 이에 관한 간단한 설명으로는 서세원, 앞의 책, 23면 이하 참조.

20 이 규제의 간단한 내용은 Press Release, SEC, SEC Votes to Adopt Changes to Disclosure Requirements Concerning Executive Compensation and Relate Matters (July 26, 2006) (No. 2006-123) 참조.

21 Lucian Bebchuk/Jesse Fried, 앞의 책, 201면 이하. 이처럼 주주의 역할을 강화하자는 주장은

이러한 경영자지배이론에 대해서는 비판도 적지 않다.[22] 미국의 경영자 보수는 특히 1980년대부터 급속히 증가되었다. 경영자지배이론은 왜 그러한 증가가 1980년대에 시작되었는지를 제대로 설명하지 못한다. 경영자의 힘은 오히려 1980년대에 이르러서는 견제를 받기 시작했기 때문이다. 또한 경영자지배이론은 왜 이사회가 새로 외부에서 영입하는 경영자에 대해서도 마찬가지로 높은 보수를 지급하는지를 설명하는 데도 한계가 있다.[23]

3. 경영자 보수에 관한 대안적 이론

Thomas 교수는 미국의 경영자 보수가 외국에 비하여 높은 것을 설명하는 이론으로 다섯 가지를 들고 있다.[24] 이 이론들에 대해서 상세히 논할 만한 여유도 없고 능력도 없다. 그러나 이 이론들이 우리 경영자 보수를 설명하는 데 시사하는 바가 없지 않기에 다음에서는 이 이론들을 간단히 소개하고 검토하기로 한다.

(1) 한계수익이론(marginal revenue product theory)

한계수익이론은 미국 기업의 경영자는 외국 기업의 경영자보다 회사가치를 높일 가능성이 높기 때문에 보수도 높다는 견해이다. 그에 의하면 기업이 크고 사업기회가 많고 기업에서의 CEO역할이 클수록 정상적인 보수협상에서 경영자 보수가 더 커질 수 있는데, 미국 기업이 바로 그러한 경우에 해당한다는 것이다. 이 이론은 일리가 없지 않지만 역시 1980년대부터 경영자 보

Bebchuk 교수가 수년 전부터 경영권 방어수단 등 여러 쟁점과 관련하여 일관되게 견지해 온 것이다.

22 비판에 대한 간단한 소개로는 Randall S. Thomas, 앞의 논문, 1198-1200면 ; 서세원, 앞의 책, 55면 이하.

23 In the Money, Economist (January 20-26, 2007), 10-11면은 왜 경영자를 외부에서 영입하는 경우에도 보수가 높아질 가능성이 높은지에 대해서 그럴듯한 설명을 제시하고 있다.

24 Randall S. Thomas, 앞의 논문, 1200면 이하.

수가 급격히 증가한 현상을 설명하기 어렵다는 점에서 그 설명력에는 한계가 있다고 판단된다.

(2) 토너먼트이론(tournament theory)

토너먼트이론이란 경영자가 되는 것을 마치 토너먼트 시합에서 승리하는 것과 같이 보는 견해이다. 이에 의하면 토너먼트 상금은 토너먼트가 커질수록 커지는데, 미국에서는 경영자가 되기 위한 토너먼트 규모가 다른 나라에 비하여 크다는 것이다. 이 이론도 역시 경영자 보수의 변화를 설명하는 데는 적절치 않은 것으로 판단된다.

(3) 기회비용이론(opportunity cost theory)

기회비용이론이란 경영자를 영입하기 위해서는 그가 포기하는 기회에 대해서 보상해 주어야 하기 때문에 경영자 보수는 경영자의 기회비용에 따라 결정된다는 견해이다. 기회비용이론은 최근에 경영자 보수가 급등한 이유를 경영자가 자신의 능력을 이용하여 돈을 벌 수 있는 기회가 크게 늘어난 것에서 찾고 있다. 그 근거로 미국은 외국에 비하여 금융시장이 발달해서 경영자들이 창업자금을 조달하기가 용이하고 경영자 시장이 발달하여 전직의 기회가 많다는 점을 들고 있다.

기회비용이론은 Thomas 교수가 제시하는 다른 대안적 이론에 비하여 가장 설명력이 우월한 것으로 판단된다. 이 이론은 뒤에 지적하는 바와 같이 우리 경영자 보수를 설명하는 데도 유익한 것으로 보인다.

(4) 교섭력이론(bargaining power theory)

교섭력이론은 경영자 보수를 경영자가 적대적 기업인수를 막을 수 있는 힘이 커진 것과 기관투자자들이 성과보수를 요구하게 된 것과 관련하여 설명하는 견해이다. 그러나 이 이론에 대해서는 의문이 없지 않다. 경영자가 적대적 기업인수를 저지할 힘이 커지면 기업인수 대상이 된 기업의 경영자에 대한 퇴직금 등 보수가 높아지는 것은 이해할 수 있다. 그러나 그렇지 않은 회사 경영자의 보수까지 전반적으로 높아지는 현상은 설명하기 어렵다.

교섭력이론의 두 번째 요소에 대해서도 의문이 있다. 기관투자자들이 성과에 따른 보상을 요구함에 따라 스톡옵션이 확산되고 그 결과 경영자 보수가 대폭 증가한 것은 사실이다. 경영자의 성과가 변변치 않은 경우에도 스톡옵션은 경영자에게 막대한 차익을 안겨 줄 수 있다. 그러나 이러한 기이한 결과는 스톡옵션의 설계가 잘못되었기 때문에 발생한 것이다. 적어도 앞으로는 앞서 설명한 규제강화와 실무의 발전에 따라 스톡옵션의 남용은 훨씬 어려워질 것으로 전망된다.

(5) 위험대응이론(risk adjustment theory)

위험대응이론은 미국의 경영자가 자기 회사 주식을 많이 보유함에 따라 높은 위험을 부담하는데, 경영자 보수가 높은 것은 그러한 위험을 보상해 주기 위한 것이라는 견해이다. 이 이론은 직관적으로 설득력이 떨어질 뿐 아니라 적어도 우리 경영자 보수를 설명하는 데는 한계가 있는 것으로 판단된다.

Ⅳ. 문화의 영향 : 유교적 영향

이상에서 살펴본 경영자 보수 이론은 모두 기본적으로 경제적 관점에서 개발된 것이다. 그러나 경영자 보수는 반드시 경제적 관점으로만 설명할 수 있는 현상은 아닐 것이다. 한 사회의 문화는 그 사회에 속하는 인간의 행동에 영향을 미치게 마련이다. 돈에 대한 인간의 인식도 문화의 영향을 받을 수밖에 없다. 그렇다면 우리 문화가 경영자 보수의 수준에도 영향을 미친다는 가설도 가능할 것이다. 문화란 수많은 요소로 구성된 복합적인 개념이다.

우리 문화도 마찬가지로 다양한 요소의 상호작용의 산물이라고 할 것이다. 이 요소들 중 돈과 관련하여 주목할 것은 유교의 영향이다. 다른 자본주의 국가들에 비하여 한국에서는 유교적인 영향이 두드러진다. 심지어 같은 유교문화권에 속하는 일본이나 중국에 비해서도 우리나라는 유교의 영향이 한층 두드러진 것으로 지적되고 있다.

〈표 6〉은 무종교 46.1%를 제외한 우리나라 종교인구 53.9%의 종교별 비율을 보여 준다. 이에 따르면 우리나라 종교인은 대부분 기독교와 불교를 믿고 있으며 양자의 비율은 거의 같다. 유교는 인구의 겨우 0.7%를 점하고 있을 뿐이다. 그러나 이러한 낮은 수치가 반드시 유교의 영향이 약한 것을 의미하지 않는다. 우선 무종교라고 응답한 사람의 대부분은 유교를 적극적으로 신봉하지 않더라도 유교의 영향권을 크게 벗어나지 않을 것으로 추정된다. 다른 종교와는 달리 유교는 초월자로서의 신이나 사후세계를 중시하지 않는다. 오히려 현실의 다양한 인간관계와 일상생활에서 추구할 가치에 대해서 주목한다. 이러한 면에서 유교는 종교라기보다는 생활방식에 가깝고, 그러한 점에서 다른 종교와 반드시 양립 불가능한 것은 아니다. 주위에 교회나 절에 다니면서도 유교식으로 제사를 지내고 과거 선비의 가치를 따르고자 하는 예는 흔히 찾아볼 수 있다. 주일마다 교회를 찾으면서도 일상생활에서는 부지불식간에 2,500년 전 공자가 가르친 바에 구속되는 사람들이 많다.

〈표 6〉 우리나라 종교별 인구분포(2003년)

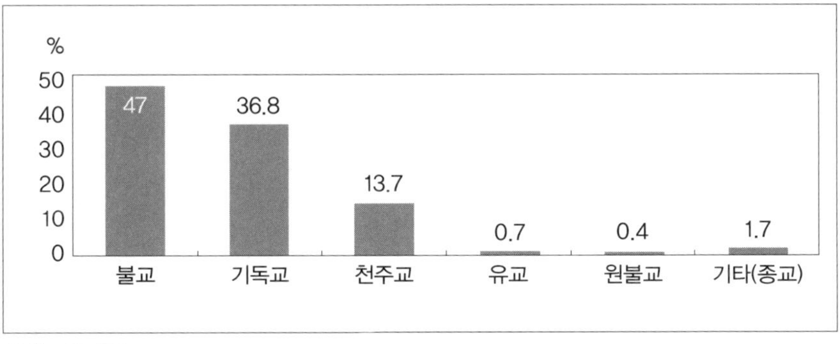

출처 : 통계청

유교는 다양한 요소로 구성되고 그 유파도 다양하여 일률적으로 말하기 어렵다. 그러나 사농공상이라는 말에서도 나타나듯이 유교전통에서는 영리활동이 별로 높은 평가를 받지 못하였다.[25] 유교 경전에서도 금전은 무시되거나 천시되었다. 공자 자신도 이익에 대해서는 별로 발언한 바 없다. 『논어』에 나오는 "군자는 의리에 밝고 소인은 이익에 밝다(君子喻於義, 小人喻於利)"라는 말은 유교의 상업관을 보여 주는 또 하나의 예라고 할 것이다. 공자를 숭상하는 조선의 선비들은 돈을 세거나 언급하는 것조차 꺼렸다고 한다. 양반이 거래를 할 때에는 대신 하인을 시키는 경우가 많았다고 한다. 선비가 택할 수 있는 진로란 관직에 나갈 수 없다면 농사를 짓는 것이었다. 아마도 양반이 남의 밑에서 일하면서 보수에 대한 협상을 하는 것은 거의 상상하기 힘든 일이었을 것이다.

지난 100년간 한국사회는 엄청난 변화를 겪었다. 한국인들에 대한 유교의 영향력은 현저하게 감소하였다. 이제 선비의 후예들이 자동차나 전자제품을 팔기 위해 전 세계를 누비고 있다. 유교 영향을 받으며 자라난 중년 이상의 세대들은 아직 금전에 대한 유교의 가르침에서 완전히 벗어나기는 어려울 수도 있다. 그러나 경영자 보수에 관하여 유교의 영향을 너무 강조하는 것은 적절치 않다고 여겨진다. 사실 금전에 대한 부정적 시각은 유교에 국한된 것은 아니다. 성경에서도 그 예는 얼마든지 찾아볼 수 있다. 부자가 천당에 가는 것을 낙타가 바늘구멍을 통과하는 것에 비유한 『마태복음』의 구절은 대표적 예이다. 한편 현세의 모든 집착을 던져 버릴 것을 가르치는 불교의 눈으로 보더라도 금전 추구는 긍정적 평가를 받기 어려울 것이다.

요컨대 우리 경영자 보수와 관련하여 유교의 영향을 완전히 무시할 수는 없겠지만 역시 보다 주된 것은 경제적 요인, 특히 다음에 설명하는 기업지배구조의 영향이라고 할 것이다.

---

25 베버는 이윤동기의 배척을 유교의 특징으로 파악하였다. 전태국, "막스 베버의 유교 테제와 한국 사회," 사회와 이론 통권 제3집(2003. 11), 66-67면.

V. 기업지배구조의 영향

1. 기업지배구조와 경영자 보수

저명한 회사법학자인 Coffee 교수는 2005년 발표한 논문에서 미국과 유럽에서 나타나는 기업관련 비리의 차이에 대해서 흥미로운 주장을 내놓은 바 있다.[26] 그는 지배주주가 존재하는 기업에서는 주로 경영자가 사적 이익(私的 利益, Private Benefits of Control. 이하 'PBC')을 추구하는 행위가 문제되는데 비하여 소유와 경영이 분리된 기업에서는 회계분식이 주로 문제된다고 지적하였다. 그러나 기업 소유구조의 차이는 경영자의 부정행위뿐 아니라 경영자 보수에 대해서도 유효한 관점을 제공하는 것 같다. 지배주주의 존재는 두 가지 면에서 경영권 보수에 영향을 주는 것으로 보인다. 하나는 직접적 영향이고 다른 하나는 간접적 영향이다. 다음에서 차례로 살펴본다.

2. 지배주주에 의한 지배의 직접적 영향

(1) 지배주주와 경영권의 사적 이익

우리나라에서는 일부 은행과 민영화된 공기업을 제외하고는 대기업도 거의 모두 총수 내지 오너라고 불리는 지배주주가 존재한다. 이들 지배주주는 이른바 경영권의 PBC라는 것을 누린다. 지배주주의 PBC는 다양한 형태로 나타날 수 있다.[27] 과거 가장 보편적 예는 지배주주가 자신이나 자신의 아들이 지배하는 회사와 거래를 통하여 회사 재산을 빼돌리는 유형이었다. 계열회사와 거래하는 협력업체로부터 자금을 받아 챙기는 것도 효과면에서는

26 John C. Coffee, A Theory of Corporate Scandals : Why the U.S. and Europe Differ (March 2005), Columbia Law and Economics Working Paper No.274(SSRN에서 접근가능).

27 상세한 것은 김건식, "재벌총수의 사익추구행위와 회사법," BFL 제19호(2006. 9), 서울대학교 금융법센터, 8-21면 참조.

비슷하다. 이러한 PBC는 성질상 은밀하게 주고받는 것이므로 그 규모가 어느 정도인지는 판단하기 어렵다. 그러나 우리나라 지배주주의 PBC는 상당 규모에 달하는 것으로 믿어지고 있다.[28] 지배주주가 누리는 PBC가 크다면 공식적인 보수가 낮더라도 별로 불만이 없을 것이다. 공연히 공식적인 보수를 높여서 주위의 질시를 받는 것보다 은밀하게 PBC를 추구하는 편이 훨씬 실속 있는 일이기 때문이다.

지배주주의 PBC는 다른 부정적 효과를 낳기도 한다. PBC가 높게 유지되는 한 지배주주가 그것을 포기하고 소극적인 투자자의 지위로 물러서기 어려울 것이다. 지배주주들이 거의 예외 없이 자식에게 경영권을 물려주려 애쓰는 것도 어쩌면 PBC가 워낙 크기 때문일 수도 있다. PBC를 추구하는 지배주주는 전문경영인을 등용하더라도 능력 못지않게 충성심을 중시할 수밖에 없다. 전문경영인의 협조 없이 PBC를 누리기는 어렵기 때문이다. 따라서 지배주주가 PBC를 추구하는 한 외부 경영자의 영입은 아무래도 제한될 수밖에 없고, 결과적으로 경영자 시장이 발달하기도 어려울 것이다.

(2) 지배주주에 의한 감독

사업 영역의 폭이 넓어지고 전문성이 높아질수록 전문경영인에 대한 지배주주의 의존도는 높아질 수밖에 없다. 그러나 전문경영인의 역할이 커지더라도 지배주주가 존재하는 한 경영자 보수가 높아지는 데는 한계가 있을 것이다. 소유와 경영이 분리된 회사의 이사회와는 달리 지배주주는 막강한 권력을 가지므로 경영자 보수가 과도하게 높아지는 것을 용납하지 않을 것이기 때문이다.

---

28 한 외국학자는 한국의 지배주주의 PBC가 전체 이익의 30%를 넘는 정도로 높은 수준이라고 추정하였다. Tatiana Nenova, "The Value of Corporate Votes and Control Benefits : A Cross-country Analysis"(July 21, 2000) 32(SSRN에서 접근가능).

(3) 전문경영인 역할의 한계

지배주주가 있는 기업에서는 전문경영인이 역량을 개발하고 발휘하는 데 한계가 있다. 지배주주가 일상적인 경영에서 손을 떼는 경우에도 중요한 사업결정에 대해서는 어떤 형태로든 관여하는 것이 보통이다. 이러한 상황에서 나중에 기업의 성공이 과연 지배주주와 전문경영인 중 누구의 공인지를 가리기는 쉽지 않다. 기업에서 전문경영인의 역할이 지배주주의 결정을 집행하는 데 그친다면 높은 보수를 지급하기가 어려울 것이다.

(4) 전문경영인이 지배하는 기업

만약 앞서 주장한 바와 같이 지배주주가 경영자 보수의 상승을 막는 요인이라면 지배주주가 없이 전문경영인이 지배하는 기업의 경영자 보수는 지배주주가 있는 기업보다 높아야 할 것이다. 우리나라에도 이제 소수이기는 하지만 소유와 경영이 분리되어 전문경영인이 지배하는 대기업이 존재한다. POSCO, KT, 국민은행, KT&G 같은 민영화된 공기업이 그 대표적 예이다. 이들 기업의 CEO가 받는 보수는 알려져 있지 않다. 〈표 7〉은 2006년 사업보고서에 나타난 고위임원의 보수를 보여 준다.

〈표 7〉 주요 전문경영인 지배기업의 사내이사 보수(단위: 천 원)

	지급총액	주총승인한도	1인당 평균	비고
KT(3명)	18억 2,249만 2,000	35억	6억 749만 7,000	성과급 포함
포스코(6명)	41억 5,600만	60억	6억 9,300만	성과급 포함
KT&G(3명)	15억 7,917만 4,000	30억	5억 2,639만 1,000	상여금 포함
국민은행(3명)	32억 4,200만	80억	10억 8,100만	

일반적으로 CEO 보수는 바로 밑 임원 보수의 2배를 크게 넘지 않을 것이라는 점을 고려하여 이들 기업의 CEO 보수를 추정해 보면 KT는 약 9억 원,

포스코는 약 12억 원, KT&G는 약 8억 원, 국민은행은 약 16억 원이 될 것이다. 국민은행의 보수가 다소 높은 것은 현재 은행권의 보수가 높기 때문으로 추측된다. 이처럼 이들 기업의 전문경영인 보수와 지배주주가 존재하는 재벌기업에 비하여 높다고 보기 어렵다. 그 이유가 무엇인지는 확실치 않다. 이들 기업의 CEO도 경영권의 사적 이익을 누리기 때문인가? 그렇지는 않을 것이다. 지배주주에 비하여 이들 기업의 CEO 지위는 훨씬 취약하다. CEO로 머무는 기간도 짧거니와 은밀한 거래를 추구할 힘도 없다. 회사 안팎에서 자신의 자리를 노리는 자들이 일거수일투족을 주시하는 상황에서 버젓이 부정을 저지를 배포를 갖기는 어려울 것이다.

이들 기업의 경영자 보수가 낮은 수준에 머무는 것은 외부 압력 탓이 큰 것으로 보인다. 가장 중요한 것은 정부의 압력이다. 과거 정부의 지배를 받던 이 기업들의 CEO들은 마치 고급 공무원과 같이 여겨졌기 때문에 높은 보수를 받기 어려웠다. 이제 민영화가 완료된 마당에 경영자 보수는 실질적으로 이사회의 결정에 맡겨져 있다. 실제로 민영화 이후 이들 기업의 경영자 보수는 과거에 비해서는 한결 높아진 것이 사실이다. 그러나 아직 이사회가 완전히 자유롭게 경영자 보수를 정할 수 있는 것은 아니다. 과거 반대를 무릅쓰고 민영화를 단행한 정부로서는 민간기업으로서의 변화가 경영자 보수의 상승에서부터 시작되는 것은 달갑지 않을 것이다. 물론 정부가 더 이상 지배주주는 아니지만, 적어도 당분간은 이들 기업이 정부의 반응을 무시하기는 어려울 것으로 보인다.

외부 압력은 정부로부터 오는 것만은 아니다. 이들 기업은 근로자의 시각도 무시하기 어렵다. 민간기업으로 탈바꿈한 이들 기업의 주요 과제는 인력을 감축하고 인건비 부담을 줄이는 것이었다. 이러한 상황에서 CEO가 자신의 보수만을 높이는 것은 부담스런 일이다.

물론 이러한 외부 압력이 무한정 지속될 것은 아니다. 정부 압력은 시간이 흐름에 따라 줄어들 수밖에 없을 것이다. 또한 구조조정작업이 어느 정도 마무리되고 실적도 개선되면 종업원이나 노조의 눈치를 볼 필요도 적어질 것이다. 그렇다면 장기적으로 이들 기업의 경영자 보수가 지배주주가 존재하는 재벌기업보다 상승할 것인가? 선뜻 긍정적인 답을 내놓기는 어렵다. 왜냐하면 지배주주가 없어도 경영자 시장이 발달하지 않는 한 경영자 보수가 높아지기 어렵기 때문이다.

3. 경영자시장의 미발달 : 지배주주에 의한 지배의 간접적 영향

이론상 종업원은 물론이고 경영자의 보수도 그의 기회비용에 따라 결정될 것이다. 만약 경영자가 다른 선택지를 갖고 있다면, 회사는 그보다 우월한 조건을 제시하지 않고서는 경영자로 영입할 수 없을 것이다. 문제는 경영자가 다른 대안을 갖고 있는 경우가 별로 없다는 점이다. 경영자에는 안타까운 일이지만 아직 우리나라에는 경영자 시장이 원활하게 작동하고 있지 않은 것 같다. 우리 기업에서 경영자를 외부에서 영입하는 예는 그리 많지 않다.[29] 지배주주가 충성도를 중요시할수록 자신과 특별한 관계가 없는 외부 전문경영인을 영입하기를 꺼릴 것이다. 경영자 시장이 작동하지 않더라도 경영자가 자신의 경험을 이용하여 창업하는 것이 용이하다면 경영자 보수가 높아질 수 있다. 그러나 우리나라에서는 아직 창업을 지원하는 벤처금융이 충분히 발달되었다고 보기 어렵다. 설사 애써 자금을 확보하여 창업한 경우에도 현재와 같은 재벌중심 경제구조에서 살아남기는 쉽지 않다. 결국 전문경영인이 바라는 것은 자신이 근무하는 기업에서 가급적 오래 일하는 것이다. 이런 상황이 변하지 않는 한 지배주주의 낙점으로 CEO로 승진하는 경영자가 보수 문제를 거론할 처지는 아닐 것이다. 이러한 관점에서 보면 우리나라의 경영자들은 샐러리맨을 포함한 일반 국민에게는 선망의 대상이 되고 있지만, 외국의 경영자에 비하면 불우한 것으로 볼 수도 있다.

앞으로 언젠가는 우리나라에서도 경영자 시장이 부상할 날이 있을 것이다. 특히 기업인수를 전문으로 하는 사모펀드(PEF)가 활성화된다면, 인수한

---

29 미국에서는 CEO를 외부에서 영입하는 비율이 1970년대에는 10%에 불과하였으나 현재는 3분의 1까지 상승했다고 한다. In the Money, Economist (January 20-26, 2007), 8면.

기업의 경영을 맡을 전문경영인을 영입하기 위하여 인센티브가 가미된 높은 보수를 제공하지 않을 수 없을 것이다. 그러한 상황에서는 경영자 보수가 전반적으로 상승할 수밖에 없을 것이다.

VI. 맺음말

경영자 보수는 경제현상 중에서 특히 문화의 영향을 크게 받는 현상이라고 할 것이다. 아직 우리 사회 곳곳에 남아 있는 유교 전통은 경영자 보수의 현실에 다소 영향을 미칠 수도 있다. 그러나 앞서 살펴본 바와 같이 경영자 보수를 설명하는 데는 유교적 영향보다는 기업지배구조의 현실이 더 설명력이 큰 것으로 보인다. 우리나라에서는 지배주주의 존재가 경영자 보수를 억제하는 가장 중요한 요인으로 판단된다. 그렇다면 지배주주가 사라지거나 그가 누리는 PBC가 줄어들면 경영자 보수는 상승할 수도 있다. 이와 관련하여 장차 다음과 같은 명제에 관한 실증적인 연구를 기대하며 이 글을 마친다.

— PBC가 감소하는 경우에 경영자 보수수준이 상승할 것인가?

— 지배주주가 있는 기업과 없는 기업의 사이에 경영자 보수의 차이가 있는가?

— 경영자 시장이 발달할수록 경영자 보수는 높아질 것인가?

『기업지배구조 리뷰』 제33권(2007. 7. 18), 한국기업지배개선지원센터(CGS), 19-36면.

05 이사의 배상책임보험 : 임원배상책임보험약관의 면책사유를 중심으로*

I. 서론

1997년 경제위기를 계기로 우리 기업의 지배구조는 커다란 변화를 겪고 있다. 특히 주목할 변화로는 잘못을 저질러 회사에 손해를 입힌 경영자에게 배상책임을 묻는 소송이 드물게나마 생겨나고 있는 점을 들 수 있다. 1997년 한보에 대한 무리한 대출로 은행을 도산상태에 빠뜨린 제일은행 경영진에 대하여 무려 400억 원대의 손해배상책임을 인정한 서울지법의 판결[1]은 최초의 주주대표소송판결로 세상의 관심을 끌었다. 2001년 12월 삼성전자 전 · 현직이사들에게 900억 원에 달하는 손해배상을 이행하도록 명한 수원지법의

* 이 글은 강원대학교 법학전문대학원 최문희 교수와 공동집필한 것임.

1 서울지법 1998. 7. 24. 선고 97가합 39907 판결.

판결[2]은 경영판단의 한계를 둘러싼 열띤 논의를 촉발시킨 바 있다.[3] 과거에는 먼 나라 이야기로만 들렸던 경영자의 손해배상책임이란 것이 이제는 우리에게도 현실의 문제로 다가온 것이다.

이사의 잘못에 대해서 책임을 지우는 것은 권한남용이나 나태를 막기 위해서 불가피한 면이 없지 않다. 반면에 자칫 그러한 책임추궁이 과도해지면 본질적으로 위험과 불확실성을 수반하는 경영활동이 위축될 우려가 있는 것도 사실이다. 결국 문제는 이사의 책임을 인정하되 어느 범위에서 부담시키는 것이 형평과 효율면에서 바람직한가 하는 정책적인 선택이라고 할 수 있다.

그러나 이사의 책임이 단지 법전상 존재에 불과하던 시절에는 구태여 이러한 근본적인 문제를 고민할 절실한 이유가 없었다. 경영자가 엄청난 손해배상책임의 위험을 마주하게 된 오늘에야 비로소 본격적인 논의가 진행될 수 있는 여건이 조성된 것으로 볼 수 있다. 최근 경제계와 학계의 일각에서 일고 있는 이사책임완화론[4]은 바로 그러한 환경의 변화를 보여 주는 징표라고 할 것이다. 경영자의 책임에 관한 법제를 어떻게 구축할 것인가 하는 문제는 단순히 경영자와 투자자 사이에서 어느 한쪽의 손을 들어 주는 식으로 해결할 문제가 아니라 효율적 기업의사결정을 촉진한다는 관점에서 냉정하게 판단할 문제이다.

이사의 잘못으로 회사나 제3자가 손해를 입은 경우에 이사의 책임을 완화하기 위한 제도로는 여러 가지를 생각해 볼 수 있다. 대표적인 예로 손해배상책임의 감면, 회사에 의한 보상, 이사의 배상책임보험 등을 들 수 있다.[5] 그러

2 수원지법 2001. 12. 27. 선고 98가합 22553 판결.

3 제일은행사건에서는 이사 4명에게 총 400여억 원, 삼성전자사건에서는 이사 9명에게 총 977여억 원의 책임이 명해졌다.

4 이사의 책임완화가 필요하다는 견해를 펴는 이들은 다음과 같다. 사외이사제도와 관련해서 권종호, "한국형 사외이사제도의 문제점과 그 개선방안에 관한 입법론적 모색," 상장협 제44호(2001. 9), 123면 이하 ; 황동욱, 기업통치와 이사의 책임, 동현출판사, 1999, 347면 이하. 이사의 책임보험을 활용하자는 것도 넓게는 이사의 책임완화를 주장하는 것이라 할 수 있다. 김선정, "임원배상책임보험 활성화의 법적 과제," 보험개발연구 제11권제3호(2000. 12), 3면 이하.

5 최근에 많이 거론되는 경영판단원칙(business judgment rule)도 이사의 책임을 완화하는 기능을 하는 것이 사실이다. 그러나 그것은 책임 자체의 발생을 부정한다는 점에서 일단 발생한 배

나 현행 상법상 이사의 책임부담을 덜어 줄 수 있는 수단은 그리 많지 않다. 가장 먼저 떠오르는 것은 회사가 이사의 책임을 사후적으로 면제하는 것이다. 그러나 그것은 주주 전원의 동의를 요하기 때문에(상법 제400조) 어지간한 회사에서는 거의 현실성이 없다.[6] 또한 이사의 책임면제와 실질적으로 같은 효과를 낳는 보상(indemnification)도 상법 제400조의 취지상 허용된다고 보기는 어려울 것이다.[7] 현재 우리나라에서는 이사의 배상책임보험만이 경영자책임을 덜어 줄 수 있는 거의 유일한 방안이라고 해도 과언이 아니다. 그러므로 법적 책임의 위험이 현실화함에 따라 이사의 책임보험이 급속히 확산되고 있는 것은 지극히 당연한 일이라고 할 수 있다.[8]

상책임으로 인한 부담을 감면해 주는 다른 제도와 차이가 있다.

6 우리 법상 명시적인 규정 없이도 델라웨어주법〔Del. Gen. Corp. Law §102(b)(7)〕에서와 같이 회사가 정관으로 사전에 이사의 책임을 제한하는 것이 가능하다고 볼 수 있을까? 우리나라에서는 상법상의 책임면제에 관한 규정(상법 제400조)이 강행법적 성격을 가지므로 정관으로 그것을 뒤엎을 수 없다고 볼 가능성이 크다. 이러한 논의는 미국에서 델라웨어주법에 책임제한규정을 두기 전에 이미 존재하였다. 긍정론은 영국법원의 판례〔In re Brazilian Rubber Plantations and Estates, Ltd., 1 Ch. 425 (1911)〕를 근거로 신탁법을 유추하여 별도의 입법 없이도 정관으로 책임을 제한하는 것이 가능하다는 것이 있다〔E. Norman Veasey/Jesse A. Finkelstein/C. Stephen Bigler, Delaware Supports Directors with a Three-Legged Stool of Limited Liability, Indemnification, and Insurance, 42 Business Lawyer 399, 403 (Feb. 1987) 참조〕. 반면에 위 판례와 달리 영국회사법은 과실(negligence), 의무위반(breach of duty), 신탁위반(breach of trust)이 있는 경우 이사의 법적 책임을 면제하거나 보상하는 규정을 정관에 두는 것을 금지하고 있다(s 310 of Companies Act 1985).

7 보상제도의 인정 여부 및 범위는 미국에서도 주법에 따라 차이가 있다. 강제적인 보상을 규정하는 경우, 주주대표소송에 관해서는 보상을 금지하는 경우(이러한 입법을 두는 예가 많다), 화해에 의한 배상은 보상하지만 판결에 의한 배상액은 보상하지 않는 경우, 양자를 구별하지 않고 인정하는 경우 등 그 모습은 다양하다.

8 1991년 국내에 처음 도입된 이 보험은 1997년까지 거의 가입실적이 없다가, 1997년 말 가입기업 12사 · 보험료 20억 원 · 총보상한도액 210억 원에 불과하였지만, 1998년 120사(보험료 225억 원), 1999년 220사(보험료 400억 원), 2000년 280사(보험료 500억 원), 2001년 6월 말 300여 사 · 보험료 620억 원 · 보상한도액 총계 1조 9,500억 원으로 점차 증가하고 있다. 보상한도액만 보면 3년 6개월 사이에 무려 100배 증가한 것이다. 기업별 보상한도액은 10억 원에서 1,000억 원까지 다양하다. 2002년 2월 20일 현재 200여 건의 계약 실적을 갖고 있는 삼성화재의 경우는 최고 1,000억 원까지 배상해 주는 상품을 내놓고 있다. 손해보험협회 관계자에 의하면 현재 가입기업이 전체 상장 · 등록기업의 19.7%에 불과하지만 앞으로 점차 늘어날 것이라 전망하고 있다. 중앙일보, 2001. 12. 27 ; 매일경제신문, 2001. 12. 30.

이처럼 이사의 배상책임보험이 새롭게 각광받고 있지만, 과연 그것이 앞서 언급한 합리적 이사책임법제에 부합하는 내용으로 되어 있는지는 의문이다.

이와 관련하여 특히 주목할 것은 보험회사가 어떤 경우에 보험금을 지급하고 어떤 경우에 지급하지 않는가를 결정하는 면책사유라고 할 수 있다. 그런데 현재 우리나라에서 사용되고 있는 보험약관의 면책사유는 우리 법상 이사의 책임을 발생시키는 원인에 대한 충분한 고려 없이 자의적으로 정하여진 것이 아닌가 하는 감을 준다. 약관상의 면책사유는 어떠한 이론적 바탕에 서 있는 것인지 불분명할 뿐 아니라 그 의미하는 바도 반드시 명확치 않다. 이 글의 목적은 합리적 이사책임법제를 구축한다는 관점에서 현행 보험약관상의 면책사유에 대해 검토하는 것이다.

이 글의 순서는 다음과 같다. 먼저 기초적인 작업으로 임원배상책임보험의 개요, 보험의 필요성, 책임보험과 회사법의 이념과의 상충문제, 보험의 구조를 간단히 살펴본다(II). 이어서 면책사유의 문제점에 관한 본격적 검토에 들어가기 앞서 선행작업으로 약관상의 면책사유를 개관한다(III). 이러한 기초적인 정보를 바탕으로 면책사유에 관한 이론적 검토를 시도하고 면책사유 중 특히 중요한 몇 가지 사항의 문제점들을 짚어 보기로 한다(IV).

II. 임원책임보험의 총론적 고찰

1. 임원책임보험의 개요

(1) 의의

임원책임보험은 회사의 임원이 업무와 관련하여 행한 행위에 기하여 주주대표소송이나 제3자의 제소로 인하여 임원이 법률상 배상책임을 부담함으로써 입은 손해를 보험금으로 지급하는 보험을 말한다(임원배상책임보험보통약관[9] 제2조 및 주주대표소송담보 특별약관). 보험계약자는 회사이고, 피보험자는 회사의 임원 전원으로 되어 있다. 약관의 용어정의에 의하면 임원은 '상법상의 이사, 감사 및 이에 준하는 자'로 되어 있지만[10] 이 글에서는 주로 이사를 중심으로 살펴보기로 한다.[11]

(2) 보상하는 손해

보상하는 손해는 법률상 손해배상금과 소송비용으로 되어 있다(약관 제6조). 약관의 용어정의에 의하면 법률상 손해배상금은 법률상 손해배상책임에 따른 배상금을 말하고, 세금 · 벌금 · 과태료 · 과징금 등은 포함하지 않는다. 소송비용에는 피보험자가 보험사의 동의를 얻어 미리 지불한 방어비용을 포함한다(약관 제6조 제2항 제3호). 보험사가 필요하다고 인정할 경우에는 손해배상금의 확정 이전에라도 방어비용을 미리 지급할 수 있다(약관 제21조 제1항).

보상하는 법률상 손해배상금[12]에 판결에 의한 배상금 외에 화해금도 포함되는 것인지에 대해서 의문이 있을 수 있다.[13] 이는 결국 약관에서 손해(loss)

---

9 이것은 1999년 4월 금감원이 인가한 국문약관이다. 이하 국문 임원배상책임보통약관은 주주대표소송담보 특별약관이나 기타 다른 약관과 구별할 필요가 있지 않는 한 '약관'이라고 약칭한다.

10 이에 준하는 자에 어떠한 범위의 자들이 포함되는지는 의문이다. 미국에서는 집행임원(officer)도 충실의무를 부담하고 주주대표소송의 상대방이 될 수 있으므로 집행임원도 피보험자에 포함된다. 그러나 우리 법상으로는 집행임원에 책임을 묻는 소송이 제기되는 경우를 상정하기 어려우므로 집행임원을 포함시킬 실익이 없다. 또한 상법 제401조의2에 의하여 도입된 이른바 사실상의 이사가 이에 해당하는 것이 아닌가 생각될 수도 있지만 그것은 부정해야 할 것이다. 상법상의 의사결정기구인 이사회의 외부에서 회사업무에 관여하는 것은 가급적 억제하는 것이 바람직하기 때문이다.

11 따라서 이하에서는 '임원'배상책임보험이라는 용어 대신 '이사'배상책임보험이라 표현한다.

12 약관은 "법률상 손해배상금"이라고 표현하고 용어정의 부분에서 법률상 손해배상금에 대해 정의를 하고 있으나, 이 표현이 정확히 무엇을 의미하는지는 의문이다. 이 용어는 영문약관이나 미국약관에서 규정하고 있는 loss의 개념, 즉 피보험자가 '법적으로 책임이 있는(legally liable)' 금액이라는 개념을 본뜬 것으로 보인다.

13 미국의 판례 중 보험으로 커버되는 손해는 피보험자의 '실제의 법적 책임(real legal liability)'

의 범위를 무엇으로 볼 것인가의 문제이다. 우리 영문약관은 '손해'에 판결금액(judgements)뿐만 아니라 손해배상금(damages)과 화해금(settlements)도 포함하고 있다.[14] 미국 약관들은 대개 손해에 화해금(settlements)을 포함하고 있다.[15] 한편 일본어약관은 보상하는 손해를 법률상 손해배상금과 쟁송(소송, 중재, 조정 또는 화해를 말한다)비용으로 하고(일본어약관 제2조), 우리 약관과 같이 법률상 손해배상금은 법률상 손해배상책임에 기인한 배상금이라 하고〔일본어약관 제3조 (5)항〕, 쟁송비용은 피보험자에 대한 손해배상청구에 관한 쟁송에 의해 생긴 비용을 말한다〔일본어약관 제3조 (6)항〕고 한다. 따라서 쟁송비용에 화해에 이르기 위하여 지출한 비용은 포함되지만 법률상 손해배상금에 화해금이 포함될지의 문제는 우리약관과 마찬가지로 문제가 된다. 학설로는 법률상 손해배상금에 화해금이 당연히 포함되는 것으로 보는 견해가 있으나 그 근거는 분명치 않다.[16]

우리 약관의 해석상 명문의 규정은 없지만 역시 화해금도 보험회사가 보상하는 것으로 보아야 할 것이다. 우리 약관상 피보험자가 보험사의 동의를 받으면 손해배상책임의 전부 또는 일부를 승인할 수 있도록 하는 규정(약관 제20조 제1항 제3호, 제21조 제3항)은 보험사의 승인만 있으면 화해금도 손해배상금에 포함될 수 있음을 전제하고 있는 것으로 볼 수 있다.

이라는 차원에서 화해금이 보상손해에 포함되는가가 문제된 판례가 있다〔PLM, Inc. v. National Union Fire Ins. Co. (Corporate Officers & Directors Liability Litigation Reporter 4519, 4520 (June 22, 1988))〕. 사안에서는 실제로 손해배상금을 지불할 의무가 없는 피보험자(피고)가 보험회사의 동의 없이, 원고가 손해배상청구를 하지 않는다는 조건으로 원고와 화해를 하고 그 화해금에 대해 보험금을 청구하였다. 보험회사는 그 손해가 불완전(inchoate)하고 거짓(artificial)이므로 보험금지불을 거절했는데, 법원도 그 화해금이 법적 책임이 있는 것(legal obligation)이 아니라 그저 불확정책임(contingent liability)에 지나지 않는다 하여 보험회사의 입장을 지지했다. John F. Olson/Josiah O. Hatch III, Director & Officer Liability : Indemnification and Insurance (West Group, 1998), 10-25 참조.

14 삼성화재 영문약관 2.용어의 정의, d)항 ; 미국 AIU Insurance Company 약관 2. (d)항 참조.

15 손해의 개념을 정하고 있는 미국약관들의 유형에 대해서는 Michael Sean Quinn/Andrea D. Levin, Directors and Officers Liability Insurance : Probable Directions in Texas Law, 20 Rev. Litig. 381, 421-23 (Spring, 2001) 참조.

16 北村雅史, "取締役の責任保険に關する一考察," 保險法の現代的課題(三宅一夫先生追憶論文集), 1993, 65면.

(3) 보험사고 : 청구사고방식

보험금은 보험사고가 있어야 지급된다. 자동차배상책임보험약관이나 일반 배상책임약관은 보험사고를 손해발생으로 보아 보험기간 중 일어난 가해행위에 대해 배상하는 방식을 취하고 있다. 이에 반하여 이사배상책임보험은 가해자의 손해배상청구를 보험사고로 보는 이른바 '청구사고방식'을 취하고 있다. 원칙적으로 가해자인 임원의 행위가 언제 있었는가는 불문하고, 보험기간 중에 있은 손해배상책임에 대해 보상하는 것이다(약관 제2조). 다음과 같은 경우에는 청구사고방식의 예외가 인정된다. 첫째, 초년도 계약의 경우에는 보험기간 개시일 전의 행위에 기인한 손해배상청구에 대해서는 보험기간 중에 손해배상청구가 있었다 하더라도 보상하지 않는다(약관 제9조). 이는 책임을 발생시킬 행위를 해놓고 뒤늦게 계약을 체결하는 사례를 배제하기 위한 것이다. 둘째, 청구사고방식에 의할 경우 피보험자와 보험계약자가 입을 수 있는 불이익을 방지하기 위해 보험기간 중에는 손해배상청구가 실제 없었고 그 이후에 손해배상청구가 있었다 하더라도 일정요건을 갖추면 보상해 주는 경우가 있다. 즉 피보험자에게 손해배상청구를 받을 우려가 있는 상황이 발생하였는데 실제의 배상청구가 없던 와중에 보험기간이 경과했는데 보험자가 이 사실을 알고 차후의 계약갱신을 거절하는 것은 부당하므로, 보험기간 중에 보험계약자 또는 피보험자가 '손해배상청구의 우려'[17]를 보험자에게 통지하였다면(약관 제19조 제1항 제1호), 나중에 보험자가 계약갱신을 거절하더라도 보험기간 이후의 손해배상청구에 대해서도 일정 기간 동안은 보상해 주는 것이다(이른바 청구사고방식의 수정).

2. 보험의 필요성

현재 이사배상책임보험은 전 세계적으로 널리 보급되고 있는 중이지만

17 물론 이 말이 의미하는 바가 반드시 분명한 것은 아니다.

이론적인 차원에서는 과연 그러한 제도를 허용할 것인지가 다투어지고 있다.[18] 찬성론은 주로 보험이 없으면 유능한 자를 이사로 영입하기 어려울 것이기 때문에 보험이 결국 회사와 주주의 이익에도 부합한다는 점을 강조한다.[19] 반면 반대론은 보험으로 이사의 배상책임을 커버해 준다면 이사가 성실하게 임무를 수행할 인센티브가 감소하여 위법행위억지기능이 손상된다는 점을 강조한다. 이처럼 이사배상책임보험이 이사의 도덕적 해이(moral hazard)를 조장하는 면이 있는 것은 숨길 수 없지만, 오늘날 이러한 보험 자체를 부정하는 견해는 별로 지지받지 못하고 있다.

3. 회사에 의한 보험료지급의 허용여부

이사배상책임보험을 허용한다고 해도 회사가 그러한 보험의 보험료를 부담하는 것까지 허용될 수 있는가에 관해서는 논의가 있다. 그러나 이론상으로는 어떻든 간에 현실적으로는 이사를 영입하는 회사 쪽에서 보험까지 해결해 주는 것이 편리한 것은 물론이다. 그리하여 미국에서는 이러한 논란을 피하기 위하여 아예 법에서 명문으로 회사의 보험료지급을 인정하고 있는 주가 많다〔미국 RMBCA §8.57, 뉴욕주 회사법 §726(b), 델라웨어주 회사법 §145(g), ALI의 Corporate Governance에 관한 Principle §7.20(a)(4) 등〕.[20]

우리나라와 비슷한 법제를 취하고 있는 일본에서는 과거 회사의 보험료지급에 관한 명문규정이 없어서 찬반의견이 나뉘어 있었다. 부정설은 이사의 책임면제에 주주전원의 동의를 요하는 상법규정에 반한다든지, 회사가 이사를 위해 보험료를 지급하는 것은 이익상반행위에 해당한다든지, 회사의

18 이에 대한 논의와 이사의 책임보험의 순기능에 대해서는 김선정, 앞의 논문, 11면 ; 김영선, "전문직업인배상책임보험," 상사법연구 제18권 제2호(1999), 216-218면 참조.

19 자력이 없는 이사로부터 피해자를 보호하는 순기능도 없지 않을 것이다.

20 영국에서도 회사의 보험료부담을 명문의 규정으로 인정하고 있다. 영국회사법은 이사의 법적 책임을 면제하는 정관규정을 두거나 책임에 대해 보상하는 것을 금지하고 있는(제310조) 반면, 회사와 관련해 과실 · 채무불이행 · 의무위반으로 인해 이사가 법적 책임을 지는 경우에 회사가 이사의 책임보험을 드는 것은 인정하고 있다〔제137조(1)〕.

보험료지급이 일종의 무상이익제공이어서 보수에 유사하므로 주주총회의 승인이 필요하다는 등의 이유를 들었다.[21] 이에 대해 긍정설은 이사배상책임보험의 필요성을 강조하는 한편 보험료지급이 위임사무처리비용이나 회사의 필요경비라는 논거를 들었다.[22] 그러나 일본에서는 지난 2001년 12월 상법개정으로 이사의 면책에 총주주의 동의를 요하는 종전 규정(상법 제266조)이 개정되어 이제 주주총회의 특별결의나 정관의 규정에 의해서도 책임제한이 가능하게 됨으로써 부정설은 한층 힘을 잃게 되었다.[23]

우리나라에서도 1999년 현행 약관 인가 전에 대표소송제기로 인한 책임의 경우 회사가 보험료를 지급하는 것이 마치 이사의 책임을 면제해 주는 것과 마찬가지여서 문제라는 견해가 제기된 바 있다. 학자들의 견해는 회사의 보험료 부담에 대해 의문을 표시하는 견해,[24] 보험이 회사에 이익이 되므로 적극적으로 인정해야 한다는 견해[25] 및 입법적 해결이 필요하다는 견해[26]로 나뉘어 있다.

회사의 보험료지급문제는 이사의 책임이 회사에 대한 것인지, 아니면 제3자에 대한 것인지에 따라 나누어 검토해야 할 것이다. 먼저 제3자에 대한 책임의 경우 회사가 지급한 보험료는 수임인에 대한 비용으로 정당화할 수 있을 것이다. 그러나 문제는 주주대표소송으로 인한 책임을 커버하기 위하여 회사가 보험료를 지급하는 경우이다. 회사에 대한 의무를 위반하여 회사에 손해를 입힌 이사의 책임을 커버하기 위하여 회사가 보험료를 지급한다는 것이 모순이 아닌가 하는 의문 때문이다. 그러나 주주대표소송의 경우에도 회사가 보험료를 지급하는 것이 반드시 모순은 아니라고 할 것이다. 만약 회사

21 일본에서의 논의 상황에 대해서는 關俊彦, "會社が負擔する取締役賠償責任保險の保險料," 現代企業立法の軌跡と展望(鴻常夫先生古稀記念 論文集), 1995, 94면 이하 참조.

22 近藤光男, "取締役責任保險の保險料の支拂い," 商事法務 제1329호(1993), 24면.

23 神田秀樹/久保利英明/宮廻美明, "(座談會) 企業統治に關する商法改正法の實務への影響," 商事法務 제1617호(2002. 1. 5), 21면 이하.

24 홍복기, "미국회사법에 있어서 이사책임의 구제제도," 법률연구 제4집(1986), 연세대, 267면.

25 김영선, 이사의 책임보험연구, 삼지원, 1996, 269면.

26 박수영, "이사배상책임보험에 관한 연구," 전북대 박사논문, 2000, 208면 ; 김선정, 앞의 논문, 23면 등.

가 보험료에 상당하는 금액을 추가로 이사의 보수로 지급하고 이사가 그것으로 보험에 가입하는 방법을 취하였다면 그러한 논란은 피할 수 있었을 것이다.[27] 그것이 허용된다면 편의상 회사가 이사를 대리하여 보험료를 지급하는 것을 구태여 금지할 이유는 없다.

약관상으로도 회사에 대한 책임과 제3자에 대한 책임은 뚜렷이 구분되고 있다. 즉 보통보험약관으로는 대표소송에 의한 손해배상책임은 담보되지 않고, 대표소송담보 특별약관을 따로 체결하여야 한다. 특별약관에 대해서는 특별보험료를 부담하게 된다. 우리 기업실무상으로는 이러한 특별보험료를 이사가 부담하는 경우는 거의 찾아볼 수 없다.[28]

4. 보험의 구조와 보상범위

이사의 배상책임보험에서 보상되는 손해의 범위를 적용약관의 종류, 손해배상청구권자, 손해배상청구소송에서 이사가 승소했는지 패소했는지에 따라 구분하여 살펴보면 아래의 〈표 1〉과 같다.

〈표 1〉 보상되는 손해의 범위

소송 종류(관련규정) / 승·패소	주주대표소송(상법 제403조)	제3자 소송(상법 제401조)	회사 또는 다른 임원이 제기한 소송(상법 제399조 및 여러 규정에 혼재)
이사 승소(손해배상책임이 없는 경우)	보통보험약관으로 소송비용 보상	보통보험약관으로 소송비용 보상	면책사유
이사 패소(손해배상책임이 있는 경우)	주주대표소송담보특별약관으로 손해배상금 및 소송비용 보상	보통보험약관으로 손해배상금 및 소송비용보상	면책사유

자료 : 近藤光男(編)/小林秀之(著), 株主代表訴訟大系, 弘文堂, 1996, 354면에서 재구성

27 보험료에 해당하는 금액을 보수로 지급한다고 할 때, 그 보수액이 주주총회의 승인을 받아야 하는 것은 물론이다.

28 1998년 12월 31일 개정 세법에서는 회사가 부담하는 보험료는 비용으로 처리하되 주주대표

III. 면책사유 개관

1. 서설

우리나라에서 이사배상책임보험은 1991년 해외에 주재하는 우리 기업의 임원들이 현지에서 부담할 수 있는 배상책임의 전보를 위하여 처음 이용되었다고 한다.[29] 당시에는 약관으로 미국 회사의 영문약관을 번역하여 사용하였다. 1997년 외환위기 이후 이 보험의 이용이 급증하였으나 처음에는 이러한 미국식 약관을 그대로 사용하였다. 당시 국내보험사들에게 이 보험은 생소한 것이었을 뿐 아니라 외국보험사에 재보험하기 위해서도 이처럼 미국식 약관의 사용은 불가피했던 측면이 있다. 그러나 그 약관은 우리와 다른 미국의 회사법체계하에서 이사가 지는 책임을 전제로 구성된 것이어서 국내기업이 그대로 사용하기에는 적합치 않은 것이었다. 그리하여 마침내 1999년 4월 현행 국문약관이 인가되어 사용되게 되었다.[30] 현행 약관은 1994년 인가된 일본의 일본어약관[31]과 대체로 유사하다. 그러나 현행 약관과 일본의 약관 모두 원래 영문약관을 출발점으로 삼고 있기 때문에 과거의 문제점이 완전히 사라진 것은 아니며 면책사유 부분에서는 더욱 그러하다.

소송의 보험료만은 이사의 근로소득으로 보는 태도를 취하였다(구소득세법 시행령 제38조 제1항 12호 마목). 그러나 1999년 12월 31일 개정에 의해 회사가 부담하는 보험료는 모두 이사의 근로소득에서 제외되게 되었다(소득세법 시행령 제38조 제1항 제12호 단서 마목).

29 박수영, 앞의 논문, 116면.

30 현행 임원배상책임보험 보통약관과 보험사들의 약관은 그 내용에서 완전히 일치하고 있다. 다만 보통약관 제5조(회사의 책임의 시기 및 종기)에 관한 조문이 보험사의 약관에는 포함되어 있지 않다는 점만이 다를 뿐이다.

31 일본에서도 과거 미국의 영문약관을 사용했고 이에 의하면 주주대표소송도 담보되었다. 1993년 12월 용어상의 부정확성 등 영문약관상 문제시되었던 점을 개정한 새 일본어약관(일본어약관)이 인가되었는데, 새 보통약관은 1993년 상법개정으로 주주대표소송이 급증하여 보험회사가 부담할 보험금에 대해 부담을 느꼈고, 주주대표소송에서 이사가 패소한 경우의 회사의 보험료 부담문제를 인식하여 주주대표소송에 대해서는 특별약관으로 담보하도록 하고 있다. 현재 개정된 영문약관과 일본어약관이 함께 사용되고 있다. 森本滋 · 川濱昇 · 前田雅弘(編)/洲崎博史(著), 會社役員賠償責任と取締役の法令違反, 企業健全性確保と取締役の責任, 有斐閣, 1997, 각주 2) 참조.

미국에서 약관의 면책사유들은 상당히 다양하고 이를 분류하는 방식도 다양하지만[32] 대체로 행위면책, 타 보험면책, 청구자면책, 증권법이나 독점규제법위반 면책으로 나누어 볼 수 있다. 이하에서는 이러한 미국약관의 면책사유유형에 따라 현행 약관의 면책사유들을 간단히 살펴보기로 한다.

2. 행위면책(약관 제8조)

이사의 행위의 위법성으로 인한 면책사유이다. 미국 약관은 사적 이익 추구행위, 자기거래, 위법한 보수, 불성실(dishonesty)행위 등을 들고 있다. 우리 약관에서는 피보험자가 사적 이익을 취득하거나(제1항) 범죄행위를 하였거나(제2항) 피보험자가 법령에 위반한다는 것을 인식하고서 행한 행위(제3항), 피보험자에게 위법한 보수가 지급된 경우(제4항), 피보험자가 정치단체나 공무원, 거래처 등에 불법이익을 제공한 경우(제6항)와 관련된 손해배상청구는 면책한다.

3. 담보위험 확정의 성격을 지닌 면책(약관 제9조 제1항 내지 제8항, 제11항)

보험의 적용여부를 명확화하기 위한 것으로 보험기간 개시일 이전의 행위, 보험기간 개시일 이전에 법인에 제기된 소송과 관련된 사실에 기인하거나 보험증권상 자회사의 임원에 대한 배상청구 중 모회사가 자회사주식을 40% 이하로 소유한 시기에 행해진 행위, 또는 피보험자가 타 회사 또는 단체의 임원으로 행한 행위에 기한 손해배상청구는 면책된다(제9조 제1항 내지 제4항, 제8항, 제11항). 또한 다른 보험에 의하여 통해 중복담보되는 것을 조정

32 면책사유들을 corporate governance를 위한 면책사유나 기타 다른 보험을 통해 담보되는 경우의 면책사유라는 두 가지 그룹으로 분류하는 견해도 있다. Joseph P. Monteleone/Nicholas J. Conca, Directors and Officers Indemnification and Liability Insurance : An Overview of Legal and Practical Issues, 51 Business Lawyer 573, 600 (May 1996).

하기 위한 것으로 신체장해, 정신적 고통, 재물손실, 불법침입 · 체포 · 감금, 명예훼손 등 인격권침해행위, 공해물질이나 원자력 물질배출로 인한 환경오염, 종업원퇴직소득보장법(ERISA, Employee Retirement Income Security Act)에 기한 손해는 면책된다(제9조 제5항 내지 제7항 제1호 내지 제3호).

4. 청구자면책(약관 제9조 제9항, 제10항)

미국약관은 피보험자간에 소송이 제기된 경우(insured v. insured)나, 연방예금보험공사(FDIC, Federal Deposit Insurance Corporation) 등 정부규제기관이 제기한 소송에 의한 책임은 면책사유로 하고 있다. 우리 약관은 다른 피보험자, 당해 임원이 속한 회사, 또는 자회사(제9조 제9항)나 대주주(여기서 대주주의 범위는 보험증권에 기재된 비율의 주식을 소유한 자. 제9조 제10항)의 배상청구를 면책사유로 하고 있다.

5. 독점규제법이나 증권법의 위반과 관련된 면책 (약관 제8조 제5항)

미국약관 중에는 독점규제법 위반행위에 대해 보험으로 보상하는 것은 공서(public policy)에 반한다는 이유로 면책사유로 하고 있는 것이 많다. 또한 증권법 위반도 면책사유로 한다. 우리 약관은 독점규제법 위반행위에 대해서는 별도의 규정이 없고, 피보험자가 미공개정보를 불법적으로 이용하여 회사의 주식 · 사채 등을 매매하는 내부자거래로 인하여 발생하는 배상청구(제8조 제5항)를 면책사유로 하고 있다.

6. 기타

우리 약관은 주주대표소송으로 인한 책임은 보통약관에서는 면책사유에 포함시키는 한편 특별약관을 부대하여 보상되도록 하고 있다(약관 제10조).[33] 또한 회사가 합병하거나 전 자산을 제3자에 양도한 경우 당해거래의 효력발생 후에 행한 행위에 기인한 책임은 면책된다(약관 제11조). 주의할 것은 벌과금이나 징벌적 손해에 대한 배상책임(약관 제9조 제7항 제4호)도 면책된다는 점이다.[34] 벌과금은 약관의 용어정의부분에서 이미 법률상 손해배상금에서 배제하였으므로 이를 따로 면책사유로 정할 필요는 없을 것이다.

IV. 면책사유의 검토

1. 서설

다른 보험에서와 마찬가지로 이사배상책임보험에서도 약관에서 면책사유를 어떻게 정하고 어떤 문언을 사용할 것인가는 극히 중요한 의미를 갖는다. 특히 이사배상책임보험과 같이 생소한 보험의 경우에는 더욱 그러하다.[35] 그런데 우리 약관상의 면책사유는 체계적이지 못할 뿐 아니라 그 의미하는 바도 반드시 명확하지 않다. 예컨대 약관 제9조는 보험의 적용대상인 행위에 관한 것, 다른 보험으로 담보되는 것, 피보험자 간의 소송 등 이질적인 유형에 속하는 면책사유들을 모두 하나의 조문에 담고 있다.

---

33 회사가 형식상 이사가 자신에게 지급하는 손해배상금의 보상을 위하여 이사의 보험료를 지급해 주는 것이 모순된다는 판단에 따른 것으로 보이지만, 실무상으로는 회사가 이러한 특별약관에 따른 보험료도 부담해 주는 것이 관행이기 때문에 실질적 차이는 없다.

34 영문약관이나 일본의 일본어약관은 이를 따로 면책사유로 정하지 않고, 법률상 손해배상금의 범위(일본어약관의 '법률상 손해배상금'에 관한 용어정의에 의하면 법률상 손해배상금에는 세금, 벌금, 과료, 과징금, 징벌적 손해배상금이 포함되지 않는다)에 속하지 않는다〔제3조(5)항〕는 방법으로 보상범위에서 제외하고 있다.

35 森本滋 · 川濱昇 · 前田雅弘(編)/洲崎博史(著), 앞의 논문, 373면.

또한 약관 제8조 제1항의 "불법적 사적 이익"이나 제8조 제3항의 "법령에 위반된다는 것을 피보험자가 인식하면서 행한 행위에 기인한 배상청구(인식하고 있었다고 판단되는 합리적 사유가 있는 경우 포함)"는 그 의미가 반드시 명확하지 않다. 그 결과 해석하기에 따라서는 이사의 책임을 낳는 거의 모든 행위가 면책사유에 해당하여 이사배상책임보험의 의의가 사라질 우려도 없지 않다. 우리 약관의 면책사유가 갖는 보다 근본적인 문제는 그것이 어떠한 이론적 근거에 터잡고 있는지가 분명치 않다는 점이다. 이러한 여러 문제점들은 기본적으로 이사의 책임과 관련하여 전혀 상이한 법체계에서 형성된 영문약관을 충분한 검토 없이 답습한 데서 비롯된 것으로 판단된다.

우리 현실에 맞는 면책사유를 구성하기 위해서는 우선 우리 법상 이사의 책임이 어떠한 경우에 발생하는가를 파악하는 작업을 출발점으로 삼아야 할 것이다. 그 다음에는 이 여러 경우 중에서 이사의 책임을 담보하는 경우와 담보하지 않는 경우를 무엇을 기준으로 구분할 것인가를 결정해야 할 것이다. 이하에서는 먼저 이러한 이론적 고찰을 간단히 시도한 후에 그것을 기초로 현행 약관에서 가장 중요한 것으로 보이는 면책사유(약관 제8조 제2항과 제3항)를 주로 검토하기로 한다.

2. 이사책임의 발생원인과 면책의 기준

이사의 책임은 우선 상대방을 중심으로 회사에 대한 책임과 제3자에 대한 책임으로 분류할 수 있다. 전자는 주로 상법 제399조에 의하여 규율되는 것에 반하여 후자는 상법 제401조뿐 아니라 예컨대 증권거래법 제14조와 같은 특별법에 의하여도 규율되고 있다. 우리 상법 제399조는 회사에 대한 책임의 원인으로 법령 또는 정관의 위반과 임무해태, 두 가지를 들고 있다. 여기서 말하는 임무에는 영미법상의 이른바 주의의무(duty of care)와 충실의무(duty of loyalty)가 모두 포함되는 것으로 볼 수 있다. 이론상으로 보자면 법령위반을 임무해태와 병렬적으로 표시한 것에는 의문이 없지 않다. 법령에 이사의 의무에 관한 상법의 규정을 포함시키는 경우에는 책임원인을 모두 법령위반이라는 한 가지로 흡수시킬 수 있을 것이다. 그러나 이러한 접근방식이 비합리적이라는 점을 더 말할 필요도 없을 것이다. 그보다는 법령위반을 임무해태의 한 가지 경우로 흡수시키는 것이 바람직할 것이다. 이사가 사익을 위하여 법령을 위반하는 경우는 충실의무위반에 해당할 것이고, 그 밖의 법령위반행위는 주의의무위반에 해당할 것이다.

그렇다면 면책여부는 무엇을 기준으로 결정하는 것이 바람직할까? 보험회사의 책임을 면제할 사항은 억제할 필요성이 강한지 여부가 기준이 되어야 할 것이다. 그렇다면 면책의 기준은 약관에서와 같이 범죄행위, 사적 이익, 위법한 보수 등 주로 행위의 종류에 의하여 정할 것이 아니라 고의, 과실과 같은 이사의 귀책사유에 의하여 정하는 것이 바람직할 것이다. 범죄행위를 억제해야 할 필요성은 물론 있지만 특히 중요한 것은 '의도적인' 범죄행위라고 할 수 있다. 의도적인, 또는 인식이 있는 행위라면 설사 범죄행위에 미치지 못하는 행위라도 면책사유에 포함시켜야 할 것이다. 반면에 단순한 과실에 의한 행위는 그것이 비록 범죄를 구성하는 행위라도 면책사유에서 배제할 수 있을 것이다.[36] 어려운 것은 중과실과 같이 고의와 과실 사이에 있는 귀책사유를 어떻게 처리할 것인가 하는 문제이다. 현재와 같이 이사의 책임이 all or nothing식으로 되어 있어 일단 책임이 인정되면, 손해 전부에 대해서 책임을 지게 되어 있는 상황에서는 중과실은 면책사유에서 배제하는 것이 타당한 것으로 보인다. 이에 대해서는 이사의 도덕적 해이가 조장된다는 것을 근거로 반론이 제기될 수도 있다. 그러나 이사가 임무해태를 이유로 책임이 인정되는 경우에는 보험회사로부터 보험금을 받는다고 해서 아무 부담이 없는 것은 아니다. 기본적으로 피고로 소송에 관여하고 그로 인하여 매스컴의 주목을 받는 것 자체가 이사가 될 만큼 명성이 있는 사람에게는 엄청난 부담이 될 수 있다.

다음 항들에서는 이러한 고찰을 토대로 현행 약관상 면책사유에 해당하는가에 의문을 가져올 여지가 있는 사유를 검토해 본다.

---

36 범죄행위를 억제할 정책적인 필요가 크다면 귀책사유에 관계없이 그것을 모두 면책사유로 하는 것도 가능할 것이다.

3. 범죄행위에 기인하는 배상청구(약관 제8조 제2항)

(1) 유죄판결의 필요여부

약관 제8조 제2항은 범죄행위에 기인하는[37] 배상청구를 면책사유로 하고 있다. 여기서 범죄행위는 형벌을 가할 수 있는 위법행위를 말한다. 약관의 용어정의에 의하면 범죄행위에는 "형을 받아야 하지만 집행유예 등에 의해 형집행이 면제되는 경우뿐만 아니라 시효완성 등에 따라 형을 받게 되지 않은 경우도 포함"된다고 하고 있다. 우선 위 문언에 의하면 집행유예가 선고된 경우와 시효가 완성되어 기소할 수 없는 경우가 면책사유에 해당한다는 점에는 의문이 없다. 그런데 면책사유에 해당하기 위해서는 유죄판결의 선고 내지 확정이 필요한가는 약관의 표현상 반드시 명확하지 않다. 일반용어례에 따르면 범죄행위란 반드시 법원의 유죄판결에 이른 경우만을 일컫는 것은 아니다. 반면에 약관의 용어정의부분에서 "형을 받아야 하지만"이라는 문구를 쓰고 있는 것은 원칙적으로 형이 확정되는 경우에만 면책사유가 된다는 취지라는 주장도 가능할 것이다. 그러나 "형을 받아야 하지만"이라는 표현을 쓴 것이 반드시 집행유예와 시효완성을 제외하고는 모든 경우에 형을 받을 것을 요한다는 취지라고 해석할 것은 아니다. 오히려 집행유예와 시효완성과 같이 실제로 형의 집행을 피할 수 있게 된 경우에도 면책사유에 포함된다는 점을 분명히 하기 위한 취지로 보는 것이 더 합리적이다.

일본에서는 앞의 면책사유문구에 충실하여 '위법행위에 기인하기만 하면' 되므로 형확정이 요건이 아니라고 보는 견해가 있다.[38] 그에 의하면 판결확정 전에도 '형을 가할 수 있는 위법행위'가 있다는 것을 보험회사 측에서

---

37 삼성화재 영문약관 제4조 (b)항과 AIU약관 제3조 (b)항도 범죄행위(criminal act)를 면책사유로 하고 있다.

38 森本滋 · 川濱昇 · 前田雅弘(編)/洲崎博史(著), 앞의 논문, 382면 ; 江頭憲治郎/森本滋/山下友言/河村貢/山內稔彦, "(特別座談會) 會社役員賠償責任保険の検討(その四)," 取締役の法務(1994. 10), 70면(山內 발언)(森本滋 · 川濱昇 · 前田雅弘(編)/洲崎博史(著), 앞의 논문, 383면에서 재인용).

입증하면 면책사유에 해당한다. 국내에서도 보험사의 면책에 반드시 유죄판결이 필요한 것이 아니라는 점에 찬성하는 견해가 있다.[39]

반면에 미국에서는 보험회사가 유죄판단을 할 수는 없다거나[40] 범죄행위에 대한 단순한 주장(alleging)만으로는 충분하지 않은 것으로 보고 있다.[41] 그리하여 약관들은 판결선고(adjudication)를 명시하는 것이 보통이다.[42] 학자들은 보험사 측에서 약관에 판결선고나 확정판결(a final adjudication)을 명시적으로 요구하는 규정을 두어야 한다고 주장한다.[43] 또한 판례도 이러한 확정판결요건을 채택한 것이 많다.[44]

(2) 범죄행위의 범위

범죄행위는 고의범은 물론 과실범도 포함한다고 보는 것이 일반적이다.[45] 약관의 문언만 보면 과실범도 포함된다고 볼 수밖에 없을 것이다. 그러나 이사의 부담을 덜어 준다는 관점에서는 과실의 범죄행위까지 면책사유로 보는 것에는 의문이 있다.[46] 또한 약관의 용어정의에 의하면 범죄행위는 "형법상의 범죄뿐만 아니라, 상법이나 독점규제법 등의 법률과 같이 특별 처벌규정에 따른 범죄"도 포함한다. 여기서 '특별 처벌규정'은 특별법상의 형벌규정을 말한다. 범죄행위 자체가 회사의 재산유출을 초래하는 형법상 증뢰죄, 배임죄, 상법상 특별배임죄 등이 이에 해당함은 물론이다. 한편 예컨대 독점

---

39 김원기 · 박수영, "임원배상책임보험의 면책사유에 관한 비교연구," 보험개발연구 제11권 제2호(2000. 10), 60면.

40 Michael Sean Quinn/Andrea D. Levin, 앞의 논문, 433면.

41 John F. Olson/Josiah O. Hatch III, 앞의 책, 10-29면.

42 Reliance National, Directors and Officers Liability Including Company Reimbursement, 3면 (Joseph P. Monteleone /Nicholas J. Conca, 앞의 논문, 601면에서 재인용).

43 Joseph P. Monteleone/Nicholas J. Conca, 앞의 논문, 601면.

44 First Nat'l Bank Holding Co. v. Fidelity Deposit Co., 885 F. Supp. 1533 (N. D. Fla. 1995) 등 여러 판례.

45 森本滋 · 川濱昇 · 前田雅弘(編)/洲崎博史(著), 앞의 논문, 383면.

46 실제로 이사가 업무집행과 관련해 과실에 의한 범죄행위를 저지르는 경우는 그리 많지 않을 것이다.

규제법상의 부당한 공동행위(제19조)는 직접적으로 회사재산의 유출을 가져오는 행위는 아니고, 오히려 회사에 이익을 가져올 수도 있는 행위지만 형벌이 부과될 수 있으므로(제66조 제1항 제9호) 범죄행위에 해당한다고 볼 것이다.[47]

(3) '기인하는'의 의미

우선 회사재산을 횡령하는 경우와 같이 범죄행위 자체로 인하여 회사재산이 감소하는 경우는 당연히 면책사유에 해당한다. 나아가 범죄행위 자체로 인한 손해가 아니더라도 이사의 범죄행위에 의해 회사가 제3자에게 손해배상을 하거나 벌금을 납부하고 이사에 대해서 구상하는 경우에도 면책사유에 해당할 것이다.

4. 법령위반을 인식하면서 행한 행위에 기인한 배상청구(제8조 제3항)

(1) 서설

약관 제8조 제3항은 법령에 위반된다는 것을 피보험자가 인식하면서 행한 행위에 기인한 배상청구(인식하고 있었다고 판단되는 합리적 사유가 있는 경우 포함)를 면책사유로 하고 있다. 이 사유는 1999년 현행약관이 인가되기 전 사용되던 영문약관에서 비롯된 것이다. 당시 영문약관에는 '불성실행위(dishonest act)'라는 것이 면책사유로 규정되어 있었다. 그런데 미국에서도 이 막연한 문언이 의미하는 바를 놓고 논란이 많았다. 이 개념이 불분명하다

47 다만 공정거래위원회의 고발 없이는 기소할 수 없으므로(제71조 제1항) 형벌은 부과되지 않는다. 그렇다면 공정거래위원회의 고발이 없으면 약관상의 범죄행위에는 해당하지 않는다고 해석해야 할 것인가? 그것을 긍정하는 견해도 있지만〔森本滋 · 川濱昇 · 前田雅弘(編)/洲崎博史(著), 앞의 논문, 383면〕 의문이다.

는 이유로 면책약관의 적용을 부정한 판례도 있었다고 한다.[48] 현재 미국약관들은 dishonesty라는 문언을 사용하지 않거나 이를 사기(fraud), 범죄행위(deliberate criminality)와 함께 규정함으로써 조금이나마 그 의미를 명확하게 하려고 하고 있다.[49]

우리 약관은 이처럼 모호한 "불성실행위"라는 문언 대신 "법령위반을 인식하고서 한 행위"라는 새로운 개념을 채택하고 있다. 그러나 이 문언도 그 의미가 반드시 명확한 것은 아니다. 특히 '법령의 범위'가 어디까지 미치는 지, "인식하고서"라는 요건은 무엇을 의미하는 지가 불분명하다. 이하에서는 이 면책사유의 구성요소와 문제점들을 차례로 살펴본다.

(2) 법령의 의미

먼저 '법령'의 범위가 어디까지인가가 문제이다. 우리나라에서는 이에 관한 논의가 별로 없다. 일본에서는 여기서의 법령의 범위를 일본상법의 이사의 책임원인행위인 법령위반행위(일본 상법 제266조 제1항 제5호)에서의 법령과 결부하여 논의하고 있다.[50] 일본에서는 이 법령을 어떻게 볼 것인지에 대해 견해가 갈리고 있다.[51] 주로 문제가 되는 것은 상법상 선관주의의무규정과 같은 일반규정과 상법 이외의 주주나 회사의 이익과 무관한 법령(예컨대 독점규제법 등)이 여기서 말하는 법령에 포함될 것인가이다.

일본에서는 이러한 법령은 상법상의 구체적 규정뿐 아니라 주의의무규정(우리 상법 제382조 제2항), 충실의무규정(우리 상법 제382조의3)도 포함한 일체의 법령을 의미한다고 보는 견해가 통설이다(비한정설). 법령을 보다 한정적

48 Little v. MGIC Indemnity Corporation, 649 F. Supp. 1460(W. D. Pa., 1986). 미국에서는 불성실행위를 의도적 부정행위보다 정도가 심한 행위로 보고 있다고 한다.

49 Michael Sean Quinn/Andrea D. Levin, Directors and Officers Liability Insurance : Probable Directions in Texas Law, 20 Rev. Litig. 381, 433 (Spring, 2001).

50 洲崎博史, 앞의 논문, 388면.

51 이 문제에 관한 대표적인 문헌으로는, 吉原和志, "法令違反行爲と取締役の責任," 法學(1996), 東北大學, 17면 이하. 아래의 서술은 이 논문을 주로 참조하였다.

으로 보는 견해는 두 가지로 나눌 수 있다. 첫째 견해는 법령을 회사와 주주의 이익을 도모하기 위한 규정과 당해 회사의 이사에게 공서양속으로 작용하는(회사의 업종별로 상이) 규정만을 의미하고, 이외의 법령은 그 위반이 주의의무위반인가의 판단만을 하면 된다고 한다(제1한정설). 둘째 견해는 회사재산의 건전성확보를 직접적 · 간접적 목적으로 하는 법령이 여기서 말하는 법령이라고 한다(제2한정설).[52] 이와 같은 일본에서의 다툼은 노무라증권(野村證券) 손실보전사건의 최고재판소 판결[53]에서 이 규정에서 말하는 법령은 법령일반을 의미한다고 함으로써 일단락되었다.

먼저 법령에 주주나 회사의 이익과 무관한 규정(예컨대 독점규제법규정)이 포함되는가를 살펴보자. 이 규정의 취지가 책임보험이 이사의 법령위반행위를 조장하는 것(이른바 도덕적 해이문제)을 방지하는 데 있다면, 주주나 회사의 이익에만 관련된 규정만 법령의 범위에 속한다고 볼 것은 아니다. 설사 주주와 회사의 이익에 반하는 경우라도 회사는 자연인과 마찬가지로 법이 정한 범위 내에서만 활동할 의무가 있는 것이다.[54]

그렇다면 주의의무규정을 포함한 상법의 일반규정은 '법령'에 포함되는가? 이사의 손해배상책임을 발생시킨 행위가 구체적으로 특정법령을 위반한 것은 아니지만 주의의무위반으로 볼 수 있는 경우는 얼마든지 있을 수 있다. 만일 법령에 주의의무규정도 포함된다고 본다면 이사가 책임을 지는 모든 경우에 법령위반으로 인한 면책여부가 항상 제기될 수 있다. 이러한 불합리한 결과를 피하기 위해서도 주의의무규정과 같이 이사의 의무에 관한 일반규정은 여기서 말하는 법령에는 포함되지 않는다고 보아야 할 것이다.

이처럼 선관의무 규정을 제외한 모든 규정이 여기서 말하는 법령에 포함된다면 법령은 법률이나 행정기관이 제정한 명문의 규범인 명령 전체가 이에 해당한다. 일본의 약관 중에는 조례, 기타 지방자치단체 자치법규도 포함

52 다만 주의의무 중에 법령준수의무가 포함되고 법령위반이 주의의무위반에 해당하는 경우에는 손해배상책임이 발생한다고 한다. 이 견해에 의하면 회사재산의 건전성확보와 무관한 법령을 위반하여 회사에 손해가 발생한 경우는 임무해태나 주의의무위반에 해당한다.

53 最裁 平成 五年 9月16日判決, 判例時報 제1729호, 28면.

54 ALI, Principles of Corporate Governance : Analysis and Recommendations (1994), §2.01 참조.

된다고 규정한 것도 있다.[55] 면책조항을 너무 확대해석하는 것은 문제이지만, 법인과 그 이사도 규범수범자인 사회구성원이라고 본다면 자치법규를 포함한 모든 법령이 이 조항에서 말하는 법령에 해당한다고 보아야 할 것이다.

나아가 법령에 외국법도 포함되는가가 문제될 수 있다. 이와 관련해 일본의 유명한 다이와(大和)은행판결[56]에서 오사카지방재판소는 외국(미국)에서 업무를 행하고 있는 이사는 그 나라의 은행규제법도 알고 있어야 하고 이를 알지 못한 것은 주의의무위반이라고 판시한 바 있다.[57] 만약 이 판결에서 은행의 이사들이 법령의 위반을 인식하고 있었다면 이들의 법령위반행위는 과연 약관상의 면책사유에 해당할 것인가? 이곳에서 상세한 논의를 펼 여유는 없으나 회사의 법령준수의무는 국내법뿐 아니라 외국법에도 미친다고 보는 것이 타당할 것이다.

(3) 법령위반의 인식의 의미와 인식의 범위

법령위반을 '인식'하여야 하므로, 문언상으로는 주관적 요건이 '고의'가 아니라 '인식'이다. 또한 여기서 인식의 대상은 '법령위반'이지 다른 배상책임보험처럼 '손해발생'이 아니다. 따라서 이사나 제3자에 대해 손해발생을 의도 내지 인식하지 않았다 하더라도 법령위반에 대한 인식이 있으면 면책사유에 해당할 수 있고, 손해발생을 인식했더라도 법령위반에 대한 인식이 없으면 면책사유에 해당하지 않을 것이다.[58]

회사경영에서는 '고의의 손해발생'이라는 기준에 의해 면책여부를 삼는 것이 부적절할 수 있기 때문에 위와 같이 '법령위반'에 대해 인식을 요건으

---

55 미쓰이화재해상보험회사(三井火災海上保險會社).

56 大阪地判 平成 12년 9월 20일. 이 판결에 대한 평석으로는 岩原紳作, "大和銀行代表訴訟事件一審判決と代表訴訟制度改正問題(上)," 商事法務 제1576호(2000. 11. 5) 참조.

57 이 판결에 대해서는 업무가 다국에 걸쳐 행해지는 회사의 이사에게 여러 나라의 모든 법을 전부 숙지할 것을 요구하는 것은 무리라는 비판이 있다. 神田秀樹/久保利英明/宮廻美明, "(座談會)企業統治に關する商法改正法の實務への影響," 商事法務 제1617호(2002), 19면(宮廻 발언) 등.

58 다만 이러한 경우에는 이사의 선관의무위반으로 볼 여지가 클 것이다.

로 하고 있다.[59] 예컨대 모회사가 그룹 전체의 신용을 유지하기 위해 부실한 자회사에 자금을 대출하는 경우를 보자. 이 경우 이사는 단기적으로는 모회사에 손실이 발생한다는 것을 알았고 고의로 손해를 발생시켰기 때문에 고의의 손해발생이 면책사유라면 보험사는 면책될 수가 있다. 그러나 모회사의 신용유지를 위해 꾀한 이러한 행위를 장기적으로는 회사 전체에 이익이 될 수도 있다는 경영판단에 의해 행한 경우가 있을 수 있다.[60]

피보험자가 법령위반을 안 경우에는 보호받지 못하고, 알지 못한 경우에는 보호받는 것은 물론이다. 문제될 여지가 있는 것은 '법령의 존재 자체'를 인식하지 못한 경우와 법령의 존재는 알았으나 자신의 행위가 '법령'에 해당하지 않는다고 잘못 해석한 경우이다. 먼저 이사가 법령 자체의 존재를 알지 못했다면 문언상 '인식'에 해당하지 않을 수 있다. 단속법규위반의 경우에는 이러한 가능성이 클 것이다. 이러한 경우에는 이사의 담당업무와 당해 단속법규(예컨대 식품제조업의 경우 식품위생법 등)의 관련이 어느 정도인가에 따라 판단해야 할 것이다. 업무담당이사가 법령의 존재를 '알지 못했다'고 항변하더라도 이 규정의 괄호 안에 기재된 "인식하였다고 판단할 수 있는 합리적인 이유가 있는 경우"로 결과적으로 면책사유에 해당할 것이다.[61]

다음은 법령의 착오(금지착오)의 경우이다. 법령의 해석을 잘못하여 자신의 행위가 법령위반이 아니라고 생각했지만 결과적으로 법령에 위반한 경우이다.[62] 이러한 경우는 문언상으로는 적어도 법령위반을 인식한 것으로

---

59 森本滋 · 川濱昇 · 前田雅弘(編)/洲崎博史(著), 앞의 논문, 386면.

60 일본에서는 이 경우 경영판단의 법칙을 적용해 모회사 이사의 임무해태를 부정하는 견해가 많다. 江頭憲治郎, "子會社救濟と取締役の責任," 別册 商事法務 제172호(1995), 93면. 한편 우리나라의 경우 모자회사 간이 아니라 그룹계열사 사이에서 이러한 행위가 행해지는 사례가 종종 있다. 그룹계열사 사이의 이러한 행위는 모자회사 사이의 그것보다는 정당화하기 어려울 것이다.

61 업무에 직접 관여하지 않는 이사가 법령의 존재 자체를 알지 못하여 이사회결의에 찬성하여 법령을 위반한 경우에는 앞의 업무담당이사와는 달리 실제 법령을 알지 못했고 '인식하였다고 판단할 수 있는 합리적 사유'가 있는 경우도 아니라고 할 것이다. 따라서 면책사유에 해당하지 않고 보험에 의한 보호를 받을 수 있을 것이다.

62 이러한 사례는 공정거래법과 같이 그 위반 여부를 쉽게 가릴 수 없는 경우에 많이 발생할 수 있을 것이다. 森本滋 · 川濱昇 · 前田雅弘(編)/洲崎博史(著), 앞의 논문, 389면.

볼 수 없을 것이다. 이상적으로는 이사의 착오에 정당한 이유가 있는 경우에는 면책사유에서 배제하는 것이 타당할 것이다.[63] 그러면 어떠한 경우에 이사의 착오에 정당한 이유가 있다고 볼 것인가? 예컨대 당해 이사가 업무와 관련해 변호사에 자문을 구하고 자문결과를 신뢰하였다면 착오에 정당한 이유가 있는 것으로 볼 수 있을 것이다.[64]

(4) '인식하였다고 판단할 수 있는 합리적인 이유가 있는 경우를 포함한다'의 의미

이 면책사유의 괄호는 "인식하였다고 판단할 수 있는 합리적인 이유가 있는 경우"도 인식에 포함시키고 있다. 일본에서는 이 문언이 보험자의 입증상 부담을 경감하기 위한 것인가,[65] 아니면 법령위반의 인식의 범위를 확대한 것인가에 대해서는 다툼이 있다.[66] 그러나 괄호 속의 문언은 과실을 포함시키기 위한 문언으로 보기보다는 면책사유에서의 '인식'은 입증이 어렵기 때문에 보험사의 입증부담을 완화하기 위한 문언으로 보는 것이 옳을 것이다.

(5) 법령위반을 인식하고 행한 행위에 '기인한'의 의미

회사의 손해가 이사의 법령위반행위에 의해 직접 발생한 경우(예컨대 자기주식의 고가매수, 뇌물공여로 인한 손해)는 물론이고 예컨대 회사가 법령위반

63 형법상 자기의 행위가 법령에 의해 죄가 되지 않는다고 오인한 행위는 그 오인에 정당한 이유가 있는 한 벌하지 않는다는 규정(제16조)을 따른 것이다.

64 형법의 판례이긴 하지만 비슷한 취지의 판례로, 대판 1995. 7. 11. 선고 94도1814 판결 참조.

65 森本滋・川濱昇・前田雅弘(編)/洲崎博史(著), 앞의 논문, 390면.

66 永井和之, "役員責任保険の塡補の範はどこまでか, 取締役の法務(1994년 10월호), 101면〔森本滋・川濱昇・前田雅弘(編)/洲崎博史(著), 앞의 논문, 391면에서 재인용〕. 이 견해는 이사가 지극히 부당한 경영상 판단을 한 경우나 법령을 알지 못한 데에 이사의 과실이 있는 경우를 법령위반을 '인식하였다고 볼 수 있는 합리적인 이유가 있는 경우'에 해당한다고 함으로써 법령위반의 인식의 의미를 확대해석하고 있다.

을 인식하고 행위를 하여 이로 인해 과징금부과처분, 영업정지처분과 같은 제재를 받음으로써 결과적으로 회사가 손해를 입은 경우와 같이 회사의 손해가 이사의 행위에서 간접적으로 초래되는 경우도 포함된다.[67]

V. 결론

1997년의 제일은행사건을 계기로 우리나라에서도 이사의 배상책임보험의 이용이 점차 늘고 있다. 아직은 상장 · 등록회사의 약 20%만이 이 보험에 가입하고 있지만 점차 가입건수가 늘 것으로 전망된다.[68] 이러한 상황에서 현행 약관이 이처럼 면책사유를 지극히 불명확한 상태로 남겨 두고 있는 것은 유감이다. 따라서 모처럼 도입된 배상책임보험의 실효성을 확보하기 위해서도 현행 약관의 여러 면책사유들은 합리적으로 해석하고 표현을 다듬을 필요가 있다.

끝으로 이사의 책임완화라는 관점에서 이사배상책임보험의 의의를 음미해 보고자 한다. 앞서 지적한 바와 같이 이사배상책임보험은 기능상 이사의 책임제한과 비슷한 제도이다. 즉 이사의 배상책임을 인정하되 그것을 보험으로 커버해 주는 배상책임보험제도와 발생한 손해의 일부에 대해서만 제한적으로 이사의 책임을 인정하는 책임제한제도는 이사의 부담이라는 관점에서만 보면 큰 차이가 없다.[69] 그러나 제도의 운영비용이라는 측면에서는 책임제한제도가 배상책임보험제도보다는 더 합리적인 제도로 보인다.[70]

반면에 배상책임보험은 책임제한제도가 미치지 못하는 구석을 커버할 수

67 洲崎博史, 앞의 논문, 388면.

68 보험가입 비율이 아직 20%에 지나지 않는 것은 실무에서 보험가입의 대상기업을 외감법에 의한 회계감사의무를 받을 기업으로 한정하고 있기 때문으로 보여진다. 보험가입대상기업 중에서 현재의 가입기업의 비율을 보면 이보다 높을 것이다.

69 물론 이사의 책임제한법제는 거의 이사의 책임 중 제3자에 대한 책임은 그 대상으로 하지 않으므로 제3자에 대한 책임은 책임보험이라는 구도만 이용할 수 있을 것이다.

70 보험제도를 운영하는 비용을 생각해 보라.

있는 장점이 있다. 예컨대 이사의 방어비용을 보상하는 것은 보험으로만 가능하고 책임제한제도로는 불가능하다. 이처럼 양 제도는 나름의 장점을 갖고 있기 때문에 설사 우리 법상 이사의 책임제한제도가 보다 현실적인 제도로 정비되는 경우에도 책임보험은 여전히 존재의의를 인정받을 수 있을 것이다.

『상장협』 제45권(2002. 3), 한국상장회사협의회, 123-139면.

제3편

경영감독체제

01 내부통제 메커니즘의 법리적 고찰

I. 서설

1. 기업통할체제의 두 가지 측면

이제 기업통할체제에 대한 논의는 그 발원지인 미국을 넘어서 범세계적으로 진행되고 있다. 그러나 정확한 의미에 대해서는 학자들 사이에서도 아직 견해가 통일되고 있지 않은 것 같다.

'기업통할체제'라는 제목하에 전개되는 논의는 실로 다양하지만 대체로 두 가지 흐름으로 분류할 수 있다. 하나는 "기업 내지 회사가 과연 누구를 위한 존재인가, 또는 그 주인은 누구인가"라는 거창하고도 근본적인 물음에 관한 논의이다. 회사의 사회적 책임, 종업원의 경영참가에 관한 논의가 바로 이러한 유형에 속한다고 할 수 있다. 다른 한 가닥의 논의는 보다 구체적이다. 즉 일단 회사가 주주의 소유라는 전제하에 주인인 주주의 이익만을 열심히 추구하도록 경영자를 통제하는 장치를 마련하기 위한 논의가 바로 그것이다. 이 문제는 경제학 및 경영학 분야에서도 대리인문제(agency problems)라는 제목으로 커다란 관심을 모으고 있다. 이 두 가닥의 논의는 반드시 명확히 구분할 수 있는 것은 아니고 실제로는 서로 뒤섞인 형태로 행해지는 경우도 많다. 이 글에서는 corporate governance의 문제를 주로 대리인문제의 측면을 중심으로 다루기로 한다.

2. 우리 기업에서의 대리인문제

이러한 대리인문제는 오늘날 회사법이 해결해야 할 가장 근본적인 과제라고 할 수 있다. 대리인비용의 문제는 이미 Berle와 Means의 명저, 『현대회사와 사적 재산권(The Modern Corporation and Private Property)』(1932)에서 분명하게 부각된 바 있다. 당시 Berle와 Means는 대규모회사에서 주식소유가 분산됨에 따라 일반주주들이 소유자로서의 지배권을 상실하고 오히려 주식을 별로 소유하지 않는 경영자들이 회사를 지배하고 있는 사실을 지적하였다. 이처럼 소유와 경영이 분리된 상황하에서는 경영자들이 본래의 소유자인 주주의 이익을 소홀히 하지 않도록 적절히 통제할 필요가 있다. 현재 어느 나라에서도 회사법규정은 정도의 차이는 있지만 대부분 경영자의 통제를 목적으로 하고 있다. 서양의 회사법을 이어받은 일본법의 압도적 영향하에 마련된 우리 회사법에서도 사정은 마찬가지이다. 그러나 이러한 회사법규정을 낳은 기반과 우리의 경제현실은 상당한 거리를 보이고 있다.

앞서 지적한 바와 같이 현대회사법상의 대리인문제는 주식소유의 분산으로 인한 소유와 경영의 분리에서 출발한다. 그러나 우리나라에서는 그 출발점이라고 할 수 있는 '소유와 경영의 분리'라는 현상이 아직 출현하고 있지 않다. 오히려 주식소유는 아직도 흔히 사주 내지 오너라고 불리는 지배주주에 집중되고, 이들 지배주주가 경영에 직접 · 간접으로 관여하고 있는 것이 보통이다. 즉 소유와 경영은 대체로 일치되고 있는 것이 현실이다. 그렇다면 우리 기업에서는 대리인문제는 존재하지 않는가? 그렇지는 않다. 다만 우리나라에서 발생하는 대리인문제는 미국 등 다른 선진국의 경우와 중대한 차이가 있음을 주의하여야 한다. 미국의 대리인문제에 관한 논의에서 주로 문제되는 것은 전문경영인과 주주 사이의 이익충돌(conflicts of interest)이다. 우리나라에서는 그보다 지배주주와 일반주주 사이의 이익상충이 더 절실한 문제이다.

그렇다면 지배주주의 대리인문제는 미국의 대리인문제와 어떠한 차이를 보이는가? 우선 지배주주와 일반주주 사이에 존재하는 이익상충은 경영자와 주주의 이익상충보다 일반적으로 덜 심각하다고 할 수 있다. 지배주주도 주주라는 점에서는 일반주주와 동질성을 갖기 때문이다. 특히 지배주주의 지분이 크면 클수록 지배주주와 회사 내지 일반주주 사이에는 이해가 일치하게 된다.[1] 우리 기업에서 사주의 지주비율이 어느 정도인가? 금융실명제가 실시되고 있는 현재에도 이들의 지주비율을 정확히 파악하는 것은 쉽지 않다. 그러나 사주 내지 오너라는 말 자체가 주는 뉘앙스를 보더라도 그 비율은 미국, 일본 등과 비할 수 없이 높다는 것이 일반적 인식이라고 할 수 있다. 실제로 지난 30년간 우리 경제가 급속히 성장할 수 있었던 원인으로는 회사를 자신과 동일시하며 회사의 성장을 위해서 애써 온 이들 사주의 노력도 무시할 수 없을 것이다. 따라서 여지껏 사주와 일반주주 사이의 이익충돌 문제는 크게 부각되지 않았고 별로 관심을 끌지 못했다. 그러다 보니 대리인 문제를 통제하기 위한 법적 장치도 거의 발달되지 못하였던 것이 사실이다. 뒤에서 검토하는 바와 같이 우리 회사법규정은 '우리의' 대리인문제를 규율하기에는 크게 미흡하다.

만약 사주가 주식의 대부분을 소유하고 있는 상태가 계속된다면 이 같은 우리 회사법의 약점도 크게 문제될 것이 없을 것이다. 그러나 오늘날 우리 기업의 소유구조는 엄청난 변화를 겪고 있다. 이러한 소유구조의 변화를 제대로 이해하기 위해서는 먼저 특히 대기업에서 두드러지고 있는 기업의 집

1 다만 배당면에서는 지배주주와 일반주주 사이에 이해가 갈릴 수 있다. 특히 회사경영에 참여하는 지배주주가 이익을 주로 보수(각종의 유형, 무형의 이익도 포함)의 형태로 수령하는 경우에는 굳이 배당을 원하지 않을 수 있다.

단화에 주의할 필요가 있다. 주지하는 바와 같이 기업집단에 속하는 대기업에서 사주와 특수관계인이 직접 보유하는 지분은 그다지 크지 않고 또한 점차 줄어드는 추세라고 할 수 있다. 그러나 자신이 지배하는 계열기업의 보유 지분을 포함하면 사주가 지배하는 지분(이 주를 '지배지분'[2]이라 하자)은 여전히 대체로 50% 내외로 안정권에 들어 있다. 사주가 특정 계열회사에 실제로 투자한 소유자로서의 지분을 실질지분[3]으로 부른다면 실질지분은 지배지분에 크게 미달하고 있다. 이러한 상황에서는 사주와 일반주주의 이익이 충돌할 가능성이 극히 높다. 반면에 사주의 경영권은 확고하기 때문에 이들의 이익상충행위를 견제하기가 어렵다. 따라서 대리인문제에 관한 우리의 과제는 미국 등 선진국에서보다 한결 더 힘겨운 것이라고 할 수 있다. 단기적으로는 점점 심각해지고 있는 지배주주와 일반주주 사이의 이익상충을 합리적으로 규제할 수 있는 장치를 새로이 마련하여야 한다. 아울러 장기적으로는 앞으로 등장할 전문 경영자시대에 대비하여 경영자와 주주 사이의 이익상충에 대한 전통적인 회사법상의 규제장치를 개선하기 위한 노력도 게을리 할 수 없다.

3. 논의의 범위와 순서

이 글은 현행법상의 경영자통제장치의 한계와 개선방향을 검토하는 것을 목적으로 한다. 이 글에서의 경영자는 단순한 전문경영자만이 아니고 우리나라의 특수상황을 고려하여 지배주주를 겸한 것으로 상정한다.

경영자통제장치에는 여러 가지가 있지만 이 글에서는 주로 회사 '내부'의 통제장치에 대해서 살펴본다. 회사의 내부와 외부를 가르는 것은 어렵지만 이 글에서는 내부통제장치를 회사의 내부이해관계자에 의한 통제장치로 파

2 정병휴/양영식은 지배지분율이라는 용어를 사용하고 있다. 정병휴/양영식, 한국재벌부문의 경제분석(1992년), 81면.

3 계열회사를 통한 간접소유지분도 계산에 포함되어야 할 것이기 때문에 이를 정확히 측정하기는 쉽지 않을 것이다.

악한다. 따라서 기업지배권시장과 같은 이른바 시장기구에 의한 통제, 또한 독일이나 일본에서 보는 것과 같은 은행에 의한 통제는 제외한다. 현행법상의 내부통제장치는 편의상 회사내부기관에 의한 통제와 소송에 의한 통제 — 경영자행위를 규제하는 실체적 기준에 의한 통제 — 의 두 가지로 나눌 수 있다. 이하에서는 먼저 이들 두 가지 통제장치를 차례로 검토하고 종합적인 평가, 결론의 순서로 논의를 진행하기로 한다.

Ⅱ. 회사내부기관에 의한 통제

1. 서설

회사법도 경영권의 남용을 막기 위하여 헌법에서와 마찬가지로 일종의 권력분립원칙을 채택하고 있다. 즉 주주총회, 이사회, 감사 등의 기관에 권한을 나누어 주고 이들 사이에 견제와 균형이 이루어지도록 하여 경영자의 권한남용을 통제하려는 것이다. 만약 이 기관들에 의한 내부통제가 제대로 이루어질 수 있다면 가장 이상적일 것이다. 이러한 기관에 의한 통제는 지배권시장(the market for corporate control)에 의한 통제나 소송에 의한 통제보다는 혼란이나 비용을 훨씬 덜 수반할 것이기 때문이다. 그러나 우리 기업실무상 이 기관들에 의한 통제는 거의 제 기능을 발휘하지 못하고 있다. 이하에서는 먼저 각 기관별로 법과 현실을 살펴보고, 개선방안을 차례로 살펴보기로 한다.

2. 법과 현실

(1) 주주총회

상법상 회사의 궁극적인 의사결정이 이루어지는 곳은 주주총회이다. 주주총회는 이사나 감사의 임면권을 갖는 것은 물론이고 합병, 정관변경 등 회사구조에 근본적인 변경을 초래할 가능성이 있는 사항에 대해서 결정권을 갖는다.[4] 따라서 주주총회만 제대로 기능한다 해도 대리인문제는 상당부분 사라질 것이다. 그러나 주주총회는 어느 나라에서나 주주들의 '합리적 무관심(rational apathy)'으로 말미암아 지극히 형식적인 행사에 그치고 있다. 특히 우리나라에서는 지배주주가 존재하기 때문에 주주총회의 결정은 명목에 지나지 않는다. 미국에서는 주주총회가 회사에 대한 정보를 얻는 중요한 계기가 되고 있다. 미국의 위임장규칙(the proxy rules)[5]에 의하면 일정한 규모를 넘는 회사들은 위임장권유를 하지 않는 경우라도 주주들에게 회사에 관한 정보를 제공하여야 한다.[6] 한편 우리의 「의결권대리행사의 권유에 관한 규칙」은 위임장권유를 행하는 경우에만 위임장설명서의 제출을 의무화하고 있다. 그러나 우리나라에서는 위임장권유를 미국보다 훨씬 좁게 해석하고 있기 때문에 실제로 위임장설명서가 제출되는 사례는 전혀 없다. 이러한 상황에서 현재 주주총회가 지배주주를 억제하는 기능은 거의 없다고 해도 과언이 아니다.

(2) 이사회

상법상 업무집행은 이사회결의로 하도록 되어 있다. 대표이사는 원칙적으로 이사회의 결정을 집행하는 기관에 불과하다.[7] 이사는 주주총회에서 선출되고 이 이사들로 구성된 이사회가 대표이사를 선출하는 것이 원칙이다.[8] 이사회는 대표이사를 감독하며 그가 업무집행을 불성실하거나 부정직하게

4 우리나라에서는 미국과는 달리 이익배당결정권을 이사회가 아니라 주주총회가 갖고 있다.

5 1934년의 연방증권거래소법에 의하여 SEC가 제정한 규칙이다.

6 1992년 위임장규칙의 개정으로 회사가 공시하여야 할 정보의 양은 더욱 늘어났다. 특히 고위 경영진의 보수액도 공시사항으로 포함되었다.

7 그러나 일상업무는 대표이사에 위임된 것으로 본다. 물론 업무집행사항도 일정한 기준을 정하여 위임하는 것은 가능하다.

8 예외적으로 정관에 규정하는 경우에는 대표이사를 주주총회에서 선임할 수도 있다.

한 경우에는 해임할 수도 있다. 이처럼 상법상으로는 이사회가 대표이사의 상위감독기관이다. 그러나 현실은 이러한 상법규정과는 정반대로 대표이사가 이사회를 완전히 장악하고 있는 경우가 대부분이다.

지배주주가 존재하는 우리의 현실에서는 지배주주가 자기 부하 중에서 이사를 선출하는 것이 보통이다. 이 이사들은 지배주주나 그의 부하를 대표이사로 선임하지만 이들의 선임권은 완전히 형식에 지나지 않는다. 즉 상법이 예정하는 바와 같이 이사회에서 대표이사를 선임하는 구조라기보다는 오히려 대표이사가 이사를 선임하는 정반대의 구조가 일반적이다.[9] 이러한 상황은 최근의 한 조사에서도 나타나고 있다. 상장협의 한 조사에 의하면 이사선임은 주총에서 집행부의 복안을 구두로 발표하면 그에 대해서 이의 없다는 식으로 이루어지는 경우가 84.5%에 이르고, 총회장에서 주주가 개별 추천한 경우는 응답한 200개 기업 중 단 하나에 불과하였다.[10] 이처럼 지배주주가 대표이사로서 이사들을 장악하고 있는 현실하에서는 이사회는 의사결정기관이라기보다는 대표이사의 지시를 받는 기관에 불과하며 대표이사를 감독하는 것이 아니라 오히려 감독을 받는 존재에 불과하다. 이사회의 감독을 유명무실하게 만드는 또 하나의 요인은 이사가 회사의 업무집행에 참여하는 우리 기업의 실무관행이다. 상법상 이사의 주된 직무는 이사회에 참여하여 중요업무집행을 결의하고 대표이사의 업무수행을 감독하는 것이다. 대표이사가 아닌 이사가 회사의 업무집행을 담당하는 것은 상법상 전혀 예상되고 있지 않다. 그러나 오히려 실제로는 이사가 대표이사의 지휘하에 특정부문의 업무를 담당하는 것이 보통이다. 상장협의 조사에 의하면 1991년 현재 비상근이사는 10.35%에 불과하다. 이처럼 대표이사의 지휘를 받으며 직접 업무집행에 관여한 이사에게 다시 그것을 감독할 것을 기대하는 것은 비현실적이라고 하지 않을 수 없다.

---

9 미국에서도 이사회가 사장 등의 집행간부를 선임하도록 되어 있지만 실제로는 사장이 이사들을 선임한다는 지적이 있었다.

10 상장, 1994년 5월호, 46면.

(3) 감사

우리 상법은 미국과는 달리 회사내부의 감사기관으로 감사를 두고 있다. 애초에 감사의 권한은 회계감사에 국한되었다. 즉 업무감사는 업무에 정통한 이사회에 맡기고 감사는 회계감사에 전념하는 구조로 되어 있었다. 그러나 1984년 상법개정시 감사의 권한을 강화하여 업무감사를 포함시켰다.[11]

이처럼 감사가 확대된 권한을 실제로 과연 활발하게 행사하고 있는지에 대해서는 의문이 제기되고 있다. 감사는 이사회가 승인한 재무제표를 감사하고 이사의 업무집행을 감사한다. 이러한 감사기능이 제대로 수행될 수 있으려면 두 가지 조건이 충족되어야 한다. 첫째는 감사의 독립성이다. 감사가 대표이사 등의 이사로부터 독립한 지위에 있지 않다면 실효성 있는 감사를 기대하기 어려울 것이다. 이 점에 관한 상법의 배려는 극히 불완전하다. 먼저 상법은 감사가 회사의 이사나 지배인을 겸할 수 없다고 하여 결격사유를 극히 형식적으로 정하고 있다. 이러한 형식적 규정의 장점은 그 범위를 비교적 명확히 구분할 수 있다는 것이다. 그러나 실제로 감사의 독립성이 위협받을 수 있는 수많은 가능성을 포섭하지 못한다는 것이 결정적인 단점이다. 또한 상법은 지배주주가 감사의 선임을 좌우하지 못하도록 특별한 배려를 하고 있다. 즉 3%를 초과하는 주식을 보유하는 주주는 감사선임시 3% 한도 내에서만 의결권을 행사할 수 있다. 이러한 의결권제한조항의 취지는 좋다. 그러나 일반적으로 주주들이 의결권행사에 무관심한 현실하에서는 지배주주가 의결권이 제한된다 해도 자신이 원하는 자를 감사로 선임하기는 그리 어

11 이러한 상법개정은 일본의 1974년도 상법개정을 따른 것이다. 1960년대 일본에서는 대기업이 분식결산으로 사회의 물의를 일으키는 일이 잦았다. 그리하여 감사를 강화할 필요를 느끼게 되었고, 그에 따라 일정규모 이상의 대기업에는 회계전문가인 공인회계사에 의한 감사를 강제하게 되었다. 공인회계사의 감사는 기존 감사의 감사와 중복되는 것이어서 양자를 차별화할 필요가 있었다. 그리하여 감사에게 회계감사를 넘어서 업무감사까지 맡기게 된 것이다. 이제는 감사의 업무감사와 이사회의 업무감독 사이에 중복이 문제되었다. 일반적 견해에 의하면 감사는 주로 적법성감사를 담당하는 데 비하여 이사회는 타당성감사까지 맡는 것으로 본다.

렵지 않을 것이다.[12] 둘째는 감사의 전문성 내지 능력이다. 이사의 경우와 마찬가지로 감사의 적극적 자격요건에 대해서 상법은 아무런 규정도 두고 있지 않다. 따라서 어떠한 자격을 갖춘 자를 감사로 선임할 것인가는 전적으로 주주의 판단에 맡겨져 있다. 이제까지 실제 예를 보면 활발한 감사를 기대하고 감사를 선임하는 일은 극히 드문 것 같다. 현재 회사실무에 밝은 변호사나 공인회계사 같은 전문가가 감사로 선임되는 경우는 찾기 어렵다. 다수의 회사에서 감사가 비상임으로 선임되고 있는 점도 감사에 대한 기대가 높지 않음을 보여 주는 증거라고 할 것이다.

(4) 외부감사인

「주식회사 외부감사에 관한 법률」(이하 '외감법')에 의하면 총자산이 60억원 이상인 주식회사는 감사에 의한 내부감사 외에도 회계전문가에 의한 외부감사를 받도록 되어 있다.[13] 최근에 이르기까지 우리나라에서 외부감사제도는 거의 실효를 거두지 못하였다. 그 이유로는 여러 가지를 들 수 있다. 무엇보다 중요한 것은 외부감사인이 독립성을 결여하고 있다는 점이다. 최근 외감법이 개정되기 전까지만 해도 외부감사인은 사실상 대표이사가 선임하게 되어 있었다. 대표이사에 의하여 선임된 회계사가 감사에 적극적이기를 기대하기는 어렵다.[14] 심한 경우에는 회계사가 오히려 회사 측의 주문대로 감사의견을 내는 예도 없지 않다는 소문이다. 그러한 형식적인 감사에 수수료를 많이 지불할 리도 없다. 회계사업계는 감사수수료가 본격적인 감사업무를 하기에 크게 미흡하다고 주장하고 있다. 또한 우리나라에서는 대부분의 회사가 연말결산을 하고 있기 때문에 감사업무가 단기간에 집중하고 있

---

12 지배주주는 보유주식을 자신의 측근에 분산시킴으로써 의결권제한조항의 취지를 회피할 수도 있다.

13 이러한 외감법상의 외부감사는 엄밀히 말하면 회사내부의 통제라고는 할 수 없다. 그러나 감사에 의한 감사의 연장이라고 볼 수도 있으므로 이곳에서 함께 다루기로 한다.

14 이 점은 비단 우리나라에 국한된 것이 아니라 미국 등 다른 선진국에서도 지적되고 있는 문제이다.

다는 점도 충실한 감사를 저해하는 요인으로 지적되고 있다.

3. 주주총회의 활성화 : 기관투자자의 역할

(1) 주주총회의 형식화

주주총회가 의례적 행사에 그치는 것은 비단 우리나라에만 있는 현상은 아니다. 비슷한 현상은 미국, 일본 등 다른 나라에서도 마찬가지로 나타나고 있다. 주주를 회사의 주인으로 간주하는 전통적인 회사관을 따르는 자들은 대체로 주인들의 모임인 주주총회를 활성화하는 것에 강한 집착을 보이고 있다. 주주의 제안권, 이사의 설명의무 등에 관한 규정은 그러한 관심의 산물이라고 할 수 있다. 이처럼 주주총회에 대한 기대가 사그라지지 않고 있는 것은 아마도 주주총회를 통한 통제가 가장 민주주의적 이상에 잘 부합하는 것으로 보이기 때문일 것이다. 그러나 법경제학적 사고를 따르는 학자들 사이에서는 주주총회에 대해서 거의 기대하지 않는 경향이 두드러지고 있다. 그것은 주식소유가 분산되어 있는 회사에서 주주가 주주총회에 무관심한 것은 주주의 관점에서 나름대로 합리적인 행동이라는 점이 널리 인식되었기 때문이다.[15] 즉 주주총회의 형해화는 경제학에서 말하는 collective action의 문제가 나타나는 전형적인 예라고 할 수 있다. 이러한 주주의 합리적 무관심을 낳는 근원에 손을 대지 않은 채 주주의 적극적인 참여를 유도하는 것은 비합리적일 뿐 아니라 비현실적이다.[16]

---

15 주주의 무관심이 합리적이라는 근거로는 대체로 다음과 같은 점들이 지적되고 있다. 첫째, 주주의 이해관계가 크지 않다. 즉 주주가 구체적인 행동을 통하여 불리한 조치를 막는 데 성공한 경우에도 들인 비용에 비하여 자신이 얻을 수 있는 이익이 크지 않다. 둘째, 주주는 충분한 정보를 구하기 어렵고 없고 정보를 소화할 능력도 없다. 셋째, 지분이 작기 때문에 행동에 나서더라도 성공할 가능성이 낮다.

16 예컨대 일본에서 도입한 서면투표제도는 의의가 전혀 없는 것은 아니겠지만 합리적 무관심을 돌이키기에는 미흡한 제도라고 할 것이다.

(2) 기관투자가의 등장

이처럼 주주총회가 제대로 기능하지 못하는 현실을 타개할 수 있는 구세주로 등장한 것이 바로 기관투자가이다.[17] 기관투자가의 성장은 자본주의의 성숙도를 나타내는 일종의 지표라고 할 수 있다. 자본주의가 가장 발달한 미국에서 기관투자가의 비중이 두드러진 것은 당연한 일이다. 미국에서는 대기업주식의 과반수가 기관투자가의 수중에 들어 있다. 예컨대 1991년의 한 조사에 의하면 미국 내 상장회사의 전체주식 중 50~60%를 각종 기관투자가들이 보유하고 있다.[18] 그러나 이 기관투자가들은 상당한 주식을 보유하고 있음에도 불구하고 최근까지 경영진의 결정에 간섭하지 않는 소극적 투자자로서의 자세를 견지해 왔다. 투자대상회사의 경영방침이 불만이라면 그 주식을 시장에서 처분해 버린다는 이른바 Wall Street Rule을 따라왔다. 그러나 기관투자가의 보유지분이 늘어 감에 따라 시장에서 매각하는 것도 항상 가능한 일은 아니게 되었다. 그리하여 최근에는 기업통할체제와 관련하여 기관투자가의 적극적 역할을 강조하는 견해가 부쩍 늘어났다.[19] 이러한 견해는 기관투자가가 일반투자자에 비하여 collective action의 제약에서 훨씬 자유로울 것이라는 점에서 출발한다. 기관투자가는 기업정보를 보다 용이하게 확보할 수 있을 뿐 아니라 그것을 소화할 수 있는 능력도 갖추고 있다. 또한 보유지분도 커서 대상회사에 대한 정보의 수집과 분석을 위하여 상당한 비용을 들일 수 있으며 일단 행동에 나서는 경우 경영진에 위협을 줄 수 있다. 미국에서는 특히 기관투자가들 중 공공연금기금(public pension funds)의

---

17 이러한 기관투자가의 대두와 회사지배에 있어서의 역할에 대해서 가장 먼저 언급한 것은 Alfred Conard, Beyond Managerialism : Investor Capitalism?, 22 U. Mich. J. L. Ref. 117 (1988).

18 Carolyn Brancato, Columbia University Center for Law and Economic Studies, Institutional Investors and Capital Market : 1991 Update 8 (1991). 1989년의 한 조사에 의하면 미국의 1,000대 기업 중 기관투자가의 보유비율이 60%를 넘는 회사가 29.6%에 달한다. 김화진, "소유 · 경영의 분리와 기관투자자," 인권과 정의 223호(1995. 3), 62면.

19 기관투자가에 대한 관심은 적대적 기업인수의 붐이 사라진 1990년을 전후하여 폭발적으로 증가하였다. 그에 대한 논문은 일일이 열거할 수 없을 정도로 많다. 김화진, 앞의 논문, 62면 주 15에 인용된 논문 참조.

활동이 두드러지고 있다. 예컨대 캘리포니아연금기금(이하 'CalPERS')는 12개의 투자대상회사를 지목하여 경영에 적극적으로 참여하고 있다.[20]

(3) 기관투자가가 활동할 수 있는 여건

기관투자가가 실제로 제대로 역할을 수행할 수 있으려면 두 가지 여건이 갖춰질 필요가 있다. 첫째는 대상회사에 대한 정확하고 충분한 정보를 확보하는 것이다. 이는 기업의 일반적인 공시문제라고 할 수 있다. 그간 우리의 기업공시제도는 크게 개선되었다. 그러나 아직도 기업의 부실공시에 대한 책임을 물을 수 있는 제도가 미흡하다. 앞으로도 공시제도를 개선하려는 노력을 꾸준히 기울일 필요가 있다. 둘째는 기관투자가들이 공동목표를 위하여 연대할 수 있는 여건이 마련되어 있어야 한다. 이 문제는 주로 미국에서 문제되었다. 과거의 미국위임장규칙은 10명 이상의 주주와 의사교환을 하는 행위가 사후적으로 보아 의결권행사에 영향을 준 것으로 판단되는 경우에는 위임장권유에 해당하는 것으로 보았다. 위임장권유에 해당하는 의사교환은 위임장설명서를 제출하지 않고는 할 수 없었다. 이처럼 위임장권유가 폭넓게 정의되고 있었으므로 기관투자가들 사이의 연대를 위한 교섭은 크게 위축될 수밖에 없었다. 이 점은 기관투자가의 역할을 강조하는 자들의 비판을 받았다. 마침내 1992년 10월 기관투자자의 역할을 제고하기 위하여 위임장규칙이 개정되었다.[21] 새로운 규칙에서는 위임장을 구하지 않는 의사교환의 경우에는 위임장설명서의 제출의무를 면제하였다. 또한 모든 주주들에게 위임장설명서를 송부하지 않고 언론매체를 통해 위임장을 권유하는 것을 가능케 하였다. 또한 자신이 의결권을 어떻게 행사할 것이며 그 이유는 무엇인지를 공표하는 것도 위임장권유로 보지 않게 되었다.[22] 우리나라에서는

---

20 Martin Lipton & Jay Lorsch, A Modest Proposal for Improved Corporate Governance, 48 Bus. Law. 59, 61 (1992).

21 Bernard Black, Next Steps in Proxy Reform, 18 J. Corp. L. 1 (1992).

22 위임장규칙개정으로 인하여 기관투자가의 부담이 얼마나 경감되었는가는 다음의 예에서 극

미국과는 반대로 위임장권유가 그렇게 넓게 정의되고 있지 않으므로 기관투자가들이 공동전선을 펴는 데 장애는 없다. 그러나 기관투자가들 사이의 collective action문제는 여전히 남는다. 따라서 기관투자가들을 비롯한 주주들의 의사가 반영될 수 있도록 배려할 필요가 있다. 그와 관련하여 주목되는 것이 다음에 설명하는 주주자문위원회(shareholder advisory committee)이다.

(4) 주주자문위원회[23]

이사회에 주주들의 의사를 반영시키는 방안으로 일부 기관투자가들을 중심으로 주주자문위원회를 구성하려는 움직임이 있었다. 예컨대 CalPERS가 이를 주창하고 Lockheed가 이를 채택한 바 있다.[24] 이러한 위원회의 장점은 평상시 주주들의 의사가 적절히 반영될 수 있는 장치를 마련함으로써 경영진을 교체해야 하는 비상사태를 사전에 방지할 수 있다는 것이다. 그러나 이러한 주주자문위원회에 대해서는 비판적 견해가 유력하다. 먼저 경영진을 감시하는 이사회를 다시 감시하는 옥상옥 같은 기관이 아닌가 하는 의문이 있다. 이사회와 유사한 기능을 수행하는 주주자문위원회는 이사회의 약점은 더 많이 갖고 있는 데 비하여 이사회와 같은 권한은 갖고 있지 않다. 이사회보다 모임의 횟수도 적을 것이며 이사회보다 정보를 얻기도 어려울 것이다. 또한 주로 다른 직장을 갖고 있는 외부이사들이 시간을 많이 낼 수 없는 것이 현 제도의 문제라면 수많은 기업에 분산투자해야 하는 기관투자가들에

명하게 나타나고 있다. Centel사의 주주인 Eagle Asset Management는 회사의 합병조건에 불만을 품고 자신의 반대의사를 약 200개의 기관투자가들에게 통지하였다. 개정전의 규칙에 의하면 그러한 통지는 당연히 위임장권유에 해당하여 SEC의 사전심사를 받아야 했다. 회사의 1,000대 주주에 대하여 하는 데 드는 비용은 약 5,000~1만 달러이다. 한편 정식으로 위임장권유를 하는 비용은 약 100만 달러에 달한다. American Corporate Governance : The Shareholders Call the Plays, The Economist, Apr. 24, 1993, at 83.

23 이 부분에 대해서는 Ronald Gilson/Reinier Kraakman, Reinventing the Outside Director : An Agenda for Institutional Investors, 43 Stan. L. Rev. 863, 871-872 (1991)을 주로 참조하였다.

24 비슷한 주장으로는 정광선, 기업경쟁력과 지배구조, 한국금융연구원, 1994, 188면.

게 시간을 낼 것을 기대하기는 더욱 어려울 것이다.[25] 우리나라에서도 이사회와 중복되는 의미에서의 주주자문위원회는 문제가 있으나, 한정된 의미에서라면 전혀 무의미하지는 않을 것이다. 특히 주식소유가 분산된 회사에서는 사실상 경영진이 이사, 감사의 선임을 좌우하게 된다. 이러한 경우에 대주주들로 주주위원회를 구성하여 이사, 감사의 추천을 하도록 한다면 경영실적과 무관하게 경영진이 영속적으로 회사를 지배하는 것은 어려워질 것이다.

이러한 기관이 우리나라에서 상법상 명시적으로 인정되는 것은 아니지만, 그렇다고 해서 금지되는 것도 아니다. 그러나 주주위원회가 의의를 가질 수 있으려면 지배주주가 존재하지 않아야 할 것이다. 지배주주가 존재하는 경우에는 주주위원회가 추천한 후보들이 당선될 가능성이 크게 떨어질 것이기 때문이다.

(5) 기관투자가에 대한 회의론

이처럼 1980년대 후반부터 기관투자자에 대한 관심이 갑자기 높아진 것은 경영진을 통제하는 다른 장치들이 지닌 문제점 때문이었다. 그러나 이 기관투자자들에 대해서는 회의론도 존재한다. 기관투자가는 위에서 언급한 제약이 없어지는 경우에도 '합리적 무관심'에서 벗어나기 어렵다는 것이다. 컬럼비아대학의 Coffee 교수는 그 이유로 다음의 네 가지를 들고 있다.[26]

첫째, 기관투자가들은 유동성을 보다 선호하기 때문에 수동적일 수밖에

---

25 1992년 Exxon의 주주총회에서는 이러한 주주위원회를 설치하자는 주주의 제안이 있었으나 겨우 8%의 지지만 얻는 데 그쳤다. Herzel, Boards of Directors Versus Institutional Investors, in Institutional Investors and Corporate Governance (T. Baums, R. Buxbaum & K. Hopt ed. 1994) at 174. 캐드베리보고서에서는 주주위원회를 주주들의 진정한 대표로 구성하기 어렵다는 이유를 들어 소극론을 펴고 있다. Report of the Committee on the Financial Aspects of Corporate Governance 6.3 (1992).

26 John C. Coffee, The SEC and the Institutional Investor : A Half-time Report, 15 Cardozo L. Rev. 837, 843-844 (1994).

없다는 점이다. 둘째, 기관투자가들은 적극적 행동에 나설 인센티브가 별로 없다는 점이다. 기관투자가도 결국 펀드매니저에 의하여 관리된다. 이들 펀드매니저는 펀드의 절대적 수익률보다는 다른 펀드와의 상대적 경쟁에 관심을 기울인다. 따라서 이들은 다른 펀드가 무임승차할 수 있는 행동에 나서는 것에는 별로 관심을 갖지 않을 것이라는 점이다. 셋째, 기관투자가의 전체소유지분은 높지만 개별적 소유지분은 그리 높지 않아서 역시 collective action문제가 남는다는 것이다. 넷째, 규제가 별로 없는 영국에서도 기관투자가가 그리 적극적이지 않은 점에 비추어 미국에서 규제가 사라지는 경우에도 기관투자가가 반드시 능동적으로 나설 것으로 볼 수는 없다는 점이다. 이처럼 기관투자가의 합리적 무관심을 강조하는 견해보다 더 근본적 회의론은 기관투자가에 의한 회사지배의 위험성을 지적하는 견해일 것이다. Romano는 특히 공공연금기금은 수익자들의 통제를 받지 않기 때문에 방만하게 운영되는 경우가 많고 수익자의 이익보다는 정치적 목적을 위해 이용될 가능성이 있음을 지적하고 있다.[27]

이러한 지적은 우리나라의 기관투자가에도 타당한 것이 아닌가 생각된다. 이제까지 우리 기관투자가들은 수익자의 이익보다는 정부의 지시를 앞세웠던 예도 없지 않았기 때문이다. 기관투자가에 대해서는 또 다른 회의론이 존재한다. 기관투자가의 시야가 단기적이기 때문에 회사들도 장기적 발전방안보다는 단기적 성장만 추구할 가능성이 있다는 견해가 그것이다. 경영진의 단기이익중시경향은 결국 경영진과 투자자들 사이의 정보의 비대칭성에서 비롯된다고 할 수 있다. 기관투자가의 지분이 증가하면 아무래도 회사와 기관투자가 사이의 정보교류가 촉진될 것이다. 따라서 기관투자가는 궁극적으로 회사의 발전을 가져올 것으로 판단한다면 장기프로젝트라도 반대하지 않을 것이다.

27 Roberta Romano, Public Pension Fund Activism in Corporate Governance Reconsidered, 93 Colum. L. Rev. 795 (1993).

4. 이사회의 활성화 : 외부이사의 역할

(1) 서설

상법상 이사회는 업무집행을 결정하는 기관이자 대표이사를 감독하는 기관이다. 그러나 현실적으로 이사회는 이 두 기능 중 어느 것도 수행하지 못하고 있다. 그러한 현상은 비단 우리나라에만 국한된 것이 아니었다. 미국에서도 종래의 회사법은 "회사의 경영은 이사회가 담당한다"라고 규정하여 업무집행을 이사회에 맡겼다. 그러나 실제로는 이사회에서 선임하는 간부사원(officer)들이 업무집행기능을 수행하는 관행이 확산되었다.[28] 회사법도 마침내 이러한 기업현실을 고려하여 "회사의 경영은 이사회에 의하여, 또는 그 지시에 따라(under the direction of) 수행된다"라는 식으로 규정을 바꾸게 되었다.[29]

이처럼 이사회가 경영일선에서 후퇴하면서 중요하게 부각되는 것은 감독기능이다. 그러나 미국에서도 최근까지 사실상 이사회는 그러한 감독기능을 거의 수행하지 못한 것으로 비판받았다.[30] 이사회가 제대로 역할을 못한 것에는 여러 가지 이유가 있으나 주된 이유는 경영진으로부터의 독립성을 갖지 못하였다는 것이다. 이사회에 외부이사 내지 사외이사(outside directors)를 참여시키자는 주장은 바로 그러한 독립성의 확보를 노린 것으로 볼 수 있다. 이러한 외부이사에 관한 제도가 잘 발달되어 있고 논의가 활발한 곳은 아무래도 미국이다. 이곳에서는 주로 미국의 제도와 논의를 중심으로 외부이사의 여러 측면을 살펴보기로 한다. 먼저 (2)에서는 외부이사에 관한 논의가 어떻게 변천되어 왔는가를 종적으로 고찰하고 (3) 이하에서는 각 쟁점들을 횡적으로 고찰한다.

---

28 M. Eisenberg, The Structure of the Corporation : A Legal Analysis 140 (1976).

29 Del.Code Ann. tit.8 §141(Supp. 1986) ; Model Bus. Corp. Act §35 (1974) ; H. Henn/J. Alexander, Law of Corporations 563 (3rd ed. 1983).

30 이 점을 가장 통렬하게 보여 주고 있는 예는 M. Mace, Directors : Myth and Reality (1971).

(2) 논의의 변천

미국에서 외부이사에 관한 논의는 역사적으로 상당한 변천을 겪어 왔다. 미국의 주회사법에는 이사의 자격에 대해서 아무런 제한도 없다.[31] 따라서 과거에는 대부분의 이사들이 간부사원을 겸하는 경우가 보통이었다. 본격적으로 외부이사에 대한 논의가 일게 된 것은 1970년대 미국을 뒤흔든 여러 기업스캔들의 처리과정에서였다. 당시 미국증권관리위원회(SEC)의 위원장이던 Williams는 심지어 최고경영자를 제외한 이사전원을 외부이사로 할 것을 주장한 바 있다.[32] 이러한 견해를 극단적으로 관철하여 이사전원을 외부이사로 하는 경우에는 실질적으로 독일식 이원적 기관구조와 유사해진다. 그러나 미국에서는 독일식 모델에 대한 관심은 일찍부터 존재하였으나 그것을 도입하는 것에는 반대론이 훨씬 우세했다.[33]

당초 외부이사의 도입론은 이사회를 활성화함으로써 전통적 회사법구도를 회복한다는 관점에서 주장되었다. 그러나 일각에서는 외부이사를 통해 주주이익에 국한되지 않는 보다 광범한 사회적 이익을 추구하려는 시도도 행해졌다. 이사회에 사회일반의 이익을 대표하는 자들을 외부이사로 참여시키자는 이러한 주장도 대체로 두 갈래로 나누어 볼 수 있다. 하나는 각 집단별 대표방식이다. 즉 종업원, 소비자, 거래처 등 회사에 이해관계를 갖는 여러 집단(stakeholders)을 각각 대표하는 외부이사들을 이사회에 참여시키자는 주장이다.[34] 다른 하나는 공적 기관이 선임한 이른바 공익이사(public interest director)를 이사회에 참여시켜 사회일반의 이익을 대변하게 하자는

31 단지 투자회사법이 40% 이상의 이사가 중립적일(disinterested) 것을 요구하고 있을 뿐이다. Investment Company Act §10(a)(1982).

32 Williams, Corporate Accountability, in Commentaries on Corporate Structure and Governance 518-522 (D. Schwartz ed. 1979).

33 C. J. Meier-Schatz, Corporate Governance and Legal Rules : A Transnational Look at Concepts and Problems of Internal Management Control, 13 J. Corp. L. 431, 447 (1988).

34 Chayes, The Modern Corporation and the Role of Law, in The Corporation in Modern Society 41 (E. Mason ed. 1969). 비슷한 주장으로 R. Nader et al., Taming the Giant Corporation 125 (1976).

주장이다.[35] 그러나 이처럼 외부이사를 기업의 사회적 책임을 담보하는 수단으로 이용하려는 시도는 학계에서도 그다지 지지를 받지 못하고 사라져 버렸다.[36]

외부이사를 도입하여 이사회의 감독기능을 확보하려는 시도는 학계에서 폭넓은 지지를 얻은 것은 물론이고 경제계에서도 커다란 성공을 거두었다.[37] 학계의 지지는 미국에서 가장 권위 있는 법률가단체라고 할 수 있는 미국법률가협회(American Law Institute)가 채택한 '기업통할체제에 대한 원칙(the Principles of Corporate Governance)'에서 확인할 수 있다.[38] 미국법률가협회는 대규모공개회사에서는 이사의 과반수를 외부이사로 선임할 것을 권고하고 있다.[39] 기업실무에 직접 영향을 미치고 있는 것은 거래소의 상장규정이다. 예컨대 뉴욕증권거래소는 상장기업으로 하여금 외부이사를 2명 이상 두고 외부이사만으로 구성된 감사위원회(audit committee)를 두도록 하고 있다.[40]

외부이사제도가 이처럼 학계의 상당한 지지를 받고[41] 경제계에서도 정착되었지만 다음과 같은 이유로 그에 대한 회의론도 만만치 않았다.[42] 첫째, 이사가 믿을 만하고 충분한 정보를 적시에 얻기가 어렵다. 아무래도 정보제공을 담당하는 경영진이 정보의 내용이나 제공시기를 컨트롤할 가능성이 높

35 C. Stone, Where the Law Ends 150-183 (1975) ; Jones/Goldberg, Governing the Large Corporation : More Arguments for Public Directors, 7 ACADEMY MGMT. REV. 603 (1982).

36 김건식, "회사법의 구조개혁," 서울대학교 법학 28권 1호(1987), 24면.

37 특히 대기업의 이사회에서 외부이사들이 과반수를 차지하는 현상은 1970년대부터 나타나고 있다. E. Herman, Corporate Control, Corporate Power 35-37 (1981).

38 Principles of Corporate Governance : Analysis and Recommendations (1994). 정식으로 통과된 것은 1992년이나 최초의 초안은 이미 1982년에 발표되었다.

39 §3A.01. 다만 대규모가 아닌 공개회사의 경우에는 3명 이상의 외부이사를 둘 것을 권고하고 있다.

40 NYSE Listed Company Manual 303.00.

41 대표적인 주창자는 Eisenberg 교수이다. M. Eisenberg, 앞의 책, 162-169면.

42 Brudney, The Independent Director—Heavenly City or Potemkin Village?, 95 Harv. L. Rev. 597, 658-659 (1982) ; Karmel, The Independent Corporate Board : A Mean to What End?, 52 Geo. Wash. L. Rev. 534 (1984) ; Easterbrook, Managers' Discretion and Investors' Welfare : Theories and Evidence, 9 Del. J. Corp. L. 540, 555-556 (1984). 이하의 서술은 주로 C. J. Meier-Schatz, 앞의 논문, 455면 이하에 의존하였다.

다. 둘째, 신뢰할 만한 정보가 제때에 제공된 경우에도 보조인력이 없는 이사가 그것을 충분히 정리 · 검토할 여유가 없다. 이사들은 다른 직업을 가지고 있으며, 이사회는 1년에 몇 차례밖에 열리지 않는 것이 보통이다. 또한 외부이사가 받는 보수는 그리 크지 않기 때문에 열심히 노력할 인센티브도 별로 없다. 셋째, 아마 보다 중요한 것은 아무리 외부이사라고 해도 경영진으로부터 완전히 독립되어 있다고 보기 어렵다는 점일 것이다. 현실적으로 외부이사를 선택하는 것은 주주가 아니라 감독대상인 경영진이다. 경영진도 사람인 이상 자신과 가까운 사람을 외부이사로 영입하려 할 것은 물론이다. 외부이사가 경영진과 면식이 없는 경우에도 이사회에서 같이 일하다 보면 친밀감이 생기게 될 것이다. 또한 외부이사와 대표이사는 아무래도 사회계층이나 가치관 등 여러 면에서 동류의식을 갖는 경우가 많을 것이므로 여간해서는 대표이사에 반기를 드는 것을 주저할 것이다. 현재 미국의 대규모회사들은 이사들의 과반수를 외부이사로 채우고 있지만 위와 같은 한계로 말미암아 별로 기능을 못하고 있다는 것이 1980년대 후반까지는 일반적 견해였다.[43] 그러한 이유에서인지 외부이사에 대한 기대는 1980년대 후반에 이르러서는 현저하게 감소하였다. 관심은 차차 외부이사로부터 적대적 기업인수로 넘어갔다. 그러나 적대적 기업인수는 일상적으로 일어날 수 있는 일이 아니고 반드시 무능하거나 불성실한 경영진이 있는 기업을 대상으로 하는 것도 아니다. 경영진에 대한 제재기능이 있기는 하지만 그에 부수하는 부작용이 너무 큰 것도 문제이다. 또한 1990년대에 이르러 여러 이유로 적대적 기업인수의 수가 급격히 감소하였다.[44] 그리하여 경영진의 통제에 대한 관심은 다시 다른 적절한 대상을 찾아 옮겨 가게 되었다.

이번에 새로이 등장한 것은 기관투자가이다. 앞서 언급한 바와 같이 기관투자가는 직접적으로 경영진에 영향을 줄 수도 있다. 그러나 기관투자자가

43 C. J. Meier-Schatz, 앞의 논문, 470면 특히 주 249의 논문 참조.

44 밀켄과 Drexel사의 몰락에 따른 정크본드(junk bond)시장의 쇠퇴, 경영진의 방어수단에 대하여 대체로 우호적인 법원의 태도, 주회사법상의 공개매수억제장치 등을 이유로 들 수 있을 것이다.

회사경영에 직접적으로 관여하는 경우에는 내부자거래 등 법적 문제가 발생할 수 있다.[45] 최근에 관심을 끌고 있는 것은 기관투자가가 외부의 전문가를 이사로 파견할 가능성이다. 실제로 최근 일부 기관투자가들은 투자대상회사에 외부이사를 참여시키기 위해 영향력을 행사한 바 있다.[46] 예컨대 유명한 기업약탈전문가인 Carl Icahn의 위임장권유시도를 막아 내기 위하여 Texaco 경영진은 CalPERS가 제시한 명단에서 외부이사를 1명 선임한 바 있다.[47] 그러나 이러한 외부이사는 기존의 외부이사와 별 차이가 없으므로 실제로 별다른 역할을 수행하지 않을 수도 있다. 뒤에 살펴보는 바와 같이 그러한 이유로 기관투자가가 대표자를 보내되 기존 외부이사와는 달리 이사직만을 전문으로 담당하는 전문이사(professional director)를 선임하자는 견해가 나오고 있다. 그러한 전문이사는 통상의 외부이사가 갖는 한계를 극복할 수 있다는 것이다. 또한 최근 외부이사에 대한 논의가 기관투자가와의 관련하에 재개되면서 외부이사에 요구되는 역할 내지 기능에 다소 변화가 생겨나게 되었다. 일부에서는 경영진에 대한 사후적인 감독에 집중되어 있던 이사의 역할을 확대하여 아예 의사결정단계부터 적극적으로 참여하게 하자는 주장도 나오고 있다.[48] 즉 업무집행을 거의 포기하고 감독에 주력했던 종전의 관행에서 다시 거꾸로 돌아가 업무집행에 적극 참여하는 것이다. 외부이사에 대한 평가는 위에서 지적한 바와 같이 각양각색이다. 그러나 일부 실증연구는 외부이사가 감시자 또는 보완적 지식의 제공자로서 상당한 기능을 수행하고 있음을 보여 준다.[49]

(3) 외부이사의 개념 : 독립성

외부이사에서 '외부'란 막연한 개념이다. 외부이사는 형식적으로는 회사

---

45 Lipton/Lorsch, 앞의 논문, 61면.

46 Gilson/Kraakman, 앞의 논문, 872면.

47 선임된 자는 뉴욕대학의 총장이었다.

48 Lipton/Lorsch, 앞의 논문, 62면.

49 정광선, 앞의 논문, 166-171면.

의 업무집행을 담당하지 않는 자를 의미한다. 그러나 외부이사를 요구하는 취지가 결국 경영진으로부터의 독립성 때문이라는 점을 고려할 때, 결국 실질적으로 외부이사는 경영진으로부터 독립된 이사를 의미한다고 볼 수 있다. 그렇다면 회사의 업무집행을 담당하지 않는다고 해서 바로 외부이사로 볼 수는 없을 것이다. 따라서 최근에는 외부이사의 독립성이 확보될 수 있도록 실질적으로 정의하는 경향이 있다. 그 대표적 예가 미국법률가협회의 원칙이다. 그 원칙은 외부이사[50]를 최고경영자와 '중대한 관련(significant relationship)'을 갖지 않는 자로 전제하고 이사가 다음의 어느 한 경우에 해당하면 원칙적으로 '중대한 관련'을 갖는 것으로 정의하고 있다.

① 이사가 회사에 고용된 상태이거나 최근 2년 내에 고용된 적이 있는 경우

② 현재 회사의 간부사원(officer)으로 근무 중이거나 최근 2년 내에 고급간부(senior officer)로 근무한 바 있는 자와 부자, 형제 등 근친관계에 있는 경우

③ 최근 2년간 이사가 회사와의 사이에 20만 달러를 초과하는 거래관계(대부관계 등 일정한 경우는 제외)가 있는 경우 또는 최근 2년간 회사와 이사가 주식을 보유하고 있는 회사와의 사이의 거래규모가 이사의 지주비율을 곱하면 20만 달러를 초과하는 경우

④ 회사와 최근 2년간의 거래규모가 총수입의 5%나 20만 달러 중 더 큰 금액을 초과하는 조직의 고급간부를 겸한 경우

⑤ 최근 2년간 회사의 법률고문이었던 일이 있는 법률사무소나 회사의 투자고문이나 간사인수인으로 선임되었던 일이 있는 투자은행에 근무 중이거나 회사가 그 법률사무소 또는 투자은행을 선임하던 당시에 근무하였던 경우[51]

이러한 실질적인 정의는 다른 곳에서도 발견할 수 있다. 이른바 Roots

---

50 외부이사라는 단순한 용어 대신 '중대한 관련이 없는 이사'라는 표현을 사용하고 있다.

51 이들 중 ③내지 ⑤의 경우에는 그러한 관계로 인하여 이사의 판단이 회사에 불리한 쪽으로 영향을 받지 않을 것으로 판단되는 경우에는 '중대한 관련'이 없는 것으로 간주한다. 여기서 말하는 회사에는 회사의 자회사나 친회사를 모두 포함한다.

Group이라고 불리는 회사통할에 관한 실무위원회는 「소유자와 이사를 위한 새로운 계약(A New Compact for Owners and Directors)」이라는 보고서에서 외부이사의 조건을 '실질적인 독립(effective independence)'으로 보고 있다.[52] 그에 의하면 이사는 회사에 고용되어서는 아니 되고 회사의 주식을 소유하거나 이사의 보수를 받는 것 말고는 회사와 어떠한 중대한 경제적인 관련(any significant economic relationship)도 있어서는 아니 된다. 회사의 거래은행의 임원, 법률고문, 거래처는 외부이사가 아닌 것으로 추정한다. 이러한 실질적 독립성을 강조하는 견해는 일반적으로 지지를 받고 있다.[53]

(4) 전문이사[54]

현재 외부이사들은 대부분 상근하는 다른 직장이 있다. 이들은 그 직장의 시간을 빼앗아야 하기 때문에 이사로서의 직무수행을 충실히 하기 어렵다. 이러한 문제점을 해결하기 위해서는 전적으로 이사직만 담당하는 전문이사를 도입하는 것도 고려해 볼 수 있다. 그러나 전문이사가 다른 직업이 없이 한 회사의 이사직만 맡는 경우에는 그 회사에 경제적으로 종속될 가능성이 있다.

Gilson과 Kraakman은 이러한 전문이사의 문제점을 타파하기 위하여 새로운 제안을 내놓고 있다.[55] 그 제안의 요지는 다음과 같다. 전문이사는 하나가 아니라 6개 회사의 이사직을 맡는다. 6개 회사라는 숫자는 너무 많으면 시간이 없을 것이고 너무 적으면 경영진에 종속될 가능성이 있기 때문에 타협점으로 선택한 것이다. 이러한 전문이사가 회사들로부터 받는 보수는 연 25만 달러 정도는 될 것이기 때문에 능력 있는 사람들을 유인할 수 있을 것이다.[56]

---

52 Harvard Business Review, July-August 1991, at 41.

53 James Tobin, The Squeeze on Directors—Inside is Out, 49 Business Lawyer 1707, 1749 (1994).

54 C. J. Meier-Schatz, 앞의 논문, 471면 이하 참조.

55 이하는 Gilson/Kraakman, 앞의 논문, 884-892면 참조.

56 이러한 경제적 보상 못지않게 6개나 되는 대기업의 이사를 맡고 있다는 것에서 오는 사회적 명예도 중요할 것이다.

가장 새로운 특색은 이 전문이사의 선임방식이다. 기관투자가가 전문이사를 선임하려면 충분한 주식을 보유하고 있어야 한다. 미국에서 기관투자가는 전체로는 충분한 지분을 보유하고 있지만 개별적 지분은 그리 크지 않다. Gilson과 Kraakman은 기관투자가들이 협력하여 전문이사의 선임을 위한 비영리단체를 창설하는 것이 바람직하다고 하고 있다. 전문이사는 자신이 근무하는 회사의 경영진보다는 이러한 기관투자가단체의 눈치를 보지 않을 수 없다. 전문이사의 직무수행이 부실한 경우에는 그 단체가 이사로 재임명하지 않을 가능성이 있기 때문이다. 또한 이러한 단체를 통한 선임방법은 기관투자가가 직접 자신의 대표자를 파견하는 경우에 생겨날 수 있는 법적인 위험을 피할 수 있다. 이러한 단체를 가까운 시기에 창설하기 어렵다면 CalPERS 같은 대규모 기관투자가가 주도하여 전문이사후보를 선정하고 다른 기관투자가의 협조를 유도할 수도 있을 것이다. Gilson과 Kraakman도 이들 전문이사로 외부이사를 완전히 대체할 것을 주장하는 것은 아니다. 이들 전문이사는 외부이사의 일부를 구성할 뿐이며 다른 외부이사들과 협력하여 감독기능을 활성화할 수 있다.

기관투자가의 보유지분이 큰 미국에서는 기관투자가들이 합심만 한다면 이러한 전문이사를 선임하는 것이 가능하다. 전문이사의 매력은 따로 법적 조치 없이도 실행이 가능하다는 것이다. 그러나 아직 기관투자가의 지분이 그리 크지 않은 우리나라에서는 당장에 채택하기는 어려울 것이다.

(5) Lipton과 Lorsch의 개선안

Lipton과 Lorsch는 현 제도의 테두리 내에서도 이사회의 기능을 활성화시킬 수 있는 대안으로서 다음과 같은 제안을 하고 있다. 먼저 이사회의 규모를 10명 이내로 한정하고 있다. 서로 잘 알고 모두가 의견을 제시할 수 있으려면 그 정도의 규모가 적당하다는 이유에서이다. 이들 이사 중 3분의 2 이상은 외부이사로 한다. 또한 재임할 수 있는 기한은 10년으로 한다. 그리고 정년을 둔다. 이 모든 것은 이사가 매너리즘에 빠지는 것을 막기 위한 것이다.

이사회는 적어도 두 달에 한 번은 개최하여야 한다. 이사회의 개최기간은 적어도 하루종일은 열려야 하며 1년 중 한 번은 2~3일 동안 개최해야 한다. 이사들은 한 번의 회의준비에 하루는 보낼 것이므로 1년에 대체로 100시간은 바칠 각오를 해야 한다. 이러한 임무수행의 보수로 스톡옵션을 주어서 인센티브를 줄 필요가 있다.

이사회의 임무는 주로 다음의 세 가지이다. 첫째, 최고경영자를 선임 · 평가한다. 둘째, 회사의 주요정책을 승인한다. 셋째, 경영자가 법과 정관을 준수하도록 감시한다. 이사회의 의장은 최고경영자와 분리한다. 의장은 일종의 지도적인 이사가 된다. 이사회가 제대로 기능하기 위하여는 정보를 충분히 확보하여야 한다. 정보의 양도 문제지만 너무 많아도 문제이다. 따라서 이사회에 제공되는 정보는 요령 있게 정리될 필요가 있다.

(6) 영국의 캐드베리 리포트

영국의 기업통할에 대한 논의는 최근에 발표된 캐드베리(cadbury)위원회의 보고서에 의하여 일단락되었다. 1992년 12월에 발표된 이 보고서는 기업통할에 관하여 다음과 같은 내용을 담고 있다.

① 이사회장과 최고경영자의 직위를 분담함으로써 기업의 최고의사결정책임의 분담[57]

② 공개회사는 3명 이상의 외부이사(non-executive director)를 두어야 한다. 이들 중 2명 이상은 경영진과 재무적 또는 기타의 관계로부터 독립적일 것

③ 3명 이상의 외부이사로 구성된 감사위원회의 설치

이것은 이미 많은 기업이 시행해 오던 것을 다른 회사들도 따르도록 권장하는 의미를 갖고 있다.

---

57 이 주장은 이미 1979년 SEC의 위원장이던 Harold Williams가 주장한 바 있다. Tobin, 앞의 논문, 1720면. 최근에는 Lipton/Lorsch도 유사한 주장을 하고 있다. 앞의 논문 참조.

5. 감사제도의 활성화

우리나라에서 상대적으로 외부이사의 도입론이 별로 없었던 하나의 이유는 내부기관으로 감사가 존재하기 때문일 것이다. 따라서 우리나라에서는 외부이사를 도입하는 대안으로 감사의 역할을 제고하는 방안을 생각해 볼 수 있다. 그 경우 감사의 독립성과 능력을 확보할 필요가 있는 것은 외부이사의 경우와 마찬가지이다. 그러나 감사는 이사에 비하여 행동반경이 제약된다는 문제가 있다. 즉 이사는 대표이사의 선임을 포함해서 직접 업무집행의 의사결정과정에 참여하는 것에 비하여 감사는 주로 사후적 통제만을 할 수 있을 뿐이라는 점에서 한계가 있다. 그러나 외부이사에 비해서는 이제까지의 기업의사결정 현실에 비추어 우리나라 기업관행에 충격을 덜 줄 것이라는 점이 장점이 될 수도 있을 것이다. 일본은 1993년 상법개정에서 감사회제도를 채택함으로써 이 방식을 채택하였다.

6. 외부감사인의 독립성 제고와 손해배상책임

앞서 지적한 바와 같이 외감법에 의한 외부감사는 그다지 실효성이 없다는 것이 중론이었다. 그러나 최근 외부감사에는 두 가지 긍정적 변화가 있었다. 하나는 외부감사인의 선임방법이 개선된 것이다. 1992년의 법개정으로 과거와는 달리 이제는 대표이사가 선임하는 것이 어려워졌다. 개정법에 의하면 외부감사는 감사의 제청과 이사회의 승인을 거쳐 주주총회에서 결정된다. 다만 외부감사인을 중임하는 경우에는 이사회의 승인만으로 족하다. 그러나 일정한 경우에는 회사가 아닌 증권관리위원회가 외부감사인을 선임하도록 하고 있다.

또 하나의 중요한 변화는 회계사에 대한 소송이 늘어나고 있는 점이다. 과거에는 부실감사가 분명한 경우에도 회계사의 민사책임을 물은 예가 없었다. 그러나 1990년대 들어서면서부터 회계사에게 부실감사로 인한 손해배상을 구하는 소송에서 원고가 승소하는 사례가 생겨났다.

Ⅲ. 소송에 의한 통제—실체적 기준에 의한 통제[58]

1. 서설

경영자의 권한남용은 회사기관을 분리함으로써 어느 정도 달성할 수 있다. 그러나 다른 한편으로는 경영자가 취할 수 있는 행위의 한계를 정하는 것으로도 대리인문제를 규제할 수 있다. 미국의 회사법은 그러한 테두리를 충실의무(fiduciary duty)라는 포괄적 개념으로 표현하고 있다. 충실의무는 미국회사법의 핵심개념으로서 회사법에 관한 판례의 상당부분은 바로 이 추상적 개념을 구체화하는 것을 내용으로 하고 있다. 그러나 우리 상법은 그러한 행위의 테두리에 대하여 명시적 규정을 두고 있지 않다. 상법은 단지 이사와 회사 사이의 관계를 위임으로 규정함으로써 이사를 민법상의 수임인으로 보고 그에게 선량한 관리자의 주의의무(선관의무)를 부과하고 있을 뿐이다. 이러한 선관의무는 미국법상의 충실의무와 마찬가지로 추상적 개념이다. 그러므로 해석하기에 따라서는 충실의무와 마찬가지로 기능할 수 있다. 그러나 미국법에서와는 달리 이사의 선관의무는 그다지 활용되지 못하고 있다. 이하에서는 선관의무의 문제점에 대해서 살펴본다.

2. 선관의무의 주체—지배주주개념의 결여

이사가 선관의무를 부담한다는 점에는 의문이 없다. 그렇다면 지배주주는 어떠한가? 미국법에서는 지배주주도 선관의무를 진다는 점이 판례법상 확립되어 있다. 우리 상법은 경영자의 권한남용을 억제하기 위하여 여러 규정을 두고 있으나 이 규정들은 모두 행위의 주체를 이사 또는 감사로 한정하고 있다.

---

58 이 부분은 대체로 기업구조연구회(편)/김건식(집필), "재벌과 소수주주보호," 한국의 대기업, 누가 소유하며 어떻게 지배되는가?, 포스코경영연구소, 1995, 217-228면에 의존하였다.

예컨대 회사와의 경쟁을 금지하는 397조, 회사와의 거래를 금지하는 398조, 회사에 대한 책임을 규정한 399조, 제3자에 대한 책임을 규정한 401조, 위법행위의 사전적 구제수단을 규정한 402조 등이 모두 '이사'의 행위를 대상으로 하고 있다. 반면에 회사의 의사결정을 실질적으로 지배하는 지배주주 내지 다수주주와 같은 개념은 상법에서는 찾아볼 수 없다. 따라서 기업집단계열회사에서 지배주주인 총수가 이사직을 맡고 있지 않은 한 그의 행위를 상법으로 규제하는 것은 쉽지 않다. 현실적으로 기업집단의 총수가 모든 계열회사의 이사직을 겸하는 경우는 거의 없고 오히려 총수 중에는 '그룹회장'이라는 비법률적 직함만 가질 뿐 개별 계열회사의 이사직은 전혀 맡지 않는 경우도 있다. 그렇다면 의사결정기구의 최정상에 있는 총수는 그냥 놓아 둔 채 실질적인 의사결정 권한이 없는 대표이사 내지 이사의 행위만을 문제삼는 상법의 태도는 현실과 동떨어진 것이라고 하지 않을 수 없다. 물론 상법에 지배주주의 개념을 도입하여 그의 행동을 제약하는 규정을 마련한다면 이러한 현실과의 괴리는 사라질 것이다. 그러나 그러한 입법적인 해결에 앞서 과연 현행법의 테두리 내에서 총수의 권한남용을 규제하는 것이 불가능한 것인가를 음미해 볼 필요가 있다.

3. 이사행위의 규제를 통한 간접규제

회사의 의사결정은 사실상으로는 총수가 행하는 경우에도 법적으로는 회사의 기관인 이사회 및 대표이사의 행위를 통해서 실현된다. 만약 이들 이사의 행위를 통제하는 상법상의 규정을 이용해서 총수의 지배권남용을 간접적으로나마 막을 수가 있다면 상법상 지배주주 같은 개념이 없다는 것이 그다지 문제되지 않을 것이다. 앞서 열거한 상법규정 중에서 이러한 목적으로 고려해 볼 수 있는 것은 이사의 위법행위에 대한 유지청구라는 사전적 구제수단을 규정한 402조와 이사의 손해배상책임을 규정한 399조와 401조라고 할 수 있다. 그러나 결론부터 밝히자면 이들 규정으로는 총수의 이익상충행위를 막기 어렵다.

(1) 회사의 행위가 개재되지 않은 경우의 한계

설명의 편의를 위해 총수의 이익상충행위로 인해서 손해를 보는 계열회사를 A, 이익을 보는 계열회사를 B라고 하자. 우선 이 규정들을 개별적으로 살펴보기에 앞서 이것들이 공통적으로 지니고 있는 근본적인 한계를 지적하지 않을 수 없다. 이 규정들이 적용되기 위해서는 A회사 이사의 행위가 존재하지 않으면 아니 된다. 예컨대 A, B 사이의 직접거래나 합병과 같은 경우에는 소수주주이익의 침해가 A의 이사의 행위를 통해서 이루어지고 있으므로 문제는 없다. 그러나 A의 행위가 개재되지 않는 경우도 많다. 예컨대 총수가 A에 속하는 사업기회를 유용하거나 자금이나 인력을 B에만 집중지원하는 경우에는 A의 행위는 개재되지 않는 것이 보통이다. 이처럼 A의 행위가 개재되지 않는 경우라면 이사의 행위를 규제대상으로 하는 이들 상법규정은 애당초 적용될 여지가 없을 것이다.

(2) 사전적 구제수단의 문제점

그러면 이제 다음과 같이 사전적 구제수단을 규정하고 있는 402조부터 살펴보기로 한다.

"이사가 법령 또는 정관에 위반한 행위를 하여 이로 인하여 회사에 회복할 수 없는 손해가 생길 염려가 있는 경우에는 감사 또는 발행주식의 총수의 100분의 5 이상에 해당하는 주식을 가진 주주는 회사를 위하여 이사에 대하여 그 행위를 유지(留止)[59]할 것을 청구할 수 있다."[60]

402조의 유지청구는 다음과 같은 한계를 지니고 있다. 먼저 유지청구권은

---

59 그만둔다는 의미이다.

60 일반적 견해에 의하면 이 규정의 적용대상인 위법행위에는 자기주식취득금지와 같이 구체적인 법령 · 정관의 규정에 위반하는 행위뿐만이 아니라, 이사의 선량한 관리자의 주의의무를 정하는 일반규정(382조 2항 ; 민법 681조)을 위반한 행위도 포함된다. 北澤正啓, 會社法(3판), 청림서원, 1991, 434면.

5% 이상의 주식을 가진 주주만이 행사할 수 있다.[61] 회사의 규모가 커질수록 이 5%요건을 충족하는 '소수주주'는 많지 않을 것이다. 물론 이 5%요건은 반드시 주주 1명이 혼자서 충족시켜야만 하는 것은 아니고 다른 주주와 공동으로 충족하는 것도 가능하다. 그러나 다른 주주들을 설득하여 공동행동을 취하는 것은 거래비용(transaction cost)이 많이 들기 때문에 현실적으로 어렵다. 둘째, 유지청구는 사전에만 의미를 갖는 것이므로 위법행위가 일단 완료된 경우에는 무력하다. 실제로 대표이사의 위법행위는 은밀하게 그리고 순식간에 끝마쳐지는 경우가 많을 것이다. 따라서 사전에 그것을 발견하여 유지청구권을 행사하기는 어렵다. 또한 사전에 법원으로부터 유지의 가처분을 받아 낸 경우에도 미국에서와는 달리 가처분위반행위가 법정모욕죄를 구성하는 것도 아니므로 대표이사가 위법행위를 감행하는 것까지 막을 수는 없다.[62] 끝으로 유지청구는 대표이사의 위법행위로 인해서 '회사에 회복할 수 없는 손해가 생길 염려가 있는 경우'에 한해서 인정된다. 일반적인 견해에 의하면 소수주주의 이익이 침해될 뿐인 경우에는 유지청구가 허용되지 않는다.[63]

(3) 이사의 손해배상책임규정의 한계

이사의 위법행위를 사전에 저지하는 것이 어렵다면 그러한 위법행위를

61 물론 감사도 행사할 수 있는 것으로 되어 있으나 현실적으로 감사가 유지청구권을 행사하는 것은 기대하기 어렵다.

62 일본에서는 가처분위반행위를 법정모욕죄로 처벌하자는 입법론이 유력하다. 신판주석회사법(6), 유비각, 1987, 430면(北澤).

63 이러한 견해는 호남에틸렌과 대림산업 사이의 합병에 관한 소송에서 법원이 채택한 바 있다. 대림산업이 주식의 80%를 보유하는 호남에틸렌을 흡수합병하기로 결정하자, 호남에틸렌의 20% 주주인 롯데는 합병비율의 불공정을 이유로 그 결정에 반대하였다. 롯데는 호남에틸렌의 대표이사를 상대로 합병승인을 목적으로 하는 주총개회 금지 등 위법행위를 유지하는 가처분을 법원에 신청하였다. 그러나 서울민사지방법원은 합병비율의 불공정은 합병무효의 사유가 되는 것은 별론으로 하고 호남에틸렌에 회복할 수 없는 손해를 가져오는 행위라고 볼 수 없다는 이유로 롯데 측의 가처분신청을 기각하였다. 서울민사지법 1987. 9. 9.자 87카37879 결정.

감행한 이사에게 사후에라도 손해배상책임을 물으면 되지 않을까? 이사의 손해배상책임에 관한 규정으로는 399조와 401조의 두 가지가 있다. 399조의 손해배상책임은 개별주주가 아니라 회사에 대한 책임이다. 회사가 위법행위를 감행한 대표이사를 상대로 손해배상청구소송을 제기할 것인지 여부는 감사가 결정하도록 되어 있다(394조). 감사가 그러한 소송을 제기하지 않는 경우 주주는 회사를 대표하여 대표이사에 대해서 소송을 제기할 수 있다(403조 이하). 그러나 우리 상법에 규정된 주주의 대표소송제도는 현실적으로 여러 가지 약점을 지니고 있다. 그러나 우리 상법에 규정된 주주의 대표소송제도는 현실적으로 여러 가지 약점을 지니고 있다. 우선 대표소송을 제기할 수 있으려면 주주는 유지 청구의 경우와 같이 5% 요건을 충족하지 않으면 아니된다. 또한 5% 요건을 간신히 충족해서 법원에서 승소판결을 받아 내었다 해도 손해배상액은 소를 제기한 주주가 아니라 회사에 귀속한다. 주주들은 회사재산이 회복된 것에 대해 간접적인 이익만 누릴 뿐이다. 그러나 손해배상을 해야 할 대표이사가 재산이 별로 없는 경우에는 그러한 간접적인 이익마저 기대할 수 없다. 한편 주주가 대표소송을 위해서 들인 비용은 승소한 경우에만 그것도 실비액의 범위 내에서만 회사로부터 상환받을 수 있을 뿐이다(405조 1항). 이처럼 대표소송을 제기하는 주주는 소송에서 승리하는 경우에도 얻을 수 있는 이익이 별로 없다. 그러한 이유에서인지 우리나라에서는 상법제정 후 30년이 지난 오늘날까지 대표소송의 예를 거의 찾을 수가 없을 뿐만 아니라 앞으로도 대표소송제도가 이용될 가능성은 별로 없다.[64]

399조가 '회사에 대한' 이사의 책임을 규정하고 있는 데 비해서 401조는 '제3자에 대한' 책임을 규정하고 있다. 이곳의 '제3자' 에 주주가 포함되는가에 대해서는 학설이 나뉘고 있으나, 다수설은 그것을 긍정하고 있다.[65] 그러

64 최근 일본에서는 승소주주가 회사에 대해서 소송수행과 관련해서 지출한 비용을 청구할 수 있는 권리를 인정하는 등 대표소송의 활용도를 높일 수 있는 방향으로 상법이 개정된 바 있다. 그 개정내용과 문제점에 대해서는 座談會, "株主代表訴訟制度の改善と今後の問題點," 商事法務 1329호(1993), 상사법무연구회, 4면 이하.

65 최기원, 신회사법론(7판), 박영사, 1996, 753-754면.

나 최근 대법원은 주주의 간접손해, 즉 회사의 재산이 감소됨으로써 주주가 간접적으로 입는 경제적 손해는 401조에 의해서 구제될 수 없다고 선언한 바 있다.[66] 따라서 이제 대법원판결에 의하면 401조는 주주의 손해가 회사의 손해와 관계없이 대표이사의 행위로 인해서 직접 발생한 경우에만 이용할 수 있다. 그러나 재벌총수의 지배권 남용으로 인해서 회사의 손해와 관계없이 주주가 직접 손해를 입는 경우는 그렇게 많지 않다.[67] 또한 주주에게 직접 손해가 있더라도 그 액수가 그리 크지 않은 경우에는 소송에 드는 시간과 비용 등을 고려해서 스스로 제소를 포기할 가능성이 높다. 미국법에서는 집단소송(class action)과 같이 원고가 비슷한 처지에 있는 피해자들을 대표하여 하나의 소를 제기하여 손해배상을 청구하고 승소시에 얻은 손해배상액에서 변호사비용을 포함한 소송비용 일체를 회수할 수 있는 제도가 존재한다. 그러나 그러한 제도가 존재하지 않는 우리나라에서는 소수주주가 401조를 활용하는 경우는 거의 생각하기 어렵다.

4. 지배주주의 행위의 직접규제를 위한 해석론

이처럼 이사의 행위를 규제하는 것만으로는 문제를 효과적으로 해결하기 어렵다. 우리 상법이 지배주주를 따로 규제대상으로 삼고 있지 않다는 점에 대해서는 이미 지적한 바 있다. 그렇다면 지배주주인 총수의 행위는 현행법상 전혀 규제할 방도가 없는 것일까? 그렇지는 않다. 지배주주를 겨냥한 명시적인 규정이 없는 현행상법하에서도 지배주주의 권한남용을 억제하기 위한 해석론이 전혀 불가능한 것은 아니다. 여기에서는 대표적인 것 두 가지만 살펴본다.

---

66 대법원 1993. 1. 26. 선고 91다36093 판결(법원공보 940호, 845면). 이 판결에 대한 평석으로는 김건식, "주주의 직접손해와 간접손해," 서울대학교 법학 34권2호(1993), 서울대 법학연구소, 295면 참조.

67 대표이사가 불공정한 조건의 합병을 추진하는 경우 정도를 들 수 있을 뿐이다.

(1) 사실상의 이사

지배주주가 법적으로는 이사가 아니더라도 실질적으로 회사의 의사결정에 관여하고 있는 경우에는 '사실상의 이사'로 보아 이사에 관한 각종 규정을 적용하자는 견해가 있다.[68] '사실상의 이사'라는 개념은 스위스, 독일, 일본 등지에서는 오래전부터 논의되고 있으나 우리나라에서는 아직 생소하다. 이제껏 사실상의 이사라는 개념은 주로 하자 있는 선임결의에 의해서 선임된 이사가 행한 행위의 효력을 인정하고 그에게 이사로서의 책임을 묻기 위해서 이용되어 왔다. 그러나 이러한 사실상의 이사라는 개념은 법적으로 이사는 아니지만 실제로 회사의 의사결정을 지배하는 배후의 인물에 책임을 지우기 위한 수단으로 이용할 여지가 없지 않다. 대법원은 행위자가 실질적으로 회사 의사결정에 영향력이 있는지 여부보다는 법률적으로 이사인지 여부를 중시하고 있는 점[69]에 비추어 그러한 개념을 인정할 가능성은 별로 없는 것 같다.

사실상의 이사라는 개념을 인정하는 경우 그 개념에는 총수와 같은 자연인은 물론이고 지배회사와 같은 법인을 포함시키는 것도 생각해 볼 수 있을 것이다. 사실상의 이사 개념이 지니는 장점은 이사를 대상으로 한 규정을 모두 바로 지배주주에 대해 적용하는 것을 가능케 한다는 것이다. 그러나 이 개념을 활용하는 것에도 전혀 문제가 없는 것은 아니다. 먼저 지배주주가 어느 정도로 경영에 참여하여야 사실상의 이사로 볼 수 있는지 분명치 않다. 만약 통상의 이사와 동등한 정도로 경영에 참여할 것을 요구한다면 그 개념의 활용가치는 크게 줄어들 것이다. 그러나 이 이론의 보다 근본적인 약점은 지배주주를 이사와 동일시하는 것 자체라고 할 수 있다. 이사는 회사의 수임인으로서 선량한 관리자의 주의를 다하여 회사의 이익을 추구할 의무를 부담한다. 이러한 이사의 의무는 회사의 이익을 침해하지 않는다는 소극적 측

68 간단한 소개로는 신현윤, "사실상 이사의 법리," 고시연구 1992년 12월호, 88면 이하.

69 대법원 1966. 1. 18. 선고 65다880 · 881 판결(민사판결원본 100-7) ; 대법원 1981. 4. 14. 선고 80다2950 판결(민사판결원본 280-195).

면뿐 아니라 회사의 이익을 위해 진력할 적극적 측면을 아울러 지니고 있다. 그러나 회사의 의사결정에 영향력을 미칠 수 있는 사실상의 지위에 있을 뿐 회사와 아무런 법률관계를 갖지 않는 지배주주에 대해서 그러한 적극적 의무를 인정하기는 어렵다. 요컨대 소수주주에게 영향을 줄 수 있는 지배주주의 사실상 지위를 고려하여 해석상 지배주주에게 어느 정도 의무를 부과하는 것이 불가피하다 하더라도 그 의무의 범위를 이사의 의무와 같게 볼 수는 없는 것이다.

(2) 주주의 성실의무

다음에 고려해 볼 것은 상법에 명시적인 규정은 없지만 해석상 주주도 다른 주주에 대해서 그들의 이익을 배려할 포괄적 의무가 있다고 보는 견해이다. 미국법에서는 이러한 주주의 포괄적 의무도 이사의 경우와 마찬가지로 Fiduciary duty(충실의무)로 불리고 있다. 한편 독일에서는 이사의 의무와는 구별하여 통상 Treupflicht(성실의무)라는 용어로 부르고 있다. 이제는 우리나라에서도 다수의 학자들이 그러한 개념을 인정할 것을 주장하고 있다.[70] 물론 회사법에 명시적인 규정이 없음에도 불구하고 그러한 거창한 개념을 선뜻 인정하기는 어려울 것이다. 그러나 명시적인 법적 근거가 없다는 것이 그러한 개념을 인정하는 데 결정적인 장애가 될 수는 없다. 특히 총수의 경영권 남용을 억제할 수 있는 실효성 있는 수단이 달리 존재하지 않는 우리의 현실을 고려하면 그러한 포괄적 의무를 인정할 필요는 더욱 절실하다. 지배주주의 충실의무가 일찍이 정착된 미국에서도 법에 명시적인 규정이 없음에도 불구하고 법원이 그 개념을 해석으로 인정하였다. 특히 관심을 끄는 것은 지난 1988년 독일의 연방대법원(Bundesgerichtshof)도 법률에 명시적인 근거가 없음에도 불구하고 마침내 주주의 성실의무를 긍정하였다는

70 최기원, 앞의 책, 395면 ; 정동윤, 회사법, 법문사, 1986, 217면 ; 이기수, 회사법(보정판), 박영사, 1993, 320면.

사실이다.[71] 특히 독일의 주식법은 우리 상법에 비하여 지배주주의 권한남용을 억제하는 장치가 훨씬 잘 정비되어 있음에도 불구하고 그러한 포괄적인 개념을 인정했다는 점을 주목할 필요가 있다.

5. 입법의 필요와 방향

이러한 해석론은 결국 법원이 받아들이지 않는 한 의미가 없다. 만약 법원이 소극적인 태도를 취한다면 입법에 기대해 볼 수밖에 없다. 입법의 방향으로는 크게 두 가지를 생각해 볼 수 있다. 먼저 지배주주의 권한남용이 우려되는 구체적인 상황에 대해서 개별적으로 규정을 마련하는 방안이다. 이는 독일주식법이 기본적으로 취하고 있는 태도라고 할 수 있다. 예컨대 주식법 117조는 고의로 회사에 대한 자기의 영향력을 이용하여 이사 등으로 하여금 회사나 주주에 손해를 주는 행위를 하도록 한 자는 그로 인한 손해를 배상할 의무를 진다고 하고 있다.[72] 또한 주식법 243조 2항은 주주가 의결권의 행사에 의해서 자기 또는 제3자를 위해서 회사나 다른 주주의 희생하에 특별한 이익을 얻고자 그러한 목적에 부합하는 결의를 통과시킨 경우 그 결의를 취소할 수 있음을 규정하고 있다. 이러한 규정들이 지배주주의 권한남용을 억제하는 데 도움이 될 것은 분명하다. 그러나 앞서 살펴본 대로 지배주주가 소수주주의 이익을 침해하는 모습은 그야말로 무궁무진하다. 따라서 모든 가능한 경우를 미리 상정하여 그에 대해 일일이 개별적인 규정을 마련하는 것은 현실적으로 불가능하다. 그렇다고 일반규정 하나만으로 각양각색의 현실을 모조리 규율하는 것도 힘겨운 일이다. 그러므로 이상론을 펴자면 지배주주의 권한남용을 규제하는 일반규정을 도입함은 물론, 그와 아울러 그것을 구체화하는 개별적인 규정을 차차 마련해 가는 것이 바람직할 것이다.

---

71 Linotype판결이라고 불리는 이 판결에 대한 간단한 설명은 김건식, "소수주주의 보호와 지배주주의 성실의무," 법학 32권 3/4호(1992), 서울대법학연구소, 1면 이하 참조.

72 우리 상법에도 이 같은 규정을 도입해야 한다는 입법론은 이미 오래전부터 제기된 바 있다. 정희철, "대주주 등의 책임," 법사상과 민사법(현승종화갑기념), 박영사, 1979, 481면.

IV. 종합적인 평가

1. 다양한 통제수단

지배주주를 통제하는 장치는 이사회, 외부감사, 충실의무, 대표소송, 기업지배시장 등 다양한 제도로 구성된다. 이들 제도는 각각 장단점을 지니고 있으므로 어느 하나만에 의존하여서는 지배주주를 효율적으로 통제할 수 없다. 결국 이들 다양한 통제수단을 적절히 활용함으로써 효율적인 경영자통제를 달성하여야 할 것이다. 우리나라에서는 앞서 살펴본 바와 같이 내부기관에 의한 통제나 경영자의 행위에 관한 실체적 기준에 의한 통제나 어느 것도 제대로 작용하고 있지 않다. 이제 지배주주와 소수주주 사이의 대리인문제의 효율적 처리라는 시각에서 상법 등 관련법규정을 전면적이고도 근본적으로 재검토할 필요가 있다. 그러한 작업에서는 이들 제도가 제대로 기능하기에 필요한 전제조건과 그 한계를 정확하게 파악하여야 할 것이다. 이하에서는 지배주주의 통제에 동원될 수 있는 개별적인 규제와 구제수단을 종합적으로 분석해 보기로 한다.

2. 절차적 규제와 실체적 규제[73]

회사법의 개별적 규제수단은 크게 절차적 규제와 실체적 규제의 두 가지로 나누어 볼 수 있다. 절차적 규제는 문제된 회사행위의 내용과는 관계없이 행위의 결정에 일정한 절차를 요구하는 방식을 취한다. 그 방식에도 여러 가지가 있으나, 크게 민주적 방식과 전문가방식의 두 가지로 나눌 수 있을 것이다. 민주적 방식의 전형은 일정한 행위에 주주총회의 동의를 요구하는 것이다. 그 경우에는 그 결정에 영향을 받는 주주가 의결권을 행사함으로써 의

73 이하의 서술은 김건식, "주주 간의 이해조정에 관한 시론," 한림법학포럼 1권(1992), 한림대 법학연구소, 81-82면을 보완한 것이다.

사결정에 참여하게 된다. 이 경우 결의요건이 엄격하면 할수록 소수주주는 두텁게 보호될 것이다. 전문가방식의 전형은 독일주식법상 합병계약의 조건을 검사하는 합병검사인제도(Verschmelzungsprüfung. 340b조)를 들 수 있다. 이사회의 동의나 승인을 요하는 경우는 두 가지 방식의 중간에 속하는 것으로 볼 수 있다.

절차적 규제의 경우에는 소정의 절차를 준수하였는지만을 고려하고 문제된 결정의 내용에 대해서는 관여하지 않는다. 따라서 법의 운용이 편리하다는 장점이 있다. 그러나 내용의 공정성을 보장할 수 없다는 것이 단점이라고 하겠다. 그렇다고 해서 절차적 규제를 강화하다 보면 다른 부작용을 낳을 가능성이 있다. 예컨대 주주총회의 결의요건을 강화하게 되면 소수주주가 사실상 거부권을 갖게 되어 기동성 있는 회사운영을 가로막을 우려가 있다. 또한 이사회에 일정수의 외부이사의 참여를 강제하는 경우에도 문제가 있다. 외부이사의 참여로 말미암아 아무래도 소수주주에 일방적으로 불리한 자의적 결정은 감소할 것이다. 그러나 이사회의 목표는 소수주주의 보호라는 소극적인 것이 아니라 회사의 발전이라는 적극적인 것이다. 이제까지의 기업의사결정방식에 커다란 변화를 가져올 외부이사제도가 과연 회사의 효율적 의사결정에 기여할 수 있는지는 분명치 않다. 그것이 가능하기 위해서는 두 가지 조건이 충족되어야 할 것이다. 먼저 외부이사가 되기에 적합한 자질을 보유한 인적 자원이 충분히 존재해야 한다. 그에 못지않게 중요한 것은 우리 사회구성원들이 아닌 개방적인 토론에 의한 의사결정에 익숙해져 있어야 한다는 점이다. 이러한 전제조건이 갖추어지지 않은 상황에서는 외부이사제도는 오히려 부작용만 낳을 위험도 없지 않다.

실체적 규제는 회사 내지 지배주주의 행위 내용에 대한 실체적 기준을 제시함으로써 규제하는 방식을 취한다. 그 예로는 이사의 선관주의의무, 주주평등의 원칙, 자기주식취득금지 등을 들 수 있다. 실체적 규제는 문제된 결정의 내용에 초점을 맞추고 있으므로 소수주주의 보호에 보다 직접적이라고 할 수 있다. 실체적 규제 중에서 주주평등원칙은 분명히 소수주주를 보호하는 기능이 있으며 적용이 편한 것이 장점이다. 그러나 지배주주가 주주자격에서는 손해를 보더라도 다른 측면에서 이익을 보는 경우는 주주평등의 원칙만으로 막을 수 없다. 자기주식취득을 금지하는 원칙도 소수주주를 보호하는 기능을 한다. 회사가 자기주식을 취득할 수 있다면 특정주주의 주식만 유리한 가격에 취득하거나 현재 지배주주가 경영권을 유지하기 위한 방어수단 또는 그린메일(Greenmail)로서 자기주식을 취득할 가능성이 있다. 우리 법은 과거 엄격히 제한하는 태도를 취하다가 현재에는 상장회사의 경우에는 한정된 범위에서 허용하고 있다(증권거래법 189조의2). 그러나 실체적 규제 중에서 가장 근본적이고 광범위한 것은 역시 선관의무라고 할 수 있다. 선관의무야말로 경영진의 행동이 허용되는 것인지 여부를 가리는 최후의 기준이라고 할 수 있다. 선관의무의 문제점은 그 테두리가 반드시 분명한 것이 아니라는 점이다. 궁극적으로 그 내용은 법원의 판단을 거쳐서 비로소 구체화될 것이다.

선관의무를 구체화하는 법원의 판례는 이해관계자들의 예측가능성을 돕는다는 점에서 일종의 공공재라고 할 수 있다. 이러한 관점에서도 — 당사자 구제의 실효성이라는 관점에서는 물론이고 — 법원에 대한 접근(access)을 돕는 것이 중요하다. 구체적으로는 상법에서 허용되는 대표소송을 보다 현실적 수단이 될 수 있도록 법을 개정하고 집단소송제도를 도입할 필요가 있을 것이다. 이 경우 과거에는 법원의 판단을 피할 수 있었던 사항들 중 상당부분이 법원의 심사를 받게 될 것이다. 이처럼 법원이 기업의 결정을 심사하는 기회가 늘어남에 따라 경영의 전문가가 아닌 법원이 경영자의 판단을 사후적으로 심사하는 것이 어느 범위까지 정당화될 수 있는가가 문제될 것이다. 이 문제와 관련해서는 미국법상의 경영판단원칙(business judgment rule)에 관한 논의를 주목할 필요가 있다. 또한 당사자의 이익을 대변하는 변호사는 물론이고 최종판단을 내리는 법관도 기업의 경영실무에 대하여 다소 식견을 쌓아 둘 필요가 있을 것이다.

3. 다양한 구제수단 : 저지, 손해배상, 주식매수청구권, 주식의 매도[74]

지배주주가 실체적이든 절차적이든 이상의 규제를 위반하는 경우에는 다양한 제재가 가해진다. 이러한 제재는 지배주주의 위반행위로 인하여 피해를 입는 소수주주 측에서 보면 구제수단이 될 것이다.

이러한 구제수단은 크게 '저지'와 '손해배상'이라는 두 유형으로 나누어 볼 수 있다. 전자는 지배주주의 행위를 사전에 저지하거나 사후에 배제하는 유형이라고 할 수 있다. 사전저지유형의 예로는 이사의 위법행위유지청구(상법 402조), 사후배제유형의 예로는 주주총회결의취소의 소, 합병무효의 소 등을 들 수 있다. 이 유형의 장점은 그러한 행위가 없었던 것과 마찬가지의 상태를 가져오는 것이다. 그러나 관점에 따라서는 바로 이것이 단점으로 파악될 수도 있다. 즉 다수가 원하는 결정을 소수가 가로막는 것을 허용한다는 점에서 기동성 있는 의사결정을 막고 때로는 소수의 권한이 남용될 수도 있다. 특히 문제의 행위가 일부 소수주주에게는 불리하지만 전체적으로 보면 회사에 이익이 되는 경우에도 무작정 그것을 저지하는 것만이 능사는 아닐 것이다. 물론 거래비용이 없거나 극히 낮다고 가정한다면 지배주주와 소수주주 사이에 교섭이 일어나서 양자 모두에게 유리한 방향으로—즉 문제의 행위는 그대로 실행하되 소수주주의 불이익은 적절히 보상하는—일이 진행될 것이다. 그러나 거래비용이 높은 경우에는[75] 그러한 바람직한 교섭이 불가능할 수도 있다.

후자, 즉 손해배상이라는 구제유형은 지배주주의 행위로 인하여 소수주주가 입는 손해를 사후적으로 배상하도록 하는 유형이다. 이 유형의 장점은 앞서 설명한 저지유형과는 달리 다수의 결정을 가로막지 않는다는 점이다. 그러나 앞서 지적한 바와 같이 지배주주는 현행상법의 명시적인 규제대상

74 이 부분의 서술은 김건식, 앞의 논문, 82-83면의 서술과 다소 중복된다.

75 소수주주가 분산되어 있는 경우가 그 예에 해당할 것이다.

이 아니므로 손해배상책임을 인정하기가 쉽지 않을 것이다. 보다 심각한 문제는 소수주주가 넘어야 할 현실적인 장애물이다. 우선 대표소송제도를 이용하기 어렵고 집단소송제도는 아직 도입되지 않은 현 상태에서는 소수주주가 소송에 이르는 것 자체가 곤란하다. 또한 간신히 소송에 이른다고 하더라도 손해액을 입증하기가 쉽지 않다.

이러한 두 유형의 구제수단은 회사법의 초창기부터 존재하는 전통적 구제수단이라고 할 수 있다. 또한 이들 구제수단은 소수주주가 회사에 계속 머무르는 것을 전제로 하고 있다. 관점에 따라서는 주식을 매각하고 회사를 떠나는 것도 구제수단으로 볼 수 있다. 회사를 떠나는 방법도 두 가지로 나눌 수 있다. 먼저 시장에서 주식을 처분하여 출자를 회수하는 방법이 있다. 그러나 이 방법은 소수주주보호라는 측면에서는 극히 불완전하다. 지배주주의 행위로 인하여 이미 주가가 하락한 경우에는 소수주주가 그 불이익을 고스란히 떠안을 수밖에 없다. 소수주주의 지분이 상당한 규모에 달하는 경우에는 주가하락이 가속될 것이므로 현실적으로 시장에서 처분하기도 어렵다. 그리고 결정적인 제한은 시장성이 없는 주식, 예컨대 비상장법인의 주식인 경우에는 이러한 퇴로가 봉쇄되어 있다는 점이다. 회사를 떠나는 두 번째 방법은 회사에 주식의 매수를 청구하는 것이다. 증권거래법은 이러한 주식매수청구권을 주주총회의 특별결의를 요하는 중요한 결정이 이루어지는 경우에만 인정하고 있다(191조 1항). 그러나 이론상 주식매수청구권은 반드시 그러한 경우에만 인정될 수 있는 것이 아니다. 극단적으로는 주주가 언제라도 회사에 주식매수를 청구할 수 있도록 규정하는 것도 생각해 볼 수 없는 것은 아니다. 사실 주식매수청구권이 인정되는 경우가 많으면 많을수록, 그리고 매수가격이 높게 정해질수록 소수주주는 두텁게 보호될 것이다. 그러나 그 반면에 외부로 유출되는 회사자금의 규모도 커질 것이므로 회사의 재정적 기초가 위태로워진다. 특히 우리나라와 같이 자금조달이 어려운 상황에서는 주식매수청구권의 위협은 더욱 클 것이다.

이처럼 각각의 구제수단은 소수주주의 보호와 불공정행위의 억지라는 순기능과 기동성 있는 회사경영을 방해하는 역기능의 면에서 상당한 차이를 보인다. 이를 단순화시켜 표로 정리한 것이 아래의 〈표 1〉이다.

〈표 1〉

	순기능	역기능	인정되는 경우
	소수주주의 보호	기동성 있는 회사경영의 방해	
저지	크다	크다	아주 예외적
손해배상	작다	작다	귀책사유 있는 경우
주식매수청구권행사	더 작다	더 작다	중요한 변경
주식처분	아주 작다	아주 작다	항상

4. 기업집단구조에서의 특수성

위에서 설명한 구제수단은 주식처분의 경우를 제외하고는 소수주주의 이익을 침해하거나 할 수 있는 특정의 행위에 대한 효과라고 볼 수 있다. 따라서 구제라는 효과가 발생하기위해서는 요건이 되는 행위를 특정할 필요가 있다. 지배주주가 일회적 · 이례적 행위를 감행하는 경우에는 그것을 특정하는 것이 어렵지 않을 것이다. 그러나 지배주주가 개인이 아닌 기업, 즉 모회사로서 자회사를 하나의 사업부문과 같이 운영하는 경우에는 그러한 특정한 행위를 찾아내는 것은 현실적으로 거의 불가능하다. 콘체른법이 발달된 독일에서는 그러한 경우에는 지배회사의 귀책사유와 관계없이 콘체른구조 자체로부터 지배회사에 일정한 책임을 부과하려는 시도가 행해진 바 있다. 이처럼 기업집단이 일단 형성된 경우에는 종속회사의 소수주주를 보호하는 것은 극히 어렵다. 따라서 회사 사이에 지배종속관계가 형성되는 단계에서 소수주주의 이익을 보호하는 장치를 마련할 필요가 있다.

V. 결론 : 종합적 통제와 환경적 요소

경영진을 통제하는 다양한 장치들 중에서 어느 하나에만 의존하는 것은 바람직하지 않다. 이들은 상호보완적인 기능을 수행하기 때문이다. 다만 이들이 제대로 기능할 수 있는 여건은 구체적 통제수단에 따라 차이가 있고 각 사회가 그러한 여건을 갖추고 있는 정도에도 차이가 있다. 따라서 어느 한 사회에서 이상적인 경영진통제장치가 반드시 다른 사회에서도 적절하리라는 보장은 없다. 결국 각 사회의 여건에 따라 현실적으로 작동하는 경영진통제장치의 모습은 달라질 수밖에 없을 것이다. 또한 한 사회의 경우에도 여건이 변함에 따라 바람직한 기업통할체제의 내용이 달라질 수 있다. 우리나라에서는 회사내부의 통제장치나 실체적 기준에 의한 통제장치나 거의 작동하지 않고 있는 상태이다. 따라서 이들 통제장치의 실효성을 높이는 방향으로의 노력이 시급히 요구된다.

정광선 엮음, 『21세기 한국기업의 통할체제』(1966), 83-117면.

02 새로운 경영감독체제의 모색: 감사, 사외이사, 감사위원회의 비교를 중심으로*

I. 서설

최근 IMF시대를 맞은 우리 경제는 안팎으로 거센 패러다임변혁의 압력을 받고 있다. 외부압력의 전면에 나서고 있는 것은 IMF나 IBRD 같은 국제기구들이지만, 그들의 배후에는 미국의 영향력이 작용하고 있는 것으로 보인다. 그러한 이유 때문인지 변화의 모델로 제시되는 새로운 패러다임은 미국적 색채가 두드러지는 것 같다. 새로운 패러다임의 단골손님으로 등장하는 사외이사(outside director)는 미국식 기업경영의 핵심을 이루는 제도라고 할 수 있다. 실제 운영면에서 다소 미흡한 점이 없지 않았지만, 사외이사제도는 이미 은행과 일부공기업에서 도입된 바 있으므로 우리에게 완전히 생소한 것만은 아니다. 나아가 지난 2월에는 「증권거래소상장규정」이 개정되어 모든

* 이 글은 중앙대학교 법학전문대학원 윤영신 교수와 공동집필한 것입.

상장법인이 의무적으로 일정수의 사외이사를 선임하게 되었다(48조의5). 그리하여 사외이사제도는 이제 좋든 싫든 간에 우리나라의 기업지배구조에서도 당당히 시민권을 얻게 된 것으로 보인다.

사외이사의 도입이 어느 정도 실현되면서 새로이 등장한 것이 바로 감사위원회(audit committee)에 대한 요구이다. IBRD와 같은 국제기관이나 외국투자자들은 정부에 대해서 감사위원회제도를 도입할 것을 강력하게 권고하고 있는 것으로 알려지고 있다. 역시 미국의 기업실무에 뿌리를 두고 있는 감사위원회는 미국식 기업지배에서 핵심적 역할을 수행하는 것으로 높이 평가되고 있다. 그리하여 감사위원회제도는 이제 미국뿐 아니라 영국,[1] 캐나다[2] 등 다른 경제선진국으로 널리 확산되고 있다. 감사위원회의 도입요구가 이처럼 국제무대에서 등장한 것도 이번이 처음은 아니다. 이미 미국과 일본 사이에 행해진 이른바 미일구조문제협의에서도 미국이 일본에 감사위원회의 도입을 요구한 바 있다. 1993년 일본이 사외이사와 감사위원회를 도입하는 근본적인 변혁을 택하는 대신 사외감사와 감사회를 도입함으로써 감사제도를 강화하는 점진적인 개선책을 택한 것은 주지의 사실이다. 이제 우리도 1993년의 일본과 마찬가지로 감사위원회를 도입할 것이냐 아니면 감사제도를 고수할 것이냐를 선택해야 할 기로에 서 있는 것으로 보인다. 이 글은 현재의 감사제도와 새로이 부각되고 있는 감사위원회제도를 비교 · 검토함으로써 양 제도 사이의 선택을 돕는 것을 목적으로 한다. 감사와 감사위원회의 비교라고 하지만 사실은 상당부분 감사와 사외이사 사이의 비교와 중복된다고 하지 않을 수 없다. 감사위원회는 일반적으로 사외이사들만으로 구성되는 것이므로 사외이사가 상당수 선임되어 있는 것이 전제조건이라고 할 수 있기 때문이다. 따라서 이 글에서는 현행법상의 감사제도와 사외이사 내지 감사위원회제도를 아울러 비교 · 검토하기로 한다.

---

1 Hampel Report 6.3 (1998).

2 Toronto Stock Exchange Committee on Corporate Governance in Canada, Where Were The Directors? Guidelines For Improved Corporate Governance in Canada, Guideline 13 (1994) (Ira Milstein/Holly Gregory, Comparisons on Board Guidelines 23에서 재인용).

상법상의 감사제도는 이미 우리에게 친숙한 제도이지만, 감사위원회는 미국에서도 비교적 역사가 오래지 않은 새로운 제도이다. 그러므로 양 제도의 본격적인 비교에 들어가기에 앞서 감사위원회가 미국에서 어떻게 발전해서 어떠한 지위를 차지하고 어떠한 기능을 수행하고 있는지를 간단히 살펴보기로 한다.

II. 감사위원회의 발전

1. 이사회기능의 변천

미국에서도 처음에는 회사의 경영은 이사회가 직접 담당하는 것으로 상정하였다. 그리하여 각 주의 회사법도 "회사의 업무는 이사회가 경영한다(managed by)"라고 규정하는 것이 일반적이었다. 그러나 이러한 법규정의 문언은 실제의 기업실무와는 거리가 있는 것이었다. 실제로 회사경영은 경영진, 특히 최고경영자(chief executive officer)가 좌지우지하고 이사회는 단지 형식에 불과한 경우가 많았다. 더욱이 이사회에서 사외이사들이 차지하는 비율이 점차 늘어 감에 따라 회사경영을 이사회가 담당한다는 법적 당위를 그대로 유지하는 것은 비현실적이 되었다. 그리하여 경영은 경영진에 맡기고 그 대신 이사회는 경영진의 업무수행을 '감독(monitor)'한다는 사고가 등장하기에 이르렀다. 이러한 새로운 사고를 채택하고 있는 대표적인 예가 바로 개정모범회사법(RMBCA, Revised Model Business Corporation Act. 이하 'RMBCA')이라고 할 수 있다.

개정모범회사법은 회사의 업무는 이사회가 직접 담당하는 것이 아니라 "이사회의 지시에 따라 집행된다(managed under the direction of)"라고 하고 있다(RMBCA §42).[3] 따라서 개정모범회사법에 의하면 이사회는 직접 경영을

3 델라웨어주는 "이사회에 의해 또는 이사회의 지시에 따라" 회사의 업무가 집행된다는 규정을

담당하지 않고 경영의 기본방침만 정하는 것도 가능하다. 1992년 미국법률가협회(American Law Institute)가 오랜 토의를 거쳐 공표한 「Principles of Corporate Governance—Analysis and Recommendations」(이하 'ALI원칙')에서는 이사회와 경영진의 역할을 한층 명확하게 구분하고 있다. ALI원칙은 공개회사의 경우, 경영은 주요고위집행임원을 비롯한 임직원이 맡고 이사회는 그들의 업무집행을 감독한다는 점을 명시적으로 규정하고 있다(§3.01).

2. 사외이사의 확산

이사회의 감독기능이 실효성을 가질 수 있으려면 경영을 담당하는 경영진과 감독을 맡는 이사회가 분명하게 구별되어야 할 것이다. 그러한 인적인 구분을 담보하는 것이 바로 사외이사이다. 우리나라에서는 앞서 언급한 증권거래소 상장규정을 비롯해서 사외이사라는 용어를 널리 사용하고 있지만 그 개념이 반드시 명확한 것은 아니다. 사외이사와 유사한 개념으로서 이사회에서 결정된 업무의 집행을 담당하지 않는 이사, 즉 non-executive director[4]와 경영진으로부터 독립된 이사, 즉 independent director의 두 가지를 들 수 있다. 사외이사의 최소한의 요건은 업무집행을 담당하지 않는 것이다. 이러한 의미의 사외이사는 경영진으로부터 독립성을 갖추지 못한 경우도 있으나, 이 글에서는 독립성을 갖춘 이사만을 사외이사로 보기로 하자. 사외이사는 회사의 업무집행을 담당하지 않기 때문에 따로 상근하는 직업이 있는 자가 비상근으로 일하는 것이 보통이다.

현재 미국의 대기업에서는 일반적으로 이사회구성원의 과반수를 이러한 사외이사들이 차지하고 있다.[5] 그러나 미국의 주회사법은 통상 사외이사에

둠으로써〔Delaware General Corporation Law. 이하 'Del. GCL.§141(a)'〕 다른 주의 회사법보다는 한걸음 진전하였으나, 이사회에 의해 업무가 집행된다는 관념은 유지하고 있다.

4 우리나라에서는 '비상근이사'라는 명칭으로 불리기도 한다.

5 Korn/Ferry의 1991년 연구에 따르면 응답회사는 평균 3명의 내부이사와 9명의 사외이사를 두고 있었다고 한다〔Korn/Ferry, Board of Directors 5, 15 (1991)〕. Heidrick/Struggles는 독립이사가 61%라는 조사를 발표하였다〔Heidrick/Struggles, The Changing Board 3 (1983)〕〔이상은

관하여 아무런 규정도 두고 있지 않다. 사외이사에 대한 규정은 주로 증권거래소의 상장규정에 담겨 있다. 예컨대 미국최대의 증권거래소인 뉴욕증권거래소(NYSE, New York Stock Exchange. 이하 'NYSE')는 1956년부터 상장회사로 하여금 경영진으로부터 독립한 이사(independent director)를 2명 이상 선임할 것을 요구하고 있다.[6] NASDAQ[7]이나 아메리칸증권거래소(AMEX, American Stock Exchange)[8]도 이와 유사한 요건을 규정하고 있다.

ALI원칙에서는 사외이사라는 용어 대신에 "고위집행임원과 중대한 관계가 없는 이사(directors who ar free of any significant relationship with the corporation's senior executives)"[9]라는 용어를 사용하고 있다. ALI원칙은 회사의 규모나 지배그룹의 존부에 따라 고위집행임원과 중대한 관계가 없는 이사를 일정 비율 이상 두도록 권고하고 있다. 여기서는 회사를 ① 지배그룹이 존재하는 회사, ② 지배그룹이 존재하지 않는 대규모공개회사, ③ 지배그룹이 존재하지 않는 소규모공개회사의 세 종류로 나누고 ①에서는 지배그룹이 감시를 할 수 있으므로 따로 고위집행임원과 중대한 관계가 없는 이사를 두지 않아도 무방하지만, ②에서는 중대한 관계가 없는 이사를 과반수, 그리고 ③에서는 소규모공개회사는 사회에 미치는 영향이 비교적 작으므로 부담을 덜 주기 위해서 중대한 관계가 없는 이사를 3분의 1 이상 둘 것을 권고하고 있다(§3A.01).[10]

미국변호사협회의 『Corporate Director's Guidebook』(이하 'Guidebook')[11]

ALI, Principles of Corporate Governance : Analysis and Recommendations(vol.1), Reporter's Note 3 at 113에서 재인용).

6 New York Stock Exchange, Listed Company Manual §303.

7 By-Laws의 Schedule D.

8 American Stock Exchange, Listed Company Guide §121.

9 고위집행임원과 중대한 관계가 있는가의 여부는 회사와의 고용관계 및 고위집행임원과의 관계라는 실질적 기준을 채택하고 있다. 자세한 것은 뒤의 주 35 참조.

10 이는 ALI원칙의 Part IIIA 부분에 규정되어 있는 것이다. ALI원칙에서 회사의 구조에 관한 제언은 Part III와 Part IIIA의 두 부분으로 나뉘어 있다. 이 중 후자는 입법부나 법원에 대해 입법이나 판결을 촉구하기 위해 작성된 것은 아니고, 회사로 하여금 자발적으로 이러한 구조를 선택하도록 권고함으로써 회사의 책임성을 높이기 위한 것이다.

11 미국변호사협회(American Bar Association)의 Committee on Corporate Laws, Section of

에서도 공개회사의 이사회모델로 비슷한 제안을 하고 있다.[12] 업무집행이사와 비업무집행이사의 비율과 관련하여 Guidebook은 이사회를 비업무집행이사만으로 구성하는 것에는 반대의 견해를 분명히 하고 있다. 그러나 각 위원회는 비업무집행이사로 구성되는 것이 바람직하다는 판단하에 그것을 위해 상당수의 비업무집행이사를 둘 것을 제안하고 있다. Business Roundtable[13]도 대규모공개회사에서는 이사의 압도적 다수가 업무집행을 담당하지 않는 독립적 이사여야 한다는 견해를 표명한 바 있다.[14]

이처럼 사외이사는 이제 미국의 기업실무에서 완전히 정착된 것으로 볼 수 있다. 그러나 사외이사에 대한 일반적 평가가 반드시 우호적인 것만은 아니다. 미국의 이사회의 실태에 관한 Myles Mace의 선구적인 업적[15]에서 드러난 바와 같이 사외이사들은 자신을 지명한 최고경영자의 비위를 거스르는 언동을 꺼릴 수밖에 없다. 또한 사외이사들은 회사경영에 관한 정보를 충분히 얻지 못하거나 열심히 관여할 인센티브가 없기 십상이다. 이러한 불완전성에도 불구하고 사외이사제도는 경영진을 통제하는 다른 장치들이 미치지 못하는 잠재력을 지니고 있다. 제대로 기능할 수만 있다면 사외이사는 경영진의 잘못을 사전에 예방하거나 무능한 경영진을 조기에 축출하는 것도 가능하다. 그리하여 최근의 논의는 사외이사제도의 효율성 여부에서 벗어나 사외이사의 기능을 활성화하기 위한 방안을 검토하는 쪽으로 옮겨 가고 있는 것으로 보인다.

사외이사의 가장 핵심적인 기능은 경영진의 감독이라고 할 수 있다. 그러

Corporation, Banking and Business Law에서 작성한 것으로서 이사의 직무집행의 지침을 제시하고 있다. 33 Bus. Law. 1597 (1978).

12 Guidebook은 업무집행이사(management director)와 비업무집행이사(non-management director)라는 개념과 '관련(affiliated)' 이사와 '비관련(unaffiliated)' 이사라는 개념을 병행하여 사용하고 있다. 이 개념들에 대해서 상세한 것은 Guidebook, 1619-1620면 참조.

13 Business Roundtable은 1972년 주요대기업의 최고경영자 200명으로 설립된 경영자들의 이익단체이다.

14 Business Roundtable, Corporate Governance and American Competitiveness, 46 Bus. Law. 241, 249 (1990).

15 Directors : Myth and Reality (1971).

한 감독의 전면에 서 있는 것이 바로 사외이사들만으로 구성된 감사위원회이다. 이하에서는 감사위원회를 설명하기에 앞서 이사회의 위원회 전반에 대해서 간단히 언급하기로 한다.

3. 위원회의 분화

이사회에서 사외이사가 차지하는 비중이 커질수록 전체이사회를 개최하는 것은 자연히 번거러워질 수밖에 없다. 그리하여 시간이 많이 소요되는 이사회의 경영의사결정기능은 점차 축소되어 기본적인 경영목표와 방향을 설정하는 것에 그치고 구체적인 경영은 경영진에 맡길 수밖에 없게 되었다. 그리고 사후적으로 경영진의 경영성과를 평가하고 감독하는 기능이 중요성을 띠게 되었다.

또한 이사회가 본래 수행할 각종 기능을 소수의 이사로 구정된 위원회에 위임하는 관행이 생겨나게 되었다. 주회사법은 이러한 기업실무를 명시적으로 뒷받침하고 있다. 대부분의 주회사법은 이사회가 경영위원회를 비롯한 각종 위원회를 설치하여 자신의 권한을 위임하는 것을 허용하는 명문규정을 두고 있다.[16] 위원회는 설치가 강제되는 필수적인 기관이 아니라 회사의 선택에 따라 기본정관 또는 부속정관의 규정이나 이사회의 결의에 의하여 설치할 수 있는 임의기관이다.[17] 델라웨어주법에 따르면 위원회는 반드시 전원이 이사로 구성되어야만 하는 것은 아니고, 이사가 1명 이상 포함되어

16 RMBCA는 정관이나 부속정관에서 달리 규정하지 않는 한, 이사회는 재직 중인 이사의 과반수 또는 이사회결의에 관해 과반수 이상의 정족수가 필요한 것으로 규정되어 있는 경우는 그 정족수에 의한 결의로 하나 이상의 위원회를 설치할 수 있고, 각 위원회는 2명 이상의 위원으로 구성되어야 한다는 취지의 규정을 두고 있다(§8.25). 델라웨어주에서도 이사회의 과반수 결의에 의해 위원회를 구성할 수 있고, 여기에는 이사가 1명 이상 포함되어야 한다고 하고 있다[Del. GCL. §141(c)]. 뉴욕주도 정관이나 부속정관의 규정에 따라 이사회의 과반수 결의로 3명 이상의 이사로 구성되는 위원회를 둘 수 있고, 위원회가 정관이나 부속정관에서 정한 범위 내에서 이사회의 모든 권한을 행사할 수 있다(NY Bus, Corp. L. §712).

17 다만 코네티컷주에서는 감사위원회의 설치를 강제하고 있는데[Conn. Gen. Stat. §33-318(b)] 이것이 유일한 예외라고 한다.

있으면 된다.[18] 따라서 외부의 전문가를 위원회의 구성원으로 참여시키는 것도 가능하다. 그러나 실제로는 이사만으로 구성되는 것이 보통이다.

이러한 위원회들 중에서 가장 대표적인 것은 일상적 업무집행을 담당하는 경영위원회(executive committee)와 감독을 담당하는 감사위원회(audit committee)이다. 그 밖에도 고위집행임원의 보수를 결정하는 보수위원회(compensation committee), 주주총회에 이사후보자를 추천하는 것을 주된 임무로 하는 이사추천위원회(nominating committee), 재무에 관한 방침을 결정하는 재무위원회(finance committee) 등의 위원회를 두는 경우가 많다.[19] 이러한 상설위원회 외에도 M&A의 시도, 부정행위의 고발, 대표소송의 제기 등 중대한 사건이 발생하는 경우에는 임시적으로 특별위원회를 구성하여 회사의 대응방안을 결정하도록 위임하기도 한다.

이러한 위원회의 장점으로는 다음과 같은 것들이 지적되고 있다. 일단 소수의 위원으로 구성되기 때문에 특정사안에 대해 전체 이사회에서 하기 힘든 심도 깊은 논의를 할 수 있다. 각 위원회의 역할이 특정되어 있으므로, 구성원은 그 분야에 대해 지속적인 관심을 가지고 시간을 투입하여 보다 능률적이고 신속한 판단을 할 수 있다. 전문지식이 있는 이사라도 전체이사회에서는 수동적이 되기 쉽지만, 위원회에서는 주도권을 쥐고 전문지식을 활용할 수 있다. 위원회가 정보의 통로역할을 수행함으로써 이사회가 수집된 정보를 바탕으로 보다 적절한 판단을 할 수 있다. 또한 일부 중립적인 판단이 필요한 위원회는 사외이사만으로 구성하여 판단의 객관성을 확보할 수 있을 것이다.[20]

---

18 Del. GCL. §141(c).

19 GE의 경우는 모두 6개 상설위원회, 즉 재무 · 경영 · 감사 · 상여금과 급여 · 공공정책 · 이사추천위원회를 두고 있다. 뒤의 4개 위원회는 전원이 집행임원이 아닌 이사로 구성되고, 경영위원회는 전원이 집행임원인 이사만으로 구성되며, 재무위원회는 집행임원인 이사와 그렇지 않은 이사가 거의 동수로 구성되어 있다[Noyes E. Leech/ Robert H. Mundheim, The Outside Director of the Publicly Held Corporation, 31 Bus. Law. 1799, 1807-1808 (1976. 7)].

20 Noyes E. Leech/Robert H. Mundheim, 앞의 논문, 1809면 ; Business Roundtable, 249면 ; 홍복기, "이사회의 위원회에 관한 연구," 경제법 · 상사법논집(춘강 손주찬 교수 정년기념), 1989, 403면.

4. 감사위원회의 발전

이들 위원회 중에서도 이사회의 감독기능과 관련하여 특히 중요한 것은 감사위원회이다. 미국의 대기업에서는 이제 감사위원회가 널리 정착되고 있다. 1989년 자료에 근거하여 1990년 Heidrick & Struggles가 발표한 연구에 의하면 조사에 응한 회사 중 99%가 감사위원회를 두고 있었다.[21] 그러나 감사위원회가 이와 같이 널리 정착된 것은 비교적 최근의 일이다. 앞서 지적한 바와 같이 주회사법은 일반적으로 감사위원회의 설치를 강제하고 있지 않다. 다만 뉴욕증권거래소(NYSE)가 상장규정에서 상장회사로 하여금 독립적 이사만으로 구성된 감사위원회의 설치와 유지를 요구하고 있다.[22] 1987년 이후 미국전국증권업협회(the National Association of Securities Dealers : NASD)도 NASDAQ에 상장된 회사에 대해서는 감사위원회를 강제하고 있다. 아메리칸증권거래소(AMEX)는 1978년 이후 감사위원회를 권고사항으로 하고 있다.[23]

감사위원회에 대한 공식적 논의는 1939년 NYSE가 감사인의 선임을 이사회 내부에 설치된 특별위원회에 맡길 것을 권고한 때부터 시작되었다. 이듬해인 1940년 SEC는 감사위원회의 설치를 권고하였다.[24] 그러나 이와 같은 SEC의 권고에도 불구하고 기업들의 반응은 그다지 적극적이 아니었다. 감사위원회에 대한 관심이 다시 일게 된 것은 그로부터 약 30년이 지난 후의 일이다. 1968년 미국공인회계사협회(AICPA, the American Institute of Certified Public Accountants)는 「이사회의 감사위원회에 관한 의견서」를 공표하여 공

21 역시 1989년 자료에 근거한 Korn/Ferry의 연구에서도 조사에 응한 회사의 97%가 감사위원회를 두고 있음을 밝히고 있다(ALI원칙, Reporter's Note 4 at 107).

22 New York Stock Exchange, Listed Company Manual §303. 독립성은 이사회가 스스로 판단하도록 하고 있다.

23 American Stock Exchange, Listed Company Guide §121 ; NASDAQ By-Laws의 Schedule D.

24 SEC, Staff Report on Corporate Accountability (1980) at 486-490〔佐藤敏昭, "社外監査役の役割と監査役制度の課題—アメリカにおける監査委員會, 社外取締役の論議を踏えて," 現代英米會社法の諸相(長濱洋一教授還曆記念), 1996, 284면에서 재인용〕. 이러한 움직임은 McKesson-Robbins의 사기사건을 계기로 일게 된 것이라고 한다.

개회사에 감사위원회를 설치할 것을 권고하였다.[25] 마침 그 무렵 기업의 사회적 책임에 관한 논의가 일면서 기업의 재무제표를 감사하는 외부감사인의 독립성에 대한 의문이 제기되었다. 그리하여 1972년 SEC는 투자자보호를 위하여 다시금 감사위원회의 설치를 권고하기에 이르렀다.[26] 또한 당시 각종 회사비리사건이 잇달아 발생하면서 기업에 대한 일반공중의 불신이 높아진 것을 계기로 1973년 마침내 NYSE도 감사위원회의 설치를 강력하게 권고하기에 이르렀다. 1974년 SEC는 위임장권유를 하는 회사로 하여금 감사위원회의 설치 여부 및 위원의 성명 등을 공시하도록 함으로써 감사위원회의 설치를 유도하였다.[27] 마침내 1977년 NYSE는 1978년 7월 1일부터 정식으로 감사위원회의 설치를 상장요건으로 채택할 것임을 공표하였다.[28] SEC는 1978년 위임장권유규칙을 개정하여 등록회사에 대하여 감사위원회, 이사추천위원회, 보수위원회의 설치 여부와 위원의 성명, 약력, 위원회의 역할 등을 공시할 것을 요구하였다.[29] 이처럼 1978년에 이르러서는 적어도 대규모상장법인에 관한 한 감사위원회의 설치 및 그에 관한 공시의 체제가 갖춰지게 되었다.

ALI원칙은 이러한 감사위원회의 확산을 제도적으로 보다 공고히 하기 위하여 대규모공개회사[30]에 대해서는 감사위원회의 설치를 법적으로 강제할

25 SEC의 권고가 있은 지 30년 후인 1970년의 조사에서도, 감사위원회는 121사 중 32%만이 설치하고 있었고, 그중 40%는 미국공인회계사협회의 권고시에 설치된 것이라고 한다. R. K. Mautz/F. I. Newnann, The Effective Corporate Audit Committee, Harv. Bus. Rev. 59 (1970. 11)(佐藤敏昭, 앞의 논문, 284면에서 재인용).

26 SEC, Accounting Series Release No.123(佐藤敏昭, 앞의 논문, 285면에서 재인용).

27 SEC, Accounting Series Release No.165(佐藤敏昭, 앞의 논문, 285면에서 재인용).

28 발효시기는 1978년 7월 1일이었다.

29 Securities Exchange Act Release No.15384.

30 ALI원칙 §3.05의 적용을 받는 대규모공개회사는 §1.24의 정의규정은 다음과 같다.
"가장 최근의 정기주주총회를 위한 기준일 현재 지분증권(equities securities)의 명부상의 소유자가 2,000명 이상이고, 자산이 1억 달러 이상인 회사를 말한다. 단, 회사는 연속한 2기의 회계연도에 총자산이 1억 달러 미만이 되는 경우를 제외하고는 총자산이 1억 달러 미만이 되는 경우에도 대규모공개회사가 된다."
이러한 정의에 의하면 대규모공개회사는 대체로 상장회사와 일치할 것이다.

것을 촉구하는(§3.05)[31] 한편으로, 소규모공개회사에 대해서도 감사위원회를 둘 것을 권고하고 있다(§3A.02).

5. 감사위원회의 구성

NYSE의 상장규정에 의하면 감사위원회는 집행임원과 아무런 관계 없는 독립적인 이사로 구성하여야 한다.[32] 당해 회사나 자회사의 전직임원으로서 회사로부터 연금 등을 받는 자라도 이사회가 독립적으로 업무를 수행할 수 있다고 판단하는 자는 감사위원회의 구성원이 될 수 있다. 그러나 그러한 전직임원은 구성원의 반수를 넘을 수 없다.[33] 한편 NASDAQ도 감사위원회의 설치를 강제하면서 구성원의 과반수를 독립적인 이사로 임명할 것을 요구하고 있다.

1979년 American Society of Corporate Secretaries가 NYSE의 상장회사를 대상으로 행한 조사에 따르면, 조사에 응한 993사 가운데 963사가 감사위원회를 두고 있었으며 92%의 경우에 감사위원회가 비업무담당이사만으로 구성되어 있었다. 앞서 언급한 Korn/Ferry의 연구에 의하면 조사에 응한 회사의 97%가 감사위원회를 두고 있었으며 위원 중 업무담당이사의 평균수는 0이었다.[34]

ALI원칙에 따르면 감사위원회의 위원은 3명 이상으로 하되, 최근 2년 동안 회사에 고용된 적이 없는 이사들만이 위원이 될 수 있으며 그중 과반수는 회사의 고위집행임원(senior executives)과 중대한 관계(significant relationship)[35]

31 §3.05는 "모든 대규모공개회사는 회사의 재무자료를 작성하는 절차, 회사의 내부통제제도, 회사의 외부감사인의 독립성을 정기적으로 심사함으로써(reviewing) 이사회의 감독기능(oversight function)을 수행하고 보조하기 위해 감사위원회를 두어야 한다"라고 규정하고 있다. 여기서 '감독(oversee)'이라는 용어는 적극적 · 일상적 조사가 아니라 일반적 감독을 의미한다(ALI원칙, 89면).

32 NYSE, Company Manual §303.

33 NYSE, Company Manual, §303.

34 ALI원칙, Reporter's Note 4 at 107. 각 조사연구의 대상 등에 대해서는 Note 5 참조.

35 ALI원칙은 §1.34(a)에서 최근 회계연도 말에 다음에 해당되면 중대한 관계가 있는 것으로 본다.

가 없어야 한다.[36] 소규모공개회사(small publicly held corporation)에서는 감사위원회의 설치가 권고사항이지만 일단 설치하는 경우에는 이 같은 요건을 충족하도록 하고 있다(§3A.02).

6. 감사위원회의 기능

감사위원회의 주된 임무는 외부감사인의 선임 및 보수의 결정 등을 통하여 외부감사인의 독립성을 강화하고 회사와 외부감사인 사이의 창구역할을 수행함으로써 효율적인 감사에 기여하며 회사의 내부통제시스템을 정비하는 것이라고 할 수 있다. ALI원칙은 감사위원회의 임무를 다음과 같이 구체적으로 제시하고 있다:

① 회사의 외부감사인의 추천 및 해임에 대한 심사

---

① 이사가 회사의 사용인이거나 최근 2년 이내에 사용인이었던 경우
② 현재 회사의 임원 또는 최근 2년 이내에 고위집행임원이었던 자의 직근가족(immediate family)
③ 이사가 회사에 대하여 또는 회사로부터 최근 2년 이내에 20만 달러를 초과하는 상업적 지급을 했거나 받은 경우, 또는 이사가 의결권을 가지는 사업조직에 대하여 또는 그러한 사업조직으로부터 회사가 최근 2년 이내에 이사의 지분권의 비율을 곱하여 계산한 금액이 20만 달러를 초과하는 상업적 지급을 하였거나 받은 경우
④ 이사가 주요관리자로 있는 사업조직에 대해 또는 그러한 사업조직으로부터 최근 2년 이내에 당해 사업조직의 당해연도 연결총수익(consolidated gross revenues)의 5% 또는 20만 달러 중 많은 액수를 초과하는 상업적 지급을 하거나 받은 경우
⑤ 최근 2년 이내에 회사에 대해 법률자문을 한 법률회사 또는 회사의 자문을 하거나 간사인수인이었던 투자은행과 직업적 자격에서 관계가 있는 자
다만 §1.34(b)에서는 (a)항의 예외를 규정하고 있다. 즉 이사가 위의 ③호에서 ⑤호의 관계에 있기 때문에 그의 판단이 회사에 불리한 방향으로 영향을 받지 않을 것이라고 합리적으로 믿을 수 있는 경우에는 고위집행임원와 중대한 관계가 있는 것으로 간주되지 않는다. 또한 §1.34(c)에서는 본 조에서의 '회사(the corporation)'는 회사를 지배하는 회사, 회사에 의해 지배되는 자회사 또는 다른 사업조직을 포함한다고 규정하고 있다.

36 Business Roundtable도 감사위원회를 포함하여 세 위원회의 중요성을 강조하면서 감사위원회는 비업무집행이사만으로 구성되어야 한다는 결론에 이른 바 있다(Business Roundtable, 249면). Committee on Corporate Laws, The Overview Committee of the Board of Directors, 35 Bus. Law. 1335, 1351-1360 (1980)도 같은 취지이다. Guidebook은 비업무집행이사로 구성되고, 그 과반수는 비관련 · 비업무집행이사일 것을 제안하고 있다(Guidebook, 1627면).

② 외부감사인의 보수, 감사계약기간 및 독립성에 대한 심사

③ 회사의 고위회계담당임원(senior internal auditing executive)의 선임 또는 해임에 대한 심사

④ 외부감사인(그리고 고위회계담당임원)과 이사회 사이의 접촉창구로서의 기능

⑤ 외부감사의 결과, 감사보고서, 그와 관련된 경영의견서, 외부감사인의 제안과 내부회계담당부서의 중요한 보고서 및 이에 대한 경영진의 대응에 대한 심사

⑥ 연차재무보고서, 외부감사인이 재무보고서와 관련하여 제출하거나 행한 증명, 보고서, 의견 및 검토에 대한 심사와, 경영진과 외부감사인 간에 위의 재무보고서 작성과 관련하여 발생한 중대한 분쟁에 대한 심사

⑦ 회사의 내부통제장치의 적정성에 대해 외부감사인(그리고 고위회계담당임원)과의 협의를 통한 검토

⑧ 외부감사인 또는 주요고위집행임원 등이 보고한 재무보고서작성의 회계원칙 및 관행의 중대한 변경 또는 기타 중대한 의문에 대한 검토

III. 감사위원회의 도입여부

1. 서설

이제 문제는 우리나라에서도 과연 감사위원회를 채택할 것인가 하는 것이다. 앞서 살펴본 바와 같이 감사위원회가 제대로 기능하기 위해서는 위원의 전부 또는 압도적 다수가 사외이사가 되지 않으면 아니 될 것이다. 따라서 감사위원회는 사외이사가 적어도 3명 정도 있는 경우에만 설치할 수 있을 것이다. 앞서 언급한 증권거래소의 상장규정에 의하면 우리나라에서도 이제 1999년부터는 사외이사를 이사수의 4분의 1까지 선임하지 않으면 아니 된다(48조의5). 그렇다면 이사수가 12명 이상인 상장회사라면 대체로 감

사위원회를 도입할 수 있는 기반을 갖춘 것으로 볼 수 있을 것이다.[37]

감사위원회의 기능은 앞서 살펴본 바와 같이 우리 상법상의 감사의 기능과 상당부분 중복된다. 따라서 감사위원회를 도입하는 경우에는 감사제도와의 충돌이 불가피할 것이다. 미국에서는 우리 상법상의 감사와 같은 제도가 없기 때문에 사외이사와 감사위원회를 채택하는 데 회사법상 아무런 문제가 없다. 사실 현행법상으로도 이사회의 감독기능과 감사의 감독기능은 중복되는 부분이 없지 않다. 그러나 이사들이 모두 지배주주의 의사에 따라 선임되고 대표이사의 지휘하에 업무를 수행하고 있는 처지에 이사회에 감독기능을 기대하는 것은 무리였다. 따라서 상법상의 감사제도는 분명히 의의가 없지 않았고 감독기능의 중복은 이론상의 문제에 불과한 것이었다.[38] 그러나 사외이사의 수를 늘리고 감사위원회를 채택하는 경우에는 기존의 감사제도를 그대로 유지해야 하는가 하는 문제를 피할 수 없을 것이다. 어차피 이제껏 경영진에 대한 감독이 제대로 행해진 적이 없었으니 적어도 당분간은 감독기관이 많을수록 좋지 않겠는가 하는 견해도 있을 수 있다. 그러나 적어도 사외이사들로 감사위원회를 구성하는 회사에서는 감사를 선임할 수 없도록 해야 할 것으로 판단된다. 그것은 단순히 비용문제 때문만은 아니다. 감독기관이 많아지면 아무래도 서로 책임을 미루고 해이해질 가능성이 높아진다. 또한 양자 사이에 견해가 대립하는 경우에는 혼선이 생길 우려도 있다.

그렇다면 감사위원회를 도입할 것인가 아니면 현행 감사제도를 그대로 유지할 것인가? 이 선택은 감사위원회를 구성하는 사외이사와 현행법상의 감사 사이에 어느 쪽을 선택할 것인가의 문제와도 밀접한 관련이 있다. 이론상으로는 사외이사의 비율을 증가시키는 것과 감사위원회를 설치하는 것은 분명히 구별된다.[39] 그러나 사외이사의 수를 늘리면서도 감사위원회를 설치

37 물론 이사수가 그보다 적더라도 사외이사를 다수 선임하는 경우에는 감사위원회의 설치가 가능할 것이다.

38 오히려 문제는 감사조차 제대로 기능하지 않는 것이었다.

39 특정회사가 사외이사를 상당수 선임하더라도 감사위원회를 설치하지 않는 한 회계감사에 대한 권한은 이사회가 아니라 감사가 보유할 것이다.

하지 않고 현행 감사제도를 유지하는 것은 바람직하지 않은 것으로 보인다. 뒤에서 설명하는 바와 같이 적극적인 감사활동을 위해서는 감사의 수를 늘릴 필요가 있는데, 사외이사와 감사의 수를 모두 늘린다면 감독비용이 과다해질 것이기 때문이다. 따라서 이 글에서는 사외이사의 증가와 감사위원회의 설치는 동일선상에 있다는 전제하에 논의를 전개하기로 한다. 그렇다면 감사와 감사위원회 사이의 비교는 감사와 사외이사의 비교를 거치지 않고서는 불가능할 것이다.

감사와 감사위원회(그리고 그 배후의 사외이사) 사이의 구체적인 비교에 들어가기 앞서 한두 가지 유의할 점을 지적해 두고자 한다. 먼저 추상적인 차원에서 이 두 제도를 비교하는 것의 위험을 강조하고 싶다. 사실 감사나 감사위원회라는 제도를 추상적 차원에서 비교하는 것은 반드시 생산적이라고 할 수는 없다. 두 제도는 우리나라와 미국에서 어느 정도 정착되고 있지만 반드시 내용이 불가변한 것이 아니고 꾸미기에 따라서는 권한이나 기능을 크게 달리할 수도 있기 때문이다. 일본에서 감사제도를 유지하면서도 사외감사와 감사회를 도입함으로써 기능면에서 감사위원회에 접근시킨 것은 좋은 예라고 할 것이다. 따라서 어느 제도를 택하는가도 중요하지만 그에 못지않게 중요한 것은 그 제도의 내용을 어떻게 꾸미는가 하는 것이라고 할 수 있다.

제도의 선택과 관련하여 또 하나 지적해 둘 것은(너무나 당연한 말이지만) 선진외국의 제도라고 해서 맹목적으로 추종하는 것도 곤란하겠지만 감정에 휩싸여 근거 없는 반대론을 고집하는 것도 경계해야 한다는 것이다. 사외이사의 참여를 확대하고 감사위원회를 설치하는 것은 우리 회사법상의 기관구조에 대한 커다란 변혁을 의미한다. 이러한 변혁을 자발적으로가 아니라 외부로부터 권고(내지 요구)받아 추진하는 것이 반드시 유쾌한 일이라고는 할 수 없다. 아직도 경제계는 물론이고 법학계에도 강하게 남아 있는 사외이사제도에 대한 회의나 반감의 배후에는 생소한 외국의 제도에 대한 불신과 아울러 외부의 압력에 대한 불쾌감도 작용하고 있는 것이 아닐까? 그러나 중요한 것은 어느 제도가 외국에서 비롯된 제도냐 아니냐도, 외국의 압력이 있느냐 아니냐도 아니다. 감사와 사외이사 사이의 선택에서 중요한 것은 과연 어느 쪽이 현실적으로 보다 효율적인 결과를 낳을 수 있는가 하는 것이다. 요컨대 우리에게 중요한 것은 제도의 국적이 아니라 제도의 효용인 것이다.

2. 사외이사와 감사위원회의 장점

앞서 언급한 바와 같이 감사위원회는 이사회에 사외이사가 다수 참여하는 경우에만 비로소 설치할 수 있다. 따라서 감사위원회의 장점은 구성원인 사외이사의 장점과 분리하여 생각하기 어렵다. 이곳에서는 먼저 감사에 비하여 사외이사와 감사위원회의 장점을 아울러 살펴보기로 한다.

(1) 사외이사의 장점

1) 부당한 결정의 저지

사외이사는 이사회의 의사결정과정에 직접 참여하여 투표권을 행사할 수 있다는 점에서 감사와 근본적인 차이가 있다. 이러한 차이점으로 인하여 사외이사는 감사보다 폭넓게 감독권을 행사할 수 있다.

감사의 권한이 적법성감사 외에 타당성감사까지 포함하는지 여부에 대해서는 다툼이 있지만, 대체로 적법성감사에 한정된다고 보는 것이 다수의 견해이다. 물론 타당성과 적법성은 항상 명확히 구별할 수 있는 것은 아니다. 그러나 적어도 이사회의 결정이 적법하고 충분한 정보를 토대로 신중한 검토를 거쳐서 이루어진 경우에는 감사가 그 결정을 부당하다고 판단한다 해도 그것을 트집잡기 어려울 것이다. 이사회의 의사결정에 간섭할 수 있는 범위가 좁다는 것이 바로 감사의 한계라고 볼 수 있다. 이처럼 권한이 한정되는 감사와는 달리 사외이사는 특정의안이 적법하지만 부당하다고 판단되는 경우에는 이사회에서 반대함으로써 그것을 저지할 수 있다.[40]

---

40 그러나 다수결에서 패배하는 경우에는 별다른 대책이 없다. 사외이사가 이사회의 과반수를 차지하는 경우에는 보다 승산이 높을 것이다. 그러나 그 경우에도 사외이사들 사이에 협조가 제대로 이루어지지 못하면 경영진의 조종을 받게 될 가능성이 크다.

2) 경영진의 교체

감사는 경영진이 무능하거나 부정직하더라도 법령이나 정관에 위반한 행위가 없는 한 교체하기 어렵다. 그러나 사외이사는 경영진이 주주들의 신뢰를 상실한 경우에는 위법행위가 없더라도 이사회에서 교체하는 것이 가능하다.

3) 중립적 판단주체로서의 역할

사외이사가 다수 존재하는 경우에는 미국의 기업실무에서 보는 바와 같이 중립적 역할을 수행함으로써 법적 분쟁의 가능성을 감소시킬 수 있다. 예컨대 친자회사 간의 합병이나 기업인수시도에 대한 방어조치를 결정하는 경우에는 기존경영진과 주주들의 이익이 상호충돌할 가능성이 있다. 그러한 경우에는 기존경영진이 아닌 중립적 기관이 나설 수 있다면 분쟁의 소지를 크게 줄일 수 있을 것이다. 미국에서는 사외이사들로 하여금 회사가 취할 적절한 조치를 결정하도록 함으로써 중립적 역할을 맡기고 있다.[41]

(2) 감사위원회의 장점

1) 이사회와의 비교

다른 소위원회와 마찬가지로 감사위원회는 이사회와 비교할 때 다음과 같은 장점들을 지닌다.

① 중립성

감사위원회는 사외이사만으로 구성되므로 보다 중립적인 결정이 가능하다. 사외이사가 과반수를 차지하더라도 사내이사들이 똘똘 뭉쳐서 행동하는 경우에는 이사회에서 중립적인 결정을 기대하기 어렵다. 거꾸로 사외이사가 반수에 미달하는 경우에도 감사위원회를 설치하면 업무수행의 중립성을 확보할 수 있을 것이다.

---

41 예컨대 ALI원칙 제5.02(a)(2)(B)조.

② 전문성

감사위원회는 구성원을 감사에 관한 전문지식이 있는 사외이사들로만 구성함으로써 전문성을 높일 수 있다. 또한 처음에는 전문성이 미흡하더라도 감사관련업무를 전담하다 보면 차츰 전문성이 높아질 수 있다.

③ 책임성

어느 모임이든 참가자의 수가 많아지면 책임감이 떨어진다. 감사위원회는 소수의 이사들로만 구성되므로 전체이사회보다 책임감을 갖고 감사업무에 임할 수밖에 없다.

④ 기동성

감사위원회는 이사회보다 구성원의 수가 훨씬 적을 것이므로 한층 기동성 있는 행동이 가능할 것이다.

2) 감사와의 비교

① 분업과 공동행동의 장점

감사위원회는 적어도 3명 이상의 이사가 참여하므로 이들 사이에 업무분담이 가능할 뿐 아니라 의견교환과 공동행동을 통해 심리적 부담도 덜 수 있다.

② 광범위한 권한

미국에서 감사위원회는 실무상 외부감사인의 선임은 물론이고 내부통제시스템이라든가 회사의 내부회계담당임원 등의 선임에 대해서도 결정권을 가진다. 우리 현행법상 감사는 외부감사인의 추천권을 갖는 외부감사선임위원회에 참여할 수 있을 뿐이고(외감법 4조), 내부회계담당임원의 선임에 대해서는 아무런 권한도 없다.

3. 감사의 장점

감사는 이사회의 구성원은 아니지만 이사회에 출석하여 의견을 진술할 수 있다(391조의2 1항). 따라서 이사회의 결의를 의결권의 행사로써 막을 수는 없지만 경영진에 심리적 압력을 가할 수는 있다.

중요한 것은 감사는 이사는 갖지 못한 다양한 권한을 갖고 있다는 점이다. 현행법상 이사회는 광범한 권한을 갖지만 이사회의 구성원으로서의 이사는 독자적 권한이 별로 없다. 사외이사가 이사회의 다수를 점하는 경우에는 이사회의 조치를 통해서 필요한 정보를 구할 수 있을 것이다. 그러나 사외이사가 소수인 경우에는 정보를 구하는 것이 현실적으로 곤란할 수 있다. 감사위원회가 도입된다 해도 현재 미국에서의 실무관행상으로는 권한이 회계감사에 치중되어 있다. 그러나 감사는 이사를 상대로 위법행위의 유지를 청구할 수 있을 뿐 아니라 손해배상을 청구할 수 있다(402조, 403조). 감사는 또한 이사에 대해서 영업에 대한 보고를 요구하거나 회사의 업무와 재산상태를 조사할 수도 있다(412조 2항). 1995년 상법개정으로 감사는 임시주주총회의 소집을 청구할 수도 있는 권한을 갖게 되었다(412조의3 1항).

4. 평가

앞서 살펴본 바와 같이 감사위원회와 감사는 각각 나름대로 장단점을 지니고 있다. 따라서 구체적인 사정을 도외시한 채 일반적으로 어느 한쪽이 다른 쪽보다 반드시 낫다고 하기는 어렵다. 그래도 한 가지 분명히 말할 수 있는 것은 사외의 참여자 수를 늘릴 수 없는 경우에는 사외감사를 두는 편이 더 낫다는 것이다. 그 이유는 법적 권한면에서 감사가 사외이사나 감사위원회보다 한 발 앞서 있기 때문이다.

그러나 아무리 감사가 막강한 권한을 갖고 있다 해도 혼자 활동하는 것에는 한계가 있다. 그렇다고 해서 무작정 감사의 수를 늘리는 것이 능사는 아니다. 회사경영에 참여하는 외부인사의 수를 늘린다면 감사의 수를 늘리기보다는 오히려 사외이사의 수를 늘리는 방향으로 가는 것이 보다 효율적이 아닐까 여겨진다. 감사의 역할은 아무래도 적법성감사에 집중되는 것인 데 비하여 사외이사는 의사결정과정에 직접 참여하여 의사결정의 타당성을 문제삼을 수 있다. 또한 감사와 달리 이사는 이론상 이사회를 통해서 무능한 경영진을 교체할 수도 있다. 이러한 점을 고려하면 적어도 대규모상장기업의 경우에는 미국에서와 마찬가지로 사외이사들을 다수 선임하고 이들로 하여금 감사위원회를 구성하도록 하는 것이 바람직할 것이다. 미국식 모델에 따른 이러한 체제는 외국투자자들이 이해하기 쉬운 제도라는 점도 국제적인 자본시장에서 자금을 조달해야 하는 우리 기업들로서는 무시할 수 없는 장점이라고 할 것이다.

5. 효과적 감독을 위한 조건

감사와 감사위원회 중 어느 쪽이 나은가를 일반추상적으로 결정하기는 어렵다. 그러나 어느 쪽을 택하든 감독기능이 실질적으로 발휘되기 위해서는 몇 가지 전제조건이 필요하다. 이하에서는 그러한 전제조건들을 몇 가지 살펴보기로 한다.

(1) 독립성과 상근여부

사외이사든 감사든 효과적인 감독을 위한 가장 중요한 전제조건은 경영진으로부터 독립성을 확보하는 것이다. 독립성기준에 대해서는 이미 논의가 상당 정도 이루어진 바 있다. 따라서 이곳에서는 독립성에 관한 논의를 반복하는 대신 이사나 감사의 상근 여부와 독립성의 관계에 대해서만 검토하기로 한다. 우선 결론부터 밝히자면 이사든 감사든 상근이 되어서는 독립성을 유지하기가 어려운 것이 아닌가 여겨진다.

먼저 상근이사의 전형적인 형태라고 할 수 있는 업무집행이사부터 살펴보자. 경영진으로부터 독립성을 유지하기 위해서는 이사가 경영진의 일원이 되어서는 아니 되기 때문이다. 따라서 이사는 이사회의 의사결정에 참여하더라도 이사회에서 결정된 사항의 집행, 즉 업무집행을 담당해서는 아니 될 것이다. 경영진의 구성원으로 업무집행을 담당한 자가 다른 구성원, 특히 업무집행의 최고책임자인 대표이사를 제대로 감독하리라고 기대하는 것은 무리이기 때문이다. 그렇다면 이사가 독립성을 유지하기 위해서는 이사회의 의사결정에 참여하고 경영진을 감독하는 것에 그쳐야 할 것이다. 그러나 이사가 단순히 이사회에 참석하는 것만으로는 상근이 될 수 없다.[42] 그렇다면 이사가 상근을 하면서 경영진을 감독하는 것은 가능하지 않은가? 그러한 감독을 전업으로 하는 상근이사도 논리적으로 생각해 볼 수 없는 것은 아니다.[43] 그러나 이사든 감사든 상근을 하게 되면 독립성이 훼손될 소지가 커진다. 먼저 상근이 되면 아무래도 경영진과 친밀한 관계가 형성될 공산이 크다. 이사나 감사도 인간인 이상 매일 얼굴을 마주치는 사람에게 듣기 싫은 소리를 하고 불리한 조치를 감행하기는 쉽지 않을 것이다. 또한 상근이 되면 이사나 감사직 자체가 자신의 생계나 사회생활에서 차지하는 비중이 너무 커져 소신 있는 업무수행이 곤란해질 수도 있다. 끝으로 독립성과는 무관하지만 결코 소홀히 할 수 없는 문제는 이사든 감사든 상근으로 감독업무만을 담당해야 한다면 유능한 인재를 확보하기 어렵다는 점이다. 감독업무는 기본적으로 소극적 업무이기 때문에 능력을 발휘할 수 있는 여지가 한정되어 있다. 그러므로 유능한 자라면 그런 일을 상근으로 하기보다 적극적으로 경영일선에 서고 싶어할 것이다. 결론적으로 이사든 감사든 독립적인 업무수행을 기대할 수 있으려면 가급적 따로 직업을 가진 유능한 인재를 비상근으로 선임해야 할 것이다.

(2) 3명 이상의 선임

사외이사든 감사든 수가 적어서는 효과적인 감독을 기대하기 어렵다. 감독의 대상인 경영진은 수가 많아 혼자 상대하기에는 벅차다. 또한 감독업무

42 이사회의 권한은 국가에 따라 차이가 있다. 우리 상법상 이사회의 권한은 실제로 어떻게 운영되는가는 별론으로 하고 적어도 법적으로는 상당히 넓다. 이러한 이사회의 권한이 어느 범위까지 대표이사 내지 하부위원회에 위임될 수 있는지는 분명치 않다. 어쨌든 실무상으로는 그러한 위임이 폭넓게 이루어지고 있다.

43 이러한 이사는 현행법상의 감사, 특히 상근감사에 접근할 것이다.

는 성질상 경영진을 상대로 기업정보를 요구하고 경고 내지 법적 조치를 취하는 등 감독업무의 심리적으로 상당히 부담스러운 행위를 수반할 수 있다. 감독업무를 한 사람이 아니라 여럿이 담당한다면 감독업무의 심리적 부담을 덜 수 있을 뿐 아니라 독자적인 결정에서 발생할 수 있는 오류를 방지할 수도 있을 것이다. 사외이사든 감사든 그 수는 적어도 3명 이상은 되어야 효과적인 업무수행을 기대할 수 있는 것이 아닌가 여겨진다.

(3) 조직의 필요

사외이사든 감사든 다수가 참여하는 경우에는 효과적 업무수행을 위하여 어느 정도 조직을 갖출 필요가 있다. 각자가 개인행동을 하게 되면 업무수행에 혼선이 생기고 경영진의 로비에 말려들 가능성도 커진다. 사외참가자들의 수가 적더라도 통일된 목소리를 낼 수 있다면 그 영향력은 커질 것이다. 행동의 공동보조를 맞추기 위하여는 조직을 갖추는 것이 필요하다. 이 글의 논의대상인 감사위원회는 그러한 조직의 대표적인 예이다. 또한 일본상법에서 도입된 감사회도 이러한 조직에 속한다. 이러한 조직이 법제화되지 않는 경우에는 사외이사나 감사 자신들이 적어도 대표자를 선임하여 내부적인 연락과 의견조정의 중추역할을 맡겨야 할 것이다.

(4) 정보의 중요성

효과적인 감독을 뒷받침하는 데 독립성에 못지않게 중요한 것은 정보이다. 현행 상법상 감사는 이사에 대한 보고요구권과 재산상태의 조사권(412조 2항) 등 정보를 구할 수 있는 권한이 존재하지만, 개별 이사는 그러한 명시적인 권한이 없다. 따라서 사외이사를 늘리고 감사위원회를 설치하는 쪽으로 나아가는 경우에는 정보를 확보할 수 있는 수단을 명시적으로 규정하는 것이 필요하다.

6. 도입의 방안

감사위원회를 도입하는 경우에는 어떠한 범위의 회사에서 어떠한 방법으로 도입하도록 할 것인가? 먼저 범위와 관련해서는 우선 주주의 수가 많고 규모가 큰 상장법인을 중심으로 도입하여야 할 것이다.

앞서 ALI원칙은 감사위원회를 강제하는 회사의 기준을 주주 2,000명 이상, 자산 1억 달러 이상으로 하고 있다. 우리나라에서는 일단 주주 1,000명 이상, 자산 1,000억 원 이상 정도에서 시작하는 것이 어떨까 생각된다. 주주의 수는 1,000명이든 2,000명이든 감독의 필요성은 비슷할 것이다. 오히려 중요한 것은 감사위원회의 비용을 감당할 수 있는 기업규모일 것이다. 자산이 1,000억 이상이라면 일단 사외이사 3명 정도는 유지할 수 있는 규모라고 볼 수 있다. 비상장이거나 규모가 미달하는 상장법인의 경우에는 감사위원회의 설치가 강제되지 않지만, 회사 측에서 필요하다고 판단하는 경우에는 설치할 수 있도록 하여야 할 것이다.

상장법인에 감사위원회설치를 강제하는 방법으로는 증권거래법에 직접 규정하는 방법과 증권거래소의 상장규정에 규정하는 방법의 두 가지를 생각해 볼 수 있다. 감사위원회를 설치하는 경우에는 감사를 폐지하여야 할 것이다. 감사의 폐지와 같은 규정을 상장규정에 두는 것은 적합치 않고 증권거래법에 상장법인의 특칙으로 두어야 할 것이다. 그리고 적어도 감사위원회의 구성과 권한에 대하여 최소한의 사항은 명문으로 규정하는 것이 타당할 것이다. 또한 상법에는 비상장법인이라도 증권거래법상의 감사위원회를 갖추는 경우에는 감사를 두지 않을 수 있다는 규정을 두는 것이 바람직하다.

IV. 맺음말

이상에서 살펴본 바와 같이 감사냐 감사위원회냐의 문제는 쉽게 결정할 수 있는 문제는 아니다. 보다 중요한 것은 어느 쪽을 택하든 실효성 있는 제도로 꾸미는 것이다. 감사위원회라는 명칭의 제도를 도입한다고 해서 현재보다 감독기능이 제고되는 것은 아니다. 감사위원회냐 감사냐의 문제는 결국 사외이사모델로 가는가 아니면 감사모델로 가는가의 선택의 문제이다. 주의할 것은 명칭의 유사점에도 불구하고 우리가 현재 취하고 있는 감사모델이 독일식 모델은 아니라는 점이다. 독일식 모델에서는 감사회에서 이사를 선임한다. 경영진을 선임하고 실질적인 경영보다는 감독에 치중하는 미국식 이사회는 명칭은 다르지만 기능상으로는 독일식 감사회와 유사하다. 이렇게 보면 우리와 일본의 감사모델이 오히려 독특한 제도라고 할 수 있다. 일본에서는 1993년의 상법개정에서 사외감사와 감사회를 도입함으로써 사외이사제도를 배척하고 감사제도를 강화시키는 방향으로 나아갔다. 그 이유가 반드시 분명한 것은 아니지만, 사외이사제도가 의미하는 커다란 변화보다는 현상유지를 바랐던 것이 아닌가 추측된다. 그러나 일본에서 새로운 사외감사제도에 대한 일반적인 평가는 그다지 긍정적인 것 같지 않다. 흥미로운 것은 최근 일본에서도 사외이사의 도입을 요구하는 소리가 높아지고 있다는 점이다.[44]

사외이사를 늘리고 감사위원회를 도입한다고 해서 감독이 제대로 이루어질 것이라는 보장은 물론 없다. 그러나 감사제도도 그러한 보장을 해주지 못한다는 점은 무엇보다 현재의 실상이 극명하게 보여 주고 있다. 사외이사의 반대론자들이 지적하는 바와 같이 사외이사제도가 현재의 기업실무 내지 관행과 거리가 있는 것은 사실이다. 기업관행을 이유로 사외이사에 반대하는 사람들은 그 대신 감사제도의 강화를 주장하는 것이 보통이다. 그러나 그동안 거의 기능하지 않았던 감사제도가 강화되는 경우에는 기존의 기업관행과 거리가 생기지 않는 것일까? 문제는 새로운 감독체제가 기존 기업관행과 얼마나 차이가 있는지 여부가 아니라 그것이 과연 효율적인 체제인지 여부이다.

44 집권당인 자민당에서는 감사의 역할을 더욱 강화하는 방향의 법안을 제정하려는 움직임도 존재한다. 商事法務 1494호(1998. 6. 25), 54-55면.

결론적으로 적어도 대규모상장법인의 경우에는 사외이사를 늘리고 새로이 감사위원회를 채택하는 것이 감사제도를 강화하는 것보다는 효과적 방안으로 판단된다.

『상장협』 제38권(1998. 10), 한국상장회사협의회, 103-118면.

* 추기 : 외환위기 후 법령개정으로 상장법인의 경우에는 사외이사의 선임과 감사위원회의 설치가 강제되었고 비상장법인의 경우에는 감사 대신 감사위원회를 설치하는 것이 허용되었다.

03 감사위원회, 어떻게 도입할 것인가*

I. 서론

최근 우리 경제가 패러다임전환의 시대를 맞아 사외이사와 감사위원회에 대한 관심과 기대가 날로 높아 가고 있다. 사외이사제도는 실제 운영면에서 다소 미흡한 점이 없지 않았지만 이미 은행과 일부 공기업에서 선을 보인 이래 1998년 2월 이후 모든 주권상장법인에서 도입이 강제되고 있다(증권거래소상장규정 48조의5). 처음에는 상장규정에서 요구하는 사외이사의 수가 1명에 그쳤으나 1999년부터는 이사정원의 4분의 1 이상을 사외이사로 채우도록 하고 있다. 최근에는 사외이사의 수를 과반수로 늘릴 필요가 있다는 주장

* 이 글은 중앙대학교 법학전문대학원 윤영신 교수와 공동집필한 것임. 이 글은 저자들이 『상장협』 1998년 추계호에 발표한 "새로운 경영감독체제의 모색"이라는 논문의 후속편의 성격을 갖는다. 다만 현행 감사와 비교하는 부분과 감사위원회의 활성화에 관한 부분 등은 앞의 논문과 다소 중복됨을 밝혀 둔다.

도 나오고 있다. 이제 사외이사는 좋든 싫든 간에 우리나라의 기업지배구조에서 당당히 시민권을 주장할 수 있게 된 것으로 보인다.

사외이사제도가 어느 정도 뿌리를 내리면서 새로이 등장한 것이 바로 감사위원회(audit committee)에 대한 요구이다. 정부는 IBRD 같은 국제기관이나 외국투자자들의 강력한 요청에 따라 이미 감사위원회를 도입하기로 방침을 발표한 바 있다.[1]

사외이사와 마찬가지로 감사위원회는 미국에서 탄생하였지만 이제는 영국,[2] 캐나다[3] 등 다른 경제선진국으로 널리 확산되고 있다. 일본에서는 과거 이른바 미일구조협의(美日構造協議)에서 미국이 채택을 요구하였음에도 불구하고 끝내 사외이사와 감사위원회를 도입하지 않았다. 대신 1993년 상법 개정시 사외감사와 감사회〔원명은 감사역회(監査役會)〕를 도입함으로써 점진적인 개선책을 채택하였다.

우리도 일본과 마찬가지로 감사위원회를 도입하는 대신 기존의 감사제도를 유지하는 방향으로 나아가는 것이 이론상 불가능하지는 않다. 그러나 일단 사외이사의 수를 늘리는 방향으로 나아가면서 감사제도를 고수하는 것은 뒤에서 살펴보는 바와 같이 별로 바람직하지 않은 것으로 보인다. 이 글은 이미 도입된 사외이사제도를 기초로 감사위원회제도를 도입할 때 고려할 여러 문제점을 적시하고 검토하는 것을 목적으로 한다. 물론 사외이사의 수를 증가시키는 쪽으로 나가는 정책이 과연 옳은 것인지에 대해서도 아직 논의의 여지가 없는 것은 아니다. 그러나 그 문제에 대해서는 이미 정부방침으로는 결론이 내려진 상태라고 판단되기 때문에 본격적으로 거론하는 것은 피하기로 한다.

---

1 지난 1998년 12월 금융감독위원회(금감위)가 국제회계기준(International Accounting Standards)에 부합하도록 기업회계기준을 대폭 개정함으로써 우리 기업회계는 국제적인 표준(global standard)에 한걸음 더 접근하였다. 그러나 앞서 언급한 외국기관들은 감사위원회 없이는 기업회계의 투명성은 담보될 수 없는 것으로 보고 있다.

2 Hampel Report 6.3 (1998).

3 Toronto Stock Exchange Committee on Corporate Governance in Canada, Where Were The Directors? Guidelines For Improved Corporate Governance in Canada, Guideline 13 (1994)(Ira Milstein & Holly Gregory, Comparisons on Board Guidelines 23에서 재인용).

이 글에서는 일단 사외이사제도가 정착된 상황에서 감사위원회를 어떻게 도입할 것인지의 문제를 주로 검토하기로 한다. 또한 미국에서의 감사위원회의 발전과 현황에 대해서는 이미 여러 곳에서 충분히 소개되었다고 생각되므로 이곳에서는 우리나라에 도입하는 경우의 문제점만을 다루기로 한다.[4]

이 글의 순서는 다음과 같다. 먼저 II에서는 기존의 감사와 감사위원회를 비교한다. 특히 대규모상장기업의 경우에는 감사위원회를 설치하도록 하자는 목소리가 높기는 하지만 아직 감사제도의 유지를 주장하는 견해도 만만치 않은 것 같다. 그러므로 이들 두 제도를 비교 · 검토할 필요가 있다. 이곳에서는 양 제도의 장점을 간단히 비교하기로 한다. 이어서 III에서는 감사위원회를 도입하는 경우 해결해야 할 구체적인 쟁점들을 하나하나 짚어 보고 나름의 의견을 제시하기로 한다. 우리가 장차 감사위원회를 도입한다고 해서 그것이 바로 제대로 기능할 수 있는 것은 아니다. 감사위원회가 소기의 성과를 거둘 수 있으려면 여러 가지 여건이 갖추어질 필요가 있다. IV에서는 감사위원회의 성공적 운영을 뒷받침하기 위하여 유념할 사항들에 대해서 살펴보기로 한다. 끝으로 V에서는 감사위원회의 도입에 관한 논의에서 주의할 점을 지적하면서 글을 마치기로 한다.

II. 감사와 감사위원회의 비교

1. 사외이사의 증가와 감사위원회의 도입

1999년부터 상장법인은 이사수의 4분의 1 이상을 사외이사로 선임하도록 되어 있다(상장규정 48조의5). 일부에서는 사외이사의 수를 과반수로 끌어올

4 김건식/윤영신, "새로운 경영감독체제의 모색 : 감사, 사외이사, 감사위원회의 비교를 중심으로," 상장협(1998년 추계호), 111면 이하 참조.

려야 한다는 견해도 강력하게 주장되고 있다. 그러나 이론상으로는 사외이사의 수가 많다고 해서 반드시 감사위원회를 설치해야만 하는 것은 아니다. 만약 기존의 감사를 유지하는 편이 감사위원회를 설치하는 것보다 장점이 크다면 현재의 감사제도를 그대로 유지할 수도 있을 것이다. 이곳에서는 감사위원회를 도입할 것인가 아니면 감사제도를 유지할 것인가의 관점에서 양자를 비교해 보기로 한다.

그에 앞서 잠시 생각해 볼 것은 사외이사의 수를 늘리고 감사위원회를 채택하는 경우에는 기존의 감사제도를 반드시 포기해야 하는가 하는 문제이다. 어차피 이제껏 경영진에 대한 감독이 제대로 행해진 적이 없었으니 적어도 당분간은 감독기관이 많을수록 좋지 않겠는가 하는 견해가 있을 수 있다. 그러나 적어도 사외이사들로 감사위원회를 구성하는 회사에서는 감사를 선임할 수 없도록 해야 할 것으로 판단된다. 그것은 단순히 비용문제 때문만은 아니다. 감독기관이 많아지면 아무래도 서로 책임을 미루고 해이해질 가능성이 높아진다. 또한 양자 사이에 서로 견해가 대립하는 경우에는 혼선이 생길 우려도 있다. 따라서 동일한 회사가 감사위원회와 감사를 동시에 설치하는 것은 바람직하지 않다고 할 것이다.

2. 감사위원회의 장점

(1) 분업과 공동행동

감사위원회는 적어도 3명 이상의 사외이사가 참여하는 것이 보통이다. 따라서 위원들 사이에 업무분담이 가능할 뿐 아니라 상호의견교환과 공동행동을 통해서 심리적 부담도 덜 수 있는 장점이 있다. 물론 감사의 수를 늘림으로써도 마찬가지의 효과를 올릴 수 있다. 그러나 앞서 언급한 바와 같이 회사의 비용부담과 업무상의 혼선의 우려가 있기 때문에 감사의 수를 늘리는 것은 바람직하지 않다. 감사위원회의 경우에는 이미 선임된 사외이사들로 구성되는 것이기 때문에 회사의 추가비용은 그리 크지 않다.

(2) 광범위한 권한

미국의 기업실무에서 감사위원회는 회계감사의 면에서는 상당히 포괄적인 권한을 갖고 있다. 외부감사인과 회사내부의 감사책임자의 임면에 대해서는 물론이고 효과적인 내부통제장치를 구축할 권한을 갖고 있다. 그러나 상법상의 감사는 그러한 권한이 극히 미흡하다. 외부감사인의 선임에 있어서도 감사인은 감사인선임위원회라는 위원회의 일개 구성원이 되는 것에 불과하다.

회계감사 이외에는 감사가 보다 폭넓은 권한을 갖는다. 그러나 감사위원회의 권한을 반드시 회계감사에 국한시켜야 한다는 법은 없다. 미국에서 감사위원회의 권한이 회계감사에 한정되는 것은 감사위원회에 다른 기능까지 맡길 필요가 없었기 때문이다. 따라서 감사위원회를 도입하는 경우에는 미국에서의 감사위원회의 기능에 현재 상법상 감사가 갖고 있는 권한을 적절히 추가하여 도입할 필요가 있을 것이다.

3. 감사의 장점

감사는 이사회의 구성원은 아니지만 이사회에 출석하여 의견을 진술할 수 있다(상법 391조의2 1항). 따라서 이사회의 결의를 의결권의 행사로써 막을 수는 없지만 경영진에 심리적 압력을 가할 수는 있다. 보다 중요한 것은 감사는 이사가 갖지 못한 다양한 권한을 갖고 있다는 점이다. 현행법상 이사회는 광범한 권한을 갖지만 개별이사는 독자적 권한이 별로 없다. 감사위원회가 도입된다 해도 만약 미국에서의 실무관행에 따른다면 그 권한은 회계감사에 한정될 것이다.

그러나 상법상의 감사는 회계에 관해서뿐 아니라 일반업무집행에 관해서도 권한을 갖고 있다.[5] 감사는 이사를 상대로 위법행위의 유지를 청구할 수

5 다만 타당성감사를 할 수 있는가에 대해서는 부정하는 것이 다수설이다.

있을 뿐 아니라 손해배상을 청구할 수 있다(상법 402조, 403조). 감사는 또한 이사에 대해서 영업에 대한 보고를 요구하거나 회사의 업무와 재산상태를 조사할 수도 있다(상법 412조 2항). 이것을 통해서 감사는 회사에 대한 정보를 수집할 수 있다. 나아가 1995년 상법개정으로 감사는 임시주주총회의 소집을 청구할 수 있는 권한도 갖게 되었다(상법 412조의3 1항).[6]

감사의 또 하나의 장점은 선임시 독립성을 확보하기 위한 장치가 마련되고 있다는 점이다. 상법상 감사의 선임시에는 아무리 대주주라도 3%를 초과하는 주식에 관해서는 의결권을 행사할 수 없게 되어 있다(상법 409조 2항). 이제까지 이 규정은 실제로 실효를 발하는 경우가 거의 없었다. 그러나 지분이 증가일로에 있는 국내외 기관투자자들이 단결한다면 적어도 자의적인 감사 선임만은 견제할 수 있을 것이다.

4. 비교시 주의점 : 제도의 변용 가능성

이상에서 살펴본 바와 같이 감사위원회와 감사는 각각 나름대로 장점을 지니고 있다. 따라서 구체적 사정을 도외시한 채 일반적으로 어느 한쪽이 다른 쪽보다 반드시 낫다고 하기는 어렵다. 특히 감사위원회나 감사나 그 내용이 반드시 고정불변인 것은 아니기 때문에 그러한 일반적인 비교는 비생산적일 수가 있다. 감사위원회는 미국의 관행이지만, 우리가 그것을 도입하는 경우에 반드시 미국에서와—특히 권한이나 선임방식 면에서—완전히 같은 내용으로 도입해야만 하는 것은 아니다. 만약 우리의 기업지배구조의 특성에 맞게 변용할 필요가 있다면 얼마든지 변용해야 할 것이다. 거꾸로 상법의 감사도 반드시 현행 상법이 규정하는 바에 따라야만 하는 것은 아니다. 만약 개선할 점이 있다면 얼마든지 개선해야 할 것이다. 이처럼 감사개념의

6 임시총회에서 감사는 특정이사의 해임을 구할 수도 있다. 물론 감사가 제안한 안건이 주주총회에서 통과될 가능성은 크지 않겠지만, 감사에게 불신임을 받았다는 사실만으로도 경영진의 명성에는 커다란 타격이 될 수 있다. 특히 여론의 위력이 큰 우리나라에서는 그러한 사실이 보도되는 것 자체만으로도 커다란 위협이 될 수 있을 것이다.

융통성은 일본상법의 개정역사에서 여실히 드러난 바 있다. 감사의 권한범위가 업무감사를 놓고서 오락가락했던 것은 물론이고, 최근의 사외감사와 감사회의 도입에서처럼 그 수나 조직도 상당한 융통성을 보이고 있다. 따라서 이러한 양 제도의 변용 가능성을 염두에 넣는다면 막연히 추상적인 차원에서 감사위원회와 감사를 비교하는 것은 불모의 논의가 되기 십상이다.

5. 감사위원회의 우월성

이러한 전제에도 불구하고 일단 우리가 사외이사의 수를 늘리는 방향으로 나아가기로 정한 이상 감사제도를 포기하고 감사위원회를 도입하는 것이 순리라고 생각한다. 그 이유는 다음과 같다.

첫째, 단독기관으로서 감사가 갖는 한계 때문이다. 감사는 비록 상법상 막강한 권한을 갖고 있지만 혼자서 활동한다는 것이 단점이 될 수 있다. 한 사람이 막강한 경영진을 상대로 투쟁하는 것은 여간 부담스런 일이 아니다. 자칫 편견에 사로잡혀 판단을 그르칠 가능성도 있고 올바른 행동에 나서더라도 독불장군 같은 인상을 주기 쉽다. 감사의 권한에 속하는 문제는 적법성감사에 한정된다고 하더라도 판단이 어려운 경우도 적지 않다. 그러한 경우에는 역시 동료 간에 의논하여 결정하는 것이 바람직할 것이다. 또한 감사위원회 같은 조직을 갖추어 활동하는 것이 감사가 단독으로 활동하는 것보다는 경영진의 로비에 말려들 가능성도 적을 것이다.

둘째, 감사의 권한의 한계 때문이다. 감사의 수를 늘리는 것이 비용면에서 부담이 된다면 대신 사외이사의 수를 줄이면 되지 않는가 반문할 수도 있다. 이는 사외이사의 증가를 받아들이는 이 글의 전제에 반한다. 그렇지만 문제가 제기된 김에 감사에 대비하여 사외이사의 옹호론을 간단히 펴보기로 한다. 회사경영에 참여하는 외부인사의 수를 늘린다면 감사의 수를 늘리기보다는 오히려 사외이사의 수를 늘리는 방향으로 가는 것이 보다 효율적이 아닐까 여겨진다. 감사의 역할은 아무래도 '적법성'의 감사에 집중되는 것인데 비하여, 사외이사는 의사결정과정에 직접 참여하여 의사결정의 '타당성'

을 문제삼을 수 있다. 또한 감사와는 달리 이사는 이론상 이사회를 통해서 무능한 경영진을 교체할 수도 있다. 이러한 점을 고려하면 적어도 대규모상장기업의 경우에는 미국에서와 마찬가지로 사외이사들을 다수 선임하고 이들로 하여금 감사위원회를 구성하도록 하는 것이 바람직할 것이다.

셋째, 감사위원회가 내부감사(internal audit)와 외부감사를 보다 효율적으로 연결할 수 있는 기관이기 때문이다. 재무정보의 신뢰성은 내부감사와 외부감사가 적절히 보완적으로 이루어지는 경우에 얻어질 수 있다. 감사위원회는 내부감사와 외부감사의 양자를 모두 감독하고 있으므로 내부감사와 외부감사 사이의 분업과 상호보완이 효과적으로 달성되도록 뒷받침할 수 있다. 반면에 감사는 권한이 내부감사업무에 치중되어 있고 외부감사와의 관계도 모호하다.

넷째, 감사위원회가 감사보다 보편적 제도이기 때문이다. 감사위원회는 영미의 기업에만 한정된 제도가 아니라 현재 OECD에서 진행 중인 기업지배에 관한 가이드라인의 제정작업에서도 핵심적 지위를 차지하고 있는 등 적용영역이 날로 확대되고 있는 제도이다. 반면에 감사는 우리나라와 일본 정도에만 존재하는 특유한 제도이다. 감사보다는 감사위원회가 외국투자자들이 보다 이해하기 쉬운 제도라는 점도 국제적 자본시장에서 자금을 조달해야 하는 우리 기업들로서는 무시할 수 없는 장점이라고 할 것이다.

다섯째, 감사제도는 그간 제대로 기능하지 못한 제도로서 그것을 포기하고 새로운 제도를 채택한다고 해서 크게 모험이라고 할 수도 없기 때문이다. 어떠한 제도가 미흡하나마 기능을 하고 있을 때에 새로운 제도로 옮겨 가는 것은 신중할 필요가 있다. 어느 나라에서나 망가지지 않은 제도를 고치는 일은 드물다. 상법제정 후 지난 40년간 감사가 회사에서 긍정적 역할을 수행하고 있는 사례가 부각된 일은 거의 한 번도 없는 것 같다. 이를 두고 감사들이 조용히 제 역할을 다하고 있지만 그것이 부각되지 않고 있을 뿐이라고 평가할 수는 없을 것이다. 이에 비하여 감사위원회는 영미 등 선진국에서 높은 평가를 받고 있을 뿐 아니라 기업지배에 관한 여러 보고서에서도 이구동성으로 채택을 권고하고 있는 제도이다.

Ⅲ. 구체적인 도입방안

1. 서설

앞서 제시한 감사와 감사위원회의 비교를 근거로 감사위원회를 도입할 필요를 인정하는 경우에는 구체적으로 어떻게 그것을 도입할 것인가가 문제된다. 예컨대 사외이사제도는 기존 상법의 이사개념이 이사의 사외 · 사내 여부에 대해서 개방적이기 때문에 별 마찰 없이 도입할 수 있었다.[7] 그러나 감사위원회를 도입하는 것은 그렇게 간단치 않다. 그 이유는 여러 가지이다. 먼저 가장 문제되는 것은 상법상의 감사와 권한이나 기능면에서 마찰이 불가피하다는 점이다. 그렇다면 아예 상법상의 감사제도 자체를 폐지하면 되지 않는가? 그러나 그러한 급진적인 안에는 찬성하기 어렵다. 상법상 감사를 폐지한다는 것은 모든 회사에서 감사를 없앤다는 것이다. 감사위원회의 도입과 감사제도의 폐지는 반드시 동일한 문제가 아니다. 감사제도를 폐지하는 것의 당부에 대해서는 훨씬 더 신중한 검토가 필요하다. 그러나 적어도 일부 회사의 경우에는 감사위원회를 도입하는 대신 감사를 두는 편이 적합할 수도 있다. 따라서 적어도 당분간은 기존의 감사제도를 존치한 상태에서 일부 회사에 대해서만 감사를 대신하는 감사위원회를 설치하도록 강제하는 것이 타당할 것이다.

감사제도를 존치한 상태에서 감사위원회를 도입하는 경우에 검토해야 할 문제는 여러 가지이다. 감사위원회에 관한 특별한 근거규정을 법에 마련하지 않고 회사가 임의적으로 설치할 수 있도록 방치할 것인가, 아니면 법정의 제도로서 규정할 것인가. 법정의 제도로서 규정하는 경우에는 이를 강제할 것인가 아니면 회사의 선택에 맡길 것인가. 강제한다면 어떠한 회사에 강제할 것인가. 감사위원회의 권한을 어떻게 구성할 것인가. 법개정의 문제로 어떤 법을 어떻게 고칠 것인가 등 구체적으로 해결하고 넘어가야 할 현실적 문

7 다만 사외이사와 감사와의 관계가 다소 어색한 점이 있을 뿐이다.

제들이 산적해 있다. 이곳에서는 이러한 문제들을 차례로 살펴보기로 한다.

2. 임의적인 제도로서의 감사위원회

우선 검토해 볼 것은 현행법하에서는 회사가 원하는 경우에도 감사위원회를 채택하는 것이 불가능한 것인가 하는 점이다. 사실 미국에서도 감사위원회는 뉴욕증권거래소(New York Stock Exchange, NYSE)에서 강제하기 전에 이미 기업의 관행으로 정착된 것이었다. 그렇다면 우리나라에서도 임의적인 제도로서 도입할 수 있는 것이 아닌가? 특히 만약 무슨 이유로든 법개정이 지지부진하여 정식으로 감사위원회를 법률상의 제도로 받아들이지 못하는 경우에는 이러한 물음이 현실적일 수 있다. 특히 외국투자자의 비중이 큰 회사에서는 투자자의 신뢰를 얻기 위한 자발적인 노력의 일환으로 감사위원회의 도입을 고려할 수 있는 것이다.

결론부터 밝히자면 현행법상으로도 감사위원회와 실질적으로 비슷한 기능을 하는 기관을 설치하는 것은 얼마든지 가능하다고 본다. 실제로 외국투자가의 비중이 큰 일부 국내기업에서 자발적으로 감사위원회를 설치하는 사례가 없지 않다. 문제는 과연 그러한 감사위원회가 외국에서와 같은 권한을 가질 수 있는가 하는 것이다. 법률의 뒷받침을 받지 못한 상태에서 그러한 법적 권한을 가질 수는 없다. 그러나 사실상으로는 외국의 감사위원회와 같이 기능하는 것은 얼마든지 가능하다.

현행법을 손대지 않은 상태에서 감사위원회를 두는 경우에는 감사 및 「주식회사의 외부감사에 관한 법률」(이하 '외감법')상의 감사인선임위원회(외감법 4조 2항)와의 마찰이 가장 문제될 것이다. 외국에서 감사위원회의 핵심적인 기능은 외부감사인의 임면과 내부통제장치의 감독이라고 할 수 있다. 이러한 감사위원회의 기능은 현행법상 감사와 감사인선임위원회의 기능과 충돌할 수밖에 없다. 이러한 법률상의 기관들을 법적 근거도 없는 감사위원회가 대체하거나 우선할 수는 없다. 따라서 감사위원회는 감사나 감사인선임위원회가 감사위원회의 결정을 자발적으로 존중하는 한도 내에서 작동할 수 있다. 감사나 감사인선임위원회에 내부감사나 외부감사에 관한 권고를 할 수 있는 임의기관인 감사위원회에 대한 근거를 정관에 채택하는 경우에는 정식기관인 감사나 감사인선임위원회도 특별한 사정이 없는 한 감사위원회의 권고를 수용하도록 사실상 압력을 받게 될 것이다.

이처럼 감사제도가 존재하는 상태에서 임의기관으로 감사위원회를 도입하는 경우에 가장 미묘한 문제는 감사를 감사위원회의 구성원으로 할 것인가 하는 점이다. 우리 기업현실에서 감사는 다양한 역할을 수행하고 있다. 그러나 분명한 것은 감사가 원래 상법이 예정한 역할을 수행하고 있는 경우는 극히 드물다는 점이다. 감사의 선임방법도 감사의 중립성을 높이는 방식으로 규정되어 있지만(상법 409조 2항) 실제로 감사가 경영진으로부터 독립성을 유지하고 있는 경우는 거의 찾아보기 힘들다. 만약 감사제도가 제대로 작동하였다면 사외이사의 도입론이 그토록 힘을 얻을 수는 없었을 것이다. 감사위원회는 결국 외부, 특히 자본시장의 신뢰를 얻기 위한 제도이다. 더욱이 법률적 뒷받침 없이 자발적으로 도입하는 마당에 그것이 신뢰를 얻을 수 없는 형태라면 구태여 도입할 필요가 없을 것이다. 감사위원회에 사내이사를 참여시키지 않는다는 것에 대해서는 대체로 견해가 일치되고 있다. 사내이사를 참여시키지 않는 이유는 결국 감사위원회의 중립성을 확보하기 위해서이다. 그렇다면 감사를 참여시키는 것은 어떠한가? 감사의 중립성이 확보되지 않은 상태에서 감사위원회에 참여시키다가는 자칫 감사위원회의 중립성이 훼손될 우려가 있다. 그렇다고 명색이 내부감사의 최고책임자인 감사를 감사위원회에서 배제하는 것은 아무래도 어색하다. 특히 감사위원회의 결정의 실효성이 결국 감사의 자발적인 수용여부에 달려 있는 상황에서 감사를 배제하는 것은 전술상으로도 현명치 못하다. 감사로서는 자신이 관여하지 않은 결정을 거부하는 데는 심리적 부담이 덜할 것이기 때문이다. 그러므로 현실적인 타협책으로는 감사를 참여시키되 그 영향력은 가급적 억제하는 것이 바람직할 것이다. 따라서 감사보다는 사외이사의 수가 훨씬 많도록 해야 하고 위원장은 사외이사(또는 사외감사)가 맡도록 해야 할 것이다.

다음에 검토할 문제는 외감법에서 새로이 도입된 감사인선임위원회(4조 2항)와의 관계이다. 감사위원회의 핵심기능은 외부의 감사인을 선임하는 것이다. 감사위원회의 이러한 권한은 감사인선임위원회의 감사인 제청권과 저촉된다. 감사인선임위원회는 상장법인과 기업집단에 속하는 계열사의 외부감사인을 정기주총에 제청하는 권한을 가진 기관으로 감사와 사외이사 각 2명 이내, 그리고 지배주주와 그 특수 관계인을 제외한 상위주주 2명과 상위채권자 2명으로 구성된다(외감법 시행령 3조의2 1항). 상위주주와 상위채권자는 스스로 나서기까지는 하지 않을지언정 감사가 제대로 이루어지는 것에 다소간 관심을 가진 자들이다. 사외이사들을 주축으로 구성된 감사위원회에서 추천한 감사인 후보를 이들이 구태여 배척하고 독자적으로 새로운 후보를 고집할 이유는 거의 없을 것이다. 근본적인 문제는 과연 감사인의 선정에 관하여 감사인선임위원회와 감사위원회 중 어느 것이 우월한 기관인가 하는 것이다. 감사인선임위원회는 감사인의 중립성을 확보하기 위한 당국의 오랜 노력의 또 하나의 산물이라고 할 수 있다. 그러나 감사인선임위원회가 처음으로 도입된 1998년 2월에는 아직 사외이사제도가 자리잡기 전이었다. 감사인선임위원회에 사외이사를 참여시키면서도 아울러 주주와 채권자대표를 참여시킨 것은 사외이사에 대한 믿음이 충분치 않았기 때문으로 볼 수 있을 것이다. 그러나 감사인선임위원회는 심각한 결함을 지니고 있다. 그것은 감사인선임위원회가 감사위원회 같은 상설기관이 아니라 감사인의 제청만을 위하여 일시적으로 구성되는 기관에 불과하다는 점이다.

감사인의 감사가 제대로 이루어지기 위해서는 적합한 감사인을 선임하는 것도 중요하지만, 감사인에 대한 지속적인 감독과 협의가 필수조건이라고 할 수 있다. 감사인선임위원회는 성격상 그러한 지속적인 업무수행이 불가능하다. 따라서 사외이사의 중립성이 확보되는 한 적어도 감사위원회와 감사인선임위원회 사이에서는 감사위원회가 한 발 앞서 있다는 점은 분명한 것 같다.

3. 감사위원회의 강제여부

이처럼 현행제도상으로 감사위원회의 임의적인 도입이 완전히 배제되고 있는 것은 아니다. 그러나 앞서 지적한 것처럼 법률의 뒷받침을 받지 못한 상태에서는 감사위원회의 성패가 감사와 감사인선임위원회의 자발적인 수용여부에 좌우된다는 점에서 한계가 있다. 그렇다면 이를 법정의 제도로 규정하여 감사위원회를 도입하는 기업에 대해서는 그것이 감사와 감사인선임위원회를 대체한다는 근거조항을 둘 필요가 있을 것이다. 이 경우에는 회사가 감사와 감사위원회 중에서 어느 것을 선택하게 된다. 문제는 한걸음 더 나아가 감사위원회의 설치를 법으로 강제해야 하는가이다. 만약 우리나라에서도 자본시장이 활발하게 작동하고 있다면 감사위원회를 법으로 강제할 필요는 그리 크지 않을 것이다. 만약 감사위원회가 투자자들의 신뢰를 얻는데 필요하다면 자본시장에서 자금을 조달해야 하는 기업으로서는 자금조달비용을 낮추기 위하여 자발적으로 감사위원회의 설치를 결정할 수도 있다.

실제로 미국에서 감사위원회는 뉴욕증권거래소의 상장규정으로 강제되기 전에 이미 기업실무에서 널리 채용되었다. 사외이사는 물론이고 공인회계사에 의한 외부감사도 모두 기업이 투자자들의 신뢰를 얻기 위하여 자발적으로 도입한 제도이다. 그러나 우리나라에서는 감사위원회의 채택여부를 회사의 임의에 맡기는 것은 바람직하지 않은 것으로 판단된다. 우선 우리나라에서는 아직 자본시장에 의한 통제가 충분히 기능하고 있지 않다. 최근 기업지배에 대한 투자자들의 의식이 조금씩 깨어 가고 있다고는 하지만, 아직 시장만 믿고 규제를 완화 내지 포기하는 것은 비현실적이다. 특히 우리나라에서는 감사(그리고 감사인선임위원회)가 존재하기 때문에 법적 조치를 취하지 않고는 기업들이 스스로 감사위원회를 도입할 것을 기대하기 어렵다. 미국에서 사외이사와 감사위원회가 자생적으로 출현한 것은 사내에 경영자의 통제를 맡는 기관이 따로 존재하지 않았기 때문이다. 따라서 미국의 기업은 투자자들의 신뢰를 얻기 위하여 자발적으로 감독체제를 갖출 필요가 있었다. 그러나 우리나라에는 실제 기능이야 어떻든 일단 감사가 존재하기 때문에 기업들이 그것을 내세워 감사위원회의 도입을 미룰 공산이 크다. 특히 일반투자자들이 감사와 감사위원회의 구별을 제대로 하지 못하는 동안은 더욱 그러하다. 결론적으로 감사위원회는 적어도 일정 규모 이상의 회사들에 대해서는 법으로 강제해야 할 것이다.

4. 도입방법

(1) 근거규정 : 상법의 개정

감사위원회를 법으로 강제한다고 해도 구체적으로는 어떻게 그것을 실현할 것인가? 사외이사의 경우에는 법에 손을 대지 않고 거래소의 상장규정을 개정하는 것만으로 충분했다. 그러나 감사위원회의 경우에는 법정기관인 감사와 감사인선임위원회와 충돌하기 때문에 법에 명시적인 근거를 마련할 필요가 있다. 구체적으로 법을 개정하는 방법은 감사위원회의 설치가 강제되는 회사의 범위를 어떻게 할 것인가에 따라 다소 차이가 있을 수 있다. 이곳에서는 뒤에서 언급하는 바와 같이 대상이 일부 상장법인에 국한된다는 전제하에 논의를 전개하기로 한다.

먼저 감사위원회를 강제하기에 앞서 감사위원회의 구성, 권한 등에 관한 근거규정을 둘 필요가 있다. 근거규정을 두는 방법으로는 크게 두 가지를 생각해 볼 수 있다. 하나는 상법을 개정하는 방안(제1안)이고 다른 하나는 증권거래법을 개정하는 방안(제2안)이다. 법개정이 간편하다는 점만을 강조하면 제2안이 타당할 것이다. 그러나 감사위원회의 도입이 상법상의 기관구조를 근본적으로 변경하는 것이라는 점을 고려하면 특별법인 증권거래법에 규정을 두어 상법의 공동화(空洞化)를 심화시키기보다는 상법에 근거를 두는 것이 체계면에서 보더라도 합리적이고 근본적인 해결책이라고 할 것이다. 특히 비상장법인이라도 감사 대신 감사위원회의 설치를 원하는 경우에는 그렇게 할 수 있도록 길을 열어 주어야 할 텐데 그것을 위해서는 상법에 근거를 두지 않을 수 없다. 결론적으로 양쪽이 모두 가능하다면 제1안이 보다 바람직하다고 할 것이다.

(2) 감사위원회의 설치가 강제되는 회사를 어느 곳에서 지정할 것인가

감사위원회의 근거를 상법에 두기로 하는 경우 감사위원회의 설치가 강제되는 회사는 어느 곳에서 지정할 것인가? 생각해 볼 수 있는 장소로는 상법, 증권거래법, 상장규정의 세 가지가 있다. 개정이 곤란하다는 점을 고려하면 상법에서 강제되는 회사의 범위를 정하는 것은 바람직하지 않다. 재정경제부의 발표에 의하면 증권거래법에서 대상회사의 범위를 규정할 계획이라고 한다. 그러나 감사위원회에 관한 규정과 사외이사에 관한 규정이 같은 곳에 위치하는 것이 바람직하다는 관점에서는 상장규정에서 대상회사를 정하는 것이 바람직할 것이다.

(3) 일반적인 위원회에 대한 근거조항을 둘 것인가

상법에 감사위원회에 대한 근거만을 둘 것인가 아니면 감사위원회를 비롯한 일반적인 이사회의 하부위원회에 대한 설치근거를 마련할 것인가? 전자가 간편한 것은 사실이나 기왕에 상법에 규정을 두기로 한 바에는 일반적으로 위원회를 설치할 수 있으며, 그 위원회의 결정을 이사회결의로 본다는 규정을 두는 것이 바람직하다.

위원회규정과 관련해서는 이사회가 위원회에 위임할 수 있는 권한의 범위를 분명히 해둘 필요가 있다. 이 점과 관련해서는 미국법의 규정을 참고할 필요가 있을 것이다.

(4) 감사위원회 설치가 강제되는 회사의 범위

감사위원회를 강제적으로 도입한다고 할 때 문제되는 것은 어떠한 범위의 회사에 대해서 설치를 강제할 것인가 하는 것이다. 이와 관련하여 중요한 것은 감사위원회의 비용과 효용을 고려하는 시각이다. 따라서 규모나 주주 수에 관계없이 모든 주식회사에 감사위원회 설치를 강제하는 것은 비용이나 효용면에서 비현실적이다. 이해관계자가 많다는 점에서는 상장회사를 대상으로 삼는 것을 생각해 볼 수 있다. 그러나 감사위원회의 비용을 고려하면 적어도 도입단계에서는 상장회사 중에서도 어느 정도의 규모를 갖춘 회사만을 대상으로 삼는 것이 바람직할 것이다.

미국법조협회(American Law Institute)가 공표한 기업지배원칙(ALI Principles of Corporate Governance)에서는 감사위원회를 강제하는 회사의 기준을 주주 2,000명 이상, 자산 1억 달러 이상으로 하고 있다(§3.05, §1.24). 우리나라에서는 자산 1,000억 원 이상 정도의 회사를 대상으로 고려할 수 있다. 주주의 수는 감독의 필요성이라는 면에서 중요한 고려사항이 될 수 있지만 그보다 중요한 것은 감사위원회의 비용을 감당할 수 있는 기업규모가 아닐까 생각된다. 자산이 1,000억 이상이라면 일단 사외이사 3명 정도는 유지할 수 있는 규모라고 볼 수 있을 것이다.[8] 이 기준을 만족하는 회사는 현재 약 500~600개가량 있는 것으로 추산된다. 그렇다면 만약 모두 사외이사들로 감사위원회를 구성한다면 약 1,500~1,800명 정도의 사외이사가 필요하다는 계산이 된다.[9] 새로이 도입되는 감사위원회가 성공적으로 운영될 수 있으려면 구성원의 능력, 독립성, 헌신이 필요하다. 과연 그러한 인력을 갑자기 충원할 수 있을지는 의문이다. 그러므로 일거에 500개 회사 전부에 감사위원회의 설치를 강제하는 것은 바람직하지 않다고 여겨진다. 우선은 상위 100개 정도의 대기업에서 시작해서 성공사례를 보아 가며 점차적으로 대상기업을 확대해 가는 것이 보다 합리적 방안이 아닐까? 감사위원회의 도입을 너무 서두르다가는 제도의 운용 초기에 실패사례가 많이 발생하는 경우에는 감사위원회 제도 자체에 대한 폐지론이 고개를 들 우려가 없지 않다.

8 증권거래법 시행령 제84조의19는 상근감사를 두어야 하는 회사의 기준을 자산총액 1,000억 원으로 규정하고 있다.

9 한 사람이 두세 개 회사의 사외이사를 겸하는 경우에는 필요한 인원수는 다소 줄어들 것이다.

(5) 감사위원회의 구성에 대한 규정

감사위원회는 경영진의 업무집행을 감사대상으로 하기 때문에 경영진으로부터의 독립성을 확보하는 것이 중요하다. 따라서 위원의 전부를 사외이사로 구성하는 것이 바람직할 것이고 또한 그것이 국제관행이기도 하다.[10] 감사위원회가 아닌 위원회의 경우에는 그 기능에 따라 사외이사만으로 구성하는 것이 바람직하지 않은 경우도 있다. 따라서 위원회의 구성에 관하여 일반적으로 사외이사만으로 구성되어야 한다는 식의 규정은 피해야 할 것이다. 감사위원회의 수는 역시 국제적 관행을 따라 적어도 3명 이상으로 해야 할 것이다. 따라서 감사위원회를 도입하는 회사에는 사외이사를 적어도 3명 이상 선임해야 할 것이다.

상법에서 감사위원회에 대한 규정을 두기로 하는 경우에는 그 구성원인 사외이사의 정의, 수를 비롯한 감사위원회의 구성에 관한 규정도 상법에 둘 수밖에 없을 것이다.

(6) 감사위원회의 권한 내지 기능

우리가 감사위원회를 도입하려는 것은 단순히 감사위원회라는 명칭을 가진 위원회가 아니라 외국에서 감사위원회가 수행하는 기능을 수행할 수 있는 권한을 지닌 위원회이다. 따라서 단순히 감사위원회라는 명칭의 위원회를 설치할 수 있다는 근거규정을 두는 것만으로는 부족하고 감사위원회가 갖는 권한에 대해서도 규정을 둘 필요가 있다. 감사위원회의 권한은 증권거

---

10 경영진으로부터 정보를 얻는 것이 중요하다면 옵서버로 참여시키는 것은 무방하지만 의사결정에 참여하게 해서는 아니 될 것이다. 회사 측으로서는 경영진이 전혀 참여하지 않는 위원회에 대해서 다소 불안을 느낄 수도 있다. 그러나 이러한 현상은 감사위원회의 효용을 전혀 잘못 이해하고 있는 데서 비롯된 것이다. 원래 감사위원회는 공인회계사에 의한 외부감사와 마찬가지로 회사가 재무정보에 대한 외부투자자들의 신뢰를 얻기 위하여 자발적으로 도입한 것이다. 만약 사내인사가 감사위원회에 참여한다면, 감사위원회의 중립성에 대한 자본시장의 신뢰는 현저히 감소할 것이다.

래법이나 상장규정에만 맡길 수는 없고 상법에서도 규정해야 할 것이다. 적어도 감사위원회가 설치된 경우 감사를 대체한다는 취지를 명시해야 할 것이다. 또한 외감법에는 감사위원회가 설치된 회사에서는 그것이 감사인선임위원회를 대체한다는 규정을 새로이 마련해야 할 것이다.

(7) 권한범위 : 중립적인 결정기관으로서의 기능

미국의 기업실무에서는 사외이사에게 감사위원회의 역할 외에도 중립적 의사결정기관으로서의 역할을 인정함으로써 분쟁의 소지를 축소하고 있다. 예컨대 친자회사 간에 합병 등 중요한 거래를 체결하거나 외부의 기업인수 시도에 대하여 방어조치를 취하는 경우, 기존경영진이나 대주주의 이익과 일반주주의 이익이 충돌하게 된다. 이처럼 기존경영진의 행동이 주주이익을 위한 것인지에 대해서 의문이 제기될 수 있는 상황에서 중립적 기관이 의사결정을 담당할 수 있다면 분쟁의 소지가 크게 감소할 것이다. 그러한 관점에서 미국에서는 사외이사들로 하여금 회사가 취할 적절한 조치를 결정하도록 하여 중립적인 역할을 맡기고 있다.[11] 우리나라에서도 그처럼 이익충돌의 여지가 있는 경우에는 사외이사들로 이루어진 위원회에 결정을 맡김으로써, 한편으로는 경영진의 재량남용을 견제하는 동시에 일부 극성주주의 주주권행사의 남용을 억제하는 방안도 고려할 수 있다. 그 경우에는 새로이 위원회를 구성하기보다는 기왕에 구성된 감사위원회에 그러한 중립적인 역할까지 담당시키는 것이 보다 효율적이라고 생각된다.

(8) 기타

일단 상법에 감사위원회가 감사를 대체한다는 취지를 두는 것만 가지고는 모든 문제가 해결되지 않는다. 단독기관인 감사와 회의체기관인 감사위

11 예컨대 ALI원칙 제5.02(a)(2)(B)조.

원회는 차이가 있기 때문이다. 따라서 감사위원회의 소집, 의사결정, 결정의 집행 등을 어떻게 할 것인가에 대해서도 규정을 둘 필요가 있을 것이다.

Ⅳ. 감사위원회의 활성화를 위한 여건

감사위원회를 어떠한 모습으로 도입하든 간에 그것이 바로 기대대로 기능을 발휘할 수 있는 것은 아니다. 감사위원회제도가 비교적 정착되었다고 하는 미국에서도 감사위원회의 활성화를 위한 논의가 아직 끊이지 않고 있다.[12] 감사위원회의 활성화를 위해서는 몇 가지 전제조건이 필요하다. 이하에서는 그러한 전제조건들을 살펴보기로 한다.

1. 독립성확보

감사위원회의 효과적인 감독을 위한 가장 중요한 전제조건은 그 구성원이 경영진으로부터 독립되어야 함은 말할 나위도 없다. 그러므로 감사위원회는 사외이사만으로 구성하는 것이 타당할 것이다. 사외이사는 회사 경영진으로부터 독립성이 있어야 함은 물론이다. 독립성을 위해서는 사외이사가 상근을 하는 것도 바람직하지 않다. 사외이사의 책무는 이사회의 의사결정에 참석하는 것과 경영진의 감독에 국한될 것이다. 이사회의 권한은 국가에 따라 차이가 있지만, 이사회에 참여하는 것만으로 상근이 되기는 어려울 것이다. 그렇다면 이사가 상근을 하면서 경영진을 감독하는 것은 가능하지 않은가? 그러한 감독을 전업으로 하는 상근이사, 즉 독립적인 상근이사는 상근감사에 접근할 것이지만 논리적으로 불가능하지는 않다. 그러나 이사든 감사든 상근을 하게 되면 독립성이 훼손될 가능성이 커진다. 먼저 상근이 되

12 최근의 성과로는 Report and Recommendations of the Blue Ribbon Committee on Improving the Effectiveness of Corporate Audit Committees (1999) 참조.

면 아무래도 경영진과 친밀한 관계가 형성될 공산이 크다. 사외이사도 인간인 이상 매일 얼굴을 마주치는 사람에게 듣기 싫은 소리를 하고 불리한 조치를 취하기는 쉽지 않을 것이다. 또한 상근이 되면 이사나 감사직 자체가 자신의 생계나 사회생활에서 매우 중요하기 때문에 소신 있는 업무수행이 곤란해질 수도 있다. 끝으로 독립성과는 무관하지만 결코 소홀히 할 수 없는 문제는 이사든 감사든 상근인 경우에는 유능한 인재의 확보가 어렵다는 점이다. 감독이란 성질상 수동적인 작업으로 능력을 발휘할 수 있는 여지가 한정되어 있다. 그러므로 유능한 자라면 그런 일을 상근으로 하기보다 적극적으로 경영일선에 서고 싶어할 것이다. 결론적으로 이사든 감사든 독립적인 업무수행을 기대할 수 있으려면 가급적 따로 직업을 가진 유능한 인재를 비상근으로 선임해야 할 것이다.

2. 3명 이상의 선임

감사위원회의 장점 중 하나는 위원 간 팀워크를 통해 시간적 · 심리적 부담을 덜 수 있다는 것이다. 사외이사든 감사든 수가 적어서는 효과적인 감독을 기대하기 어렵다. 감독의 대상인 경영진은 수도 많아 혼자서 상대하기 벅차다. 또한 감독업무는 성질상 경영진을 상대로 정보를 요구하고 경고 내지 법적 조치를 취하는 등 심리적으로 상당히 부담스러운 행위를 수반한다. 감독업무를 한 사람이 아니라 여럿이 담당한다면 심리적인 부담을 덜 수 있을 뿐 아니라 혼자서 결정하는 경우의 오류를 방지할 수 있을 것이다. 그 수는 적어도 3명 이상은 되어야 힘을 가질 수 있는 것이 아닌가 여겨진다.

3. 내부통제장치의 확보

감사위원회의 감사기능은 외부의 감사인을 선임하는 것에 한정되는 것이 아니라 내부통제장치를 확보하는 것도 포함한다. 우리나라에서 내부통제장치는 현재 감사가 담당하도록 되어 있으나, 실제로 작동하는 회사가 드문 형편이다.

따라서 감사위원회가 도입되어 감사를 대체하는 경우에는 회사 내 감사 기능을 확충할 필요가 있다. 감사위원회는 내부감사제도를 정비하고 감사책임자를 임면하고 감독해야 한다. 즉 감사위원회는 회사의 내부감사시스템과 공인회계사에 의한 외부감사가 상호보완적으로 작동할 수 있도록 할 책임이 있다. 내부통제장치는 단순히 회사 재무정보의 신뢰성을 확보하는 것뿐 아니라 회사의 업무수행이 법령이나 윤리기준에 적합하게 이루어지고 있는지를 감독해야 할 것이다.

4. 조직의 필요

감사위원회의 효율적인 운영을 위해서는 위원회의 간사 내지 위원장을 선임하여 내부적인 연락과 의견조정의 중추역할을 맡겨야 할 것이다. 또한 감사위원회는 조직과 운영에 대한 기본적 사항을 담은 감사위원회규정을 채택하는 것이 바람직하다.[13]

5. 정기적인 회동과 신뢰관계의 구축

감사위원회의 결정이 힘을 얻기 위해서는 위원 간에 의견이 가급적 일치될 필요가 있다. 여론의 관점에서는 물론이고 법원의 판단을 받는 경우에도 감사위원회의 결론만이 아니라 찬반의견의 대립여부도 중요하다. 따라서 구성원들은 평소에 여러 차례의 공식, 비공식의 회동을 통해서 어느 정도 신뢰관계를 구축해 놓는 것이 절대적으로 필요하다. 또한 체계적인 활동을 위해서는 적어도 매달 한 번씩은 정기적으로 회동하여 정보수집과 교환을 하는 것이 바람직할 것이다.

13 앞의 Blue Ribbon Report, 14 (Recommendation 4) 참조.

6. 정보의 중요성

효과적인 감독을 뒷받침하는 데 독립성에 못지않게 중요한 것은 정보이다. 현행 상법상 감사는 이사에 대한 보고요구권과 재산상태의 조사권(상법 412조 2항) 등 정보를 구할 수 있는 권한이 존재하지만, 개별 이사도 그러한 권한이 있는지는 분명치 않다. 따라서 사외이사를 늘리고 감사위원회를 설치하는 쪽으로 나아가는 경우에는 정보를 확보할 수 있는 수단을 명시적으로 규정하는 것이 필요하다.

회사정보는 외부는 물론이고 특히 내부의 제보자로부터 얻는 것이 필요하다. 이를 위해서는 회사 각 부서의 중하위 직원들과도 다양한 형태로 접촉할 수 있는 기회를 마련할 필요가 있다.

7. 독자적 예산의 필요성

감사위원회가 적극적으로 활동하려면 때로 외부전문가의 도움을 받을 필요가 있다. 이러한 비용은 회사가 부담하는 것이 원칙이다. 그러나 회사가 부담을 꺼리는 경우에는 사실상 이러한 활동이 위축될 것이다. 따라서 감사위원회가 독자적으로 지출할 수 있는 활동비를 사전에 확보해 둘 필요가 있을 것이다.

V. 맺음말

감사위원회와 감사 사이의 선택과 관련하여 지적해 둘 것은—너무나 당연한 말이지만—선진외국의 제도라고 해서 맹목적으로 추종하는 것도 곤란하겠지만, 감정에 휩싸여 근거 없는 반대론을 고집하는 것도 경계해야 한다는 점이다. 사외이사의 참여를 확대하고 감사위원회를 설치하는 것은 우리 기존 회사법상의 기관구조에 대한 커다란 변혁을 의미한다. 이러한 변혁을 자발적으로가 아니라 외부로부터 권고(내지 요구)받아 추진하는 것은 반드시 유쾌한 일이라고는 할 수 없다. 아직도 경제계에는 물론이고 법학계에도 강하게 남아 있는 사외이사제도에 대한 회의나 반감의 배후에는 생소한 외국의 제도에 대한 불신과 아울러 외부의 압력에 대한 불쾌감도 작용하고 있는 것으로 보인다. 특히 일부 지식인 사이에서는 우리가 이번 경제위기를 맞아 영미식의 자본시장중심체제에 지나치게 기울어지는 것이 아닌가 하는 우려의 목소리도 없지 않다. 민족적 자존심을 건드리는 이러한 목소리는 과거 우리나라에서 커다란 힘을 발휘해 왔다. 그러나 중요한 것은 어느 제도가 외국에서 비롯된 제도냐 우리 고유의 제도이냐가 아니다. 또한 외국의 압력이 있느냐 없느냐는 더욱 아니다. 감사와 감사위원회 사이의 선택에서 중요한 것은 과연 어느 쪽이 현실적으로 효율적인 결과를 낳을 수 있는가 하는 것이다. 요컨대 우리에게 중요한 것은 제도의 국적이 아니라 제도의 효용인 것이다.

어차피 오늘날 우리가 채택하고 있는 자본주의체제는 야구나 농구와 마찬가지로 외국에서 수입한 것이다. 만약 우리가 우리끼리만 야구나 농구시합을 한다면 규칙을 우리 마음대로 바꿀 수 있을 것이다. 그러나 외국 팀과 경기를 하는 경우라면 국제경기에서 통용되는 규칙을 따를 수밖에 없다. 그것이 마음에 들지 않으면 국제경기를 하지 않으면 될 것이다. 그러나 현재 우리나라는 스포츠의 국제교류는 포기할 수 있을지 몰라도 자본의 국제교류는 포기할 수 없는 입장이다. 이러한 상황에서 과연 우리 나름의 규칙을 고집하는 것이 현명한 태도인지 의문이 있다.

기업의 자본시장에 대한 의존도가 커질수록 기업 스스로 감독체제를 갖추려는 인센티브가 커질 것이다. 그렇다면 우리도 감사위원회를 강제하기보다는 자본시장을 육성하는 것에 힘을 쏟아야 하는 것이 아닌가 하는 견해도 있을 수 있다. 그러나 자본시장을 육성하기 위해서도 투자자의 신뢰를 얻을 수 있는 감사위원회제도가 필요할 것이다. 이제까지 우리 규제당국이나 기업이 감사위원회에 대한 필요를 느끼지 못했던 것은 우리 경제에서 자본시장이 차지하는 비중이 그다지 크지 않았기 때문일 것이다. 그렇다면 우리 경제에서 자본시장이 차지하는 비중이 커져 감에 따라 감사위원회의 필요성 역시 커져 갈 것이다.

이 글에서 살펴본 바와 같이 감사위원회를 도입하기로 결정한 경우에도 해결해야 할 문제는 많다. 특히 상법의 감사제도가 존재하는 상황에서 이질적인 감사위원회제도를 도입한 나라의 예가 거의 없기 때문에 참고자료라고 할 만한 것도 찾기 어렵다. 따라서 법안을 마련할 당국으로서는 현실적 어려움이 크다. 다소의 시행착오가 있더라도 거시적인 안목에서 보다 합리적인 제도로 이행하려는 노력이 아쉬운 때라고 할 것이다.

이선 외 엮음, 『한국 기업지배구조의 현재와 미래』, 미래경영개발연구원, 303-330면.

* 추기 : 상법개정으로 비상장법인의 경우에도 감사 대신 감사위원회를 설치하는 것이 허용되었다.

04 법적 시각에서 본 감사위원회

I. 서설

1999년 상법의 개정으로 주식회사에서 감사 대신 감사위원회를 설치하는 것이 가능해졌다. 2000년 개정된 증권거래법은 한걸음 더 나아가 대규모 상장법인에 대해서 감사위원회의 설치를 강제하였다(제191조의17, 제54조의6, 시행령 제84조의24). 감사위원회제도의 도입은 1997년 외환위기의 소용돌이 속에서 주로 IMF나 IBRD 같은 국제기구의 압력을 받아 이루어졌다. 당초 생소한 외국 제도를 서둘러 도입하는 것에 대해서 재계는 물론이고 학계에서도 반대의 소리가 높았다.[1] 그러나 감사위원회에 대한 거부감은—적어도 기업계에 서는—급속히 약화되고 있다. 2005년 말 현재 상장법인의 약 5분

1 특히 상법학계에서는 다수가 반대의 입장을 표명한 바 있다. 예컨대 이철송, 회사법강의, 박영사, 2005, 666면.

의 1에 달하는 136사가 감사위원회를 두고 있는데 이 중 법적으로 감사위원회 설치가 강제되는 회사는 77사에 불과하다.[2] 최근에는 미국의 사베인옥슬리법(Sarbanes-Oxley Act)의 영향으로 우리 기업회계관련제도가 대폭 강화되면서[3] 감사위원회에 대한 기대와 요구도 한층 높아지고 있다. 한편 감사라는 기관의 모국이라고 할 수 있는 일본에서도 2003년 상법을 개정하여 기존의 감사 대신 감사위원회를 포함한 이른바 영미식 기관구조의 선택을 허용하였다. 이러한 사정에 비추어 이제 감사위원회는 사외이사와 더불어 우리 경제계에서 확고한 시민권을 확보한 것으로 볼 수 있을 것이다.

감사위원회의 약진에도 불구하고 아직 그 역할이나 기능에 대한 혼선은 여전히 남아 있다. 감사위원회의 운영 실무는 기업에 따라 상당한 차이를 보이고 있다. 이러한 상황에서 2004년 대표적 상장기업의 감사위원들을 중심으로 감사위원협의회라는 민간단체가 출범하게 된 것은 고무적인 일이라고 할 것이다.[4] 감사위원협의회는 첫 번째 사업으로 가칭 '감사위원회 운영지침'이라는 문건의 작성을 추진하고 있다.[5] 이 지침은 장차 감사위원회의 운영상 혼란을 최소화하고 업무상의 효율을 도모하는 데 기여할 것으로 기대된다. 이 글의 목적은 감사위원회 운영지침의 작성과정에서 부각된 다양한 법적인 이슈에 대해서 검토하는 것이다. 이 글은 다음과 같은 순서로 진행된다. 먼저 감사위원회에 관한 다양한 논점을 제대로 이해하는 데 필요한 전초작업으로 우리 감사위원회의 독특한 위상에 대해서 간단히 살펴보기로 한다(II). 이어서 감사위원회의 구성(III)과 운영(IV)에 관한 실무상의 논점들에 대해서 차례로 검토하기로 한다.

---

2 기업지배구조개선지원센터, 기업지배구조백서, 2006, 184면(이 부분은 원문의 오류를 수정하였음).

3 자세한 사정에 대해서는 고창현/김연미, "기업회계관련법의 분석과 평가," BFL 제4호(2004. 3), 서울대학교 금융법센터, 41면 이하.

4 필자도 상장법인 감사위원의 자격으로 참여하고 있다.

5 필자도 이 지침의 초안작성 작업에 관여하고 있다.

Ⅱ. 감독기관으로서의 감사와 감사위원회

1. 감독기관의 두 유형

감사위원회는 회사내부의 감독기관이다. 투자자 수가 적고 경영이 복잡하지 않은 기업이라면 투자자가 직접 경영자를 감독하는 것도 가능할 것이다. 그러나 투자자 수가 늘고 경영감독에 대한 관심이나 능력이 떨어지면 전문적 감독기관을 두는 것이 보다 효과적일 수 있다. 다수 투자자의 참여에 적합한 기업유형인 주식회사에서 경영감독기관을 설치하는 방식으로는 크게 미국식과 독일식 두 가지를 생각해 볼 수 있다. 미국식 방식에 의하면 경영에 관한 주요 의사결정은 이사회에 속하지만 실제로 주도권은 이사회가 선임하는 최고경영자(CEO)가 행사하고 이사회는 최고경영자를 비롯한 집행임원에 대한 감독에 치중한다(이른바 monitoring model). 미국에서는 이사회가 최고경영자에 대한 감독을 맡으므로 회사 내에 별도의 감독기관은 존재하지 않는다.

그러나 이원적 기관구조를 취하는 독일식 방식에서는 감독기관인 감사회(Aufsichtsrat)가 존재한다. 감사회는 경영을 맡는 이사회(Vorstand)[6]의 임면권을 가질 뿐 경영에는 직접 관여하지 않는다. 감사회와 이사회는 조직적으로 완전히 분리된다. 이렇게 보면 미국식 일원적 기관구조와 독일식 이원적 기관구조는 크게 다른 것처럼 보이지만 실제로 그 차이는 그리 크지 않다.[7] 이사회에서 업무집행을 맡지 않는 사외이사의 비중이 커질수록 이사회는 기능상으로 독일식 감사회에 접근하기 때문이다. 차이가 있다면 미국식 이사회가 적어도 중요한 경영사항의 결정권한을 가지며 또한 최고경영자를 비롯한 일부 집행임원이 이사를 겸한다는 점이다.

---

6 이 이사회에는 이사(Vorstandsmitglied)가 1명인 경우도 있다(독일주식법 제76조 제2항).

7 독일의 Aufsichtsrat를 감사회 대신 이사회로 번역한다면 그 차이는 훨씬 더 작은 것으로 느껴질 것이다.

2. 우리 감사제도의 특수성

우리 상법상 전통적 감독기관인 감사는 이 두 방식 중 어느 쪽에도 속하지 않는 특수한 존재이다. 감사는 우리 상법의 창조물이 아니라 일본상법에서 계수한 것이다. 감사의 원형은 1884년 독일 법률가인 뢰슬러(Hermann Rösler)가 작성한 일본상법 초안에서 찾아볼 수 있다.[8] 뢰슬러의 상법안은 시행에 이르지 못했지만 감사제도는 후에 제정된 일본상법에 그대로 포함되었다. 감사제도는 후일 여러 차례 개정을 거쳤지만 기본적인 골격은 오늘날도 그대로 유지되고 있다. 뢰슬러는 기관구성에 관하여 기본적으로 독일법을 모델로 하면서도 다소 특이한 변경을 시도하였다.[9] 즉 독일과 같이 이사와 감사를 구분하는 이원구조를 취하면서도[10] 독일과 달리 후자가 전자를 선임 · 해임하는 것이 아니라 양자를 모두 주주총회에서 임면하도록 만든 것이다. 이처럼 이사를 주주총회에서 임면하기로 한 것은 감사가 이사의 임면권까지 갖게 되면 전횡할 가능성이 있다고 보았기 때문이다. 그러나 감독대상인 이사의 임면권이 없는 상황에서 감독권이 실효를 발하기는 어렵다. 더욱이 주주총회에 감사를 추천하는 권한을 실질적으로 이사가 행사하는 상황에서 감사가 이사를 제대로 감독하기를 기대하는 것은 무리이다. 따라서 상법제정 직후인 1900년대 초부터 이미 감사가 유명무실한 제도라는 비판이 나온 것은 놀라운 일이 아니다.

일본은 1950년 회사법을 개정하면서 미국식 이사회제도를 도입하였다. 그럼에도 감사는 그대로 존치하였다. 다만 새로이 도입한 이사회가 업무감독을 맡게 됨에 따라 감사의 권한을 회계감사로 축소하였다. 그러나 독립적인 사외이사가 없는 이사회가 업무감독을 제대로 할 수는 없었다. 소수의 고

8 일본상법의 제정과 변천과정에 관한 간단한 설명으로는 김건식, "우리 상법의 성립사적, 비교법적 고찰 : 총칙, 상행위편," 기업과 법(김교창변호사 화갑기념 논문집), 1997, 26-31면 참조.

9 이하의 서술은 久保利英明, "委員會等設置會社への期待と問題點," 法の支配 제136호(2005. 1), 83면 이하 참조.

10 전자는 頭取라고 했다가 나중에는 取締役, 후자는 取締役이라고 했다가 監査役이라는 용어로 변경하였다.

위경영자들로 구성된 상무회가 사실상 최고의 경영의사결정기관으로 등장하면서 이사회는 유명무실한 존재로 전락하고 말았다.

3. 감사제도개선과 감사위원회

경영에 대한 감독이 전무한 상태에서 회계부정 등 불상사가 발생하는 것은 당연한 일이었다.[11] 이러한 무감사상태를 개선하는 방안으로는 두 가지 선택지를 생각할 수 있다. 하나는 미국에서와 같이 사외이사에 의존하는 방안이고, 다른 하나는 기존 감사의 권한을 강화하는 방안이다. 일본상법은 2003년의 개정에서 사외이사제도를 도입하기 전까지는 줄곧 후자에 대한 미련을 떨치지 못하였다. 감사의 권한을 업무감사에까지 다시 확장하였을 뿐 아니라 감사 수의 증가, 사외감사를 포함한 감사회제도 등 감사제도의 강화를 위하여 상상할 수 있는 방안을 거의 모두 채택하였다. 그럼에도 불구하고 감사제도에 대한 평가는 별로 개선되지 못한 상태이다. 아마도 감사가 이사의 임면권을 갖기는커녕 오히려 이사가 감사의 임면을 사실상 좌우하는 근본적 문제점이 전혀 개선되지 못한 것이 그 이유가 아닌가 짐작된다.

우리 상법상 감사도 기본적으로 이러한 약점을 공유하고 있다. 일본상법과는 달리 우리 상법은 감사선임결의 시 대주주의 의결권을 3%로 제한하고 있지만(제409조 제2항), 특별히 감사의 독립성이 확보된 것 같지는 않다. 감사제도에 관한 일본의 경험을 고려하면 1999년 우리 상법을 개정하면서 감사제도를 강화하는 대신 감사위원회 도입이라는 새로운 길로 나아간 것은 올바른 선택이었다고 판단된다.[12] 상법은 감사위원회를 기존의 감사를 대신하

11 일본의 기업이 감독부재에도 불구하고 오히려 눈부신 성장을 이룬 것이 특기할 만한 현상이라고 할 것이다.

12 필자는 1999년 상법개정시 감사위원회 관련 규정의 초안작성에 관여하였음을 밝혀 둔다. 감사에 비해 감사위원회의 장점에 대해서는 이선 외(편)/김건식 · 윤영신(집필), "감사위원회, 어떻게 도입할 것인가," 한국기업지배구조의 현재와 미래, 2000, 306-312면 참조.

는 새로운 선택지로서 허용하는 데 그쳤지만,[13] 증권거래법은 대규모상장법인에 감사위원회의 설치를 강제하였다. 이러한 증권거래법의 태도에 대해서는 기업이 자신에 적합한 조직형태를 선택하는 자유를 제한한다는 점에서 비판이 없지 않다. 그러나 의무적으로 사외이사를 선임해야 하는 회사에게 감사 대신 감사위원회를 두도록 강제하는 것은 나름대로 합리성이 있는 것으로 보인다. 사외이사에 추가하여 독립적인 감사를 선임하도록 강제하는 것은 기업에 과중한 부담이 될 수 있기 때문이다.

감사에 비하여 감사위원회의 구성원인 사외이사들은 원칙적으로 대표이사에 대한 인사권이 있기 때문에[14] 감사결과 여하에 따라서는 인사권을 행사할 수 있다. 또한 사외이사후보는 사외이사가 과반수를 차지하는 사외이사후보추천위원회에서 추천하게 되어 있으므로(증권거래법 제191조의16 제3항, 제54조의5 제2항) 운영하기에 따라서는 경영진의 영향을 차단할 수도 있다. 미흡하지만 이제는 감사위원회가 감사기관으로 작동할 수 있는 제도적 기반이 어느 정도 마련된 것으로 볼 것이다.

4. 감사위원회에 대한 회의론

학계에서는 아직 감사위원회가 과연 기존의 감사에 비하여 보다 효과적으로 작동할 수 있는 기관인지에 대해서 회의론이 존재한다. 회의론의 근거로는 대체로 다음 세 가지를 꼽을 수 있다. 첫째, 이른바 자기감사의 문제가 있다는 것이다. 즉 이사회의 구성원으로서 이사회의 의사결정에 참여한 감사위원이 그 의사결정에 대해서 제대로 감사하는 것이 곤란할 것이라는 논리이다. 그러나 그런 논리는 감사에 대해서도 어느 정도 적용될 수 있다. 의결권은 없지만 감사도 이사회에 참여하여 의사를 표시할 수 있기 때문이다(상법 제391조의2 제1항). 실제로 감사의 대상에서 자기감사가 문제될 만한 부

13 일본상법도 마찬가지이다.

14 정관에서 대표이사를 주총에서 선임하도록 규정한 경우에는 대표이사에 대한 통제력은 훨씬 줄어들 것이다.

분은 그렇게 크지 않다.[15] 오히려 감사위원은 이사로서 이사회에서 문제의 의사결정을 사전에 저지할 수도 있다는 점에서 감사보다 효과적 감독이 가능할 수도 있다.

감사위원회에 대한 회의론의 두 번째 근거는 이사회의 하부기관에 불과한 감사위원회가 이사회의 직무를 제대로 감독할 수는 없다는 점이다.[16] 감사위원회가 이사회 내 위원회에 속하는 것은 사실이다(제415조의2 제1항). 원칙적으로 위원회의 위원은 이사회에서 선임할 뿐 아니라 위원회의 결의는 이사회가 번복할 수 있으므로(제393조의2 제4항 제2문) 위원회는 이사회의 하부기관으로 볼 수 있다. 그러나 감사위원회를 일반적인 위원회와 같이 이사회의 하부기관으로 보는 것은 옳지 않다. 감사위원회에 관해서는 상법이 특별한 규정을 두고 감사의 권한을 그대로 부여하고 있기 때문에 이사회가 자신의 권한이 미치지 않는 감사위원회의 결정사항을 번복할 수 있다고 보기는 어렵다. 더구나 증권거래법에서 감사위원은 주주총회에서 선임하는 것을 전제하고 있기 때문에(제191조의11 제1항, 제191조의17 제2항, 제54조의6 제6항) 이사회와 감사위원회가 상하관계에 있는 것으로 보기는 어렵다.

감사위원회의 약점으로 지적되는 세 번째 사항은 감사위원회가 주로 비상근의 사외이사로 구성된다는 점이다. 그러나 감사도 반드시 상근이라는 법은 없다.[17] 또한 사외이사라고 해서 반드시 비상근이어야 하는 것은 아니다. 실제로 일부 회사에서는 상근감사위원을 두고 있다.[18] 만약 감사위원으로서의 업무가 상근을 요할 정도로 많다면 적어도 1명 정도는 상근으로 구성할 수도 있을 것이다. 문제는 감사위원의 업무가 과연 상근을 요할 정도로 많은 것인가이다. 이에 대해서는 뒤에서 상세히 살펴보기로 한다.

---

15 江頭憲治郎, 株式會社 · 有限會社法(제4판), 2005, 468면.

16 이철송, 앞의 책, 666면.

17 일정한 상장법인의 경우에는 상근감사의 선임이 강제되고 있다(증권거래법 제191조의12 제1항).

18 최근 감사위원회제도를 도입한 일본에서도 일부 감사위원을 상근으로 할 수 있는 것으로 보고 있다.

Ⅲ. 감사위원회의 구성

1. 주주총회의 결의

상법에는 감사위원의 선임에 관해 특별한 규정이 없다.[19] 따라서 상법의 해석상으로는 감사위원도 일반 위원회위원과 마찬가지로 이사회에서 선임하고 해임한다고 보아야 할 것이다. 상장법인에 대한 특별규정을 담고 있는 증권거래법에도 감사위원의 임면권한에 관한 직접적인 규정은 없다. 그러나 감사위원의 임면을 주주총회가 담당하는 것으로 전제하는 듯한 규정은 존재한다. 즉 감사위원이 될 이사를 선임하는 주주총회 결의시 대주주의 의결권을 3%로 제한하고 있으며(제191조의17 제2항, 제54조의6 제6항), 나아가 '사외이사가 아닌' 감사위원의 경우에는 해임결의시에도 한층 엄격한 의결권제한규정을 두고 있다(제191조의11 제1항). 이들 규정에 의하면 상장법인의 경우 주주총회가 감사위원의 임면에 어떤 형태로든 개입하는 것은 분명하다. 그러나 개입의 구체적인 방식은 명백하지 않다. 그리하여 현재 감사위원의 선임과 관련해서는 실무상 상당한 불확실성이 존재한다. 감사위원의 선임과 관련해서는 대체로 다음 세 가지 실무례가 있는 것으로 보인다.[20]

① 일반 이사와 달리 감사위원이 되는 이사를 주주총회에서 선임하고 이사회의 선임결의를 거치지 않음

② 주주총회에서 먼저 이사를 선임하고 다시 새로운 결의로 이들 이사 중에서 감사위원이 되는 자를 선임하며 이사회의 선임결의는 거치지 않음

③ 주주총회에서 이사의 감사위원 적격을 확인하는 성격의 결의를 거친 후 이사회에서 그자를 감사위원으로 선임하는 결의를 거침

이들 실무례는 각각 일장일단이 있는 것으로 보인다. 먼저 ①은 간명하다

---

19 해임에 관해서는 이사 총수의 3분의 2 이상의 결의가 필요하다는 특칙이 있다(상법 제415조의2 제3조).

20 좌담회, "감사위원회의 법과 실무," BFL 제13호(2005. 9), 서울대학교 금융법센터, 10면(고창현 발언).

는 장점이 있다.[21] 그러나 ①에 따르면 감사위원 선임에 항상 주주총회 결의가 필요하므로 감사위원회의 운영이 번거로울 수밖에 없다. 예컨대 기존의 이사를 감사위원으로 선임할 때에도 주주총회 결의를 거쳐야만 한다. ①의 실무례를 따르는 회사에서는 주주총회에서 감사위원이 되는 이사는 일반 이사와 별도의 안건으로 선임하는 것이 보통이다. 이러한 실무례는 특히 집중투표제를 채택한 회사에서 특별한 효과를 낳을 수 있다. 예컨대 일반 사외이사 1명과 감사위원이 될 사외이사 2명을 동시에 선임하는 경우, ①에 의하면 주주가 1주당 3표가 아니라 최고 2표 밖에 행사할 수 없기 때문에 소수주주의 대표를 이사회에 진출시키는 것이 어려워진다.

②의 실무례는 주주총회에서 두 차례의 결의를 요하지만, 그 자체가 실제로 그리 큰 불편을 야기하는 것은 아니다. 주주총회의 결의를 요한다는 점에서는 ①과 유사하지만 실제의 면에서는 차이가 있다. 집중투표제가 채택된 회사에서는 주주가 첫 번째 결의에서 보유주식 1주당 선임되는 전체 이사 수만큼의 표를 갖기 때문에 ①에서와 같은 문제는 발생하지 않는다. ②의 단점은 감사위원의 후보가 일단 사외이사로 선임된 자에 한정되기 때문에 소수주주의 선택권이 제한을 받게 된다는 점이다.[22] 제1차 결의에서 이사로 선임된 자가 제2차 결의에서 감사위원으로 선임되지 못하는 경우의 혼란도 문제이지만, 그러한 혼란을 우려하여 주주들이 제2차 결의에서 마지못해 찬성투표를 하는 것도 문제라고 할 것이다.

③은 증권거래법의 규정에도 불구하고 이사회의 주도권을 강조하는 상법의 취지를 존중하는 해석이라고 할 수 있다. ③의 경우 사외이사 전원에 대해 주주총회에서 감사위원 적격을 인정받고 이사회가 그중에서 감사위원을 선임하는 것이 가능할 것인가? 만약 그것이 허용된다면 감사위원회를 보다 융통성 있게 운영할 수 있을 것이다. 반면에 감사위원회의 구성에 대한 이사

21 학설에서는 증권거래법이 ①을 채택한 것으로 보는 견해가 유력하다. 권종호, 감사와 감사위원회제도, 2004, 183면.

22 대주주의 의결권을 제한하면서까지 감사위원의 독립성을 확보하려는 취지가 몰각될 가능성이 있다.

회의 영향이 더 커진다는 점을 문제로 지적할 수 있을 것이다.

이러한 해석상의 혼란은 비단 감사위원의 선임에 국한되는 것이 아니라 해임의 경우에도 잠재하고 있다. 상법상 이사회는 감사위원을 해임할 수 있지만 해임결의에는 이사 총수 3분의 2 이상의 찬성이 필요하다(상법 제415조의2 제3항). 한편 앞서 언급한 바와 같이 증권거래법에서는 사외이사가 아닌 감사위원을 해임하는 주주총회 결의시 대주주의 의결권을 제한하는 규정을 두고 있다. 이 규정의 해석에 관해서도 의문이 없지 않다. 이 규정이 적용되는 주주총회 결의가 감사위원인 이사의 이사자격을 박탈하는 결의로 볼 것인지 아니면 감사위원 자격을 박탈하는 결의로 볼 것인가? 후자로 해석하는 경우 당해 이사는 이사로서의 자격은 그대로 유지한다고 볼 것인가 아니면 이사자격도 상실한다고 볼 것인가? 위에서 ①의 실무례를 따른다면 이사자격도 당연히 상실하는 것으로 보아야 할 것이다.

감사위원의 임면에 관한 이러한 해석상의 혼란은 조속히 해소할 필요가 있다. 이러한 불필요한 혼란은 입법으로 해결하는 것이 바람직하다.

2. 감사위원의 자격

상법에서는 감사위원회 위원 3분의 2 이상을 사외이사로 선임한다는 점 이외에는 위원의 자격에 관하여는 특별한 규정을 두고 있지 않다(제415조의2 제2항). 그러나 증권거래법에서는 "대통령령이 정하는 회계 또는 재무전문가"를 1명 이상 위원으로 선임하도록 하고 있다(제191조의17 제2항, 제54조의6 제2항 제2호). 이는 미국 사베인옥슬리법의 영향을 받은 것으로 실질적인 감사를 담보하기 위한 규정이다. 증권거래법 시행령은 공인회계사, 재무·회계분야 교수 등 다섯 가지 범주의 전문가에게 감사위원 적격을 인정하고 있다.[23] 시행령의 규정으로 인하여 전문가의 범위가 대폭 명확해진 것은 사실

23 증권거래법 시행령의 다섯 가지 범주는 다음과 같다(제37조의7 제2항).
① 공인회계사의 자격을 가진 자로서 그 자격과 관련된 업무에 5년 이상 종사한 경력이 있는 자
② 재무 또는 회계 분야의 석사학위 이상의 학위를 가진 자로서 연구기관 또는 대학에서 재

이다. 그러나 구체적으로는 판단이 곤란한 경우도 없지 않다. 예컨대 시행령은 "정부 · 지방자치단체 · 정부투자기관 · 금융감독원 또는 증권관계기관에서 재무 또는 회계 관련업무 또는 이에 대한 감독업무에 5년 이상 근무한 경력이 있는 자"를 적격자로 들고 있다. 그러나 이 경우 정부에서 '재무 또는 회계 관련 업무'에 종사한 자에 어느 범위까지 포함시킬 수 있는지 의문이 있다. 민간기업의 예를 따른다면 정부부처 '자체'의 재무와 회계업무에 종사한 자라고 해석해야 할 것이다. 그러나 그 범주에 속한 자는 그렇게 많지 않을 뿐 아니라 과연 그러한 업무에서 얻은 기량이 민간기업에서의 감사업무에 어떻게 도움을 줄 수 있는지도 의문이다. 그렇다고 해서 재정경제부의 은행제도과나 증권제도과와 같이 금융기관을 비롯한 일반기업의 재무나 회계에 영향을 주는 업무에 종사한 자까지 그 범주에 포함시킬 수 있다고 보기는 어려울 것이다. 또한 재정경제부나 국세청에서 조세업무에 종사한 자도 그러한 전문가로 보기는 어려울 것이다.

감사위원에 이러한 전문성을 요구하는 이유는 내실 있는 감사를 담보하기 위한 것이다. 그렇다면 법에서 요구하는 전문적인 능력도 효과적인 감사에 필요한 능력으로 설정했어야 할 것이다. 감사위원회의 업무에 회계감사가 포함되고 업무감사도 상당부분 회계와 관련이 있다는 점에서 회계전문가를 요구하는 것은 일리가 있다. 그러나 감사업무에 특히 필요한 것은 회계 중에서도 감사에 관한 지식과 경험이다. 증권거래법이 전문성을 다소 넓게 정의하고 있는 것은 적당한 감사위원 후보를 찾아야 하는 기업의 부담을 덜어 주기 위한 것으로도 이해할 수 있다.

무 또는 회계 관련 분야의 연구원 또는 전임강사 이상의 직에 5년 이상 근무한 경력이 있는 자

③ 주권상장법인 또는 협회등록법인에서 재무 또는 회계 관련업무에 임원으로 5년 이상 또는 임직원으로 10년 이상 근무한 경력이 있는 자

④ 정부 · 지방자치단체 · 정부투자기관 · 금융감독원 또는 증권관계기관에서 재무 또는 회계 관련업무 또는 이에 대한 감독업무에 5년 이상 근무한 경력이 있는 자

⑤ 「금융감독기구의 설치 등에 관한 법률」 제38조의 규정에 의한 검사대상기관(이에 상당하는 외국금융기관을 포함)에서 재무 또는 회계 관련업무에 5년 이상 근무한 경력이 있는 자

3. 상근여부

우리 법상 감사위원회는 구성원의 3분의 2 이상을 사외이사로 구성해야 한다(상법 제415조의2 제2항 단서, 증권거래법 제191조의17, 제54조의6 제2항 제1호). 감사위원회의 독립성을 중시하여 사외이사만으로 감사위원회를 구성하는 기업도 차츰 늘고 있다. 금융기관에서는 감사위원 중 1명을 상근으로 하는 예가 많다. 실무상 그러한 상근감사위원은 법률에서 말하는 사외이사가 아닌 것으로 인식하고 있다.[24] 그 근거로는 사외이사의 정의가 "당해 회사의 상무에 종사하지 아니하는 이사"(증권거래법 제2조 제19항)로 되어 있다는 점을 들고 있다. 실무상으로는 '상무'에 종사하는 자를 회사에 상시 출근하여 근무하는 자를 의미하는 것으로 보고 있는 것 같다. 상시 출근에 대해서는 응분의 보수가 지급되는 것은 물론이다. 그러나 사외이사가 사실상 매일 출근한다고 해도 그를 '상무에 종사하는 자'라고 볼 수는 없을 것이다. 업무의 성격이 아니라 상시 출근여부로 사외이사를 가르는 기준을 삼는 것은 바람직하지 않기 때문이다.[25]

보다 근본적인 문제는 과연 감사위원이 상근을 하는 것이 바람직한지 여부이다. 특히 대기업의 경우, 감사위원회의 업무범위가 넓기 때문에 감사업무를 비상근의 사외이사가 감당할 수 있을지 의문이 들 수 있다. 그러나 상근을 하면 감사위원의 독립성이 훼손될 가능성이 커진다. 따로 생업이 있는 일반감사위원과는 달리 상근감사위원은 아무래도 자리 유지에 더 신경을 쓰고, 그 결과 감사대상인 경영진의 눈치를 보게 되기 십상이다. 또한 상근감사위원과 일반감사위원 사이에 정보의 격차가 생기고 일반감사위원이 상근감사위원에 의존함으로써 상근감사위원이 감사위원회를 지배할 우려가 있다. 다만 감사위원이 모두 비상근인 경우에는 효과적인 감사를 위해 사내

---

24. 증권거래법의 문언도 그러한 뉘앙스를 풍기고 있다(증권거래법 제54조의6 제3항, 제191조의12 제3항).

25. 최근 통과된 일본의 회사법에서도 사외이사는 업무집행을 담당하지 않는 자로 정의하고 있다(제2조 제15호).

외 전문 인력의 보조를 받을 필요가 있을 것이다. 이에 대해서는 뒤에서 설명한다.

4. 감사위원회 규정

감사위원회에 관한 상법이나 증권거래법 규정은 간략하다. 그렇다고 해서 감사위원회의 운영과 관련하여 정관에 상세한 규정을 두는 것은 융통성이라는 면에서 바람직하지 않다. 회사에 따라서는 정관으로 감사위원회의 세부사항을 이사회에 위임하는 예도 있다. 그러나 이는 적어도 현행법상으로는 부적절한 것으로 보인다. 이사회의 다른 위원회와는 달리 감사위원회는 이사회의 단순한 하부위원회가 아니기 때문이다. 따라서 감사위원회 규정에 관한 권한은 이사회가 아니라 감사위원회 자신에 속하는 것으로 구성해야 할 것이다.[26]

IV. 감사위원회의 업무수행

1. 총설

감사위원회의 권한은 크게 업무감사와 회계감사의 두 가지로 나눌 수 있다.[27] 미국에서는 감사위원회의 업무는 어디까지나 회계감사가 중심을 이루고 있다. 우리나라에서도 외감법의 적용을 받는 회사에서는 감사위원회가 외부감사인의 선임에 관여하는 등 미국에서와 비슷한 역할도 수행하고 있다(외감법 제4조 제2항 이하, 공인회계사법 제21조 제3항, 시행령 제14조 제3항 등).

운영하기에 따라서는 이처럼 법률상 감사위원회의 권한으로 명시된 것

26 일본에서 제시되는 모범감사위원회규정안도 제정 및 개정권한을 감사위원회에 부여하고 있다. 다만 현실적으로 사외이사가 절대적인 과반수를 차지하는 경우에는 큰 차이는 없을 것이다.

27 물론 회계감사도 크게 보면 업무감사에 속하는 것으로 볼 수 있다.

외에 정관에서 특정한 사항을 추가로 위임하는 것도 가능하다. 실제로 감사위원회의 권한을 확장한 회사도 있다고 한다. 추가로 위임할 만한 업무로는 계열회사와의 거래에 대한 승인업무나 윤리강령에 관한 업무를 생각해 볼 수 있을 것이다.[28]

법률상 감사위원회의 기능은 주로 의무보다는 권한의 형태로 표현되어 있다. 그러나 감사위원회의 권한은 동시에 의무로서의 성격도 공유하고 있는 것으로 보아야 할 것이다. 그 의무를 위반한 경우에는 당연히 법적 책임이 수반된다. 그러나 감사위원 각자가 어느 정도의 조치를 취해야 의무를 이행한 것으로 판단할 수 있는지 반드시 명확한 것은 아니다. 이러한 감사위원회의 최소한의 임무는 결국 법원이 당해 회사의 구체적 사정에 비추어 판단할 수밖에 없을 것이다.

모호한 것은 임무의 최소한도만이 아니다. 감사위원회가 어떠한 방식으로 임무를 수행하는 것이, 이를테면 감사위원회의 모범실무(best practice)에 부합하는 것인지도 우리나라에서는 아직 정착되지 못한 상태이다. 또한 감사위원회의 기능과 관련해서는 실무상 업무감사와 회계감사의 양면에서 다소 혼선이 있다. 먼저 업무감사와 관련해서 감사위원회의 감사가 이사의 직무집행에 대한 이사회의 감독과 어떠한 차이가 있는 것인지 불명확하다. 회계감사와 관련해서는 특히 외부감사인의 감사를 받는 회사에서 감사위원회의 회계감사가 갖는 의미를 어떻게 이해할 것인지가 문제된다. 이하에서는 단순히 의무이행이라는 차원을 넘어 모범적인 실무관행을 모색한다는 관점에서 감사위원회의 기능에 관한 몇 가지 쟁점을 검토해 보기로 한다.

28 계열회사와의 거래에 대해서는 증권거래법(제191조의19)이나 공정거래법(제11조의2)에 의하여 이사회의 승인이 요구되고 있다.

2. 업무감사

(1) 감사의 대상 : 최고경영자와 임직원

상법상 감사위원회는 이사의 직무집행을 감사한다(제415조의2 제6항, 제412조 제1항). 여기서 말하는 '이사'란 주로 업무집행을 담당하는 이사, 특히 대표이사를 가리킨다고 볼 것이다. 업무감사의 관점에서 중요한 것은 법적으로 대표권을 가진 대표이사가 아니라 회사업무의 최고책임자인 최고경영자일 것이므로 이 글에서는 법적 용어는 아니지만 대표이사 대신 최고경영자라는 용어를 사용하기로 한다.[29] 이사가 아닌 집행임원이나 직원(이하 '임직원')의 직무집행도 그것이 결국 최고경영자의 직무집행을 보조하는 것이라는 점에서 감사의 대상이 될 수 있다. 그렇다면 회사 임직원의 직무집행을 감사하는 내부감사부서인 감사실의 업무도 감사위원회의 업무감사에 포함되고, 따라서 감사위원회의 지시를 받아야 한다고 해석할 여지도 없지 않다. 그러나 임직원은 기본적으로 최고경영자의 지휘를 받아 최고경영자를 보좌하는 자에 불과하므로 그 직무집행에 대한 일차적인 감독은 당연히 최고경영자가 맡는 것이 정도일 것이다. 감사위원회는 최고경영자가 관장하는 내부통제시스템이 제대로 설치 · 작동되고 있는지를 확인할 의무가 있을 뿐이다. 이 문제에 대해서는 뒤에 감사위원회에 대한 보조조직의 필요성 여부와 관련하여 다시 논하기로 한다.

(2) 이사회에 의한 감독과의 구별

상법상 이사의 직무집행은 감사위원회의 감사를 받을 뿐 아니라 이사회의 감독대상이기도 하다(제393조 제2항). 따라서 이사회의 '감독'과 감사위원

29 실제로는 대표이사는 복수 존재할 수 있으므로 대표이사를 모두 최고경영자라고 할 수는 없지만 최고경영자는 거의 예외 없이 대표이사를 맡고 있다.

회의 '감사'를 어떻게 구분하여 이해할 것인가가 문제된다. 앞서 지적한 바와 같이 이러한 감독기관의 중복은 우리와 일본상법의 특수한 변천과정의 산물이라고 할 수 있다. 이사회와 감사위원회의 기능상 차이를 단순히 '감독'과 '감사'라는 용어의 차이에서 찾는 것은 바람직하지 않을 것이다.[30] 이사회와 감사위원회가 수행할 감시기능의 차이를 밝히는 실마리는 상법상 두 기관이 최고경영자에 대해 행사하는 권한에서 찾는 것이 타당할 것으로 판단된다.

실제의 관계가 어떻든 법률상 이사회는 업무집행의 의사결정기관이고(상법 제393조 제1항) 최고경영자는 이사회 결정을 집행하는 자에 불과하다. 이사회는 자신이 결정한 사항을 집행하는 최고경영자에 대한 인사권을 갖는 것이 원칙이다. 최고경영자에 대한 인사권을 행사하는 이사회의 감독권한이 최고경영자가 수행하는 업무의 모든 측면을 포괄하는 것은 당연한 일이다. 반면에 감사위원회는 상법상 최고경영자를 견제할 수 있는 다양한 권한이 있지만 최고경영자에 대한 인사권은 없다. 감사위원회의 권한 중 핵심적인 것은 최고경영자를 비롯한 회사기관의 위법행위[31]를 사전적으로 억제하고 사후적으로 시정하는 권한이라고 할 것이다. 상법은 이사의 선관주의의무나 충실의무를 명시적으로 규정하고 있으므로 이사가 선관주의의무나 충실의무에 위반하는 것도 '위법'에 해당한다고 볼 것이다.

(3) 적법성감사와 타당성감사

상법상 감사의 권한이 적법성감사에 한정되는가 아니면 타당성감사에도 미치는가에 대해서는 학설상 다툼이 있다.[32] 그러나 적법성과 타당성은 완전히 무관한 개념이 아니므로 이에 관한 논의는 자칫 비생산적인 공론으로

---

30 감사와 감독의 의미상의 차이에 관해서는 좌담회, "감사위원회의 법과 실무," BFL 제13호 (2005. 9), 18면 이하 참조.

31 정관위반행위도 포함하는 의미로 사용한다.

32 학설에 관한 상세한 설명은 권종호, 앞의 책, 61면 이하 참조.

빠질 가능성이 있다.[33] 앞서 언급한 바와 같이 감사위원회의 감시대상은 주로 회사기관의 위법행위라는 점에 비추어 적법성감사가 감사위원회의 본령이라고 해야 할 것이다. 경영진이 신중한 절차를 거쳐서 내린 순수한 경영판단은 비록 후일 잘못된 것으로 밝혀지는 경우에도 선관주의의무위반에 해당하지 않는다(이른바 경영판단원칙). 그러나 경영진의 판단이 절차적으로나 내용적으로 현저하게 타당성을 결한 경우에는 선관주의의무위반에 해당하여 손해배상책임이 발생할 여지가 있다. 이처럼 적법성과 타당성의 경계는 모호한 것이므로 감사위원회가 타당성감사에서 완전히 배제되는 것은 아니다.[34]

감사위원회의 타당성감사는 적어도 두 가지 면에서 한계가 있다고 할 것이다. 하나는 앞서 언급한 경영판단원칙에서 오는 한계이다. 경영진의 경영판단은 존중해야 할 것이므로 그 요건을 충족하는 구체적 결정사항의 당부에 대해서 따질 권한은 없다. 다른 하나는 권한과 모범실무와의 차이에서 오는 한계이다. 감사위원회가 타당성감사의 권한이 있다고 해서 구체적인 개별 거래행위나 경영사항의 타당성을 일일이 체크할 의무가 있는 것은 아니다. 또한 감사위원회의 감사범위를 그처럼 확장하여 운영하는 것이 반드시 바람직하다고 보기는 어렵다. 어차피 최고경영자는 경영실적을 높이기 위하여 노력하게 마련이다. 최고경영자가 최선을 다하도록 유도하고 감시하는 역할은 이사회의 몫이다. 그럼에도 불구하고 경영성과가 미흡한 경우에는 이사회가 최고경영자를 교체하면 된다. 감사위원회가 타당성감사를 근거로 개별적인 업무의사결정에 일일이 관여하는 것은 모범적인 실무라고 볼 수 없을 것이다.

---

33 大川博通 外(編著), "(座談會)監査役監査基準の全面改正," 監査役監査基準の全面改正, 2004, 13면(大川 발언).

34 감사위원회가 업무집행의 타당성까지 감사할 수 있다고 보는 근거로 감사위원이 감사와는 달리 업무감독권을 갖는 이사회의 구성원을 겸한다는 점을 드는 견해도 있지만, 이사회권한을 근거로 감사위원회의 권한을 판단하는 것은 적절치 않을 것이다.

(4) 감사위원회의 감사활동

감사위원회의 감사활동은 크게 정보의 수집과 수집된 정보에 근거한 조치의 집행이라는 두 단계로 나눌 수 있다. 정보수집은 사전적 감시와 사후적 조사를 통해서는 물론이고 회사 내외로부터의 제보에 의하여도 가능하다. 상법은 그러한 정보수집을 위한 수단을 명시하고 있다. 감사위원회의 이사에 대한 보고요구 및 회사의 업무와 재산상태에 대한 조사권(상법 제412조 제2항), 자회사의 감사권(상법 제412조의4 제1항) 등은 그 대표적인 예이다. 그 밖에 효과적인 정보수집을 위해서 수시로 임직원들을 접촉하거나 감사위원회 전용의 핫라인을 설치하는 것도 모범실무의 관점에서 고려할 필요가 있다.

감사위원회는 위와 같이 수집한 정보를 토대로 상법상 다양한 조치를 취할 수 있다. 가장 극적인 조치는 최고경영자를 상대로 위법행위를 유지시키거나(제402조) 소송을 제기하는 것(제394조 제1항)이다. 그 밖에 상법상 감사위원회가 취할 수 있는 조치로는 이사회에 대한 보고(제391조의2 제2항), 주주총회소집청구(제412조의3 제1항), 주주총회에 대한 보고(제413조), 주주총회결의 취소의 소(제376조 제1항)를 비롯한 각종 회사소송의 제기를 들 수 있다.

(5) 감사활동의 구체적 실행

앞서 설명한 바와 같이 감사위원회는 이사의 직무집행의 타당성까지 포괄하는 광범위한 감사권한을 가지고 있다. 이러한 폭넓은 감사권한은 자칫 과도한 감사활동으로 이어져 경영진의 효율적 업무수행을 저해할 우려도 없지 않다. 그러나 오히려 현실적으로 더 우려되는 상황은 막중한 감사부담에 질린 감사위원회가 아무런 활동도 수행하지 않는 것이다. 상법상 주주총회에 제출하는 의안이나 서류에 대한 조사와 같이 구체적인 활동을 명시적으로 요구하는 경우도 있지만, 감사위원회의 업무감사는 대체로 일반 추상적인 표현으로 규정되어 있기 때문에 감사위원회가 소극적으로 움직일 가능성이 크다. 어찌 보면 막연하기 짝이 없는 감사위원회의 임무가 효과적으로 수행되도록 촉진하는 방안으로는 일단 두 가지 정도를 생각해 볼 수 있다. 첫째, 이사나 주요주주의 이익과 회사이익이 충돌할 가능성이 있는 거래유형을 구체적으로 제시하고 그러한 거래에 대해서는 감사를 수행하여 그 결과를 감사보고서에 기재하도록 의무화하는 것이다.[35] 둘째, 뒤에 설명하는 바와 같이 내부통제장치에 대한 감사위원회의 관심을 제고하는 것이다.

3. 회계감사

(1) 회계정보와 감사

회사가 산출하는 회계정보의 신뢰도를 높이는 것은 경영진에게는 물론이고 주주, 채권자, 투자자에게도 중요한 일이다. 감사위원회는 회계정보의 신뢰도를 높이기 위한 감사도 수행한다. 회계정보에 대한 감사는 내부감사와 외부감사의 두 가지로 나눌 수 있다. 감사위원회는 내부감사와 외부감사 모두에 관여하고 있다. 이하 차례로 살펴본다.

(2) 내부감사

최고경영자는 회계정보의 정확성에 대해서 이해관계가 가장 크다고 할 수 있다. 회계정보의 정확성이 담보되지 않고는 신규투자, 구조조정, 재무, 인사 등 주요한 경영결정을 제대로 내릴 수 없기 때문이다. 최고경영자는 회계정보의 정확성을 담보하기 위하여 내부감사조직을 설치하고 운용할 필요가 있다. 반면에 최고경영자는 회계정보를 왜곡할 인센티브도 갖고 있다. 자신의 자리나 보수와 같은 개인적 이익은 물론이고 회사의 자금조달과 같은

35 그러한 규정을 상법에 도입하지 않는 경우에는 감사위원회 규정에 명시하는 방안도 고려할 수 있다.

회사의 이익도 상당부분 회계적인 성과의 영향을 받기 때문이다. 최고경영자가 회계 정보를 조작할 위험은 두 가지 방법으로 견제되고 있다. 하나는 뒤에 언급하는 외부감사이고, 다른 하나는 감사나 감사위원회 같은 회사내부기관의 통제이다.

상법상 감사위원회는 재무제표를 감사할 권한이 있다(제447조의4). 그러나 재무제표에 대한 감사를 어떻게 수행해야 하는지에 대해서는 아무런 지침도 주고 있지 않다. 실마리를 제공하는 것은 상법이 감사보고서에 기재하도록 규정한 사항이다(제447조의4 제2항). 어느 정도 규모가 있는 회사라면 이 사항들을 확인하는 것은 상법이 요구하는 것처럼 결산기 말에 4주 만에 마칠 수 있는 간단한 일이 아니다.[36] 비상근감사위원이 직접 감당할 수 있는 일은 더욱 아니다. 감사위원이 상근을 하더라도 보조조직이 필요한 일이다. 감사위원회가 독자적으로 보조조직을 가질 필요가 있다는 주장은 바로 이러한 상황을 바탕으로 한 것이다. 이러한 주장의 타당성에 대해서는 의문이 있지만 이에 대해서는 뒤에서 따로 논하기로 한다. 종래 일반적인 실무관행은 감사가 회사내부의 감사부서에서 마련한 감사보고서를 그대로 주주총회에서 읽는 것이었다. 그러나 실제로 부실한 감사를 이유로 감사의 책임이 문제가 된 경우는 거의 없었기 때문에 이러한 실무관행은 오래 지속되었다.

감사위원회나 감사에 의한 감사의 모순이 특히 두드러지는 것은 외감법의 적용을 받는 회사에서이다. 외감법의 적용을 받는 자산 70억 원 이상의 주식회사는 회계전문가인 외부감사인의 감사가 강제되고 있다(제2조, 시행령 제2조). 이처럼 외부감사가 강제되는 회사에서 회계정보의 신뢰도를 담보하는 실제의 임무는 아무래도 감사보다는 외부감사인이 담당해야 할 것이다. 그러나 외부감사인이 존재하는 경우에도 감사위원회는 여전히 재무제표에 대한 감사보고서를 작성하여 제출할 의무가 있다. 실무상 주주총회에서 감사보고서를 읽는 것은 외부감사인이 아니라 감사위원회 위원장이다. 주주총

36 상장법인의 경우에는 주주총회일 1주 전까지 제출하도록 되어 있어(증권거래법 제191조의11 제3항) 5주의 기간이 있지만 그것도 충분하다고 볼 수는 없다.

회에 참석하는 주주의 관점에서 볼 때 자신의 이익을 보다 직접적으로 대표하는 기관은 외부감사인이라기보다는 감사위원회이므로 현재의 실무는 나름대로 일리가 있다. 문제는 감사보고서의 내용이다. 현재 실무상으로는 한국상장회사 협의회가 마련한 「상장회사 감사보고서 표준예시」라는 서식(이하 '표준서식')이 널리 이용되고 있다. 표준서식은 외부감사인에 대한 언급이 전혀 없이 마치 감사위원들이 직접 감사활동을 수행한 것 같은 내용으로 작성되어 있다. 그러나 상근의 감사위원이라도 어느 정도 규모가 있는 회사의 회계감사를 직접 담당하는 것은 비현실적이다. 결국 감사위원회는 내부감사부서나 외부감사인의 도움을 받는 것이 불가피할 것이다. 따라서 감사보고서에는 감사위원회의 감사가 주로 내부감사부서와 외부감사인의 감사에 의존하였다는 점을 분명히 할 필요가 있을 것이다.[37]

(3) 외부감사

앞서 언급한 바와 같이 미국에서는 감사위원회의 기능이 주로 외부 회계감사의 실효성을 담보하는 데 집중되고 있다. 감사위원회는 독립적인 외부감사인이 회계감사업무를 충실하게 수행하고, 그 결과를 정확하게 보고하도록 담보하는 기능을 한다. 최근 미국에서는 엔론사태를 계기로 이러한 감사위원회의 기능이 대폭 강화된 바 있다. 우리 외감법 등도 그 영향을 받아 감사위원회의 권한을 대폭 확대하고 있다. 외부감사인 선임에 대한 승인권(제4조 제2항), 외부감사인과 계약시 감사보수 및 감사시간에 관하여 협의할 권한(제4조 제7항), 비감사업무 승인권한(공인회계사법 시행령 제14조 제3항) 등이 그 예이다. 그러나 효과적인 외부감사를 위해서는 이처럼 법에 규정된 사항만으로는 충분하지 않다. 감사위원회는 외부감사인이 적절한 인력과 시간을 투입하는지를 확인하고, 면담을 통해서 지적사항이나 요망사항 등을

37 일본법상으로는 외부감사를 받는 대회사에서 외부감사인의 감사의 방법이나 결과가 상당하지 않은 경우에만 감사위원회가 감사를 하도록 하고 있다(상법특례법 제14조 제3항 제1호, 제21조의29 제2항 제1호).

청취하는 등 보다 적극적으로 관여할 필요가 있을 것이다.[38]

4. 내부통제, 내부회계관리제도, 내부감시장치

최근 이사회나 감사위원회의 감시활동과 관련하여 내부통제(internal control)라는 개념이 크게 주목을 받고 있다.[39] 아직 우리나라에서는 내부통제가 주로 은행, 증권회사 등 금융기관을 중심으로 논의되고 있을 뿐(은행법 제23조의3, 증권거래법 제54조의4) 일반 기업의 문맥에서 논의되는 경우는 많지 않다. 내부통제의 개념에 대해서 법적 정의는 없지만 금융감독원의 내부통제 검사매뉴얼에서는 내부통제를 "회사의 자산보호, 회계자료의 정확성 및 신뢰성 확보, 조직운영의 효율성 증진, 경영방침 및 법규의 준수를 위하여 회사의 모든 구성원들에 의하여 지속적으로 실행되는 일련의 통제 과정"으로 정의하고 있다. 이러한 의미의 내부통제는 업무집행에 속하는 사항이기 때문에 그에 관한 책임은 이사회(실제로는 그 위임을 받은 최고경영자)가 부담한다는 점에 대해서 다툼이 없다. 감사위원회는 경영진이 설치한 내부통제시스템이 적절한지를 검토하고 그 개선을 촉구할 의무가 있을 뿐이다.[40] 앞서 지적한 바와 같이 감사위원회의 감사 범위는 극히 포괄적이기 때문에 감사위원이 실제로 직접 감사업무를 수행할 수는 없고 특별한 사정이 없는 한 내부통제시스템에 의존할 수밖에 없을 것이다.

내부통제와 관련하여 먼저 제기되는 것은 그것을 우리 법상 어떻게 수용할 것인가 하는 문제이다. 앞서 지적한 바와 같이 우리 법에서는 일반기업에 대해서 내부통제를 명시적으로 규정하고 있지 않다. 물론 법에 명시되어 있

---

38 감사위원회의 바람직한 운영방안에 관해서는 김일섭, "현장에서 바라본 감사위원회의 모범실무," BFL 제13호(2005. 9), 서울대학교 금융법센터, 51면 이하.

39 이하의 서술은 상당부분 김건식/안수현, "법적 시각에서 본 내부통제," BFL 제4호(2004. 3), 서울대학교 금융법센터, 7면 이하에 의존하였다.

40 일본에서는 감사위원회가 내부통제부문의 구성 등에 대한 이사회의 결의내용이 상당하지 않다고 인정하는 경우에는 감사보고서에 그 취지를 기재하도록 하고 있다(상법특례법 제21조의29 제2항 제2호).

지 않다고 해서 현행법상 그러한 개념이 적용될 여지가 없는 것은 아니다. 그러나 완전히 해석에만 맡기는 경우에는 불필요한 혼란이 발생할 우려가 있다. 현재 증권거래법에 근거하여 금융감독위원회(이하 '금감위')가 제정한 「유가증권의 발행 및 공시 등에 관한 규정」은 사업보고서의 첨부서류로 내부감시장치의 가동현황에 대한 감사위원회의 평가의견서를 요구하고 있다(제72조 제3항 제1호 바목). 이른바 「COSO보고서」에 의하면 감시(monitoring)는 내부통제를 구성하는 일부에 지나지 않는다.[41] 그러나 내부감시장치를 내부통제와 같은 의미로 해석하는 것이 반드시 불가능한 것은 아니다. 위 금감위 규정은 이사회의 감독과 감사위원회의 감사에 관한 내부감시장치라는 다소 막연한 표현을 사용하고 있어 내부통제를 가리키는 것으로 넓게 해석할 수도 있기 때문이다. 그러나 내부통제와 같이 중요한 개념은 금감위 규정에서 슬그머니 사업보고서의 첨부서류로 규정하는 것보다는 법에서 정면으로 도입하는 것이 바람직할 것이다. 아직 실무상으로는 내부감시장치의 의미에 대한 고민 없이 감사위원회의 평가가 지극히 형식적으로 이루어지고 있는 것으로 보인다.

현행법상의 제도 중 내부통제와 관련이 가장 밀접한 것은 "신뢰할 수 있는 회계정보의 작성 및 공시를 위하여" 외감법이 요구하는 내부회계관리제도라고 할 수 있다(제2조의2).[42] 내부회계관리제도는 미국 사베인옥슬리법의 영향을 받아 도입한 것으로 "회사가 작성한 재무제표의 신뢰성에 대한 합리적 확신을 제공하기 위해 설계 · 운영되는 내부통제제도로서 이사회, 경영진 등 모든 조직구성원에 의해 지속적으로 실행되는 과정"을 가리킨다.[43] 이러한 내부회계관리제도가 내부통제의 중요한 일부를 구성한다는 점에는 의문이 없다. 내부회계관리제도는 최고경영자의 책임사항이지만(외감법 제2조의2 제3항) 감사위원회는 운영실태를 보고받은 후 그에 대한 평가를 이사회에

---

41 「COSO보고서」에 관해서는 황성식/강정민, "효과적 내부통제를 통한 주주가치의 제고," BFL 제4호(2004. 3), 서울대학교 금융법센터, 17면 이하 참조.

42 내부회계관리제도에 대한 소개로는 김성범, "내부회계관리제도 모범규준 해설," BFL 제13호(2005. 9), 서울대학교 금융법센터, 64면 이하 참조.

43 내부회계관리제도 모범규준 제8조.

다시 보고하게 되어 있다(제2조의2 제4항, 제5항). 감사위원회가 구체적으로 어떻게 평가를 수행하여야 할지는 의문이지만 적어도 내부감사부서의 평가에만 의존하는 것은 곤란하다고 할 것이다. 내부감사부서 자체가 내부회계관리제도의 일부를 구성하는 까닭이다.

회사의 준법경영을 확보하기 위한 자율준수프로그램(compliance program)도 내부통제의 일부를 구성한다. 적법성감사가 감사위원회의 주된 기능이라는 점에 비추어 감사위원회는 자율준수프로그램의 적절성에 대해서 관심을 베풀 필요가 있을 것이다. 우리 법제에서 자율준수개념은 비교적 최근에 도입된 것이다. 가장 앞선 것은 증권거래법 등 금융규제법으로 이들 법령에서는 금융기관으로 하여금 준법감시인(compliance officer)이라는 명칭의 자율준수업무 담당자를 선임하도록 강제하고 있다(예컨대 증권거래법 제54조의4 제2항). 이와는 달리 공정거래위원회는 간접적인 방법으로 자율준수를 권장하고 있다. 즉 공정거래위원회는 기업의 자율준수프로그램 운용실태에 따라서 과징금을 경감하는 등 제재를 완화하도록 하고 있다.[44]

5. 보조인력의 활용

(1) 세 가지 선택지

이상에서 살펴본 업무감사나 회계감사를 감사위원회가 제대로 수행하려면 상당한 전문지식과 노력이 필요할 것이다. 감사위원이 비상근인 경우는 물론이고 상근인 경우에도 직접 이 모든 업무를 담당하는 것은 비현실적이다. 결국 감사위원회는 적절한 전문 보조인력에 실무를 맡기고 자신은 그들의 업무수행을 지시, 감독, 평가하는 데 주력하는 것이 현실적이다.[45] 이처럼

44 공정거래위원회, 제재수준 경감제도관련 공정거래법령(http://www.ftc.go.kr/data/hwp/annae_jjg_2.hwp, 2005년 8월 22일 방문).

45 최근 감사위원회제도를 도입한 일본에서도 감사위원회가 타인의 조력을 받아 업무를 수행하는 것을 전제로 하고 있다.

보조인력의 도움을 받더라도 그에 대한 지시, 감독, 평가에는 적지 않은 시간이 소요될 것이다.

보조인력의 활용과 관련하여 감사위원회의 선택지로는 대체로 다음 세 가지를 생각해 볼 수 있을 것이다.

① 회사의 내부감사부서와는 별도로 감사위원회만을 위한 보조조직을 설치하는 방안

② 회사의 내부감사부서를 감사위원회가 활용하는 방안

③ 회사 외부의 전문가로부터 도움을 받는 방안

물론 ③은 ①이나 ②와 상호배타적인 것은 아니다. 이하에서는 이들 각 선택지의 장단점을 차례로 살펴본다.

(2) 별도의 보조조직을 두는 방안

회사의 내부감사부서와는 별도로 감사위원회만을 위한 보조조직을 회사 내에 두어야 한다는 ①은 꽤 널리 지지받고 있는 것처럼 보인다. 그러나 ①은 이론상으로는 그럴듯해 보이지만 실효성의 면에서는 문제가 있다. 별도의 조직을 운용하는 비용에 대해서는 접어 두기로 하자. 과연 현실적으로 적절한 인력을 확보할 수 있을지부터 의문이다. 최고경영자의 지휘하에 있는 일반 조직에서 벗어나 있는 이러한 특수조직에 유능한 인재를 확보하는 것은 기업현실에서 기대하기 어렵다. 설사 겨우 유능한 인재를 채용한다 하더라도 이러한 조직은 회사 내 다른 조직의 견제를 받아 원활한 업무수행이 쉽지 않을 것이다.

(3) 내부감사부서를 활용하는 방안

별도의 보조조직을 두지 않는다면 기존의 내부감사부서를 활용할 수밖에 없을 것이다. 이와 관련해서 경제계에서는 내부감사부서를 최고경영자와 감사위원회 중 어느 쪽에 종속시킬 것인가가 열띤 논의의 대상이 되고 있다.

현재 공기업이나 최근에 민영화된 일부 기업을 제외하고는 내부감사부서는 최고경영자에 직속시키는 것이 일반적인 실무로 보인다.[46] 내부통제에 관한 일차적 책임이 최고경영자에게 있다는 점을 고려할 때 최고경영자가 내부감사부서에서 손을 뗄 수는 없을 것이다. 최고경영자의 지휘하에 있는 내부감사부서를 감사위원회가 효과적으로 활용할 수 있으려면 감사위원회가 다음과 같은 권한을 가질 필요가 있다.[47] 첫째, 감사위원회가 내부감사부서에 직접 지시할 수 있는 권한을 가져야 한다. 둘째, 내부감사부서에서 담당임원이나 최고경영자에게 보고할 때 동일한 사항을 감사위원회에도 동시에 보고하여야 한다. 셋째, 감사위원회가 내부감사부서 책임자의 인사고과에 참여하고 징계를 건의할 수 있어야 한다.

(4) 외부전문가를 활용하는 방안

아무리 감사위원회에 위와 같은 권한을 부여한다 해도 최고경영자의 지휘를 받는 내부감사부서의 도움에는 한계가 있을 수밖에 없다. 내부감사부서가 인사권을 쥐고 있는 최고경영자를 제대로 감독할 것으로 기대하는 것은 비현실적이다. 따라서 감사위원회는 내부감사부서를 활용하더라도 필요한 경우에는 외부전문가의 도움을 받을 수 있어야 한다. 상법은 감사위원회가 회사의 비용으로 전문가의 조력을 받을 수 있음을 명시하고 있다(제415조의2 제5항). 그러나 회사가 비용지급에 비협조적인 태도를 취하면 현실적으로 외부전문가의 조력을 받기 어려울 것이다. 따라서 감사위원회규정에서 회사가 감사위원회의 직무수행에 불필요한 것임을 입증하지 못하는 한 비용지급(선급도 포함)을 거절하지 못한다는 점을 명시하는 방안을 적극적으로

46 외국에서도 내부감사조직은 원칙적으로 최고경영자의 지휘를 받는 것으로 본다. 예컨대 미국 Business Roundtable 기업지배구조원칙〔부록(5)〕; 영국의 Audit Committees Combined Code Guidance ; 일본금융청의 방침 ; 일본내부감사협회의 내부감사기준.

47 감사위원회가 내부감사부서와 긴밀한 협조관계를 유지해야 한다는 점에 관해서는 권종호, 앞의 책, 198-199면 참조.

검토할 필요가 있을 것이다.[48]

(5) 감사위원회의 지원인력

감사위원회의 원활한 업무수행을 위해서는 감사업무를 수행하는 전문적인 보조인력뿐 아니라 연락이나 자료정리 등 행정적 지원을 담당하는 보조인력도 필요하다. 이러한 행정지원은 내부감사부서가 맡는 것이 보통이다. 그러나 아무리 행정적 지원업무라 하더라도 이를 최고경영자의 지휘를 받는 내부감사부서에 의존하는 것은 거북한 경우가 있다. 감사위원회의 활동 중에는 회사내부자에 대한 보안이 필요한 사항이 없지 않기 때문이다. 따라서 감사위원회는 사내 조직으로부터 독립된 직속의 지원인력을 둘 필요가 있다. 그러나 행정적 지원업무가 그렇게 많지는 않을 것이므로 통상 1명 정도면 충분할 것이다. 비용절감 차원에서 이 인력에 감사위원회의 지원뿐 아니라 사외이사 전체에 대한 지원업무를 맡기는 방안도 고려할 수 있을 것이다.

6. 회의체로서의 감사위원회

감사는 복수 있는 경우에도 각 감사가 독립하여 권한을 행사할 수 있다(이른바 독임제기관). 그에 반하여 감사위원회는 회의체기관으로 결의를 통해서만 그 권한을 행사한다. 감사위원이 단독으로 권한을 행사할 수 없다는 점에서 감사에 비하여 권한이 약화된 것으로 볼 여지도 있을 것이다.[49] 그러나 다수의 반대를 무릅쓰고 감사위원 1명이 독자적 행동에 나서는 것은 기대하기 어렵고 오히려 그러한 행동이 회사이익에 부합하지 않을 가능성도 크다. 반면에 감사위원 다수가 뜻을 모아 행동에 나선다면 감사 1명의 단독행동보다

48 일본상법특례법 제21조의9 제4항 참조.

49 일본에서는 위법행위유지청구는 감사위원이 단독으로 할 수 있음을 명시하고 있다(상법특례법 제21조의10 제5항).

훨씬 강력한 힘을 발휘할 수가 있을 것이다.

감사위원회는 이사회 내 위원회의 일종이므로 그에 관한 규정이 적용된다. 위원회의 소집, 결의방법 등에 관해서는 이사회에 관한 규정이 준용되므로(제393조의2 제5항) 감사위원회의 운영도 그에 따라야 할 것이다. 문제는 이사회의 재결의를 규정한 제393조의2 제4항이 감사위원회에도 적용되는지 여부인데, 그것을 긍정하는 견해가 유력하다.[50] 그러나 그러한 해석은 감사위원회의 감독기능을 크게 위축시킬 것이므로 수용할 수 없다. 일반이사회 내 위원회는 이사회의 권한을 위임하는 것인 데 비하여(제393조의2 제2항), 업무감사와 회계감사에 관한 감사위원회의 권한은 이사회의 권한에서 비롯된 것이 아니다. 따라서 원래 이사회의 권한에 속하지 않는 사항이 일단 감사위원회의 결의가 있게 되면 이사회의 권한에 속하게 된다는 식의 논리는 받아들일 수 없다.

7. 감사위원의 책임

감사위원은 이사 중에서 선임되므로[51] 감사위원의 임무도 이사의 임무가 확장된 것으로 볼 수 있을 것이다. 이러한 관점에 선다면 감사위원이 그 임무를 위반한 경우 이사의 손해배상책임에 관한 제399조에 따라 책임을 지면 될 것이다. 그러나 상법은 감사위원회에 대해 별도로 감사의 책임에 관한 제414조를 준용하고 있다(제415조의2 제6항). 제414조가 개별 감사위원이 아닌 감사위원회에 준용되고 있지만, 책임의 주체는 감사위원회가 아니라 구성원인 감사위원이라고 할 것이다.[52]

감사위원회의 주된 업무가 이사의 직무집행과 회계처리에 관한 감사라는 점을 고려하면 감사위원의 책임이 문제되는 경우는 적극적으로 무엇을 한 경우, 즉 작위인 경우보다는 무엇을 하지 않은 경우, 즉 부작위인 경우가 대

---

50 권종호, 앞의 책, 188면.

51 구체적인 선임기관이나 방법에 대해서는 앞서 살펴본 바와 같이 다소 의문이 있다.

52 권종호, 앞의 책, 190-191면.

부분일 것이다. 감사위원의 부작위가 책임을 발생시키려면 그 전제로서 작위의무가 존재해야 한다. 문제는 앞서 지적한 바와 같이 감사위원이 책임을 피하기 위하여 이행할 최소한도, 즉 작위의무가 어떤 범위까지 미치는지 분명하지 않다는 점이다. 감사위원회규정에 감사위원회의 의무사항이 구체적으로 기재되어 있다면 일응 참고가 될 수 있을 것이다.

감사위원의 활동이 모범실무로 제시된 수준에 못 미친다고 해서 '법적' 의무를 위반한 것으로 볼 수는 없다. 그러나 감사위원으로서 이렇다 할 활동을 전혀 하지 않은 경우라면 책임을 면하기 어려울 것이다. 결국 감사위원의 책임 여부를 가르는 선은 법원이 무감사와 모범실무 사이의 어느 곳에 긋게 될 것이다. 법원의 판단은 바로 감사 실무에 영향을 미칠 것이므로 신중을 요한다. 법원의 판단시에는 다음과 같은 점을 유의할 필요가 있다. 첫째, 처음부터 감사위원의 의무를 너무 엄격하게 요구하는 것은 바람직하지 않을 것이다. 아직 감사위원의 역할을 제대로 수행할 만한 인사가 드문 상황에서 감사위원의 의무를 너무 높게 설정할 경우, 적임자마저 감사위원직을 회피할 가능성이 있고 자칫 기대할 수 있는 효과에 비하여 과도한 감사가 초래될 우려가 있기 때문이다. 둘째, 감사위원 자신이 직접 현장의 감사활동을 수행하는 것보다 적절한 전문인력의 보조를 받는 것이 현실적이라는 점을 유의할 필요가 있다. 셋째, 감사에도 비용이 소요된다는 점에서[53] 감사위원이 감사의 수준을 정하는 것도 어느 정도는 경영판단적인 재량을 인정해 줄 필요가 있을 것이다. 원칙론으로는 감사위원이 회사의 내부통제가 제대로 구축 · 운영되고 있는지에 관하여 적절한 관심을 베푼 경우에는 일단 최소한도의 의무를 다한 것으로 평가하는 것이 바람직하지 않을까?

53 감사 자체에 직접 소요되는 비용뿐 아니라 감사로 인하여 원활한 업무집행이 저해되는 데 따르는 비용도 무시할 수 없을 것이다.

V. 결어

앞서 지적한 바와 같이 현행법상 감사위원회는 업무감사와 회계감사를 겸한 막강한 지위를 누리고 있다. 그러나 업무감사에서는 이사회에, 그리고 회계감사에서는 외부감사인에 각각 압도되는 나머지 실제로 기능하는 영역은 그다지 크지 않다. 업무감사에서 이사회와 중복되는 느낌은 감사위원회가 감사보다 오히려 더 심하다. 이사회제도를 취하면서도 다시 감사에 업무감사권한을 부여한 것은 이사회의 감독기능이 제대로 실현되기 어려울 것이라는 우려 때문으로 볼 수 있다. 현재 일부 대기업에 한정된 것이기는 하지만 사외이사의 적극적인 참여로 이사회의 감독기능이 서서히 살아나고 있는 느낌이다. 만약 이처럼 이사회 감독의 활성화가 지속될 경우에는 감사위원회를 미국에서와 같이 순수한 회계감사에 집중시키는 것도 고려할 수 있다.[54] 또한 회계감사에 관해서도 외부감사인이 선임되는 경우에는 감사위원회가 외부감사인의 감사에 의존할 수 있는 길을 열어 주는 것이 바람직하다. 이러한 변화가 실현된다면 결과적으로 우리 감사위원회는 한층 더 미국식 감사위원회에 접근하게 될 것이다.

『BFL』 제13호(2005. 9), 서울대학교 금융법센터, 35-50면.

* 추기 : 2009년 개정상법에서는 상장회사가 주주총회에서 먼저 이사를 선임하고 그 이사 중에서 감사위원회 위원을 선임하도록 하고 있다(제542조의12 제2항).

54 물론 이사회의 위임에 따라 일정 부분 업무감독기능을 대신할 수도 있을 것이다.

05 법적 시각에서 본 내부통제*

I. 서론

최근 기업실무에서 내부통제(internal control)라는 용어가 자주 입에 오르내리고 있다. 내부통제가 이처럼 기업의 관심대상으로 부상한 배경으로는 두 가지 정도를 들 수 있을 것이다.

첫째, 내부통제는 대체로 기업지배구조에 관한 논의가 심화되는 단계에서 부각되고 있다. 과거에는 특히 사외이사, 감사위원회와 같은 기업의 내부지배구조에 관한 논의가 관심을 끌었다. 이제 사외이사와 감사위원회는 초기의 우려와 반발을 넘어서 대기업을 중심으로 서서히 정착이 진행 중이다. 어느 정도 독립성이 있는 사외이사들과 감사위원회가 들어서면서 자연스레 과연 이들이 어떠한 역할을 담당할 것인가에 대한 고민도 시작되고 있다. 내

* 이 글은 한국외국어대학교 법학전문대학원 안수현 교수와 공동집필한 것임.

부통제는 바로 이들이 바람직한 기업운영을 담보하는 장치를 모색하는 과정에서 필연적으로 마주치는 화두라고 할 수 있다. 기업지배구조의 변화가 가파르게 진행 중인 일본에서 내부통제에 대한 논의가 활발히 전개되고 있는 것은 결코 우연이 아니다.[1]

둘째, 내부통제에 대한 관심은 지난 IMF경제위기를 계기로 금융기관에서부터 시작되었다. 경제위기시에 무수한 금융기관의 도산을 겪으며 뼈아프게 인식한 점은 우리 금융기관의 내부통제시스템이 너무나 취약하다는 사실이었다. 그런 의미에서 내부통제의 확립이라는 과제가 금융업계에서부터 발동이 걸린 것은 당연한 일이다. 은행법이나 증권거래법 등에서 내부통제기준이나 준법감시인과 같은 새로운 제도가 도입된 것은 바로 그러한 변화의 결과라고 할 수 있다(은행법 제23조의3, 증권거래법 제54조의4 참조).[2]

내부통제에 대한 관심은 금융업계에서 시작되었지만 이제 일반 기업에서도 무시할 수 없는 과제로 떠오르고 있다. 기업구조조정촉진법에서 한시적으로 도입되었던 내부회계관리제도가 최근 「주식회사의 외부감사에 관한 법률」(이하 '외감법') 개정시 모든 기업에 적용되는 항구적 제도로 정착하게 된 것은 그 한 예라고 할 수 있다(외감법 제2조의2). 이처럼 내부통제의 중요성에 대한 인식은 날로 확산되고 있다. 그러나 내부통제가 과연 어떠한 내용의 개념이고 법적으로 어떠한 의미를 갖는 것인지에 관해서는 아직 명확히 정리된 상태라고 하기는 어렵다. 이 글의 목적은 내부통제의 법적 위치를 확인하고 회사내부조직인 이사회, 감사위원회와의 관계를 점검하는 것이다.

이 글의 순서는 다음과 같다. 먼저 II에서는 내부통제에 관한 바이블이라

1 최근 논의의 일단을 보여 주는 글로 예컨대 山本一範, "內部統制システムの法的位置づけと問題點," 稅經通信(2003. 10), 188면 이하 ; 大塚和成, "內部統制システムの意義と法的スキム," 金融法務事情 1669호(2003. 3. 15), 6면 이하 참조.

2 2000년 1월 은행법, 증권거래법, 종합금융회사에 관한 법률, 상호저축은행법, 증권투자회사법, 증권투자신탁업법, 선물거래법, 보험업법 등을 개정하여 준법감시인제도의 도입 · 시행근거를 마련한 바 있다.

고 할 수 있는 미국의 「COSO보고서」[3]를 중심으로 내부통제의 의의를 살펴보고 준법감시, 내부감사 등 관련개념들과의 구별을 시도한다. 이어서 III에서는 내부통제시스템의 구축 및 운영과 관련하여 대표이사, 이사회, 감사위원회, 외부감사인 사이의 일반적 업무 및 책임의 분장에 관하여 논한다. IV에서는 특히 내부통제와 감사위원회의 관계에 대해 실무적인 관점에서 고찰하기로 한다.

II. 내부통제의 개요

1. 「COSO보고서」와 내부통제

내부통제개념의 발상지는 미국이다. 내부통제에 대한 논의의 시작은 1940년대로 거슬러 올라가지만 그에 대한 관심이 한층 고조된 것은 워터게이트사건을 계기로 투명경영을 요구하는 목소리가 높아진 1970년대라고 할 수 있다. 그러나 미국에서도 내부통제에 대한 이해는 논자에 따라 각양각색이었다. 이러한 개념상의 혼란을 크게 해소한 것이 바로 1992년 발표된 「COSO보고서」라고 할 수 있다.

미국공인회계사협회(AICPA)를 비롯한 5개 민간기관이 참여하여 마련한 「COSO보고서」는 내부통제를 정의하고 내부통제시스템의 효율적 운영을 위한 체계를 제시하고 있다. 「COSO보고서」에서는 내부통제를 회사 경영진이 다음 세 가지 목적을 달성하기 위한 절차와 과정이라고 정의하고 있다.

① 재무보고의 신뢰성(reliability of financial and management information)

② 사업운영의 실효성과 효율성(effectiveness and efficiency of operations)

③ 사업운영시의 법규준수(compliance with applicable laws and regulations)

---

3 COSO 보고서, Committee of Sponsoring Organizations of the Treadway Commission, Internal Control – Integrated Framework.

위에서 ① 재무보고의 신뢰성제고라는 목적은 회계와 관련된 것이다. 내부통제에 대한 관심은 당초 회계정보의 신뢰성을 제고하기 위한 차원에서 시작된 것이라고 해도 과언이 아니다. 앞서 언급한 내부회계관리제도는 바로 ①에 해당하는 제도이다. 이어서 ② 사업운영의 실효성과 효율성이라는 목적은 자산이나 자원을 투입하여 성과를 산출하는 업무의 효과 내지 효율을 의미한다.[4] 끝으로 ③ 사업 운영시의 법규준수에서 말하는 '법규'에는 법규뿐만 아니라 사규(윤리규정 포함)도 포함된다. 우리나라에서 금융기관을 중심으로 도입된 준법감시인제도는 바로 이러한 목적을 달성하기 위한 구체적인 장치이다.

위에서 ①과 ③은 경영성과에 관한 정보를 제대로 마련하고 사업운영이 일정한 테두리 내에서 수행되는 것을 담보한다는 점에서 주로 경영의 소극적인 측면에 관련되는 것으로 볼 수 있을 것이다. 반면 ②는 경영이 원래의 계획대로 추진되는지를 확인한다는 점에서 주로 경영의 적극적인 측면과 관련되는 것으로 볼 수 있다. 또한 회계나 법률 같은 특정 분야에 한정되지 않고 경영의 모든 측면에 관련되기 때문에 그 구체적인 실현형태는 기업에 따라 크게 달라질 수 있다.

이러한 「COSO보고서」에서 정의한 내부통제개념은 미국뿐 아니라 많은 나라에 영향을 주고 있다. 예컨대 우리 금융감독원이 발간한 「내부통제 검사매뉴얼」에서는 내부통제를 "회사의 자산보호, 회계자료의 정확성 및 신뢰성 확보, 조직운영의 효율성 증진, 경영방침 및 법규의 준수를 위하여 회사의 모든 구성원들에 의하여 지속적으로 실행되는 일련의 통제과정"으로 정의하고 있다.[5] 일본에서는 내부통제를 "기업 재무보고의 신뢰성을 확보하고 사업경영의 유효성과 효율성 제고 및 사업경영에 관한 법규 준수를 촉진하는 것을 목적으로 기업내부에 설치되고 운영되는 과정이라고 정의"하

4 이러한 목적을 달성하기 위한 구체적인 장치로는 경영관리(management control), 위험관리(risk management), 업무감사(operation auditing)를 들 수 있다.

5 금융감독기관인 금융감독원이 발간한 「내부통제 검사매뉴얼」 참조.

고 있다.[6] 이 정의들이 「COSO보고서」의 영향을 받은 것임은 의문의 여지가 없을 것이다.

2. 내부통제시스템의 구성요소

앞서 설명한 세 가지 목적을 달성하기 위해 기업이 내부적으로 구축한 종합관리시스템을 내부통제시스템이라고 한다. 「COSO보고서」는 내부통제시스템의 요소로 다음의 다섯 가지를 들고 있다.

① 통제환경(control environment)

② 리스크의 평가(risk assessment)

③ 통제활동(control activity)

④ 정보 및 의사소통(information & communication)

⑤ 감시(monitoring)가 그것이다.

먼저 ① 통제환경은 ② 내지 ⑤에서 열거한 요소들이 원활하게 작동할 수 있는 환경을 의미한다. 이에는 윤리적 가치, 직원의 능력, 경영자의 철학과 운영스타일, 경영진의 권한과 책임 방식, 이사회의 사명감 등이 포함될 것이다. ② 리스크의 평가는 사업수행에서 발생할 수 있는 리스크를 효과적으로 제어할 수 있는 장치를 마련하고 운영하는 것이라고 할 수 있다. 최근 각광을 받고 있는 이른바 리스크관리(risk management)는 바로 이에 속하는 활동이다. ③ 통제활동은 이사회와 경영자가 정한 내부방침의 준수를 담보하기 위하여 기업내부적으로 마련한 일체의 과정이나 절차를 가리킨다. 실무에서는 승인, 허가, 확인, 조정, 성과평가 및 자산의 안전 및 직무의 분리 등에 대한 평가 등의 형태로 나타난다.[7] ④ 정보 및 의사소통은 기업의 모든

6 일본 金融廳企業會計審議會, 監査基準の改正について', 2002. 1. 25 ; 山本一範, 앞의 논문, 188면 참조.

7 COSO보고서, Committee of Sponsoring Organizations of the Treadway Commission, Internal Control – Integrated Framework.

구성원이 자기 책무를 제대로 수행할 수 있도록 정보를 전달하는 것을 의미한다. 기업경영상 발생할 수 있는 리스크를 사전에 통제하여 사업을 수행할 수 있도록 운영정보, 재무정보 및 컴플라이언스 관련정보를 전달한다. 끝으로 ⑤ 감시는 구축된 내부통제시스템이 유효한지 여부를 상시적이고 독립적으로 점검하는 활동을 가리킨다.

이러한 내부통제시스템의 구성요소는 기업이 직면한 외부 · 내부 경영환경의 변화를 고려하여 개선될 예정이다. 2004년도에 발표될 COSO 후속 보고서에서는 리스크관리와 내부통제 간의 상호관계에 초점을 맞춘 통합적인 리스크관리차원에서 목표설정(objective setting)요소를 추가하고, 종전의 리스크평가(risk assessment)요소를 한층 세분하여 사건 인식(event identification), 리스크평가(risk assessment), 리스크에 대한 대처(risk response) 등의 세 개 요소로 나눌 예정이다.[8]

3. 리스크 확인과 그에 대한 대처

효과적 내부통제는 앞서 언급한 다섯 가지 기본 구성요소들이 유기적으로 작동할 때에 비로소 달성될 수 있다. 그러나 그중에서도 특히 중요한 것은 리스크의 확인과 그에 대한 대처라고 할 수 있다. 왜냐하면 내부통제의 요체는 경영 관련 리스크 전반에 대한 종합적 관리라고 할 수 있기 때문이다. 기업은 구체적인 경영목표와 전략을 세우고 그것을 달성하기 위한 실천계획을 수립한다.

그러나 애초에 설정한 기업목표가 실제 사업수행과정에서 항상 실현될 수 있는 것은 아니다. 사업수행에는 언제나 리스크와 변화가 따른다. 기업의 성장과 이익은 이러한 리스크를 감수한 활동의 대가라고 할 수 있다. 따라서 기업은 경영목표달성을 위협하는 리스크에 대해 항상 주의를 게을리 할 수

---

8 2004 COSO보고서 "Enterprise-wide Risk Management Framework"에 관한 상세한 설명은 황성식/강정민, "효과적 내부통제를 통한 주주가치의 제고," BFL 제4호(2004. 3), 서울대학교 금융법센터, 17면.

없다. 바꾸어 말하면 리스크의 관리와 통제는 기업에 새로이 부과된 부담이라기보다는 오히려 기업활동에 불가분적으로 수반되는 요소라고 할 수 있다. 기업의 목표인 주주가치의 증가도 결국 기업이 사업상 리스크를 감수하며 적절히 관리한 대가라고 할 수 있다. 요컨대 기업을 경영하는 자는 사업에 수반되는 리스크를 정확히 파악하여 그것을 적절히 관리하는 것이 기업의 성공을 위한 필수적인 요소인 것이다.[9]

기업경영에 수반하는 리스크를 관리하는 방식은 여러 가지가 있다. 리스크를 보험으로 커버하거나 다른 기업과 분담할 수도 있고 감당하기 어려울 정도로 리스크가 큰 사업은 포기하거나 독립적인 법인을 설립하여 기존의 사업으로부터 리스크를 분리할 수도 있다. 경우에 따라서는 기업이 오히려 그 리스크를 의도적으로 떠안을 수도 있다. 리스크를 적절히 관리할 수만 있다면 오히려 기업의 성장과 수익창출을 가져오는 기회가 될 수도 있기 때문이다.

4. 내부통제와 리스크관리

기업경영상 발생하는 리스크의 효율적 관리를 위해 가장 먼저 검토할 것은 기업이 추구하는 목표라고 할 수 있다. 기업의 목표를 확정하고 나서야 비로소 그러한 목표달성에 장애가 될 수 있는 리스크를 분류하여 관리할 수 있다. 앞에서 내부통제의 목표로 제시한 재무보고의 신뢰성, 사업운영의 실효성과 효율성, 사업운영시의 법규 준수는 국내외를 막론하고 모든 기업의 목표라고 할 수 있다. 내부통제는 바로 이러한 기업목표의 달성에 장애가 될 수 있는 모든 리스크를 종합적으로 관리하기 위한 절차, 즉 넓은 의미의 리스크관리에 해당한다고 볼 수 있다.

9 그러나 법적으로 적절한 관리에 해당하는 수준을 확정해서 제시할 수 없는 것이 현실이다. 그 이유는 회사가 직면하게 되는 온갖 종류의 리스크는 실제 회사의 경영전략, 규제환경, 지배구조, 이사회구성원의 자질과 능력, 기타 관련자의 자질과 능력에 크게 좌우되기 때문이다, Dennis R. Dumas, Targeting The Board – What's Their Liability for Risk Assessment, Business Law Today (May/June, 1997) 참조.

5. 유사개념과의 대비

앞서 언급한 바와 같이 내부통제는 비교적 최근에 등장하여 아직 그 개념이 완전히 정착되지 못한 상태이다. 그러다 보니 그 내용이나 적용범위에 대해서는 적잖은 오해와 혼란이 존재하는 것으로 보인다. 이곳에서는 이러한 혼선을 최소화하여 보다 생산적인 논의를 유도한다는 측면에서 몇 가지 유사한 개념과의 대비를 시도하기로 한다.

(1) 내부회계관리제도

내부회계관리자제도는 기업활동 중에서도 특히 회계정보의 기록 · 유지 · 관리 및 공시와 직접 관련된 회계와 결산프로세스 등 회계정보의 신뢰성 확보를 위해 회계전담 통제조직과 통제절차를 사내에 구축할 것을 의무화한 제도로 내부통제장치의 일부를 구성한다.

이 제도는 2001년 기업구조조정촉진법 제정시 처음 우리나라에 도입되었다.[10] 당시 기업이 내부회계를 관리하는 것은 경영활동상 일상적인 것이기 때문에 구태여 법으로 정할 필요가 없다는 반론도 있었다. 그러나 신뢰성 있는 회계 등 재무정보의 작성 및 공시는 주주와 채권자 등 모든 이해관계자에 대한 기업의 중요한 책임의 하나이고, 특히 기업부실위험을 조기에 인지하여 적절한 조치를 취하기 위해서는 회계정보의 신뢰성이 전제되어야 한다는 점에서 일정 범위의 기업에 대해서 제한적으로나마 내부통제장치의 구축이 의무화되었다. 그리고 2003년 외감법 개정시 이 제도가 외감법으로 이관됨으로써 그 중요성이 다시 한 번 확인되었다. 회계정보는 매출, 구매, 인

10 2001년 9월 발효된 기업구조조정촉진법은 부실기업의 신속한 처리를 위한 채권금융기관의 역할과 책임을 규정한 것으로 기본적으로 기업구조조정협약에 있는 내용 대부분을 법제화한 것으로 2005년 12월 31일까지 적용되는 한시법이었다. 원활한 기업구조조종 및 기업부실위험을 조기에 인지하여 적절한 조치를 취하기 위하여 회계정보의 신뢰성이 전제되어야 한다는 점에서 이를 위하여 외감법의 적용을 받는 기업에 대하여 내부회계관리제도를 갖추도록 규정하였다.

사 및 재무 등 기업의 모든 경영활동의 기초를 이루기 때문에 회계목적에 적합한 신뢰할 수 있는 정보를 제공하기 위해서는 모든 기업활동에 걸쳐 내부통제시스템이 제대로 작동해야 할 것이다.

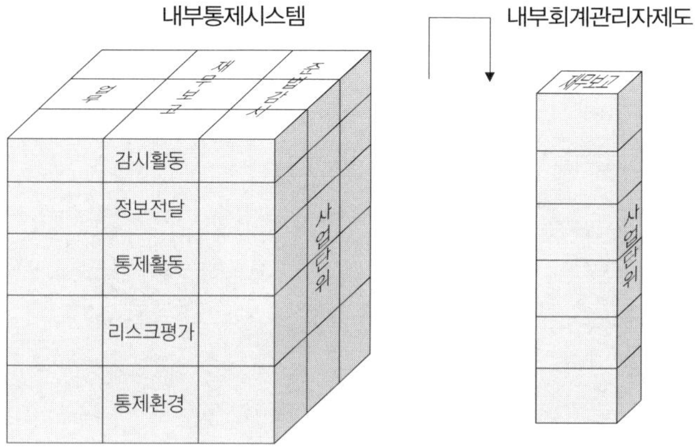

〔그림 1〕 내부통제시스템과 내부회계관리자제도의 관계

(2) 준법감시(compliance)

준법감시는 회사 임직원이 업무수행과 관련하여 제반 법규 등을 준수하게 하기 위한 제도이다. 소극적으로 임직원의 업무수행을 감시하고 위반에 대해서 조사하는 데 그치는 것이 아니라 적극적으로 사전적인 교육, 연수, 상담 등을 통해서 임직원의 법규준수를 유도하는 것에 중점을 두고 있다. 준법감시인, 준법감시조직을 포함한 준법감시시스템은 법규위반리스크를 제어한다는 면에서 내부통제장치의 일부를 구성한다.[11] 이 제도는 2000년 제

11 다만 현재 금융관련법에서 준법감시인의 역할을 내부통제기준의 일부분인 법규준수기준 및 절차의 준수여부를 점검하는 업무로 한정하지 않고, 내부통제기준 전반의 준수여부를 점검하는 업무로 하고 있어 내부통제전반을 관장하는 인상을 주고 있다(증권거래법 제54조의4 2항, 증권투자신탁업법 제14조의2). 이 때문에 준법감시인과 준법감시부서의 업무과다가 실무에서 애로점으로 제시되고 있다. 참고로 미국의 경우에는 일반적으로 준법감시기능을 법규준수와 관련한 업무로 한정하고 있다.

한적으로 금융기관에 대해서 도입이 의무화되었다.[12] 그러나 준법감시란 용어 자체에서부터 감시 내지 감독이라는 측면이 부각되는 바람에 기업 자체의 이익을 위한 제도라는 본래의 취지가 살지 못하고 아직도 업계의 반감이 사그라지지 않고 있다.

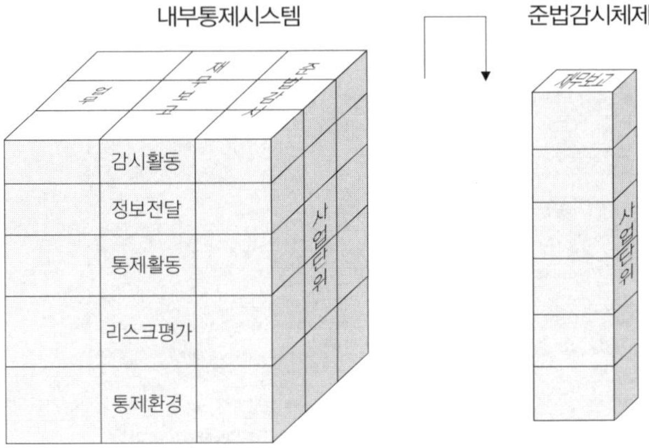

〔그림 2〕 내부통제와 준법감시체제의 관계

(3) 내부감사(internal audit)

내부감사는 회사내부에서 전반적으로 내부통제시스템이 제대로 작동하는지를 담보하는 기능을 담당하는 것으로 내부통제시스템의 일부를 구성한다. 내부감사는 회사내부의 전담조직이 담당한다. 그러나 내부감사조직은 이사회 및 최고경영자에 종속되지만 일반적인 집행부서로부터는 독립될 필요가 있다.

앞서 말한 내부통제시스템의 구성요소와 관련해서 정리한다면, 앞에서 설명한 ⑤의 감시활동에 속하는 것으로서 i) 통제환경, ii) 리스크의 확인과

12 준법감시인제도에 관한 기본적인 설명은 김건식/안수현, "준법감시인제도의 조기정착을 위한 시론," 증권법연구 제3권1호(2002), 한국증권법학회 참조.

대처 iii) 통제활동 iv) 정보전달 v) 상시점검 등의 구성요소 전부에 대하여 그 적절성과 유효성을 객관적인 입장에서 점검하고 평가하는 것을 말한다.

이제까지 우리 기업실무에서 내부감사는 회계감사와 사내 직원의 부정행위 적발에 치중하였다. 넓은 의미의 내부통제시스템에 대한 내부감사에 대한 이해는 거의 없다고 해도 과언이 아니었다.

III. 내부통제시스템의 구축 · 운영 · 감독

과거 우리 기업에서는 내부통제의 필요성에 대한 인식이 박약하였던 것이 사실이다. 「COSO보고서」에서 지적한 내부통제의 목적 세 가지 중 재무보고의 신뢰성이나 사업운영상의 법규준수를 위해서 기업내부에서 자발적으로 노력할 유인은 별로 없었다. 투명경영과 준법경영에 대한 요구는 기업외부에서 비롯되었고 그러한 요구가 힘을 얻기 시작한 것은 비교적 최근의 일이다. 이처럼 경영진의 자발적 노력을 기대하기 어려운 상황이 지속되다 보니 투명경영이나 준법경영은 경영진과는 독립된 기관에서 담당해야 하는 것이 아닌가 하는 인식이 널리 퍼져 있다.

그러나 회계정보에 대한 신뢰확보와 법규준수가 기업 자체의 이익에도 부합한다는 점을 고려하면 내부통제도 기본적으로 업무집행에 속하는 개념으로 볼 것이다. 특히 내부통제를 '사업운영상의 실효성과 효율성'을 포함하는 개념으로 넓게 이해하는 최근의 추세는[13] 내부통제를 업무집행으로 파악하는 관점을 택하는 경우에 가장 무리 없이 수용할 수 있을 것이다.

이처럼 내부통제를 업무집행에 속하는 기능으로 파악한다면 자신의 기업에 적합한 내부통제시스템을 구축할 책임은 업무집행에 관한 의사를 결정

13 대표적으로 일본의 '내부통제가이드라인' 이라고 불리는 일본경제산업성이 공표한 내부통제 지침에서도 이같이 넓게 이해하고 있음이 분명히 드러나고 있다. 일본 경제산업성, リスク新時代の內部統制, 2003. 6. 27. 참조. 이 보고서에 대한 상세내용은 山本一範, 앞의 논문, 189면 참조 ; 그 외 Dennis R. Dumas, 앞의 논문, 31면 이하 참조.

하고 업무집행을 감독하는 기관인 이사회에 속한다고 볼 것이다.[14] 외국에서도 내부통제에 대한 궁극적 책임이 이사회에 있다는 점이 천명되고 있다. 예컨대 영국은 Combined Code Principle D.2에서 "이사회는 주주의 투자와 회사의 자산을 지키기 위하여 내부통제시스템을 유지하여야 한다(maintain)"라고 명시하고 있다. 그러나 이사회는 회의체기구이기 때문에 직접 내부통제시스템을 구축하고 실행하는 것은 최고경영자가 맡을 수밖에 없다. 최고경영자는 이사회의 수권을 받아 적절한 내부통제시스템을 구축하고 효과적으로 운용하여야 한다.

현재 내부통제가 대상으로 삼는 영역은 점차 확장되고 있다. 과거에는 주로 직원의 부정방지에 초점이 맞추어져 있었으나, 회계정보의 신뢰성확보를 거쳐 최근에는 전반적인 리스크관리로 넓혀지는 추세이다. 또한 내부통제시

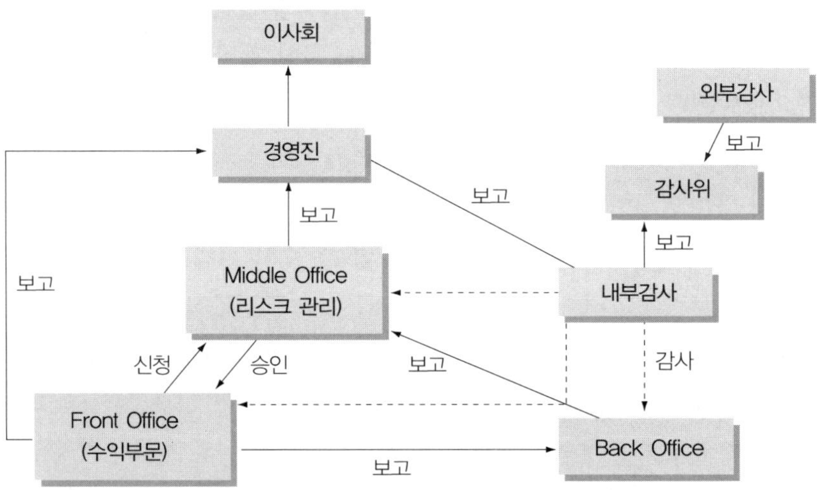

〔그림 3〕 내부통제시스템의 개요

14 이러한 임무를 실현하는 방법으로서 이사회는 내부통제에 관한 정책을 발표하고, 정기적으로 기업이 처한 위험이 효과적으로 관리되고 있다고 확신할 수 있도록 위험에 대한 모니터링과 관리를 한다. 내부통제의 유효성을 확신시키는 방법은 스스로 내부통제의 유효성을 점검·평가할 수도 있지만, 다른 이에게 위임할 수 있다. 그러나 어느 경우에든 그 책임은 궁극적으로 이사회가 지는 것이다.

스템의 구체적인 내용도 기업에 따라서 달라질 수밖에 없다. 기업이 자발적으로 자신의 현실에 가장 적합한 시스템을 마련하고 개선하는 노력을 기울여야 할 것이다. 이처럼 내부통제의 모습은 기업마다 차이가 있을 수밖에 없으므로 이곳에서는 내부통제시스템의 기본구조와 회사기관의 관계를 개략적으로 살펴보기로 한다.

〔그림 3〕에서 보는 바와 같이 기본적으로 기업의 조직은 우선 크게 영업활동에 종사하는 일선조직(front office)과 그것을 지원하는 후선조직(back office)으로 나눌 수 있다. 후선조직기능에는 경리 및 회계기능도 포함된다. 최근에는 리스크관리의 중요성이 부각됨에 따라 중간조직(middle office)이라는 개념이 등장하고 있다. 중간조직은 기업이 마주칠 각종 리스크를 파악하여 대처할 절차를 마련하고 운영할 임무가 있다. 이러한 리스크 중에는 법규위반으로 인한 리스크가 포함되므로 준법감시기능(compliance)도 이러한 중간조직에 속하는 것으로 볼 수 있다. 그리고 이러한 내부통제절차가 제대로 작동하는지를 담보하는 기업내부조직이 바로 내부감사라고 할 수 있다. 내부감사는 집행기능에 속하면서도 일반적인 집행기능과는 독립적 지위에서 내부통제 전반을 감시한다.

한편 외부감사인은 기업의 내부통제시스템을 평가하고 그 평가를 기초로 외부감사업무계획을 수립한다. 이처럼 내부통제의 평가는 전부터 외부감사인의 업무에 속하였다. 그러나 평가 자체가 법적으로 명시된 의무가 아니라 감사대상회사의 감사범위를 결정하는 데 참고하는 판단기준에 불과하였다. 즉 내부통제의 적정성 자체를 평가하는 것이 주된 목적은 아니었기 때문에 회사의 내부통제가 취약하다고 판단하는 경우에도 그에 대한 시정을 촉구하기보다는 범위를 확대하여 감사하는 것에 그쳤다. 그러나 앞서 언급한 외감법 개정으로 재무정보와 관련한 내부통제시스템의 유효성 검토가 의무화됨으로써 외부감사인의 책임이 대폭 강화되었다.[15]

---

15 외부감사인이 회사에 대한 감사업무를 수행하는 경우 당해 회사의 내부회계관리제도의 적정성과 내부회계관리제도의 운영실태 등을 검토한 결과에 대해서 종합의견을 감사보고서에 표명하는 것이 의무화되었으며(제2조의3 제1항, 제2항), 내부회계관리제도의 운영실태에 대

외부감사와 관련하여 재무보고를 넘어 준법감시나 일반 경영의 효율성과 관련된 내부통제에 대해서도 평가할 의무가 있는가 하는 의문이 제기될 수 있다. 외부감사인은 재무보고와 관련된 내부통제의 유효성을 평가하여 그 결과에 따라 외부감사절차의 성격, 시기 및 범위 등을 결정한다. 또한 실제 감사활동을 통하여 내부통제제도 운영의 적정성을 점검 · 평가하지만 외부감사기능은 기본적으로 재무보고에 관한 내부통제의 유효성을 점검하는 데 치중하는 것이 사실이다. 현행 법제하에서는 재무정보의 신뢰성을 넘어서 사업운영의 효율성이나 법규준수에 관해서는 기업의 특별한 요청이 있는 경우에 비로소 검토하게 될 것이다.

실제 내부통제시스템과 가장 밀접한 관계가 있는 기관은 감사위원회(이하 감사를 포함하는 개념으로 사용)라고 할 수 있다. 감사위원회는 업무집행조직의 외부에서 내부통제시스템을 전체적으로 평가하고 이사회에 개선을 촉구하는 기관이다. 내부통제시스템과 감사위원회의 관계에 대해서는 뒤에서 다시 상세히 논하기로 한다.

내부통제의 범위와 내용이 아직 상당히 유동적인 상태라는 점은 앞서 언급한 바와 같다. 이러한 상태에서 법원이 과연 내부통제시스템의 미비로 인한 책임을 어느 정도로 적극적으로 물을 것인지는 앞으로 지켜보아야 할 것이다. 이미 일본에서는 다이와은행(大和銀行)사건판결[16]에서 이사가 내부통제시스템을 구축하여 운영할 의무가 있음을 명시적으로 인정한 바 있다. 이 판결에서 법원은 회사법에 기초해 대규모주식회사의 이사에게 내부통제시스템의 구축의무를 인정하고 이러한 의무를 해태한 부작위를 이유로 이사

한 보고내용에 대하여 검토하지 않거나 감사보고서에 종합의견을 표명하지 않은 경우 과태료가 부과된다(제20조의2). 따라서 외감법이 개정된 이후부터는 재무제표에 대한 감사의견을 표명하기 위한 사전절차로서 반드시 내부회계관리제도의 적정성을 검토하여야 하고, 이를 위한 내부통제절차의 평가가 행해져야 한다. 아울러 그 평가결과를 감사보고서에 기재해야 한다. 이 점에서 내부통제시스템의 구축과 유효성에 관한 평가가 우리 회사법상 강제화되었다고 할 수 있다.

16 "大阪地判 2000. 9. 20," 金融 · 商事判例 1101호, 3면 참조. 평석으로는 岩原紳作, "大和銀行代表訴訟事件一審判決と代表訴訟制度改正問題(上)," 商事法務 1576호 참조.

에 대하여 거액의 손해배상책임을 부담시켰다. 이 판결에서 문제된 것은 금융기관이었지만, 일반기업이라고 해서 달리 취급할 이유가 없기 때문에 경제계에 큰 충격을 주었다. 우리 법원이 당분간은 내부통제구축에 관한 이사의 책임을 엄격하게 물을 것으로 보이지는 않지만 이사회 내지 감사위원회가 내부통제시스템에 대한 관심을 전혀 기울이지 않은 경우라면 책임을 인정할 가능성도 없지 않을 것이다.

Ⅳ. 내부통제와 감사위원회의 관계

앞서 지적한 바와 같이 내부통제장치의 구축은 감사위원회가 아니라 대표이사와 이사회의 책임에 속한다. 「COSO보고서」에서도 최고경영자가 최종적으로 내부통제의 책임을 지는 것으로 보고 있다. 감사위원회는 경영진이 마련한 내부통제장치가 적절한 것인지를 검토할 의무가 있을 뿐이다.[17] 일본에서도 원칙적으로 이사회가 내부통제시스템의 궁극적 책임자임을 분명하게 제시하고 있다.

예컨대 상법 특례법 제21조의7 제1항 2호에서 "이사회는 감사위원회의 직무의 수행을 위하여 필요한 것으로 법무성령에서 정한 사항을 결정하여야 한다"라고 하고 있고, 이를 받아 상법 시행규칙 제193조에서는 "감사위원회의 직무수행을 위하여 필요한 사항으로서 손실의 위험관리에 관한 규정 기타 체제에 관한 사항(5호)과 집행임원의 직무집행이 법령 및 정관에 적합하고 효율적으로 행해지는 것을 확보하는 체제 및 기타 사항(6호)"으로 규정하고 있다. 감사위원회는 내부통제부문의 구성 등에 대한 이사회의 결의내

17 감사위원회가 감사계획을 잡거나 감사를 직접 수행하는 것이 아니고 내부감사를 하는 직원과 외부감사인이 공조하여 감사계획을 잡고 감사를 수행한다. 감사위원회의 직무는 회사경영진과 내부감사인이 수행한 내부감사를 감독하는 것이다. 보다 상세한 감사위원회의 직무에 대해서는 American Bar Association, Report, Corporate Director's Guide book 3rd edition, Business Lawyer (August, 2001) 참조 ; National Association of Corporate Directors, Report of the Blue Ribbon Commission on Audit Committees (2000) 참조.

용이 상당하지 않다고 인정하는 경우에는 감사보고서에 그 취지를 기재하면 된다(상법 특례법 제21조의29 2항 2호).

내부통제시스템에 대한 검토도 감사위원회가 반드시 직접 행할 필요는 없다. 오히려 감사위원회가 비상임인 사외이사들로 구성된다는 점에서 회계법인 등 전문가의 조력을 받는 것이 바람직할 것이다. 이 경우, 외부감사를 담당하는 회계법인에 이를 의뢰하는 것이 좋은지 아니면 다른 회계법인에 의뢰하는 것이 좋은지는 신중히 검토할 문제이다. 최근 공인회계사법 개정으로 동일한 감사법인에 의해 감사업무와 동시에 비감사업무가 수행되는 것이 금지되었고[18] 금지되는 비감사업무에는 내부감사업무의 대행이 포함되어 있다. 여기서 내부감사업무의 대행이란 실제로 내부감사업무의 포괄적인 위임을 의미하는 것이지 내부감사를 비롯한 내부통제시스템의 평가까지 포함하는 의미는 아닐 것으로 판단된다.

내부통제와 관련하여 감사위원회의 주된 의무는 경영진이 마련한 내부통제장치가 적절한 것인지를 검토하고 개선을 유도하는 것이다. 이와 같은 내부통제시스템의 평가는 1회에 그치는 것이 아니라 정기적으로 행할 필요가 있다. 그 범위와 빈도는 회사의 사정에 따라 융통성 있게 결정하면 될 것이다. 그리고 검토결과 개선이 필요한 사항이 있으면 이사회에 그 이행을 요구해야 할 것이다. 일단 내부통제시스템이 적절한 것으로 평가가 내려진 경우에는 그에 의존할 수 있다. 특별한 사정이 없는 한 감사위원회에서는 일단 최소한의 의무를 완수한 것으로 볼 수 있기 때문에 법적 책임을 면할 수 있을 것이다.

실무상 특히 문제가 되는 것은 내부통제시스템의 일상적인 운영을 담당하는 회사의 내부감사조직, 즉 감사실과 감사위원회(내지 감사)와의 관계이

18 감사인의 독립성을 저해하고 공정한 회계감사를 방해하는 것을 차단할 목적으로 공인회계사법 제21조 제2항에서 특정 회사의 재무제표를 감사하거나 증명하는 업무를 수행하는 계약을 체결하는 기간 중에 동일 회사에 대하여 회계기록과 재무제표의 작성, 내부감사업무의 대행, 재무정보체제의 구축 또는 운영, 그 밖에 재무제표의 감사 또는 증명업무와 이해상충의 소지가 있는 업무를 수행하는 것을 금지하고 있다.

다. 국내 기업은 대부분 감사실을 두고 있으며, 특히 과거 공기업으로 출발한 기업에서는 감사실을 감사의 지원조직으로 설치한 경우가 많다. 감사실은 내부회계감사와 일반직원의 부정감시업무 등을 담당하는 것이 일반적이다. 현재 감사실을 경영진과 감사위원회 중 어느 쪽에 종속시킬 것인가가 실무상 많이 논의되고 있다. 이제까지의 기업실무는 공기업이나 최근에 민영화된 기업을 제외하고는 감사실을 최고경영자에 직속시키는 것이었다.[19]

감사위원회라는 명칭은 물론이고 그 권한이 "이사의 직무의 집행을 감사하는" 것이라는 점에서 감사위원회가 내부감사를 담당해야 하는 것이 아닌가 하는 인상을 주는 것이 사실이다. 그러나 앞에서 지적한 바와 같이 내부의 회계나 업무에 관한 통제장치가 제대로 작동되도록 담보하는 것은 일차적으로 최고경영자의 책임이다. 감사실은 일반적 업무집행조직과는 독립적으로 구성되어야 할 것이지만, 그렇다고 해서 경영진의 지휘를 떠나 감사위원회에 종속시키는 것은 바람직하지 않다. 감사위원회가 내부감사업무를 직접 담당하게 되면 결국 업무집행에 직접 관여하는 셈이고 이는 감사위원회의 감독기능과도 모순될 것이다. 내부통제를 경영 전반에 걸치는 개념으로 파악하는 최근의 추세를 보더라도 그러한 기능은 감사위원회가 직접 담당하기에 적합지 않은 것으로 보인다.

게다가 감사위원회가 감사실을 지휘하여 내부통제를 직접 담당하는 것은 현실적으로도 문제가 많다. 감사위원회에 직속하며 감사실에서만 근무해야 하는 제약이 있다면 유능한 인재가 지원을 꺼릴 것이고 설사 입사한다 해도 회사 내 다른 조직의 견제를 받아 원활한 업무수행이 어려울 것이다. 또한 일단 내부감사업무를 감사위원회가 담당하는 경우에는 감사위원회에 상근감사위원이 필요해질 공산이 크다. 내부감사를 맡는 상근감사위원은 더욱더 업무집행에 접근하게 되어 오히려 독립성을 상실하거나 원활한 업무수행에 저해요소로 작용할 위험이 크다. 그렇지만 이처럼 감사위원회가 감사실을 휘하에 두고 내부감사업무를 맡는 것이 법적으로 반드시 불가능한 것으로

19 외국에서도 일반적으로 내부감사조직은 최고경영자의 지휘를 받는 것으로 보고 있다.

보이지는 않는다. 예컨대 일본에서는 내부감사조직을 감사위원회 직속으로 하는 경우와 경영자 직속으로 하는 경우를 모두 허용하고 있다.[20] 어느 쪽이 더 적합한지는 결국 업계의 판단에 맡길 수밖에 없을 것이다.

감사실을 경영진의 지휘하에 두더라도 감사위원회가 감사실을 적절히 활용할 수 있는 길을 열어 두어야 할 것이다. 이를 제도적으로 담보하기 위해서는 감사위원회에 다음과 같은 권한을 부여하는 것을 고려할 수 있다. 첫째, 감사위원회에 감사실에게 직접 지시할 수 있는 권한을 부여한다. 둘째, 감사실에서 담당임원이나 최고경영자에 보고할 때 동일한 사항을 감사위원회에도 동시에 보고하도록 한다. 셋째, 감사위원회에 감사실장의 인사고과에 참여하고 징계를 건의할 수 있는 권한을 부여한다.

감사실을 최고경영자에 직속시키는 경우에는 현실적으로 감사실이 최고경영자의 감독기능을 수행하기를 기대하기 어려울 것이다. 따라서 최고경영자에 대한 감독은 결국 감사위원회가 독자적으로 행하거나 외부 전문가의 도움을 받아 직접 행할 수밖에 없을 것이다.

V. 결론

금융기관의 경우에는 금융감독기관의 검사방침에 따라 내부통제시스템의 구축이 착실히 진행 중이다.[21] 반면 일반회사의 경우에는 내부통제의 개념은 물론이고 내부통제시스템의 법적 위상에 대해서도 아직 논의가 정리되지 못한 상태이다. 그러나 기업이 날로 복잡하고 다양한 리스크에 직면하고 있는 상황에서 내부통제의 중요성은 더욱 부각될 것으로 전망된다. 특히 사외이사제도가 차츰 정착됨에 따라 이사회와 감사위원회의 바람직한 역할

20 일본의 경우에는 양자 모두 가능하다. 일본상법 시행규칙 제193조 1호, 2호 참조.

21 금융기관에서 내부통제시스템이 적절히 구축된다면 감독당국의 규제자원이 절감되어 보다 중요한 사안에 자원과 인력을 집중 투입하는 것이 가능할 것이다. 그러한 의미에서 금융기관의 내부통제시스템 구축은 일반기업과는 다른 측면이 있다.

에 대한 모색은 더욱 활발해질 것이고, 그 과정에서 내부통제는 피할 수 없는 화두로 다가올 것이다. 이 글이 앞으로의 논의에 다소나마 도움이 될 수 있기를 바랄 뿐이다.

『BFL』 제4호(2004. 3), 서울대학교 금융법센터, 7-16면.

≫저자 약력

김건식

1977년 서울대 법대 졸업

1980년 미국 하버드 법대 LL.M.

1985년 미국 워싱턴 주립대 J.D.

1995년 미국 워싱턴 주립대 Ph.D.

1995년~1996년 일본 동경대 법학부 객원조교수

1998년 미국 하버드 법대 객원교수

1986년~현재 서울대 법대 교수

2008년~현재 서울대 법대 학장

주요 저서 및 논문

「무의결권우선주에 관한 연구」(상장협 연구보고서, 1994)

「Chaebol and Corporate Governance in Korea」
(워싱턴주립대 박사학위논문, 1995)

『미국의 증권규제』(공저, 홍문사, 2001)

『자본시장법』(공저, 두성사, 2009)

기업지배구조와 법

초판발행 | 2010년 3월 19일

지 은 이 | 김건식
발 행 인 | 고화숙
발 행 처 | 도서출판 소화
등　　록 | 제13-412호
주　　소 | 서울시 영등포구 영등포동 7가 94-97
전　　화 | 2677-5890
팩　　스 | 2636-6393
홈페이지 | www.sowha.com

ISBN 978-89-8410-324-5 93360

값 25,000원

※ 잘못된 책은 언제나 바꾸어 드립니다.